這書,你一定要知道!

鄧蜀生、張秀平、楊慧玫、廖寶隆◎主編

好讀出版

目 錄

柏拉圖的 理想國

　　《理想國》是古希臘哲學家柏拉圖（西元前四二七年～前三四七年）的主要哲學著作。柏拉圖出身於雅典的名門望族，青少年時期受到良好的教育，富於文學興趣和才能，二十歲成為蘇格拉底的學生，從此獻身於哲學事業。西元前三九九年，蘇格拉底被當時已經衰敗的雅典民主制度判處死刑，柏拉圖無奈之餘，只能外出遊歷尋求治國良方。柏拉圖於西元前三八七年返回雅典，由朋友資助在雅典城外阿卡德摩建立了歐洲歷史上第一所綜合性的學校，即「柏拉圖學園」，直到五二九年被皈依了基督教的羅馬皇帝查士丁尼封閉，前後持續存在了九百多年。柏拉圖是哲學史上第一個有大量哲學著作傳世，並且開啓客觀唯心主義哲學體系的哲學家，留下了近三十種作品，大多用對話體寫成，其文體之優美堪稱文學史上的典範。

　　柏拉圖生活在雅典民主制度由盛轉衰的時代，他從青年時代起就決心獻身於政治，認為只有在正確的哲學指導下才能分清正義與不正義，從而公正地治理城邦。雅典的現實使他感到失望，柏拉圖的三次西西里之行試圖將其政治理想付諸現實亦以失敗告終，在理想和現實的深刻矛盾中，他不得不退而著作，探討治理國家的學問，建立理想的政治藍圖。《理想國》就是在這樣的歷史背景下寫成的。

　　《理想國》又譯作《國家篇》、《共和國》等，與柏拉圖大多數著作一樣以蘇格拉底為主角用對話體寫成，共分十卷，其篇幅之長僅次於《法律篇》，一般認為是屬於柏拉圖中期的作品。這部「哲學大全」不僅是柏拉圖對自己哲學思想的概括和總結，而且是

當時各門學科的綜合，它探討了哲學、政治、倫理道德、教育、文藝等各方面的問題，以理念論爲基礎，建立了一個有系統的理想國家方案。

《理想國》討論的主題是正義問題，以至於後人爲這部著作加了一個副標題──論正義。與以前那些很少有積極結果的對話不同，柏拉圖在這篇對話中對於正義等問題作出積極而有系統的闡述。《理想國》首先討論國家的正義。柏拉圖認爲一個好的國家應該具備智慧、勇敢、自制、正義這四種德性。國家的智慧要求有治理整個國家的知識，只有少數人才具有這樣的智慧；國家的勇敢屬於保衛它的衛士；國家的自制是一種和諧，當統治者與被統治者能夠和諧一致，這個國家就達到了自制。若一個國家有了這三種德性，也就有了正義。正義就是不同階層的人們按照各自具備的德性爲國家作出最好的貢獻，亦即各盡其責而不干涉他人，這就是正義的原則。假如木匠去做鞋匠的事情，工人、商人企圖成爲軍人或統治者，那就是不正義。因此，正義不是與其他三種德性並列的另一種德性，而是在它們之上，對它們普遍適用的德性。

個人的正義與國家的正義是相同的，毋寧說國家的道德品質來源於個人。人的靈魂具有理智、激情和慾望三個部分，其中理智是智慧的，具有領導作用，激情服從它，是它的助手，慾望佔據最大部分，它貪得無厭，必須受到理智和激情的控制。能夠識別這三個部分的各自利益便是智慧，能使快樂與痛苦服從理智控制的激情就是勇敢，這三個部分以理智爲領導，和諧相處即是自制，這三個部分各盡其職，各守其責，協調一致，使靈魂能夠自己主宰自己，這就是個人靈魂的正義和健康。否則，各部分相互

爭鬥，就會造成靈魂的不正義。因而個人的正義與國家的正義是一致的。柏拉圖認為，要想實現國家的正義只有一個辦法，那就是讓哲學家為王，因為哲學家是真正愛智慧的人。

哲學家是愛智慧的人，不過那種對任何事情都好奇的人還不是真正的哲學家，只有熱忱於尋求真理的人才是哲學家，這就涉及了真理問題。柏拉圖把世界劃分為感官世界與理念世界，那些只愛好具體事物，如美的聲調或形象的人只有意見而無知識，只有那些認識美自身即美的理念，而且將其與具體事物區分開而不互相混淆的人才是有知識的人。知識的物件是真實的存在，即理念世界，而意見的物件則是介於存在與不存在之間的現象世界。為了使一個國家受哲學統治而不至腐敗，最根本的就是讓有哲學才能的人接受好的哲學訓練，而在需要學習的知識中，最重要的就是善的理念，因為正是由於正義才是有用和有益的。

柏拉圖透過「太陽」的比喻說明，正如太陽是可見世界之所以可見的原因，善乃是理念世界中一切理念的存在原因，它是最高的理念。他又透過「線」的比喻進一步將兩個世界劃分為四個部分：影像、影像所像的實物、數理對象和理念。靈魂將影像的實物作為影像來研究，它只能從假設出發下降到結論。靈魂從假設出發上推到第一原理，它不再使用影像而是使用理念來作系統研究。前兩個部分屬於可見世界，後兩個部分組成了可知世界。與此相應，靈魂的狀態也可以分為四個階段，即想像或猜測、信念、理智和理性。柏拉圖又透過「洞穴」的比喻指出，認識的四個階段並不是後天學習的發展過程，而是「靈魂的轉向」。因為靈魂本身具有一種認識能力，教育只是使這種能力掌握正確的方向，使它從黑暗轉向光明，從現象的世界走向真實的世界，因此

教育也是《理想國》的重要主題之一。柏拉圖設計了一套理想的教育課程，除了體育和音樂這兩門初等課程外，必須學習算術、平面幾何、立體幾何、天文學和諧音學等五門課程，按照這個次序將靈魂從可見世界逐步引向哲學，其目的是為了培養國家的統治人才，促成他們的靈魂轉向。

柏拉圖不僅以理念論證明存在著一個國家的理念即理想國，而且考察了現實存在的四種政治制度——榮譽政制、寡頭政制、民主政制和僭主政制。在理想國即賢人政制之下，最靠近的是榮譽政制，它的特點是好勝爭強、貪圖名譽，相應於斯巴達的政制。由於私有財產的敗壞，榮譽政制演變為建立在財產資格基礎上的寡頭政制，由少數富人掌握統治權，這種政制極端重視財富而造成統治者的無能，被統治的貧民就起來革命，建立了民主政制。民主政制最大的優點是自由，然而過分的自由則破壞了它的基礎，由專制統治來結束極端自由的無政府狀態，這就產生了僭主政制。從理想的賢人政制到僭主政制是依次下降的。柏拉圖在《理想國》中認為法律無用而主張人治，期望出現哲學王來統治國家。柏拉圖在晚年寫成的《法律篇》中，隨著賢人政制理想的破滅，他改變了主張人治的立場，認為只有法律的權力高於統治者的權力時，國家的治理才能走上正確的軌道。

既然在理想與現實之間存在著尖銳的矛盾，我們又如何能夠使人們不喪失對理想的信念而心甘情願地去追求真正的正義呢？柏拉圖透過靈魂不朽和靈魂輪迴來解決這個難題。他認為對於德性所能給予的最大獎賞就是靈魂不朽。靈魂不朽指的是理性的靈魂不朽，因為在靈魂的三個部分中只有理性能夠代表它的本性。這樣的靈魂既不會被內在的惡，如不正義等所毀滅，也不會被外

來的惡，如疾病等所毀滅，是永恆存在的。一個正義的人無論生前還是死後都會受到神的照顧，即使他身陷不幸，神也不會忽視他，而一個不正義的人即使最初可能得到一些好處，但最終將受到神的懲罰。

《理想國》一書在哲學史甚至人類思想史上產生了廣泛深遠的影響，凡是知道柏拉圖的人幾乎都知道這部著作。柏拉圖的《理想國》不僅對他的唯心主義哲學思想作了最為完整系統的表述，而且在人類思想史上第一次提出了一個完整系統的理想國家方案，構成了以後各種作為社會政治理想而提出的烏托邦方案的開端。

亞里斯多德的 政治學

　　亞里斯多德（西元前三八四年～前三二二年）是古希臘最著名的思想家之一，在世界政治思想史上具有重要地位。他出生於希臘鄰近馬其頓的一個小城邦斯塔吉拉，父親是馬其頓王阿敏塔斯三世的御醫，他在幼年就接觸了醫學和生物學，這對他後來的學術研究產生重大影響。西元前三六七年起，他在雅典柏拉圖學園學習達二十年之久。在此期間，他在蘇格拉底和柏拉圖思想影響下，形成自己的思想。柏拉圖死後，他和友人泰奧弗拉斯托斯在萊斯沃斯島共同建立一個類似學院的哲學書院，並在當地考察生物。西元前三四三年至前三四二年，受聘擔任馬其頓王子亞歷山大的教師。三年後，亞里斯多德回到家鄉，並在郊外的呂克昂體育館開設自己的學校，在校教學十三年，直到去世。

　　亞里斯多德的大部分著作是在教學期間完成的，這是他學術上最有成就的時期。他著作的一部分已佚失，現存四十七種是西元前六十年由羅得的安德羅尼柯編輯發表，涉及邏輯學、自然哲學、心理學、形而上學、倫理和政治、藝術和修辭等學科。亞里斯多德生活在古希臘城邦從繁榮走向衰落，並且出現嚴重危機的時代。伯羅奔尼撒戰爭後，雅典社會各階層受到戰爭的影響，社會矛盾日趨尖銳化，城邦制國家出現動盪不安。馬其頓乘虛而入，開始征服希臘各邦，西元前三三八年以後，希臘各邦實際上已成為馬其頓的附屬國。亞里斯多德對當時城邦制的危機深有所感，努力尋求挽救城邦制的有效辦法。他的《政治學》就是在這一思想的指導下完成的，寫於西元前三二六年，是根據對希臘一百五十八個城邦政制的調查寫成的。

《政治學》分爲八卷一〇三章，就內容而言，分爲兩大主題：
關於理想城邦：

　　亞里斯多德提出，城邦是若干公民的組合，要闡明城邦制，首先要研究「公民」的含義。他認爲，政治權利是公民資格的眞正條件，凡是有權參加議事和審判職能的人，就是一個城邦的公民。城邦就是爲了維持自給自足的生活，而有一定人數的公民集團。若干公民集團集合在一個政治團體內，就成爲一個城邦。每一個城邦（城市國家）的公民要有好的品德，這種品德不同於善人的品德，但是要符合他所屬的政治體系。不同的政體對公民有不同的要求。一個城邦的政治制度發生變化，這個城邦就不再是統一的城邦。確定城邦的異同不在於土地、人民的劃分和種族的異同，而在於政制的異同。構成一個理想城邦的基礎是一定數量和質量的人民和土地。人口要有限制，國土面積不可太大，也不可太小，城邦位置的選擇從軍事角度和經濟角度來看，都應是合適的地方。

　　關於城邦的理想政體，亞里斯多德認爲，凡是照顧公共利益的各種政體都是正常政體，那些只照顧統治者利益的政體則是正常政體的變態。以統治者人數的多寡來區別，正常政體可分爲君主（一人）、貴族（少數人）和共和（多數人）三種政體。變態政體則相應分作僭主、寡頭和平民三種類型。寡頭和平民政體的區別不在於人數而在於財產，任何政體如以財產爲憑，一定是寡頭政體，如以窮人爲主體，則一定是平民政體。不過，主張平民政體的人不應認爲人們出身相等，就應一切權利都相等；主張寡頭政體的人也不應認爲人們的財富不等，就應一切權利都不相等。優良的政體必須是能使人盡其所能得以過幸福生活。無論就城邦

的集體生活而言，或者就人們個別的生活而言，必然以「有為」為最優良的生活。

　　城邦的目的，不僅求人類的生存，而且要實現共同的優良生活，誰為此目的貢獻最多，就應該在這個城邦享有較多的權利。在平等人民組成的城邦中，人民應該輪替，不同的人交互做統治者和被統治者。建立輪番統治的制度就是法律，這就是說，要實現正義就需以法律為治，法律是最好的統治者。亞里斯多德所說的法治有三項要素：第一，它是為了公眾利益而實行的統治，以區別為某個階級或個人利益的專橫統治；第二，統治的實施需根據普遍的法規而不是專斷的命令；第三，法治意味著對自願的臣民統治，以區別僅靠武力支持的專制統治。總之，法律不是一種權宜之計，應是具道德與文明生活中一個不可缺少的條件。

　　一個理想城邦一定要求參與政事的公民具有善德。人們達到善者出於天賦、習慣和理性三方面。習慣和理性都要經過培養才能得到發展。因此，立法者應特別重視教育。公民教育要按青壯年和老年分別編組，教育遵循的原則是：戰爭只是導致和平的手段；勤勞只是獲得閒暇的手段；凡僅屬必需或僅關係實用的作為，只能是獲取善業的手段。對個人和城邦來說，要培養勇毅和堅忍的品德、智慧的品德、節制和正義的品德，這些品德在戰爭或和平時期都是需要的。教育的程式要同人生的經歷一致，首先要注意兒童的身心教育。理想的城邦要擁有大量的健康兒童，少年時期就要受到以後作為從事公民善業的訓練，這項訓練不應視為各家的私事，應由城邦統一辦理。教育的內容重實用，重品德，也重知識。要重視青少年的音樂教育，音樂有怡悅作用和陶冶性情的作用。

關於現實政體的各種類型：

亞里斯多德提出，政體研究是一門實用學術。其中包括：什麼是最優良的政體，適合於不同公民團體的不同政體；哪種政體最為相適，如何創制使之垂於永久。政體就是城邦公職的分配制度，公民團體憑這個制度分配公職時，以受職人員的權能為依據，或以受職人員之間的某種平等原則為依據。公職分配的方式有多少種，政體也就有多少種。亞里斯多德主張，政體的分類應以一、兩種為正體，其他政體則為這種最優良政體的變型。他提出的兩種政體是平民政體和寡頭政體，以主政者的人數來看，兩者均為多數人主政。凡是自由人掌握治權的就是平民政體，其特徵在於出身自由，而不在人數之多。凡是富人掌握治權的就是寡頭政體，其特徵在於財富，而不在人數之少，掌權者富有而出身名門。

平民政體有四種類別：第一種，嚴格遵守平等原則，窮人不占富人的便宜；第二種，以財產為基礎，凡是擔任公職的人，要有一定數額的財產，達不到要求數額的，不得擔任公職；第三種，凡出身無可指責的公民，都能受任公職，治理原則完全以法律為依據；第四種，不問出身（雙親是否屬於自由公民），凡屬公民，人人可以受任公職，治理仍以法律為據。

寡頭政體也有四種類別：第一種，受任公職必須有高額財產，政治權利是按規定的財產數額分配的；第二種，擔任公職對財產的要求高，而公職的補缺又由全部合格的人們當中選任，其政體趨向於貴族；第三種，父子相傳的世襲制度；第四類，由於世襲，執政者的權力更大，個人意志凌駕於法律之上，這就成了所謂「權門政治」。區別不同政體的通則是：凡不容許任何公民一

律分享政治權利的應該屬於寡頭性質；而容許任何公民一律參加的就屬於平民性質。社會各階層參與政治的程度，取決於他們的資產和實際從政的餘暇。

亞里斯多德認為，除平民政體和寡頭政體以外，還有君主政體和貴族政體。君主政體又稱「王制」，有五種不同情況：一、斯巴達式的君主政體；二、權力類似僭主（專制）的君主政體，常見於非希臘民族各國；三、稱為「民選總裁」的形式，屢見於古希臘各邦；四、史詩時代的王制，王室始祖均以戰功起家或為民樹立不朽業績；五、具有絕對權力的君主，對人民的統治猶如家長管理家庭。然而，只有一種政體可稱為貴族政體，參加這種政體的人們是以絕對的標準來衡量，也的確具備最好的道德品質。在職司選任上兼顧財富和德才兩種因素，或才德和平民多數兩種因素，或財富、才德和平民多數三種因素。

所謂「共和政體」是混合寡頭和平民兩種政體的制度，一般說來，這種混合政體，若傾向平民主義者稱為共和政體，偏重寡頭主義者則稱貴族政體。僭主政體為君主政體的變體，有三種形式，前兩種一般都保持法治精神，第三種是真正僭政的典型，是絕對君主政體，是暴力的統治。

亞里斯多德認為，大多數城邦所能接受的政體，是以中產階級為基礎組成的共和政體，中產階級比任何其他階級較為穩定。凡一邦的中產階級力量足以抗衡其他兩部分的階級，就能組成政治安定的優良政體。嚴格來說，適用於一切政體的公理是：一邦之內，願意維持其政體的部分，必須強於反對這一政體的部分。一切政體都要有三個要素作為構成的基礎：議事機能、行政機能和司法機能。任何一種政體都可能發生變革。政體的變革常以

「不平等」爲發難原因。政事措施的失當和社會變遷也會促成政體變革。城邦要長治久安的條件是：執政人員效忠而有德才，現行政體得到大多數人擁護，從實際出發教育公民。

亞里斯多德的《政治學》開創了西方傳統的政治學體系。書中關於政治理論和現實政制的論述，至今仍爲西方政治學者所承襲，英國拉斯基的《政治典範》和美國迦納的《政治科學與政府》都可作爲佐證。書中關於政體的理論，則影響了許多思想家；在政體分類問題上，更有許多人都直接沿用本書的理論。

摩奴法典

　　《摩奴法典》又稱爲《摩奴法論》，是古代印度婆羅門教的教律和法規彙編。傳統的說法認爲編者是摩奴，並稱摩奴是「印度最古老的立法家」。由於原著是古代印度重要的歷史典籍，長期作爲規定人們彼此的關係和懲辦各種犯罪的法規而產生廣泛的作用。原著受到印度國內外學術界的重視，認爲它不僅是研究古代印度法律和種姓制度的基本資料，也是研究古代印度社會和文化的珍貴歷史文獻。

　　摩奴是古代印度的神話傳說人物。摩奴一詞原意爲人，傳說是太陽神的兒子。據印度史詩《摩訶婆羅多》記載，摩奴在從事嚴峻的苦行時幫助過一條魚，在這條魚被放入海中時，它向摩奴預告：將要發生洪水以毀滅全人類。摩奴聽從它的話，造了一艘船，洪水到來時，摩奴安全地讓船在洪水中航行，並平安到達喜馬拉雅山頂靠岸。洪水退去後，摩奴這位人類唯一的倖存者經過艱鉅的苦行後，著手創造世間萬物，因此摩奴被稱爲人類的始祖。在印度，這部法典被稱爲由梵天啓示給摩奴一世，並由跋梨求發表的。原書稱「爲將婆羅門的義務與其他種姓的義務以適當順序加以區分，生存於神的摩奴編纂了本法典」（一卷一○二條）。有關這本法典的演變，《那羅陀法典》序言寫道：「摩奴寫成梵天法論十萬節，共二十四卷一千章，以授那羅陀。那羅陀是諸神中的智者，把它縮減爲一萬二千詩句，供人類使用，授於跋梨求之子蘇摩底。蘇摩底爲了人類的最大便利，又把它縮減爲四千詩句。凡人讀到的不過是蘇摩底的再縮本…」

　　原著同印度其他法論一樣，不是國家頒佈的法典，而是婆羅

門教祭司根據吠陀經典、歷代傳承和古來習慣編成，將教律和法規結合爲一的作品。據學者們的研究考訂，由於原著包括有古代不同時期的內容，一般認爲此書爲一個逐漸形成的過程，而不是由一位立法家編成的。原書中，第二～六卷時期較早，第七～十卷次之，而第一卷和第十一～十二卷形成時期最晚。因此，學者們推斷，原著大約形成於西元前二世紀至西元二世紀。

流傳至今的《摩奴法典》共十二卷，二千六百八十五節。第一卷「創造」，記述創世的神話。第二卷「淨法、梵志期」。第三卷「婚姻、家長的義務」。第四卷「生計、戒律」。第五卷「齋戒和淨法的規定、婦女的義務」。第六卷「林棲和苦行的義務」。這六卷論述了婆羅門教徒的四住期①的行爲規範。第七卷「國王和武士種姓的行爲」。第八卷「法官的任務、民法與刑法」。第九卷「民法與刑法、商人種姓和奴隸種姓的義務」。這三卷敘述了民法、刑法、婚姻制度和繼承法。第十卷「雜種種姓、處困境時」，是關於種姓的法律。第十一卷「苦行與贖罪」，內容是贖罪法。第十二卷「輪迴、最後解脫」，敘述的是因果報應，輪迴轉世之說。據統計，其中有關法律的篇幅約占全書的四分之一。

古代印度社會有四種原始種姓，即僧侶或婆羅門種姓，武士與王士種姓或刹帝利種姓，商人與農民種姓或吠舍種姓，奴隸種姓或首陀羅種姓。《摩奴法典》的主要內容是宣揚種姓起源的神話，論述各種姓的不同地位、權利和義務，規定遵從或違反種姓制度的獎懲，並以來世苦樂作爲獎懲的補充。

下面摘引幾條法規，看看原作的思想傾向：

婆羅門因爲從最高貴的肢體所生，因爲首先被產生，因爲掌

---

①四住期即梵志或學生期，居家或家長期，林棲或隱士期，比丘或苦行期。

握經典，理應為一切創造物的主人。

國王被創造為致力於依次完成特殊義務的各種姓、各住期的保護者。

剎帝利無婆羅門不能繁榮，婆羅門無剎帝利不能昌盛；婆羅門和剎帝利結合在一起而在今生和來世得以繁盛。

因為造物主創造了有用的動物之後委託吠舍來照管，而將整個人類置於婆羅門和剎帝利的保護之下。

盲目服從精於聖學、德名卓著的婆羅門家長的命令，是首陀羅首要的義務，並帶來死後的幸福。

《法典》又規定了四個種姓的義務：「婆羅門學習和傳授吠陀，執行祭祀，主持他人的獻祭」；剎帝利「保護人民，行佈施，祭祀，誦讀聖典，摒絕欲樂」；吠舍「照料家畜，佈施，祭祀，學習經典，經商，放貸，耕田」；而首陀羅只有「一種本務，即服役於上述種姓」。

關於刑法，則有如下規定：

如果一個種姓低賤的人，以折磨婆羅門為樂，國王應處以足以引起恐怖的各種體刑。

出身低賤的人無論用哪個肢體打擊出身高尚的人，這一肢體應被切斷。

從上面的條文可以看出，《法典》完全是站在統治階級的立場，其核心是維護種姓制度。值得說明的是，原書中的某些內容，實際表述的是婆羅門種姓的願望和理想，例如有關婆羅門永遠高於剎帝利的說法，在古代印度並不一定是現實的。《摩奴法典》由於代表了統治階級的利益，所以它在古代印度社會所發揮的作用甚至遠遠超過了一般法典。

查士丁尼的 法學總論

　　《查士丁尼法學總論》亦稱爲《法學總論》，是拜占庭帝國皇帝查士丁尼欽令編寫的一部法學教科書，據稱是由他親口傳授的。

　　查士丁尼（四八三年～五六五年），出生於伊利里亞的一個農民家庭。五一八年，其伯父查士丁被擁爲拜占庭帝國皇帝，他以養子身分協理朝政，其伯父於五二七年去世，查士丁尼遂繼承帝位。爲與其後的查士丁尼二世區別，歷史上又稱他爲「查士丁尼一世」。他繼位之後，對內擴充軍隊，加強官僚機構，並殘酷鎮壓了五三二年在帝國首都爆發的農民起義，而後橫徵暴斂，大興土木；對外則擴疆拓土，屢屢發動侵略戰爭，征服了大片土地。

　　查士丁尼不僅崇尚武力，而且重視法律。例如，他在《法學總論》中的第一頁就說：「皇帝的威嚴光榮不但依靠武器，而且需用法律來鞏固，這樣，無論在戰時或平時，總是可以將國家治理得很好。」鑑於當時帝國的法律極端繁雜紊亂，他遂於五二八年任命一個十人委員會（後增爲十六人），在大法官特里波尼安的主持及法學教授西奧菲里斯和多羅西斯的協助下，對羅馬帝國歷代皇帝的詔令、元老院決議及著名法學家的著作加以彙編刪訂，開始大規模的法典編纂工作。從五二九年～五三四年先後頒發了《查士丁尼法典》、《查士丁尼法學總論》、《查士丁尼學說彙編》。這三部著作，連同由後人編纂的《查士丁尼新律》一起合稱爲《查士丁尼國法大全》，成爲歷史上最完備的一部成文法典，代表羅馬法本身已發展到最輝煌的時代。查士丁尼也因其豐功偉業，成爲東羅馬帝國最著名的皇帝，被譽爲「查士丁尼大帝」。

《查士丁尼法學總論》又名《法學階梯》，是以羅馬帝國著名的法學家蓋尤斯的同名著作和另一著作《日常事件法律實踐》為藍本，並且參照其他法學家的著作改編而成。全書共分四卷九十八篇，篇下又分目。

　　第一卷是關於人的規定，即關於羅馬私法的法律主體的規定。羅馬法分為公法和私法兩類：公法是與宗教祭祀事物和國家組織結構及其活動範圍相關，私法則是直接涉及個人利益的法律。正如書中所指出：「公法涉及羅馬帝國的政體，私法則涉及個人利益。」而私法又被分成自然法、市民法和萬民法，分別涉及自然界所賦予人類與生俱來的權利，羅馬公民所享有的權利和帝國境內外國人享有的權利。這一部分論及了作為私法主體的人所擁有的權利能力和行為能力，人的法律地位，各種權利的取得和喪失，還涉及婚姻家庭關係。值得注意的是，書中雖然標榜正義的原則，但由於歷史發展的侷限性，在帝國的貴族、騎士、自由民、外國人和奴隸五個社會階層中，奴隸是沒有私法主體資格的，只是被當做「物」來對待，是私法關係的客體。另外，由於嚴格奉行自然法、市民法、萬民法並立的體制，外國人的權利也受到很大程度的限制。

　　第二、三卷是關於物的規定，主要涉及財產關係。書中對物的定義頗為廣泛，不僅涉及可觸知的有形物，也涉及不可觸知的無形物；不僅包括人工創造的東西，也包括自然界原本存在的東西。並且，它們分屬於共有、公有、團體所有和私人所有。物權分成所有權、地役權、用益權、使用權、居住權和抵押權等，可以依照契約或遺囑被贈與、遺贈、讓與和繼承，法律保障這些權利的不可侵犯性。債務則分為由締結契約所發生和由侵權行為所

發生的兩種。總之，該部分詳細論及物權的種類，物權的客體，各種權利的取得、變更和劃分，以及繼承、債務等內容。物法篇的內容在書中所占的篇幅最大，表明羅馬帝國商品生產和交換關係已相當發達，同時也說明了統治者對鞏固其所有制的重視。

第四卷是有關契約和訴訟程式的規定，對訴訟的種類、訴訟主體資格、訴訟程式、訴訟擔保及法官的職權等作了詳盡的論述。《法學總論》先實體法後程式法的排列順序與羅馬帝國第一部成文法——《十二木表法》恰好相反，強調法律主體的實體權利，反映了羅馬帝國商品貨幣經濟的性質及其要求，是一個進步的表現。

《法學總論》是查士丁尼欽令編纂的，也是為了便於學習和瞭解羅馬法的基本原理。其融會了羅馬法的全部基本原理，是羅馬法的精髓，並且論述條理分明，內容詳實，無怪乎查士丁尼本人也認為它「包括了全部法學的基本原理」。由於該書是欽令編寫的，它與《國法大全》中其他三部著作一樣，都具有法律約束力，所以，實際上是拜占庭帝國的一部私法典，而不僅僅是一部教科書。它的「公法」、「私法」劃分體制奠定了後來西方資產階級在法學劃分部門法的基礎；關於財產所有權的各種規定，成為後來資產階級制定民法典所借鑑的藍本。翻開當今西方資產階級國家的有關立法，就會發現它們與《法學總論》中的許多內容有著驚人的相似之處。而關於保護私有財產的原則，後來則發展成為資產階級「私有財產神聖不可侵犯」的基本法律原則。實際上，《法學總論》中的許多內容反映了人類社會商品生產和發展的必然要求，它對整個人類社會與法律科學的發展，都有不可磨滅的貢獻。

005 ▶政治學之父

馬基維利的　君王論

　　馬基維利（一四六九年～一五二七年）是文藝復興時期義大利佛羅倫斯的政治家、外交家和政治思想家。他出身於貴族，父親貝爾納多愛好研究古典著作，馬基維利自幼受父親的薰陶與影響，十二歲時已能用拉丁文寫作，在佛羅倫斯大學完成他的學業。

　　馬基維利的政治生涯與佛羅倫斯共和國的重建和再度覆滅密切相連。一四九五～一四九六年，他在共和國政府任助理；一四九八年，被任命為佛羅倫斯第二秘書廳秘書長；同年七月，又被任命為「十人委員會」秘書，在最高行政機關——執政團領導下，負責外交與軍事工作，是政府首腦索代里尼的得力助手。一五一二年，麥地奇家族在西班牙人支持下重返佛羅倫斯，索代里尼辭職出走，共和國由此瓦解。馬基維利被麥地奇政府罷免職務。一五一三年，他曾經以參加反麥地奇家族的陰謀罪嫌被捕入獄，經過力辯無辜，不久獲釋。此後，他隱居於父親留下的一個小農莊裡。但是他仍然沒有忘記經國治世的理想，堅持在理論上進行探索。他的十四年政治生涯，特別是外交經歷，對他的政治思想產生重大影響，《君王論》就是在這種情況下寫出的。一五二七年，佛羅倫斯人民再度驅逐麥地奇家族，恢復共和國，馬基維利要求恢復官職未果，當年病逝，享年五十八歲。

　　馬基維利寫作《君王論》之際，正值義大利處於內憂外患十分嚴重的時期。整個義大利半島分成五個較大的國家：南部的那不勒斯王國、西北部的米蘭公國、東北部由貴族統治的威尼斯共和國、中部的佛羅倫斯共和國以及位於中心的教皇轄地。後來，

教皇的世俗權力擴大，成為義大利的統治者之一，他本身沒有力量統一義大利，卻有足夠的力量阻止其他統治者去做。這個南歐半島政治上四分五裂，社會腐敗不堪，法國人、西班牙人和日耳曼人不斷入侵，企圖實現各自控制、主宰義大利的野心。義大利人飽受暴政的壓迫和外國強權欺凌的痛苦。佛羅倫斯共和國屢遭劫難，加上馬基維利本人政治生涯變化無常，使他看清了謀求義大利國家的統一和民族獨立自由的迫切需要。為此，他根據自己的政治實踐經驗，提出設想，認為當時的義大利，除了實行君主專制外，別無他法。這就是《君王論》的時代背景。

綜觀《君王論》，講的全是君主的治國之道和興邦之術，主旨是君主或其他類型的專制統治者，如何鞏固並加強自己的權力和地位；中心問題不外政治手段和軍事措施這兩方面。

《君王論》對不同類型的君主國作出明確的區分：如世襲君主國、混合君主國、依靠自己武力和能力獲得的新君主國、依靠他人的武力或者由於幸運而獲得的新君主國、市民君主國和宗教君主國…等。馬基維利作這樣具體的區分，是以歷史事實為例，既說明這些名稱的確切涵意，也介紹了這些君主國當時成敗的經驗教訓，意在啟示實行統治的君主們如何參照別國的歷史經驗，結合本國實際情況，因地制宜建立適合自己的君主政體。這無疑是一個君主在立國之初要考慮的首要原則。君主立國要依靠自己的能力，要把基點放在自身的力量上，凡是這樣做的，日後要保持自己的地位，就沒有多少困難。這是馬基維利對君主鞏固自己的權力地位提出的第二條原則。他以弗朗切斯科‧斯福爾紮和切薩雷‧博爾賈為例，稱讚他們靠自己卓越的能力，採用適當的手段，由平民一躍成為米蘭公爵。而那些依靠金錢或由於他人的恩

賜而獲得某一個國家的人，取得政權比較容易，但是不懂得怎樣保持，而且也不可能保持自己的地位，這是應當引以爲戒的，如希臘的愛奧尼亞和赫萊斯蓬等城市，就有許多這樣的例子。

君主初登王位時，總會遇到種種敵視或反抗的力量，因此應該大刀闊斧，使用暴力手段解決那些非用暴力解決不可的問題，也不用怕作出其他惡行和殘忍之事，這是馬基維利提出的鞏固君主權力地位的第三條原則。爲了自身的安全和臣民的利益，君主適當使用暴力手段是必要的。西西里人阿加托克雷靠邪惡卑鄙的方法從平民崛起，成爲錫拉庫薩國王，可謂成功之例。此外，君主爲保持自己地位，還要知道怎樣作惡和何時需要作惡。惡行如果可以挽救自己的國家，君主也不必爲這些惡行自責。但是在另一方面，君主也必須提防勿濫用仁慈。切薩雷・博爾賈雖然被認爲是殘忍的君主，但他的殘酷卻統一羅馬尼亞，恢復了和平與忠誠。因此，君主要有遠見，知道怎樣避免會使自己亡國的惡行，還要保留那些不會使自己亡國的惡行。君主爲使臣民團結一致，同心同德，就不應介意殘忍這個惡名，因爲他不能用仁慈的手段對待危害社會的混亂、兇殺和劫掠。實際上，君主要避免殘忍的惡名也不大可能。

除上述關於鞏固君主權力地位的三條原則外，《君王論》也有論述君主個人還應具備哪些品質和作風。當一國大多數人的財產和體面未受到侵犯時，人民才能安居樂業。因此，作爲君主絕對不能貪婪、霸佔臣民的財產及其婦女，這是特別引起人民仇恨的事情。防止阿諛奉承，鼓勵臣民直言無諱，也是明智君主應有的作風，這可以使他不犯錯誤，並使自己的統治措施與臣民密切結合。

君主立國以後，如何加強自己的權力地位，除上述各點外，必須建立自己的軍隊。義大利一切災難的原因就是多年來一直依靠雇傭軍。他們懷有野心、毫無紀律、不講信義，在敵人面前表現怯懦，發生戰爭時，他們不是逃避，就是一走了事，為雇傭軍耗費的軍餉完全付諸東流。而雇傭軍的興起是教皇在世俗事務方面影響擴大的結果，當時掌握義大利各部分統治權的教廷神父和市民，因為不懂軍事，只好招募雇傭軍。雇傭軍固然不可靠，外國援軍同樣無用。援軍完全聽命於外國人，他們帶來的危險比雇傭軍還大。馬基維利提出，任何一個國家沒有自己的軍隊是不會穩固的。所謂自己的軍隊就是由臣民、市民或屬民組成的軍隊。一個君主除了戰爭、軍事制度和訓練之外，不應有其他的目標。他認為這是君主的「唯一專業」。和平時期應注意軍事訓練，有所防備，戰爭時就能取得主動權。專注軍事，精通軍事，就能贏得勝利；不整軍經武，忽視軍事，就會亡國。這是《君王論》探討中最重要的課題之一，也是馬基維利本人畢生為之努力最偉大的事業之一。

　　馬基維利寫出《君王論》後，將它獻給麥地奇家族的統治者小羅倫佐，想以此謀取官職，但是未獲統治者的垂青。此書在他生前並未發表，直到他死後五年的一五三二年，在教皇克萊門特七世的贊助下才出版。之後，世人對此書議論紛紜，褒貶不一，但是在其問世四百多年後的今天，卻存在著重大的影響。第一，《君王論》的立論基礎完全建立在世俗的力量和人的因素上，使君權完全脫離了神的旨意，失去一切神聖的色彩；而在此以前，政治思想家無不把君權神授作為君權的合法性依據。所以它是首先擺脫神學的政治學，代表著中世紀神學政治思想的終結和近代世

俗政治思想的發端。第二，《君王論》把權力作為法的基礎，從而使政治的理論觀念擺脫了道德，政治學成為獨立的學科，馬基維利因而有「政治學之父」之稱。第三，《君王論》的各種論點並不是空洞理想的抽象說教，而是以超然冷靜的態度提出達到維護君主統治的種種手段，可以說是政治學一門實用科學的典範。總之，《君王論》在西方政治思想史上所占的重要地位是無可取代的。

湯瑪斯·莫爾的 **烏托邦**

　　湯瑪斯·莫爾於一四七八年生於倫敦一個富裕家庭，其父曾任皇家高等法院法官。莫爾幼年在倫敦聖安東尼學校學習拉丁文，一四九二年進牛津大學攻讀拉丁文和形式邏輯，後改學法律，一五〇一年成爲正式律師。亨利八世在位期間，莫爾歷任要職，曾任王室請願裁判長、樞密顧問官、財政副大臣，並獲爵士稱號；一五二三年當選爲下議院議長，一五二五年受命爲蘭開斯特公國首相，一五二九年任內閣大臣，由於對國王的離婚案持異議並拒絕宣誓承認國王爲英國教領袖而被捕入獄，一五三五年被處死，頭顱被懸掛在倫敦塔上示眾。

　　莫爾的時代是地理大發現的時代，新的航路、新的人種湧現，使歐洲人大開眼界，思想解放。莫爾對人文主義的研究和他在亨利八世時期擔任的政治要職以及從事的社會活動，使他經歷豐富、見聞廣博。他善於觀察當時的社會狀況和弊端，他看到在亨利八世的統治下，王室巧取豪奪，草菅人命，對外尚武好戰，不講信譽，妄圖稱霸於一時。在都鐸王朝卵翼下的英國貴族、大商人，爲了發財致富，殘酷剝削勞動群眾，與政府狼狽爲奸。百姓動輒得咎，性命不保。當時莫爾最關心的問題是貴族富豪的圈地運動。貴族、大商人們把成千上萬的農民趕出世代居住的家園，把農民的土地改爲牧場。被趕出的農民到處流浪，或餓死於轉死溝壑，或淪爲盜匪。

　　莫爾認爲亨利八世是個殘忍的暴君，對這種社會狀況表示不滿並控訴，卻招致意想不到的後果。所以，只能用隱蔽假託的方式來表達自己對這個社會的批判和未來的理想。於是，他採用一

種遊記體裁記述一個航海者的談話方式，詳述他的理想國度——烏托邦。烏托邦是他用兩個希臘文名詞虛構的，意為「虛無縹緲之鄉」。此書用拉丁文寫成，一五一六年在比利時的盧萬出版，分成兩部。

　　在《烏托邦》第一部裡，莫爾藉旅行家拉斐爾・希斯拉德之口講出對十六世紀初歐洲國家（主要是英國）基本政治制度和社會制度的看法。他尖銳地抨擊英國的君主專制制度和專制君主的對外侵略政策，說這種政策不但使被侵略國家遭到蹂躪，也使本國人民不聊生。君主為了貪圖私利而對臣民進行無情剝削，國王的謀臣們還隨時為剝削百姓找出種種論據。國內的大批貴族不勞而獲，靠剝削在自己田莊上做活的佃農為生。這些貴族還擁有許多遊手好閒的僕人，只要主人一死，他們就失去生活依靠，流浪挨餓，或從事盜竊。莫爾指出當時尚未剷除的封建制度下的情況後，著重指出當時出現的「羊吃人」的問題。他認為，這一過程的起點是羊毛需要量的增加和羊毛價格的上漲。大地主們為了增加收入，就把自己的地產從經營農業轉為經營牧羊業，把自己的土地改為牧場，把佃農從土地上驅逐出去。那些有少量地產的農民，在誘騙或暴力的迫使下，不得不賤賣地產，離開自己的土地。由於養羊需要的人手很少，這些大量的可憐農民只能到處流浪，或討飯為生，或淪為盜賊。和羊毛有關的所有業務都落到少數有錢人的手裡，他們只顧自己的利益，不考慮他人死活。莫爾認為，政府本應制止富人橫行霸道，強迫他們恢復農田和村落，讓被驅逐的農民能繼續從事農業和羊毛加工工作。可是政府卻用嚴酷的法律對付那些失去勞動機會的窮人，國家與富人狼狽為奸，而這一切罪惡的根源就是私有制的統治。在私有制度下，既

談不上正義，也談不上社會公平，每個人都儘可能把一切攫爲己有。不管社會有多少財富，它總是落到少數人手裡；其餘人的命運只有貧窮。前一種人一般都是兇狠奸詐的人，後一種則是謙虛淳樸的人，他們每天都爲社會福利而勞動。莫爾認爲，要建立公正的秩序，必須徹底廢除私有制，一切侷限性的改革都不能根治社會的痼疾。

《烏托邦》第二部描述了在幻想的國度烏托邦島上實行的各種制度。這就是莫爾藉拉斐爾‧希斯拉德的介紹來說明理想國的設想。烏托邦的政治制度是民主制度，全體官員由公民選舉產生。下級官員（赦護格朗特）以家庭爲單位選出，每三十戶選出一名。高級官員（特朗尼菩爾和總督）由赦護格朗特選舉產生。

烏托邦社會在經濟上是個統一體，最大特點是財產公有，全部土地都是共有財產。各地生產的一切物品都由國家的最高機關——元老院進行統計，進行再分配。生產的組織者不是整個國家，而是城市，基本經濟單位是家庭。家庭的產品全部交給國家，各戶可在指定的市場上領取需要的物品。家庭實質上就是一個公共作坊，這種家庭的基本標誌不是血緣關係，而是經濟上的結合。一個兒童如果不願意從事這個家庭所擔任的手工業工作，可以按照自己的選擇轉到另一家庭。一個家庭的經濟規模超過經濟上的需要時，國家可以把公民從這一個家庭調到另一家庭去。烏托邦社會幾乎無例外地包括在家庭手工業體系內。

在烏托邦，農業很受重視，但是農業在這裡並不是一種職業。農業工作是按義務勞動的原則組織的，每人必須從事兩年的農業勞動，只有特別愛好農村生活的人，才可以申請把這兩年的期限延長。烏托邦沒有眞正的鄉村，鄉村裡只有農場。人們從城

市來農場做一段時期的工作後，又回到城市做自己的基本工作。烏托邦人每天工作六小時，有一小時娛樂活動。烏托邦對城市人口嚴格限制，不得過分集中。除郊區外，每座城市規定只有六千戶，每戶成年人少則十名，最多十六名。如超出限額，則將多餘人口遷往人口稀少的城市。

烏托邦重視國民教育和學術研究。兒童都要上學，不但要求兒童讀書求知，還重視他們的品德教育和培養。一般社會教育則著重提倡公共道德、集體主義和正當娛樂，以培養良好的社會風氣。對犯有重罪的人，罰做苦工或貶為奴隸。表現好的可減刑，甚至取消奴隸身分。從事學術研究的人，先由教士推薦並經行政官秘密投票選出。從事學術研究的人可不參加勞動，如果不能勝任研究工作，仍然得去勞動。勞動者自修有成就，可不做自己的手藝，專門做學問。

莫爾的《烏托邦》對十六世紀初英國的政治制度和經濟狀況進行了深刻的批判，並揭示社會的不平等和勞苦大眾受剝削的主要原因。它是社會主義思想史上，第一個得出人類社會一切不平等現象是私有制造成的重要結論；鮮明而真實地評述了原始積累帶來的經濟變化所造成的社會後果。這就是成千上萬的農民在圈地運動中被剝奪了土地，處於衣食無著的貧困狀態。單從圈地史方面來看，《烏托邦》至今仍然具有最珍貴的史料價值。

《烏托邦》的歷史作用在於提出私有制是人類社會一切不平等現象的根源，同時提出一個獨特的、統一的思想體系，勾畫了一個在當時認為是理想社會的藍圖，成了對空想社會主義某些原理加以明確表述的第一本著作。所以，在社會思想史上佔有特殊的地位。它對後人的吸引力所以歷久不衰，在於它這套完整的思想

體系是在資本主義發展所奠定的基礎上產生的。在《烏托邦》問世以後，直到十九世紀，先後有康帕內拉、哈林頓、摩萊里、卡貝、傅立葉、聖西門、歐文等人撰寫著作，尋找自己的「烏托邦」，以寄託自己的社會主義理想。

培根的 新工具

　　《新工具》是十七世紀英國哲學家法蘭西斯‧培根（一五六一年～一六二六年）的主要哲學著作。培根出身於倫敦一個新貴族家庭，他的父親是伊莉莎白女王的掌璽大臣，培根十二歲入劍橋大學三一學院學習，二十三歲被選爲國會議員，此後官運亨通，接連晉升，任國王詹姆士的掌璽大臣。一六一八年成爲英格蘭大法官，受封爵士。他說其官場生涯的目的在於從國家權力的高度，促進科學的發展。一六二一年培根被控受賄，經國王干預免於刑罰，從此與權力和政治絕緣，專心於哲學和科學的研究。他曾計畫寫作一部百科全書式的巨著《偉大的復興》，但只完成出版了前兩部分，就是《論學術的進展》和《新工具》。培根文筆優美，有《論說文集》傳世，被後人視爲英語散文的典範。

　　培根所處的時代，正值經院哲學衰落但影響尚在，近代自然科學起步發展之時。儘管他對當時科學的最新成果知識有限，反對哥白尼的天體運行說，甚至對他的私人醫生哈威的科學實驗毫不關心，其思想帶有經院哲學的遺跡，但是他從哲學家的角度自覺地站出來，要求破除經院哲學對人們思想的束縛，將自然和經驗提高爲哲學的研究物件，以促進科學發展爲己任，制定經驗主義認識論的基本原則，創立了「經驗歸納法」，故其哲學理論體現了新哲學的精神，使之成爲近代哲學的開創者之一。

　　培根的《新工具》以其「新」而與亞里斯多德的《工具論》針鋒相對，原文爲拉丁文，一六二〇年出版。該書以箴言體寫成，包括序言和正文兩卷，共計一百八十二條箴言。第一卷詳盡批判了以經院哲學爲代表的錯誤觀點和偏見，探討了阻礙科學進

步的各種原因，意在為科學的發展掃清障礙。第二卷闡述了關於形式的學說，確立了經驗主義的基本原則，詳盡論述了科學認識的新工具——經驗歸納法。

培根首先確立了人與自然的新關係。人是自然的巨僕和解釋者，他所能做和瞭解的就是在事實或思想上，對自然過程所觀察到的，除此之外他什麼都不知道，也什麼都不能做，要命令自然就必須服從自然。人的知識與力量是統一的，這就是被後人概括為「知識就是力量」的著名口號。在人與自然的關係上，培根在認識自然之外又增加改造自然為人類服務的內容，標榜著人類對自然的態度轉變。由此他一反中世紀神學輕視貶低自然的態度，將感性自然提高為人的認識物件並視之為科學的「根」，從而為科學名正言順地研究自然且開闢了道路。在培根看來，科學長期以來很少進步，究其原因就在於利於科學發展的時間有限，人們不重視自然哲學這個科學的偉大母親，屈從於古人，特別是神學的權威，更其實重要的是缺少正確的方法。

作為科學偉大復興的「破壞部分」，培根著手清除影響人們正確地認識自然的錯誤思想和偏見，他稱之為「假相」。「假相」有四種：第一種「種族假相」植根於人類的天性之中，人的理智好像一面不平的鏡子，由於不規則地接受光線，因而把事物的性質和自己的性質攪混在一起，他不是以宇宙為尺度，而是以自己為尺度，這就把人的本性附加於自然之上，歪曲了事物的本來面目；第二種「洞穴假相」是由個人所有的特性造成的，每個人都是從自己的性格、愛好、所受的教育、所處的環境來觀察事物，因而帶有個人的偏見；第三種「市場假相」是人們在交往中由於語言概念的不確定、不嚴格而產生的思維混亂，語言概念的形成

和使用是約定俗成的，往往不能正確地反映自然的眞相；第四種「劇場假相」是人們不經批判，盲目順從傳統或流行的各種學說、體系和權威而形成的錯誤。這些哲學體系不過是舞臺上演出的戲劇，雖然它們比眞實世界更精緻，但卻遠離客觀眞理。當然，「假相」雖根深蒂固卻不是不可克服的，只要我們正確地使用理智，弄清產生錯誤的原因，找到正確的方法，就可以避免假相，獲得關於自然的可靠知識。

　　培根是近代英國經驗論的奠基人，其哲學的目標是以經驗爲基礎，透過他所建立的經驗歸納法來發現事物的「形式」，從而利用它來爲人類服務。科學認識的物件是自然，感性經驗乃是認識接觸自然的橋梁，因而一切知識皆以經驗爲起點和基礎。與培根的一些後繼者不同，他不僅意識到感覺經驗的侷限性，而且提出了將感性認識與理性認識結合起來的深刻思想，雖然他並未將之貫徹於自己的理論之中。他以螞蟻、蜘蛛和蜜蜂爲例，主張眞正的哲學工作既不是單純地搜集材料，也不是僅僅依靠心智的力量，而是將兩者結合起來，透過理性對經驗進行加工消化，以達到對隱藏在事物之中的「形式」的認識。所謂事物的「形式」，在培根那裡有多種涵意，它既意指事物的本質規定性和事物的運動規律，也意指眾多事物之中的「自然統一性」或自然的最高原因。我們認識自然的目的就在於發現它的「形式」，對「形式」的認識使人類在思想上獲得眞理，在行動上獲得自由，而發現「形式」的唯一正確的方法就是經驗歸納法。

　　培根以制定新的科學方法作爲其哲學的中心任務，他認爲理性若沒有正確的方法指導，就好像黑夜行路缺少光亮，大海航船沒有羅盤。新的科學方法是一種「眞正的歸納」，它既異於只是

「議論工具」而不能獲取知識的「三段論」演繹法，也不同於簡單列舉事例的普通歸納法。科學歸納法的基本原則首先是對傳統概念必須重新審定，要有反映眞實的健全概念；其次是從個別判斷到最高公理，必須經過中間公理，要循序漸進。它的基本程式是：

第一步「事實的搜集」，這是歸納的準備步驟和先決條件，即準備一部充足完善的自然和實驗的歷史。

第二步「三表法」，即透過例證列表，對數目眾多而又紛亂雜陳的感性材料加工整理，歸類在適當的秩序之內。首先是「本質和具有表」，「具有」所要考察的某些性質的例證表，例如將各不相同但都具有「熱」這一相同性質的現象列爲一表。其次是「接近中的缺乏表」，即前者的反證。由於這種事例是無限的，因而只限於記錄那些與前表中的事物最接近的事物。如月光、磷火雖接近於熱的事物，但卻不具有熱的性質。最後是「程度表」，這是所考察的性質，按照不同程度而出現的例證表。這三張表不僅考察了研究物件的正反兩面例證，而且考察了它在不同程度上的表現，從而達到全面詳盡的效果。

第三步「排斥法」意在透過概括與排除，淘汰非本質的規定性，例如將那些熱性質出現而它不出現，熱性質不出現它反而出現，熱性質減少它卻增多，熱性質增多它卻減少的東西排除掉，這就爲歸納打下了基礎。

第四步「歸納」，也稱作「初步的收穫」。培根認爲，一個事物的形式要在那個事物本身所在的全部事例中去尋找，不能有任何相反的矛盾例證。滿足了這一規則的性質就是該事物的「形式」。培根透過上述步驟對熱現象進行歸納，認爲一切熱現象都伴

隨著運動，因而熱現象的「形式」就是運動。

　　《新工具》一書在近代哲學史上第一次系統地批判了以經院哲學為代表中，阻礙科學進步的各種錯誤觀念，將自然提高為科學的認識物件，制訂了經驗主義認識論的基本原則，為近代歸納邏輯奠定了基礎，從而對於促進科學進步產生了積極的作用。在此之後，透過經驗歸納為自然科學提供方法論及認識論的基礎就成了經驗論者所致力完成的核心工作。然而由於經驗與歸納邏輯本身的侷限性，使得片面固執於經驗的近代經驗論最終在休謨的懷疑論中遭到重大挫折。直到今天，由培根奠基的歸納邏輯仍然是科學方法論所關注的重要問題。

洛克的 政府論

　　約翰・洛克（一六三二年～一七〇四年）是十七世紀英國哲學家和政治思想家。他出身於商人家庭，父親做過律師，是清教徒，在英國革命期間站在議會一邊，曾以騎兵上尉身分參加克倫威爾的軍隊。一六五二年，洛克進牛津大學基督教學院學習。他在學習期間對傳統課程不感興趣，開始研究自然科學，特別是醫學。當時的牛津校長歐文，對洛克的自由主義思想的形成，影響深遠。洛克於一六六六年結識艾希利勳爵（後來成爲沙夫茨伯里伯爵），一六六七年擔任他的秘書，之後又跟隨他做政府中的其他工作。沙夫茨伯里擔任惠格黨領袖時，他們時常交換對於政治的意見，這對他的政治思想影響很大。一六七五～一六七九年，他旅居法國，考察當地的政治、經濟狀況。一六八三年流亡荷蘭，成爲英國要求荷蘭引渡的二十四名政治犯之一。一六八九年二月，洛克同瑪麗女王返回英國。此後便成爲英國政界和學術界的重要人物。

　　英國的清教徒革命從一六四〇年開始到一六八八年告終，確定了以議會爲主的君主立憲制，其需要在政治思想的論戰方面進行清理，打擊一切保皇理論和專制主義，以鞏固自己的統治。洛克的《政府論》就是在這種政治社會背景中問世，它集中體現了洛克在政治學說上的成就。上篇集中批判以菲爾麥爲代表的君權神授論，下篇體現了他自己的政治學說。洛克認爲，菲爾麥的理論是保皇派理論的代表，其核心觀點是君權神授和王位應該世襲。洛克對這種維護封建制度的反動論點批判作了這樣的概括：《政府論》上篇已闡明，第一，亞當並不基於父親身分的自然權利

或上帝的明白賜予，享有對於他的兒女那種權威或對於世界的統轄權；第二，即使他享有這種權力，他的繼承人也無權利享有這種權力；第三，由於沒有自然法，也沒有上帝的明文法來確定在任何場合誰是合法繼承人，就無從確定繼承權，因而也無從確定應該由誰來掌握統治權。因此，現在世界上的統治者要想從以亞當的個人統轄權和父權爲一切權力的根源的說法中找到什麼權威的根據，是不可能的。因此，必須尋求另一種關於政府的產生、關於權力的起源和用以安排和明確誰享有這種權力的說法。

《政府論》和資產階級革命時期其他著作一樣，也提出了「自然狀態」、「自然法」、「自然權利」和「社會契約」這些問題，目的在於對政治權力進行追根溯源的考察，並闡明建立政府的必要性和目的。洛克提出，自然狀態先於國家存在，那是一種完備無缺的自然狀態。在這種狀態中，人們自由地處理與自身有關的事情，所有的人都享有同等的自由權利。自由和平等是根本的東西，是自然狀態的特徵。在自然狀態中，絕無人奴役人的任何根據，自然的自由是不可轉讓的。自然狀態具有公眾利益和有秩序的特點，它透過自然權利和準則加以自我調節。自然權利是這樣一些法則：歷來決定著人的行爲舉止並受理智的驅使，它可稱之爲自然法。

在自然狀態中，除自由和平等外，私有財產屬於自然權利之中，它出現在國家產生以前，是作爲個人自然權利之一而存在的。然而，在自然狀態中，人的自由和財產是沒有保證的，而且有隨時遭受侵害的危險。因此，人們不可避免地覺察到有放棄一部分天賦自由的必要，透過社會契約建立「公民社會」以補救自然狀態的種種不便。洛克認爲，契約是爲了和平安寧地生活，是

一個人與其他人達成有關聯合成社會群體的協定。根據這種契約，人們為了有效地維護自身的自由與財產，要放棄那種原先屬於自己的自然自由和自然權利，並把自然權利轉讓給社會。但不是全部放棄，而且限制在對政權的創設和維護的必要範圍內。社會契約由此導致自然狀態，向公民的政治社會狀態或國家的過渡，導致國家的形成。

這裡要提出的是，從歷史來看，洛克所說的自然狀態和社會契約是從未有過的；自然法和自然權利說也是臆造的假說，其目的在於說明君主專制制度比自然狀態更壞，從反面抨擊了封建制度；人們聯合成為國家和置身於政府之下，重大且主要的目的，是保護他們的財產；在這方面，自然狀態有許多缺陷。處於自然狀態中的人們進入社會組成一個國家，置於一個有最高統治權的政府之下。這樣，他們就授權社會立法機關根據社會公共福利的要求為他們制定法律。執行法律的裁判者有權裁判一切爭端和救助國家任何成員可能受到的損害。由於這種裁判的設置，人們便脫離自然狀態進入一個有國家的狀態。

從《政府論》問世的歷史情況來看，洛克所說的「政府的主要目的是保護財產」這句話中的「政府」是指資產階級的國家機關，「財產」是指資產階級的私有財產，它集中體現了英國革命後新興資產階級關於政府作用的要求。

然而，什麼形式的政府最合適呢？《政府論》的回答是民選的議會掌握最高權力的政府。在當時的英國，洛克贊成由議會掌握國家最高權力的君主立憲制。為了防止身處國家領導地位的人獨攬大權，並在制定和執行法律時謀取私利，他提出國家實行分權，把國家權力分為立法權、行政權和聯盟權（或稱外交權）。立

法權是制定和公佈法律的權力，行政權是執行法律的權力，聯盟權是與外交有關的宣戰、媾和與訂約的權力。每一種權力都應該由一個特殊機構來掌握。但是，這三種權力並不平等：立法權是最高的權力，行政權和對外權皆受立法權的約束。在君主立憲制或議會主權的國家中，立法權由民選的議會掌握，是站在整個國家之上支配其他權力的。不過，洛克強調，任何權力都是有限制的，必須以保證人的生存、自由和財產權利爲目標，受人民協定、同意的限制。立法機關應以正式公佈的既定法律進行統治，唯一目的是爲人民謀福利，否則人民可以收回對它的委託，建立新的立法機關。行政權擁有國家的實力，如果它濫用職權，人民有權用強力加以掃除。

洛克在本書提出的分權主張和當時英國的階級力量對比有密切關係。當時英國資產階級雖然掌握了政權，然而封建勢力仍然不小，一六八八年的光榮革命，建立了君主立憲制度，把國王變成「虛君」。他的分權學說，一方面與削減和限制王權的措施是完全一致的；另一方面，也是爲資產階級掌握國家最高權力辯護。正因爲議會裡還有地主與資本家參加，洛克的議會主權說帶有抵禦封建權力對資產階級利益的侵害作用。但就當時的英國革命形勢而言，他的議會主權說也有排斥人民主權的涵意。

《政府論》是十七世紀英國資產階級革命時代的產物，在西方政治思想史上佔有重要地位。在國家起源的問題上，它解釋了一種世俗的國家起源說，反對君權神授的主張，提出分權說和議會權力至上；主張國王在議會之下的立憲君主制，反對君主制。直率提出政府的目的就是爲了保護私有財產，爲資本主義發展清除障礙。洛克的個人權利不可轉讓，私有制的神聖不可侵犯，分權

和議會政體以及法制這些原則，不僅成了英國政體的基礎，而且也成了其他資產階級國家體制的基礎。

《政府論》的思想對北美殖民地革命有直接影響。美國革命的先驅傑弗遜、麥迪遜、富蘭克林等人，都曾求助於這本著作。美國憲法中的許多原則，體現了這本書中的原則主張。人們通常認為，三權分立學說是法國啓蒙思想家孟德斯鳩的貢獻，但從歷史的進程來看，應當說，孟德斯鳩的分權說是在洛克的分權說基礎上補充和發展而成的，他的社會契約論也與洛克的契約說關係密切。從廣義的角度來看，也可以說洛克的哲學成了法國啓蒙思想的基礎。

孟德斯鳩的 法意

　　孟德斯鳩是十八世紀法國啓蒙思想溫和派的主要代表人物之一。一六八九年，他生於波爾多附近拉柏烈德莊園的貴族家庭，原名夏爾・德・賽貢達，就讀於尤里學院和波爾多大學，獲法學士學位後在地方議會當律師。一七一六年，繼承其伯父的波爾多議會議長職務，並依伯父遺囑改名爲孟德斯鳩男爵，此後即以此爲名。同年加入波爾多學院，從事地質、生物和物理學的研究。一七二六年，辭去議長職務。一七二八年進入法蘭西學院後，開始漫遊歐洲進行學術考察，先後到過奧地利、義大利、德國、荷蘭及英國等國。旅英期間，曾被選爲皇家學會會員。一七三一年回國後，閉門從事著作。他在歐洲國家的考察對其學術思想的發展發揮關鍵作用。一七四八年，《法意》問世，這是他一生最主要的著作。一七五五年，孟德斯鳩病逝，享年六十六歲。

　　孟德斯鳩生活的年代，是法國腐敗的封建主義和封建專制達到頂點的時代，也是法國資本主義有所發展的時代。當時法國的統治階級包括稱爲第一、第二等級的貴族和高級僧侶這兩大社會集團，他們佔據了政府和教會的一切重要職務並掌握軍隊。而資產階級、農民、手工業者和工廠工人等，則稱爲第三等級，他們完全被排除在政治舞臺之外，無法表達和實現自己的意願。因此，他們的共同願望和要求，就是改變封建專制制度，取消第一、第二等級的特權。從十七世紀末葉起，法國就掀起了反對封建主義、反對神學統治，爲資產階級革命製造輿論的啓蒙運動。《法意》就是啓蒙運動早、中期的一部代表作。

　　從政治思想史來看，《法意》的獨到見解是關於政體的分

類、關於分權與制衡，以及關於氣候對政治影響這三方面的理論，其中尤以分權與制衡說爲世人所熟知。孟德斯鳩認爲，每個單獨社會的存在，都要求建立把單獨的一些力量聯合成爲一種共同力量的國家。這種共同的力量可以掌握在一個人手中，或者掌握在很多人的手中。從這個觀點出發，他把政體分爲共和、君主和專制三種政體。共和政體是全體人民或僅僅一部分人民握有最高權力的政體；君主政體是由單獨一個人執政，不過遵照制定和確立的法律；專制政體是既無法律又無規章，由單獨一人按照一己的意志與反覆無常的性情領導一切。

　　共和國的全體人民握有最高權力時，就是民主政治。在民主政治裡，人民在某些方面是君主，在某些方面是臣民，只有透過選舉，人民才能當君主，因爲選舉體現了人民的意志。在民主政治下，確立人民投票權利的法律、關於選舉方式的規定、選舉應當公開，這些都應看作民主政治的基本法律。民主政治還有一條基本法律，就是人民可以制定法律。《法意》是把貴族政治看作共和政體的一部分，認爲共和國的一部分人民握有最高權力時，就是貴族政治。這些人制定並執行法律，其餘的人和這些人的關係，就像君主政體中君主與臣民的關係。貴族政治愈接近民主政治便愈完善，愈接近君主政治便愈不完善。

　　在君主政體裡，君主就是一切政治與民事權力的來源。由於這種政體是靠法律治理的，就需要有「中間的」途徑去行使權力。因爲一個國家只憑一個人一時的意志行事，這個國家也就沒有法律可言了。所謂的「中間的」途徑，就是貴族的權力。君主政體的基本原則是：君主與貴族是相互依存的。沒有貴族的君主國，君主將成爲暴君。一個君主國只有中間階級是不夠的，還需

要一個政治團體充當法律的保衛機構。這種團體在法律制定時便頒佈法律，在法律被遺忘時，則喚起人民的記憶。專制政體的國家沒有任何法律，也沒有法律的保衛機構。因此，在這些國家裡，宗教通常是很有力量的，它形成了一種保衛機構，並且是永久性的。如果沒有宗教，在專制國家中尊重的是習慣，而不是法律。

在分析三種政體的性質以後，還應當說明這些政體在原則上的區別。政體的原則就是使政體行動，是從政體的性質推衍出來的。孟德斯鳩提出，在民主制國家裡，需要的動力是品德。一旦品德消逝，野心和貪婪主宰人心，共和國就會成為巧取豪奪的對象。貴族制的原則是以品德為基礎的節制。在君主國裡，原則是榮譽，榮譽就是它的動力，它代替了政治品德，並且處處做品德的代表，它和法律的力量結合，能夠和品德本身一樣，實現政府的目的。在專制國家裡，原則是恐怖，因為君主的意志一旦發出，便應確實發生效力，絕對沒有調節、和解、商談這些東西。人的命運就和牲畜一樣。分權學說是《法意》的重要論題，主旨在於反對全部國家權力集中於專制君主一人手中，是根據約翰·洛克的分權論並加以發展而提出。

此書認為每一個國家有三種權力：第一種包括立法權力、有關國際法事項的權力、有關民政法規事項的行政權力；第二種為司法權力；第三種為國家的行政權力，這三種權力應當屬於不同的國家機關。如果立法權和行政權集中於同一人或同一機關之手，自由便不復存在，因為人民害怕這個國王或議會制定暴虐的法律，並暴虐地執行這種法律。如果司法權和立法權合而為一，則將對公民的生命和自由施行專斷的權力，因為法官就是立法

者。如果司法權和行政權合而為一，法官將握有壓迫者的力量。如果同一個人或是由重要人物、貴族或平民組成同一個機關行使這三種權力，則一切都完了。

在一個自由的國家裡，立法權應該由人民集體享有，人民必須透過自己選出的代表組成立法機關，制定法律或監督其所制定法律的執行。貴族應組成團體和平民團體同時享有立法權，二者有各自的議會。但是貴族的團體是世襲，在立法上只有反對權，不應有創制權。立法、司法和行政這三種權力既要分立，又要互相制約。行政權應掌握在國王手中，因為政府各部門時時需要採取急速的行動，一個人管理比由幾個人管理要好。行政機關有權制止立法機關的越權行為，否則立法機關就要變成專制。行政也應透過「反對權」來參與立法。司法權應選自人民階層中的人員組成法院，依照法律規定的方式來行使，它不為某一特定階級或某一特定職業所專有。孟德斯鳩當時提出的分權與制衡的模式，就是英國的君主立憲政體。

孟德斯鳩關於三權分立的學說在當時是針對法國的君主專制制度，反對把全部權力集中在君主手裡。在資產階級取得政權後，就成為資產階級國家機關各部門的分工、相互制約和保持權力平衡的理論根據。一七八七年的美利堅合眾國憲法和一七九一年的法國憲法，都採用了分權原則。美、法兩國的憲法後來又成了許多其他資產階級國家憲法的楷模。孟德斯鳩關於政體分類的說法，儘管有顯著的缺點，但他對良好政體的褒揚，對專制暴政以及與封建專制聯盟的教會抨擊，其目的就是要把它們全部推翻，它的深遠意義即在於此。至於他的氣候、土壤等地理條件對一個國家的法律和政體的制定和形成能產生作用的理論，片面誇

大了地理條件在社會發展中的作用。不過，在神學中把法律和政治當做上帝恩賜的時代，他企圖從客觀物質因素中尋找各國法律和政體差異的原因，還是有積極意義的。

總觀《法意》可以說是關於政治理論史和法學史一部影響深遠的鉅著，堪與亞里斯多德的《政治學》媲美，可稱之為「理性和自由的法典」。

盧梭的 社會契約論

　　盧梭（一七一二年～一七七八年）出生於日內瓦一個鐘錶匠家庭。一七二二年父親被流放後，他寄居在舅父家，不久便開始了近二十年的流浪生活，到過巴黎、都靈等地，當過雕刻工人、僕人和音樂教師。在巴黎，他與「百科全書派」代表人物之一的狄德羅建起友誼，但由於對達朗伯爲《百科全書》所寫的「日內瓦」條目有不同看法而與「百科全書派」決裂。一七五○年，他參加了第戎學院舉辦的「科學和藝術的進步有助於風俗的敗壞或改善」的徵文競賽，他的論文《論科學和藝術》獲首獎，因而一舉成名。一七五六年他發表了《論人類不平等的起源和基礎》，之後，有六年時間潛心著述，先後寫出《新愛洛綺絲》、《愛彌兒》和《社會契約論》，但後兩部著作曾遭法國議會查禁。

　　法國是盧梭的第二故鄉。十八世紀的法國是小生產者佔優勢的國家。法國大革命以前，資產階級雖然在經濟上得到發展，但在政治上仍屬於無權的第三階級。因此，推翻封建政權、廢除封建專制制度的呼聲日益高漲。法國大革命前出現的各種學說，爲這場革命作了充分的輿論準備，其中代表小資產階級思想，更爲激進、更具有革命性的，就是盧梭的思想，《社會契約論》在實際上發揮了關鍵的影響。

　　《社會契約論》的主旨要闡明透過訂立社會契約來恢復人生而具有的自由和平等，確立人民主權的支配地位以及政府和主權者的應有關係。人是生而自由的，但卻無往不在枷鎖之中。這是盧梭在本書開端提出的問題，既表示對封建專制制度的抗議，也揭示了當時社會存在的矛盾。他認爲，人類在自然狀態中不利於人

類生存的種種障礙，壓倒了每個人在那種狀態下為了自己生存所能運用的力量。這些障礙不言而喻是封建制度造成的。因此，原始狀態就不能繼續存在，而人類自身如不改變其生存方式，就會消滅。出路在哪裡？他認為，人類除非集合自身的力量形成一種力量的總和才能克服這些障礙。但是，每個人的力量和自由是他生存的主要手段，他如何置身於力量的總和，同時既不妨害自己，又不致忽略對自己應有的關懷。要解決這一困難，就「要尋找出一種結合的形式，使它能以全部共同的力量來護衛和保障每個結合者的人身和財富，並且由於這一結合而使每一個人與全體相聯合的個人又只不過是在服從自己本人，並且仍然像以往一樣自由。」這就是社會契約所要解決的根本問題。

社會契約的內涵是：每個結合者及其自身的一切權利全部轉讓給整個集體。這裡首先要求「每個人」都要做到；其次是每個人的權利轉讓是毫無保留的；每個人的權利轉讓是向全體的轉讓，不是向任何個人的轉讓。這樣，從任何一個結合者那裡，人們都可以獲得自己本身所讓渡給他同樣的權利，也就得到了自己喪失的一切東西的等價物和更大的力量來保全自己的所有。由此，社會契約或公約還可以簡化為這樣的說法：契約中的每個人都以其自身及其全部的力量，共同置於公意的最高指導之下，並且在共同體中接納每一個成員作為全體不可分割的一部分。這一結合，就產生一個道義與集體的共同體，而這個共同體就以這一行為獲得了統一性、公共的大我、生命和意志。這由全體個人的結合所形成的公共人格，以前稱為城邦，現在稱為共和國或政治體，或民主的國家。它的結合者就集體地稱為人民；個別地、作為主權的參與者，就叫做公民；作為法律的服從者，叫做臣民。

共同體靠公意維持。為了不致使社會契約成為一紙空文，它就含有使它具有力量的規定：任何人拒不服從公意的，全體就要迫使他服從公意。公意永遠以公共利益為目的，並規定全體人民的共同規則，永遠有助於謀取共同福利，永遠是正確的。但是不能推論，人民的考慮永遠有同樣的正確性。公意與眾意有很大的區別。後者著眼於私人利益，只是個別意見的總和。不過，除去這些意見之間正負抵消的部分，剩下的總和仍然是公意。人類由於社會契約而喪失的是他天然的權利，以及他渴望得到和可能得到的無限權利，而獲得的則是社會自由以及他享有的一切東西的所有權。

社會契約賦予政治體以支配其成員的絕對權力，這種權力受公意指導時，便成為主權。主權不外是公意的運用，所以永遠不能轉讓，也是不可分割的。由於公約的性質，主權的一切行為——一切真正屬於公意的行為——都同等地約束或照顧全體公民。主權行為是共同體和其成員之間的一種約定，以社會契約為基礎，是合法的約定。只要臣民遵守這種約定，他就不是服從任何人，而是服從他自己的意志。因此，主權力量雖然是完全絕對、神聖而不可侵犯的，卻不會、也不能超出公共約定的界限，並且人人都可以任意處置這種約定，留給自己的財富和自由。

法律是公意的表示，確切地說，是社會結合的條件。盧梭在這裡提出，立法權屬於人民，只能屬於人民。主權者除了立法權以外，沒有任何別的權力。人民集合起來，一旦批准一套法律，便確定國家的體制。政府是主權的執行人，負責執行法律、維持社會和政治自由。但是人民服從政府所根據的那種行為，絕不是一項契約，而是委託，是以主權者的名義行使主權者所託付給它

的權力。主權者可以限制、改變和收回這種權力。行政權力受託者絕不是人民的主人，只是人民的官吏，人民可以委託，也可以撤換。在國家之中，沒有任何根本法不能廢除。人民有權利打破自己身上的桎梏，重新獲得被剝奪的自由。盧梭的政治理想是以日內瓦共和國為榜樣的小共和國，實行直接民主，反對君主制和代議制，不贊成洛克和孟德斯鳩的分權學說，反對資產階級與封建貴族妥協，把建立資產階級國家說成是神聖而絕對的。

《社會契約論》自一七六二年問世以後，影響深遠；在歐洲思想史上，對破除封建桎梏居功厥偉，成為日後眾多革命的理論綱領。從歷史的進程來看，民主主義思想首先在北美殖民地的獨立革命中發生影響。由傑弗遜起草的《獨立宣言》中，就申明人生而平等，造物主賦予他們以不可讓與的生存、自由和謀求幸福的權利。政府的權力來自人民，在政府對人民的上述權利不能進行保護或予以破壞時，人民有權更換或廢除政府。美國一七八七年憲法和一七九一年生效的《人權法案》中，也表現了這些思想的精神。一七八九年的《人權宣言》和一七九三年憲法就是盧梭政治思想的產物。雅各賓派領袖羅伯斯比爾就是一個忠實的盧梭思想的信徒，他為之奮鬥的就是盧梭提出的自由、平等和「天賦人權」。在拿破崙的政治思想中，也反映出盧梭思想的影響，著名的《拿破崙法典》在其思想來源中，也有盧梭的思想成分。在當代民主政治，盧梭的思想仍是屹立不搖的基本信念。

潘恩的 常識

湯瑪斯・潘恩，一七三七年生於英國諾福郡塞特福德一個基督教家庭。十三歲輟學後做過裁縫、教師和稅務官。一七七二年，因發表《稅務官事件》論文而丟掉公職。此後，他接受北美駐英代表富蘭克林的建議，於一七七四年到北美投入獨立運動，曾任雜誌編輯、大陸會議外交委員會秘書、賓夕法尼亞議會秘書等職務。美國獨立後，潘恩於一七八七年返回歐洲，又投入法國反對封建專制的革命，獲得法國公民資格。在擔任國民議會議員時，因反對處死國王路易十六而遭監禁。獲釋後於一八○二年再度前往美國，於一八○九年病死於紐約。

潘恩到北美後，正值北美殖民地人民與英國政府衝突日趨尖銳，一七七五年四月終於在列克星頓和康科特打響了獨立戰爭的第一槍。但是，獨立運動內部對這場戰爭性質的認識並不完全一致。第二屆大陸會議仍然向英王呈交和平請願書，有五個州反對獨立，多數老百姓認為戰爭的目的不在於爭取獨立，而是爭取與大英本土人民享有同等的權利。在這種情況下，潘恩於一七七六年一月發表了《常識》一書，對北美獨立運動的發展產生了巨大的影響，其主要內容如下：

一、批判英國的君主政體。潘恩認為在君主體制裡，首先使一個人無從獲得廣博的見聞，然而又授權他去解決那些需要十分明智加以判斷的問題。國王的身分使他昧於世事，而國王的職務卻要求他洞悉一切。因此，這兩種不同的方面由於出乎常理地互相敵對和破壞，證明那整個人物是荒唐而無用的。英國國王是英國政體中壓倒一切的部分，國王的意志就是法律，他的意志是透

過議會通過的可怕形式交給人民的。在宇宙萬物的體系中，人類本來是平等的，而這種平等由於貧富的差別而被破壞。還有一種破壞平等的差別，就是把人們分成「國王」與「臣民」。這些差別提出的問題是：它們究竟能給人類帶來幸福，還是給人類帶來苦難。把一個人的地位捧得高出其餘的人，從自然的平等權利原則來看，是毫無根據的，也沒有理由為之辯護。據《聖經》記載，世界古代社會並沒有帝王。君主政體在《聖經》中列為猶太人的罪惡之一，並預言這種罪惡將會產生災禍。在英國，一個國王能做的事，不外是挑起戰爭和賣官鬻爵，使國家陷於貧困和糾紛。

二、指出世襲制的弊害。潘恩說：「既然一切人生來是平等的，那麼誰也不能由於出身而有權創立一個永遠比其他家庭占優越的地位，雖然他本人也許值得同時代人相當程度的尊敬，他的後輩可能絕對不配承襲這種榮譽。」世襲制的荒謬還在於，它只是為愚人、惡人和下流人大開方便之門。那些自認為天生統治者和視他人為天生奴才的人，便會橫行霸道起來。世襲制的另一弊害是：王位動輒為未成年人佔有，以國王作掩護而攝政的人，就有一切機會為非作歹，民眾就成了形形色色惡棍手中的犧牲品。歐洲歷史上因世襲問題而發生戰爭，也是屢見不鮮。總之，君主制和世襲制只能使整個世界陷於血泊和瓦礫之中。因此，北美殖民地不應再由英王統治下去，英國對北美享有的權力絕不是上蒼的意圖。

三、《常識》批判君主制和世襲制的目的就是要使北美殖民地人民認識到英王統治北美的毫無道理，要堅決反對這種統治。北美的獨立戰爭是一場民族解放的戰爭，是為擺脫一個專制王朝統治的戰爭，是涉及整個民族自由幸福的偉大事業。北美與英國

聯合是北美繁榮昌盛前提的說法，是倒因為果。北美是為歐洲各地受迫害且熱愛公民自由和宗教自由人士的避難所而存在的。北美必須追求其獨立的存在和發展，必須擺脫歷史偏見的迷惑，自主地追求自身的利益而非虛幻的友誼。北美真正的利益在於避開歐洲各國的紛爭，因此不能把北美綁在英國的戰車上，變成英國政治天秤上的一塊砝碼，永遠處於從屬地位。

四、關於獨立戰爭勝利的必然性和北美殖民地獨立後關於新政權的設想。潘恩認為北美地大物博，人口眾多，有武器和訓練有素的軍隊，陸軍力量對付英軍綽綽有餘，擺脫英國獨立符合北美大陸人民的利益。獨立是遲早都會產生的結果，但是拖延愈久，完成獨立大業就愈難。要利用參加英法戰爭學到的本領儘快打贏這場戰爭。獨立戰爭的爆發已經宣告北美發展的新歷史時期的到來，開始了一個政治的新紀元。

北美獨立後，如何建立自己的政體，政治思想家們會利用這千載難逢的機會，施展自己的才能，發揮巨大的作用。當然也要汲取別國的經驗教訓，以便更為妥善地處理這個問題。在潘恩看來，北美獨立以後，自然是建立一個統一的、共和的大陸政府，其體制應是代議民主制。議會代表要平均產生，人數不能過少，堅持五分之三多數透過法律的原則。設立一個統治者與被統治者聯合的殖民地會議，以制定憲法。所謂共和國，完全是一種體現政府應當據以建立和施政的宗旨、理由和目標的政治形式，它實行的是純粹的代議制，摒棄一切世襲制的因素。在立憲問題上，強調行政與司法界線的重要性。在這種體制下，實行法治而非人治。這種政體與君主制截然有別。在專制政體下，國王便是法律；在新的自由政體下，北美的法律就是「國王」。這種新政體還

強調代議制與選舉權利分立，認爲二者不能混淆。人民權利必須對政治權力進行監督和控制。

《常識》發表於一七七六年一月。當時北美殖民地人民的獨立運動正處於進退無由、猶豫不決之際。藉此書的問世，爲殖民地人民提供了難以估計的精神力量。它猛烈抨擊了英國的政體和君主的統治，列舉北美人民在這種體制下受到的種種壓迫和剝削，批評主張與英國和解的錯誤思想，提出只有堅決脫離英國獨立才是北美人民的唯一正確道路。它澄清了爭取獨立運動內部的思想，鼓舞了人民的鬥志觀，使獨立運動的形勢大爲改觀，堅定不移地朝著獨立的方向發展下去。

《常識》不僅以明確的語言闡明北美人民獨立的權利，還把理性主義和現實政治結合起來，闡明了民主政體的政治哲學，爲以後的民主政治理想樹立榜樣。它所闡述的資產階級民主主義的思想，在傑弗遜起草的《獨立宣言》中有明顯的反映。美國歷史學家林頓在其《美國二百年大事記》一書中，把《常識》列爲二百年來美國歷史上第一件大事。時至今日，世界各國人民依然認爲，它是北美獨立革命的精神武器，是研究美國的必讀之作。

聖西門的 論實業體系

聖西門是十九世紀上半葉法國卓越的思想家，是三大空想社會主義者中的第一人。他不僅試圖創立社會主義思想體系，而且對各門科學做過認眞的研究和思考，曾被恩格斯譽爲「當時最博學的人」。聖西門（一七六〇年～一八二五年）出身於一個貴族家庭，從小受到良好的教育。當時一些著名學者，包括啓蒙思想家「百科全書派」的達朗貝爾曾做過他的家庭教師。在老師的影響下，他開始懷疑和批判宗教神學，熱心於自然科學和唯物主義哲學。

聖西門十七歲時，根據法國貴族的傳統習俗到軍隊服役，一七七九年前往北美洲參加北美殖民地的獨立戰爭。在北美戰場上，他英勇善戰，立了大功。對此，聖西門自稱是「合眾國自由的奠基人之一」。但是，聖西門對戎馬生活不是很感興趣。他在一八一七年回顧這段歷史時說：「我的天職根本不是當一個軍人，我應從事一種完全不同的，甚至可以說是與此截然相反的活動。研究人類理性的進程，以便將來爲改進人類的文明而努力——這就是我爲自己規定的目的。」

獨立戰爭結束後，聖西門展開他的「改進人類文明」的實踐活動。一七八三年，他向墨西哥總督建議開鑿連接大西洋和太平洋的運河；一七八五年，他去荷蘭鼓動荷蘭聯合法國遠征英國殖民地印度；一七八七年，他向西班牙政府提出用開鑿運河的辦法使首都馬德里變成港口的計畫。西班牙政府採納了這個計畫並立即實施。正當聖西門在西班牙大顯身手的時候，震撼世界的法國大革命爆發了。他立即放下在西班牙的事業，返回祖國。一七八

九年秋，聖西門回到故鄉皮加爾迪，隨即投身於家鄉的革命活動。他向群眾宣傳政治平等和思想自由，並聲明自己放棄伯爵頭銜，改名爲「公民包諾姆」①。但是，聖西門的革命熱情沒有維持多久，這是因爲他不能容忍革命中的暴力和破壞行爲。他退出了革命，並極力反對革命暴力。

不久，聖西門與普魯士富商列德倫伯爵合夥從事金融投資，想得到一筆財富來組織巨大的實業機構和創立完善的科學學派。由於聖西門經商有方，商務事業一帆風順，獲利甚豐。一七九七年他同列德倫發生爭執，便斷絕關係。此後，聖西門放棄了歷時八年的商務活動，開始從事科學研究。他從考察人類知識的現狀和歷史著手，認眞學習包括自然科學和社會科學在內的各種科學知識，還到英國、瑞士和德國旅行，瞭解科學界的狀況，這些活動對聖西門思想的形成和發展具有十分重要的意義。

經過長期的學習、思考、知識積累和實踐，至一八○二年前後，聖西門的思想逐漸成熟，著書立說的準備工作基本上已完成。此後，聖西門孜孜不倦，奮筆疾書。到一八二五年去世爲止，他發表了一系列重要著作，這些著作所表達的思想在人類思想史上留下了不可磨滅的印跡。聖西門的處女作是於一八○三年在巴黎匿名發表的，篇名是《一個日內瓦居民給當代人的信》。在這篇文章中，聖西門勾畫了他未來思想的大致輪廓。四、五年後，他印行了兩卷本的《十九世紀科學著作導論》，發揮了處女作中的思想。此後，聖西門連續撰寫了《給經緯度管理局的信》、《新百科全書》、《論萬有引力》、《人類科學概論》和《論歐洲社

---

① 「公民包諾姆」指老百姓、莊稼漢。

會的改組》。在上述著作中，《論歐洲社會的改組》產生了較大影響，聖西門的學說開始被承認。此後，聖西門又出版了《實業，或為獻身於有益和獨立勞動等一切人的利益所作的政治、道德和哲學討論》、《政治家》、《組織者》、《寓言》、《論實業體系》、《實業家問答》、《論文學、哲學和實業》和《新基督教》…著作。

上述著作所表達的思想是極其豐富的，其中聖西門闡述了他的自然觀、認識論和方法論，他的社會歷史觀點以及他對資本主義制度的批判等，並在具體論述中表達了一系列極具價值的思想。如自然界和人類社會的發展都是有規律的；在社會歷史領域，發展是一個進步、上升的過程；發展的動力是新生力量戰勝衰老力量的結果；社會制度轉變的原因是所有制的轉變，隨著所有制的轉變階級，關係也將隨之改變…等。在上述著作中，最引人注目的是聖西門對「實業制度」的描述，此為他多年苦心設想出來的理想社會。有關這一社會的設想早在他的處女作中就略有端倪，而全面系統地論述實業制度則是他的代表作《論實業體系》，以及後來撰寫的《實業家問答》和《論文學、哲學和實業》等著作。聖西門在上述著作中是如此描述他的實業制度的：

第一，聖西門規定，「滿足人們的需要」是實業制度唯一且固定的目標，他又進一步規定，滿足人們的需要就是滿足人民的需要，而人民是指受雇於工廠主和商人的無產者，和從事農業生產的農民。第二，在實業制度裡，統治者不再是舊貴族、軍人和政客，而是實業家和學者。第三，實業制度的一切工作都必須按照「協作的共同目的」行動，制定明確且組織得十分合理的工作計畫，進行有組織的分工，使有組織、有計劃的分工取代生產的

無政府狀態。第四，實業制度將消滅人壓迫人的現象。社會權力將由對人的政治統治變成對物和生產過程的管理。國家機關的職能將轉化為組織社會生產。第五，實業制度下，人與人之間是最平等的關係。「一切人都要勞動」，社會將保障公民的勞動權利。廢除一切特權，人的社會地位不是取決於他的出身，而是取決於他的才能，個人的收入與他的才能和貢獻成正比。第六，實業制度不廢除私有制，階級依然存在，企業主的利潤照樣保留，仍有窮人和富人的差別。與舊制度不同的是，富人用腦子工作，窮人才養活他，否則強迫他用手工作。在分配上，不僅按勞分配，也按資分配。第七，實業制度以基督教的「人人都應當平等相待」的道德原則為基礎，反對階級鬥爭，用道德的力量和萬能的輿論來改造社會。

聖西門的實業制度就某些方面而言，很難說是社會主義，如保留私有制、階級和企業主的利潤等等。但是，聖西門設想的實業制度仍有許多社會主義因素，這些因素和他的社會歷史觀中的唯物主義因素，對於唯物主義歷史觀的形成產生極重要的作用。

聖西門的著作對社會發生影響的時期大約在一八一四年至一八三一年期間。由於聖西門的著作內容廣泛，涉及哲學、史學、經濟學、政治學等領域，因此，他的思想在社會科學的許多領域都曾產生重大影響。哲學家孔德是聖西門的追隨者之一，他的哲學觀點來源於聖西門，又遠離聖西門，成為實證主義哲學始祖。受聖西門學說影響而成名的人還有社會主義學說的宣傳家巴榮爾、安凡丹和羅德里格等，他們在聖西門去世後繼續宣傳他的空想社會主義理論，整理出版聖西門全集，並撰寫了《聖西門學說釋義》。

歐文的 人類思想和實踐中的革命

歐文（一七七一年～一八五八年）是與聖西門、傅立葉齊名的空想社會主義思想家，馬克思主義經典作家尊崇他們是科學社會主義的先驅，稱歐文是「英國共產主義的代表」，「社會主義運動的創始人」。

歐文出身於英國威爾斯蒙哥馬利郡紐敦的一個手工藝人家庭。因家境貧寒，歐文九歲就到鎮上的店鋪當學徒，十歲外出謀生，先後到過倫敦和斯坦福德的商店當小夥計，十四歲起在倫敦、曼徹斯特的商店當店員，多年來在少得可憐的工餘時間裡刻苦自學。一七八九年，歐文與人合夥開辦一家生產走錠紡棉機的小廠，一年後兩人拆夥，歐文用分得的三台機器獨資開工廠，並顯現出了他的組織和管理才能。

一七九一～一七九五年，歐文被曼徹斯特的工廠主德林克沃特看中，請他擔任兩家規模較大的棉紗廠經理。在這兩家廠裡，歐文大膽進行改革試驗，改進生產過程和管理方式，產品質量和工作效率大幅提高。在經營擁有二千多名工人的紐拉納克廠時，根據「人是環境的產物」的原則進行的改革試驗獲得很大成功。改革措施主要有：縮短勞動時間；提高工人的工資；禁止雇傭不滿九歲的童工；設立工廠商店，供應廉價商品；拓寬街道，擴大公園和廣場；改善工人居住條件；建立公共食堂和幼稚園；創辦互助會、保險部和醫院；發放撫恤金；禁止懲罰工人；興辦學校。透過改革試驗，一方面工人改善了生活待遇和勞動條件，從而消除了過去種種不文明、不道德以及違法現象；另一方面勞動生產率較一般工廠高出許多，股東們獲得了豐厚的利潤。這些成

就引起了上層人物的重視，前來紐拉納克參觀的達官貴人、君王主教絡繹不絕。從此，歐文成了全歐洲最著名的慈善家。歐文經管紐拉納克企業三十多個年頭，一八二九年離開該廠。

　　歐文在經營棉紗廠的同時，自一八一二年起開始著述，一八一三年發表了第一部重要著作《新社會觀，或論人類性格的形成》的頭兩篇論文，後兩篇論文也在此前後不久寫成，全書於一八一六年初版。在這部著作中，歐文論述了人性格的可塑性原理；環境對人的性格形成的決定作用，批判宗教宣傳人的性格是自己形成的觀點，提出了教育可以養成任何一種性格的思想。一八一五年歐文發表了《論工業制度的影響》，提出工業革命是英國社會種種罪惡的根源。一八一七年歐文向國會下院濟貧法委員會提交了《致工業和勞動貧民救濟協會委員會報告書》，這份報告書是歐文空想計畫的首次重要說明，他在報告書中提出消滅失業的計畫：建議建立亦工亦農的勞動公社來吸收一切無業勞動者，他甚至繪製了公社新村的平行四邊形草圖。一八二〇年，歐文發表《拉納克郡報告》，歐文在這份報告中發展了上述報告書中的觀點，第一次明確而系統地概述自己的空想社會主義思想，特別是「公社制度」的設想。在報告書的「導言」中，歐文還明確提出：利潤來自對雇傭工人的剝削。這一觀點與其說是他的理論概括，不如說是他依據企業主的實踐計算出來的。《拉納克郡報告》是歐文從慈善家轉變為空想社會主義者的標誌。

　　歐文的空想社會主義始終保持著實踐的性質。一八二五～一八二八年，歐文在美國創建「新和諧」公社，實行財產公有，權利平等的新制度，但以失敗告終。一八二九年回國後，歐文轉向工人階級，直接投身於英國工人運動。在短短幾年裡，他主要做

了四件事：一是在一八三二年創辦《危機》雜誌，宣傳歐文主義的理論；二是組織統一的聯合工會組織。一八三三年根據歐文的方案成立全國產業部門大聯盟，歐文當選為主席；三是根據勞動公平交換原則，組織流通市場；四是按合作原則改組和組織生產。後兩方面的工作，為時不到兩年，即歸於失敗。「大聯盟」也於一八三四年八月在政府的鎮壓和內部不和的情況下被迫解散。從此，歐文疏遠工人運動，對工人階級的政治鬥爭採取否定態度，對憲章運動消極觀望。一八三六年和一八三九年，歐文先後發表了《新道德世界書》和《論婚姻、宗教和私有財產》兩本著作，前者是宣傳歐文主義的共產主義；後者是對資本主義制度的批判，提出私有制、宗教和現行婚姻制度是社會的三大禍害。

一八三九年，歐文重新在英國本土漢普郡昆伍德組織勞動公社的實驗，取名為「協和大廈」，一八四五年失敗。此後至一八四七年，他大部分時間在美國進行宣傳。一八四八年歐洲革命期間，歐文在巴黎大力宣傳自己的主張。隔年，歐文出版了《人類思想和實踐中的革命，或將來從無理性到有理性的過渡》一書。一八五三年後他醉心於降神術。一八五七年歐文出版了他生前最後一部著作：《歐文生平自述和著作通信選集》第一卷，此書也稱為《自傳》第一卷，歐文未及寫第二卷，便於一八五八年去世。

歐文一生著述較多，馬克思特別推崇的著作是一八四九年出版的《人類思想和實踐中的革命，或將來從無理性到有理性的過度》一書。該書除緒論外共分五章，第一章「善和惡」，論述作者關於善和真理的原則，以及他的哲學和社會歷史觀點，指出人性原來是善良的，惡的性格是由惡的生活條件造成的，要使人的善

良品德得到發展，必須要有適應人性發展的新條件。第二章「關於羅伯特・歐文管理紐拉納克的三十年實驗的記述」，論述了作者根據第一章中闡明的原則管理紐拉納克工廠三十年的經驗，並指出實驗的目的在於證明和發展他的下述原理：第一，人應該養成他自己所需的本性；第二，適當應用機械力和化學力就能創造出極豐裕的財富，滿足一切人首先是生產者的願望。第三章「從現在的虛偽、貧困和不幸的惡劣制度向眞理、富裕和幸福的優良制度和平過渡的實際措施」，表述了作者只有用和平的方法並依靠英明的預見，才能完成從有害而惡劣的條件向美好而優越的條件過渡。第四章「以不變的自然法爲基礎及普遍適用的理性憲法」，主要論述理性憲法的條文以及每條立法的根據，作者認爲理性的社會制度必須建立在自然法的基礎之上。第五章簡述上一章的內容。作者在書中還強調了他對宗教信仰自由的見解，強調所謂「理性宗教」，反對暴力，以道德力量管理世界，使世界合成爲一個統一的大家庭。

歐文的學說是在英國工業革命早期形成的。他考察了工業革命造成的社會後果，用十八世紀法國唯物主義哲學和李嘉圖的政治經濟學爲理論武器，批判了資本主義私有制，以及由此帶來的一切惡果，提出了比聖西門、傅立葉更先進、更有根據且有關未來社會的方案，即把生產資料公有製作爲未來社會的基礎，實行按需分配，提出消滅城鄉對立、腦力勞動和體力勞動對立的設想，教育與生產勞動相結合的主張，有系統地制訂了消除階級差別的方案。歐文的學說具有共產主義的性質，它提供啓發工人覺悟和研究資本主義的寶貴材料，是科學社會主義的思想來源之一。

歐文的著作發生影響的時期大約在十九世紀的二十年代至三十年代初，這期間歐文的學說被廣泛傳播，歐文主義也成為一個學派，但歐文把改造社會的希望寄託於歐洲各國的統治者，希望他們能接受他的計畫實行社會改革，幻想用和平手段來改造資本主義社會，因此他不可能為無產階級和勞苦大眾指出現實解放的真正道路。隨著歐美工人運動的發展，科學社會主義的誕生，歐文的學說便失去了原先的社會影響。

孫子的 孫子兵法

　　《孫子兵法》究竟爲何人所著，至今仍有兩種不同的說法。一說孫子即爲春秋時齊人孫武（？～西元前一一○五年），被稱爲「兵聖」。按《史記》的說法，司馬遷認爲孫子是齊國人，但在《吳越春秋》的記載，卻又認爲孫子是吳國人，在吳王闔盧三年至十年之間爲吳國所重用，爲吳國策畫伐楚大計。第二種說法，認爲《孫子兵法》爲孫臏所撰，因爲《史記》在敘述孫子事蹟外，還附帶說了孫臏的事蹟，後人即以此推測孫子十三篇是孫臏所著。二千餘年下來，對《孫子兵法》作者的推論始終爭議不斷，但這並不重要，重要的是這部兵法裡所蘊含的思想，對中國歷代，對全世界產生了重大而深遠的影響。

　　孫子兵法一書共十三篇，始計、作戰、謀政、軍形、兵勢、虛實、軍爭、九變、行軍、地形、九地、火攻、用間。列爲武經七書之一，自古尊稱爲兵經。分述如下：

　　一、《始計篇》，強調謀劃在戰爭中的重要意義，孫子認爲，謀略是克敵先機，必須對敵我雙方的基本條件作周密的研究和比較，方能制訂正確的作戰計劃。決定戰爭勝負的基本條件有五項，就是「道」、「天」、「地」、「將」、「法」①。在戰爭中，必須根據不斷變化的形勢隨時應變調整策略，做到「攻其不備，出其不意」地打擊敵人。孫子認爲，謀劃周密就可能在戰爭中獲勝，計畫不周難於獲勝，根本不謀劃則必定失敗。

---

① 「道」指道義；「天」指天時；「地」指地利；「將」指將帥；「法」指法
　 制。

二、《作戰篇》，強調速戰速決的重要性。因為戰爭拖久了就會使軍隊疲憊、財貨枯竭、進而動搖國本，易引起外國的覬覦。由此出發，孫子反對以寡擊眾或以弱擊強，反對不斷動員和拉長戰線，主張用財貨厚賞士兵，優待俘虜，隨時補充壯大自己，才能迅速戰勝敵人。

三、《謀攻篇》，談的是如何用計謀征服敵人。孫子強調「不戰而屈人之兵」是最為理想的作戰方案，等而次之則用武力擊破敵人。孫子認為上策是「伐謀」，其次是「伐交」，再次是「伐兵」，即主張通過政治攻勢、外交手段和武裝力量來征服敵人。和敵人對陣時，如果敵弱我強，應該集中優勢兵力戰勝敵人，敵我相當就要善於戰勝敵人，如敵強我弱就要善於退卻，不做無謂犧牲。孫子在此篇中提出了「知彼知己，百戰不殆」的光輝思想，認為謀略必須建立在了解敵我雙方情況的基礎上。

四、《形篇》，論述用兵作戰要先為自己創造不被敵人戰勝的條件，以等待敵人可以被我戰勝的時機，使自己「立於不敗之地」。孫子認為，要想戰勝敵人，就必須在力量的對比上使自己處於絕對優勢，造成一種迅猛不可抵擋之勢。此外，還要等待時機，善於抓住敵人的弱點，就能輕而易舉地戰勝敵人。勝負在攻守轉換之間，防守時要十分嚴密地隱蔽自己，進攻時要打得敵人措手不及。這樣，就能達到「自保而全勝」的目的。

五、《勢篇》，強調要造成一種可以壓倒敵人的迅猛之勢，並要善用這種迅猛之勢。所謂「勢」，孫子認為就像一觸即發的弓箭，有一種不可抵擋的力量。用這種力量打擊敵人，當能所向無敵。要如何順勢而為呢？首先，要為自己創造條件，使本身具有戰勝敵人的強大力量。其次，要選擇熟知軍事、知人善任的將

帥，作戰靈活自如，並善於用計迷惑敵人，引敵入甕，然後用伏兵狠狠地打擊敵人。

六、《虛實篇》，論述用兵作戰須採用「避實而擊虛」的方針。如何做到避實擊虛？第一，掌握戰爭的主動權，而不被敵人所制。第二，要出其不意，攻其不備。第三，要集中自己的兵力，並設法分散敵人的兵力，造成戰術上的我眾敵寡。孫子指出，作戰要隨著形勢的變化隨時調整，因為戰爭過程中的眾寡、強弱、攻守、進退等關繫處在急劇變化之中，「故兵無常勢，水無常形，能因敵變化而取勝者謂之神」。

七、《軍爭篇》，強調如何製造克敵制勝的有利條件，使自己掌握作戰主動權。首先，必須了解各國的政治動向，熟悉山川地形，掌握一切狀況。其次，必須行動統一，步調一致，做到「其疾如風，其徐如林，侵掠如火，不動如山，難知如陰，動如雷震」，「勇者不得獨進，怯者不得獨退」。第三，要求指揮正確，機動靈活，「避其銳氣，擊其惰歸」。做到以上幾點，才能在戰爭中處於有利的位置。

八、《九變篇》，說的是將帥指揮作戰應地應時制宜靈活處理問題，切忌呆板而招致失敗。首先，考慮問題要兼顧有利和有害兩方面。在有利的情況下要想到不利的因素，在不利的情況下要想到有利的因素。其次，要根據不同的目標，採取不同的手段。第三，要充分準備，不能存僥倖心理。第四，要克服以偏概全，全面、慎重而冷靜地思考問題。如此，方能「得地之利、得人之用」。孫子並認為，如果國君的命令違背實際情況可以不執行，因此，他大膽地提出了「君命有所不受」的軍事名言。

九、《行軍篇》，講述行軍作戰中如何安置軍隊和判斷敵情問

題，論述軍隊在山地、江河、鹽域沼澤地、平原等四種地形上的不同處置辦法，還提到軍隊遇到絕澗、天井、天牢、天羅、天陷、天隙等特殊地形的處置辦法。孫子還提出了三十一種觀察、判斷敵情的方法，利用這些方法，將各種現象加以分析判斷，才能掌握眞實的敵情，制訂出正確的作戰方案，獲得最後的勝利。孫子還提出了「令之以文，齊之以武」的文武兼用的治軍原則，即要用道義來教育士兵，用法紀來統一步調，這樣的軍隊打起仗來一定能獲得勝利。

十、《地形篇》，論及用兵作戰如何利用地形的問題，著重論述深入敵國作戰的好處。孫子分析了九種戰地的特點和士兵處在這些地區的心理狀態，提出了在這些地區用兵的不同措施，認爲深入敵國，會激起士兵的危機意識，他們會迫不得已拚死作戰，發揮更大的戰鬥力，而且還因離家太遠而不會逃散，一心一意作戰，奪得戰爭勝利。

十一、《九地篇》，強調戰略性地形；研究戰略地形中各種作戰的要領，及地形對士卒心理的影響，並應採取之統御方法。

十二、《火攻篇》，論述在戰爭中使用火攻的辦法、條件和原則等問題。孫子認爲，火攻有火人、火積、火輜、火庫、火隊五種，即焚燒敵軍的營寨、積聚、輜重、府庫和運輸設施。著眼點在於摧毀敵人的人力、物力和運輸線。火攻必須具備條件，縱火要在天氣乾燥和刮風的日子。實施火攻也必須和士兵的進攻互相配合，這樣才能發揮火攻的作用，達到奪取勝利的目的。

十三、《間篇》，強調使用間諜偵察敵情在作戰中的重要意義，並論述了間諜的種類和使用間諜的方法。孫子認爲間諜是作戰取勝的一個關鍵，他把間諜分爲五種：因間、內間、反間、死

間、生間。所謂因間，就是利用敵國普羅大眾為間諜，及一般所謂的口語謠言。所謂內間，就是策反敵國的官吏為間諜。所謂反間，就是利用敵方的間諜來為我所用。所謂死間，就是故意對外散佈虛假的情況，讓我方間諜知道，然後傳給敵方。所謂生間，就是派往敵方偵察的間諜能親自回來報告。這五種間諜，前三種是利用敵方人員，後兩種是我方潛入敵人內部的。如果能善加利用這五種間諜方法，往往能發揮意想不到的效果，達到屈服敵人意志的目的。

《孫子兵法》歷二千餘年而不衰，其應用面也擴及軍事政治以外的領域，特別在經濟事務上，愈來愈多的學者、資本家和企業領導人推崇《孫子兵法》是一部體大思微的巨作，在企業經營的管理與風險控制上提供令人讚嘆稱奇的概念與方法。

拿破崙法典

　　《拿破崙法典》是一八〇四年頒佈的《法國民法典》的別稱，之所以稱爲《拿破崙法典》，主要由於它是在拿破崙任第一執政時親自參與編纂而成，法國爲了紀念拿破崙對這部法典的貢獻，便將其命名爲《拿破崙法典》。拿破崙也曾自誇地說：「我的光榮不在於打勝了四十場戰役，滑鐵盧會摧毀這麼多的勝利…但不會被任何東西摧毀、會永遠存在的，是我的民法典」。實際上，在法國被稱爲《拿破崙法典》的法典，除了這部民法典外，還有《民事訴訟法典》、《商法典》、《刑事訴訟法典》和《刑法典》。

　　法國大革命前，法國的法律在全國並不統一，出現不同地區使用不同法律的紛雜狀況。在法國南部，羅馬法居統治地位。包括巴黎地區在內的北部各省，則盛行以封建的法蘭西和德意志法制爲基礎的習慣法。至於婚姻和家庭生活，則完全受天主教會的控制和教會法的約束。此外，自十六世紀起，越來越多的問題是根據國王的敕令、法令和大理院發展的判例法來處理的，各地都有自己的一套慣例。儘管十六世紀和十七世紀曾就收集和編纂各地的習慣法做過一些工作，但由於既得利益集團阻礙編纂工作，所以在統一全國法典方面收效甚微，法律上的改革會侵犯既得利益集團的特權。法國大革命以後，領地和行會之類等強而有力的控制集團被剷除了，教會的世俗權力受到抑制，各省成爲新民族國家的組成部分，這就使制定全國統一的法典成爲可能。再者，一七八九年的大革命是翻天覆地的革命，推翻了封建專制制度，建立了共和體制。這樣重大的政治和經濟變革，在法律上不可能沒有反應，爲了鞏固資產階級革命的勝利，除舊佈新，制定一部

統一的新法典也是現實的需要。《法國民法典》就是在這種背景下制定的。

　　《法國民法典》的草擬和制定工作，主要是一七九九年執政官制度確立以後開始的。一八○○年，任命由四名法律家組成的起草委員會，負責民法典的起草工作。這四人當中，包塔利斯來自成文法地區，特朗舍來自習慣法地區，其餘兩人是比戈普勒阿默納和馬勒維爾。第一執政拿破崙和第二執政岡巴塞萊斯均親自參加了這一法典的制定工作。岡巴塞萊斯曾是《國民議會法典》的起草人，對編纂法典富有經驗，但是拿破崙積極參加《民法典》的起草工作，對法典的制定有著決定性的影響。拿破崙還積極參加樞密院關於民法典草案的討論，大大影響了許多條文的形成。法典草案除了交樞密院審議外，還送交法國各法院徵求意見，然後分成三十六個單行本由法國國會通過。在帝國建立後，被綜合為《法國民法典》，於紀念法國革命紀元十二年的風月三十日，即一八○四年三月二十一日，最後以法律通過。

　　《法國民法典》分總則：法律的公佈，效力及其適用。第一編：人法，包括民事權利的享有、人格的保護、住所、監護、教養、父母子女間的關係、婚姻配偶之間的關係、宣告婚姻無效或離婚而解除婚姻。第二編：物法，即對各種財產權（所有權、用益權和役使權）的規定。第三編：取得財產的各種方法，即繼承、贈予，結婚時授予妻子的財產和債務關係，以及關於各種契約、法定和約定的抵押、訴訟時效和權利取得的法定期限等規定。確立傳統羅馬法將債務關係分為契約和準契約、不法行為和準不法行為。這部民法典共三十五章，二二八一條，文字簡明，邏輯嚴謹，體系完整。通觀這部法典，其所貫徹的基本原則，可

概括如下：

　　自由和平等的原則，由法典的兩條規定可以說明。第八條規定：「所有法國人都享有民事權利。」民事權利是指非政治性權利，包括關於個人的權利、親屬的權利和財產的權利。即每個法國人，都享有平等的民事權利。第四八八條規定：「滿二十一歲為成年；到達此年齡後，除結婚規定的例外，有能力為一切民事生活上的行為。」即每個人自成年之日起，都享有平等的民事行為能力。人人都享有平等的民事權利和民事行為能力，所以人人在民法上都是自由和平等的。不過，這一原則並非在法典的所有規定中都能得到體現，如規定夫（父）是一家之長的原則，丈夫有保護其妻的義務，妻子有服從其丈夫的義務等。

　　契約自由或契約自治原則規定在法典的第一一三四條：「依法成立的契約，在締結契約當事人之間有相當於法律的效力。」即當事人之間的契約，對於當事人就等於法律，除非該契約違反法典第六條規定的公共秩序和善良風俗。契約是兩個或兩個以上的意思的表示一致。民法典賦予兩個或兩個以上個人的意思的一致等於法律的效力，來使他們以自己的行為產生相互間的權利義務，從而改變其原有的法律地位。所以契約自治，也稱當事人意思的自治。契約一經合法成立，當事人必須按規定執行，除非共同同意，不得修改或廢除。契約當事人的人身、財產都作履行契約的保證。契約自由原則對資本主義社會的自動運行和發展具有非常重要的意義。《法國民法典》就有一千多條關於契約之債的規定，可為佐證。

　　私有財產的不可侵犯原則可從三方面得到體現。一是關於所有權的界定，民法典第五四四條規定：「所有權是對物有絕對無

限制地使用、收益及處分的權利。二是給動產和不動產所有人以充分廣泛的權利和保障，民法典第五四五條規定：「任何人不得被強制出讓其所有權，但因公用，且受公正並事前的補償時，不在此限。」也就是說，即使國家徵用私人財產，只能根據公益的理由，並且給所有人以公正而事先的補償這些先決條件。三是不論動產或不動產的所有人，都有權得到該財產所產生以及附加於該財產的一切東西。民法典第五四六條規定：「物之所有權，不問其為動產或不動產，得擴張至該物由於天然或人工而產生或附加之物，此種權利稱為添附權。」有了這三方面的明確規定，私有財產無論是生產資料或生產工具，都可以自由地使用、收益和出售，這對於資本主義經濟的迅速發展是非常有利的。

《法國民法典》以及其他四種以拿破崙命名的法國法典的編纂問世，成功地綜合了羅馬法和習慣法、教會法與革命觀念、君主政體頒佈的立法和拿破崙個人思想的影響，改造了法國法律使之現代化。在法國法律史上產生一個分水嶺的作用，標誌著一個時代的結束和新紀元的開端。一七八九年以前的法律稱為古代法，在這之後的法律稱為現代法。《法國民法典》對於西歐和拉丁美洲的許多國家民法典的制定和發展產生很大的影響。一八○四年初，這部民法典就傳到法國以外，屬於法國控制的一些國家和地區。現在，比利時、盧森堡和摩納哥仍在使用該法典。十九世紀，許多歐洲和拉丁美洲國家，自動採用該法典，有的是簡單地移植，有的是以其為模式，結合該國情況制定自己的民法典。

一九○○年，德國開始施行的《德國民法典》是參照該法典制定的。十九世紀瑞士法語區各州都以《法國民法典》為藍本制定自己的民法典，一九一二年統一的《瑞士民法典》施行後，這

些州自製的民法典才被廢止。一八三八年的《丹麥民法典》是根據《法國民法典》制定的。一八六五年的《義大利民法典》在體系和原則上，也以該法典爲基礎。一九四六年的《希臘民法典》也以該法典爲楷模。在拉丁美洲，海地和多明尼加兩國至今仍在施行《法國民法典》。玻利維亞和智利的民法，仿照該法典的編排，借用許多內容。《智利民法典》又被照搬到厄瓜多爾和哥倫比亞、巴拉圭和阿根廷。加拿大的魁北克省現行的民法，部分以該法典爲基礎，部分以巴黎習慣法爲基礎。美國的路易斯安那州自一八二五年起，採用該法典（一八七〇年修訂後今仍適用）。

克勞塞維茨的 **戰爭論**

　　十九世紀德國最著名的軍事戰略理論家卡爾‧馮‧克勞塞維茨（一七八〇年～一八三一年）出身於普魯士馬格德堡附近布爾格鎮一個小貴族家庭。十二歲就參加普魯士軍隊當士官生，一七九三年參加對法戰爭，一七九五年升為少尉。一八〇一年進柏林軍官學校，一八〇三年畢業，後任奧古斯特親王副官。一八〇六年參加普法戰爭，被法軍俘虜，次年釋放回國。一八〇九年進總參謀部。一八一〇年任柏林軍官學校教官。一八一二年因反對普魯士王威廉三世與拿破崙結盟而辭去軍職，去俄國參加反拿破崙的戰爭。在俄軍參謀部任中校，後任軍參謀長。一八一三年回柏林，次年回普魯士軍隊。一八一五年任布留赫爾軍團第三軍參謀長，同年秋，任萊因軍團參謀長，開始研究拿破崙戰爭的經驗。一八一八年任柏林軍官學校校長，並晉升為將軍。在任職的十二年間致力於《戰爭論》的著述工作。一八三〇年起又任第二炮兵監察部總監和格乃澤瑙軍團參謀長，直到去世。

　　克勞塞維茨的軍事著作在他生前並未發表，他的妻子瑪麗於一八三二年將其遺作整理成《卡爾‧馮‧克勞塞維茨將軍遺著》共十卷，陸續出版，《戰爭論》是前三卷，是他根據親身經歷的普法戰爭和法俄戰爭經驗並研究一百三十多個戰例寫成的，是論述戰爭問題的軍事經典，為世界各國所重視。

　　《戰爭論》共八篇一百二十四章。第一卷四篇：戰爭的性質、論戰爭理論、戰略概論、戰鬥；第二卷兩篇：軍隊、防禦；第三卷兩篇：進攻（草稿）、戰爭計畫（草稿），以及兩篇附錄（為王太子講授軍事課的材料）、關於軍隊的有機區分（對第五篇第五章

的說明）、戰術或戰鬥學講授計畫和提綱。

《戰爭論》之所以對全世界產生巨大的影響，在於它對戰爭本質等問題提出一些至今仍屬正確的論斷。這裡著重介紹它對戰爭性質和戰爭目的等論述，這是貫穿全書的指導思想。首先要說明，克勞塞維茨關於戰爭性質的論述前提不是指戰爭的正義性和非正義性，而是把戰爭作為一種社會現象的一般性考察，指戰爭的暴力性，作為政治工具的從屬性、概然性和偶然性等屬性。

什麼是戰爭？作者認為，戰爭無非是擴大的搏鬥，戰爭的要素就是搏鬥。戰爭就像兩個人的搏鬥那樣，每一方都力圖用體力使對方服從自己的意志，直接目的是打垮對方。因此，戰爭是迫使敵人服從我們意志的一種暴力行為。暴力是手段，把自己的意志強加於敵人是目的。為了達到這個目的，必須使敵人無力抵抗。從概念上講，使敵人無力抵抗是戰爭行為的目的；具體地說，解除敵人武裝或打垮敵人，始終是戰爭行為的目的。

在戰爭中，暴力用技術和科學成果裝備自己來對付暴力。但是，暴力的充分使用絕不排斥智慧同時發揮作用。戰爭既然是一種暴力行為，就必然屬於感情的範疇，即使戰爭不是感情引起的，總還多少和感情有關；即使最文明的民族，相互間也有可能燃起強烈的仇恨感，這一點是不能忽視的。要想實現戰爭的目的——打垮敵人，就必須根據敵人抵抗力量的大小，來決定如何使用自己的力量。總之，敵人的力量包括兩個密切相連、不可分割的因素：現有手段的多少和意志力量的強弱。前者有數量作為根據，是可以確定的；後者卻很難確定，只能作概略的估計。意志這個在抵抗中不依賴外界事物的因素，不是抽象的，並非完全不可知的，在任何時候，它都是構成力量乘積的一個因素，它的今

天預示著它的明天。戰爭一旦爆發，任何一方都可以根據對方是如何做和正在做的事情來進行判斷。在現實世界中，可以作為衡量對方準備的根據，至少可瞭解敵人的準備情況。

在戰爭中，對敵方情況作出判斷後，不應把自己的力量使用到最大限度，也不應在戰爭一開始就使用自己的全部力量。所謂全部力量就是軍隊、國土（包括土地和居民）和盟國這三個方面。國土除了是軍隊的源泉外，屬於戰區或對戰區有顯著影響的那一部分，還是戰爭中產生作用的一個重要因素。同時使用全部軍隊是可能的；除非一個國家小到戰爭一開始就席捲全國，整個國家所有要塞、河流、山脈和居民要同時發揮作用是不可能的。盟國的合作也不以交戰國的意志為轉移，往往是較晚才參戰，或者為了恢復失去的均勢才來參戰，這是國際關係的性質決定的。這裡要強調的是，在戰爭中同時使用一切力量是違背戰爭的性質的。因為第一次決戰不是唯一的一次決戰，它的規模越大，對爾後決戰的影響也越大。敵對雙方都可以根據對方的特點、組織和設施狀況以及各種關係，按概然性的規律推斷出對方的行動，從而確定自己如何行動。

在根據上述種種條件進行概然性的計算時，作為戰爭最初動機的政治目的，必然在計算中成為很重要的因素。政治目的越小，需要使用的力量就越小。這樣，作為戰爭最初目的動機，既成為衡量戰爭應達到何種目標的尺度，又成為衡量應使用多少力量的尺度。不過，只有在認為政治目的能對應動員的群眾發生作用時，它才可以作為一種尺度。同一政治目的所產生作用的結果可能完全不同，這要看群眾對戰爭是贊成還是反對。戰爭的客觀性質使戰爭成為概然性的計算，只要加上偶然這個因素，戰爭就

成賭博了。在軍事藝術中，數學上的絕對值根本沒有存在的基礎，這裡只有可能性、概然性、幸運和不幸，像經緯線一樣交織在戰爭中，使戰爭在人類的活動中近似賭博。每個政府就是在這場賭博中，用機智和銳敏的眼力勝過敵人。如此，政治就把戰爭這個摧毀一切的要素變成一種單純的工具。

戰爭是政治交往的延續，是政治交往透過另一種手段的實現。政治意圖是目的，戰爭是手段，沒有目的手段是永遠不可想像的。這種政治交往並不因戰爭而中斷，也不因戰爭而變成完全不同的東西。因此，離開政治交往來考察戰爭，會得到毫無意義和毫無目的的東西。由於政治產生首腦作用，軍事觀點只能從屬於政治觀點。藉以確定戰爭主要路線和指導戰爭的最高觀點，只能是政治觀點。當然，政治因素不能滲透到戰爭的各個細節，但是政治因素對制定整個戰爭計畫和戰局計畫，是有決定性影響的。不過，政治也常會作出不符合本來意圖的決定。這種情況不斷發生，就使人們感覺到進行政治交往時，必須對軍事有一定程度的瞭解。軍事藝術在最高領域內就成了政治。因此，對一個大規模的戰爭事件或其計畫進行單純軍事的評價，是有害的，是不能容許的。戰爭就主要方面來說，就是政治本身，政治在這裡以劍代筆，並不因此就不再按照自己的規律進行思考。

《戰爭論》在軍事思想上反映資產階級初期的進步傾向和革新精神。作者力圖用辯證的方法研究戰爭理論，提出一些至今仍屬正確的論斷。它是一部資產階級軍事理論的經典著作。列寧在《社會主義與戰爭》一文中說：「戰爭是政治透過另一種手段（即暴力）的繼續，這是熟諳軍事問題的作家克勞塞維茨說過的一句至理名言。馬克思主義者始終把這一原理公正地看作考察每一戰

爭意義的理論基礎。」但是本書的缺陷在於對戰爭的正義性和非正義性始終未有明確的論述。再者，書中的戰略思想完全限於陸地作戰，到二十世紀中葉，由於現代科技武器系統的出現，顯出其侷限性。

托克維爾的 論美國的民主

　　法蘭西學院院士托克維爾在一百五十多年前寫的《論美國的民主》，在當時就在學術界引起重視，經過時間的驗證，這部著作已經獲得經典著作的名聲。法國一些著名的評論家稱讚這部著作可以與孟德斯鳩的《法意》相媲美，把托克維爾當做是「孟德斯鳩當之無愧的繼承人」。英國十九世紀許多著名學者都認爲自己從托克維爾的著作中「汲取過營養」，像約翰・穆勒這位英國著名經濟學家和哲學家在《自傳》中說他從托克維爾的著作裡「學到了很多東西，而且從此以後，我的思想也逐漸向同一方向發展了」。

　　托克維爾（一八〇五年～一八五九年）出生於一個享有貴族稱號且極端的保皇黨人家庭，在上學期間接觸到的自由主義思想，使得他與家庭的政治觀點產生分歧，父母擁護已被推翻的波旁王朝，而托克維爾卻面臨要向路易・菲力浦新王朝宣誓效忠。托克維爾決定遠渡重洋到美國去考察這個新共和國的民主制度及其優劣，托克維爾說，美國的制度在歐洲「人人都在談論但誰也說不清楚」。他在一八三一年四月乘船離法，三十八天後才抵達美國，在美國考察了九個多月，隔年二月離美返國。

　　一八三五年，托克維爾的《論美國的民主》上卷問世，使這位二十幾歲的年輕法官一舉成名，並於一八三九年當選爲眾議員。一八四〇年，《論美國的民主》下卷出版。一八四一年，托克維爾被選爲法蘭西學院院士，多次當選爲省議員和國民議會議員，並曾在一八四八年短暫出任法蘭西第二共和國外交部長。一八五一年十二月因反對路易・拿破崙稱帝而遭逮捕，但由於他在國內外聲譽卓著，第二天就獲釋。此後，即退出政界專心著述。

一八五一年寫成《回憶錄》，一八五六年出版《舊秩序與革命》。

《論美國的民主》上卷著重於探討美國民主制實施的具體形式及其優缺點，考察民主管理社會的原因。下卷則是對美國的民主進行多層面的分析，並且超出了美國的範圍。近代一些著名學者如英國的拉斯基教授認為下卷不如上卷寫得好，下卷寫得抽象，筆調低沉。但是也有人認為，下卷中對美國社會層面的分析，印證今日的美國社會，更顯示出托克維爾在一百多年前的洞察力和預見性。托克維爾撰寫這部書的基礎主要是他對美國各階層人士的訪問，對社會的直接考察，而較少依據過去和同時代的文字資料。他主要的考察地區是東部的新英格蘭，還訪問了五大湖地區、俄亥俄州和田納西州以及紐奧良和查爾斯頓，並專程去華盛頓瞭解聯邦政府的組織機構，還對印第安人的巧克陶部落進行訪問。他的訪問談對象遍佈美國社會各階層，有史德魯‧傑克遜總統這樣的政要，也有社會底層的販夫走卒。因此，托克維爾的著作有深厚的社會基礎和事實根據。

上卷有兩部分，第一部分以八章篇幅綜述美國的民主體制和形成這種體制的歷史背景，特別闡述州的主權對美國聯邦制形成所產生的重要作用，「聯邦主權與各州主義互相交錯，不可能一眼就分清界限。在這樣的政府中，一切事情都要經過反覆的協議和複雜的手續，只有長期以來慣於自治和政治知識普及到社會下層的民族，才適用這套辦法」；在托克維爾看來，「美國的聯邦憲法，好像能工巧匠般創造一件只能使發明人成名發財，而落到他人之手就變成一無用處的美麗藝術品」。托克維爾告誡說，決不能完全移植。

上卷的第二部分以十章篇幅介紹美國人民的權力——高於法

律的權力是如何行使的。在第七章中，托克維爾探討了「多數在美國的無限權威及其後果」，他對美國民主制度運行中「多數決定一切」採取批判的態度。他指出「在所有的政權機構中，立法機構最受多數意志的左右」，而選民們在選舉議員時的「多數表決，活像小販在市場上一邊叫賣，一邊討價還價」。托克維爾提出了「多數的暴政」的觀點，他明白提出「人民的多數在管理國家方面有權決定一切」的格言「是瀆神和令人討厭的」，他認為民主的最終目的應當是保護少數和個人的權利。他為美國可能出現「多數的暴政」前景開出的藥方是：「假如把立法機構組織得既能代表多數又一定不受多數的激情所擺佈，使行政權擁有自主其事的權利，讓司法當局獨立於立法權和行政權之外，那就可以建立起一個民主的政府，而又使暴政幾乎無法肆虐。」在托克維爾的著作出版後的一百多年間，美國民主體制的發展在某些方面確實應驗了他的假設，如以總統為代表的行政權力擴大，司法當局透過其解釋憲法的權威而大大鞏固和擴展了它的獨立地位，而州權相對地比托克維爾時代削弱了。

　　下卷共分四部分，提出了幾十個「為什麼」和「如何」，用解答問題的方式，把他的直接觀察用生動的文字表達出來，例如：

　　什麼是美國人的哲學方法？

　　「美國是世界上研究笛卡兒學說最少，但卻實行得最好的一個國家」，「每個人在運用他們的頭腦時，大部分只依靠一己的理性努力。」

　　在美國，宗教是如何得以利用民主本能的？

　　「沒有哪個國家的基督教像在美國那樣不講究形式和不重視繁文縟節，但對人的精神卻有最清晰、最簡明和最一般的瞭解」，

「美國的神職人員絕不把人的視線引向固定於來世，而是讓人心更加注意現世」，「美國的神職人員都承認多數對人們思想的支配作用，並尊重這種作用。」

為什麼美國人在科學方面偏重實踐而不關心理論？

「民主國家的人民，大部分都強烈追求物質和眼前的享樂。由於他們總是不滿意自己的處境，並總有擺脫這個處境的自由，所以他們滿腦子只想如何改變處境和如何增加財富。對於持有這種思想的人來說，一切可以成為發財致富捷徑的新方法，一切可以節省勞力的機器，一切可以降低生產成本的工具，一切便於享樂和增加享樂的發明，才是人類智力的最優秀成果。」

美國文學的特徵是什麼？

「嚴格說來，美國的居民還沒有文學。在我看來，稱得上美國作家的，只有新聞記者而已。這些人雖然稱不上大作家，但他們說的是美國人民的語言，而且說出來的話是給美國人民聽的」，「由於讀者越來越多和需要日新月異，所以沒有什麼價值的書也能暢銷」。

美國的民主怎樣改變了英語？

「民主國家本身就喜歡變動。這種情況既見於語言，又見於政治。即使無須改用新詞，有時也想要改用新詞。…這些詞主要是為表達實業的需要、政黨的激情和公共行政的細節而服務的。」

關於美國的個人主義：

「個人主義是民主主義的產物，並隨著身分平等的擴大而發展」，「隨著身分日趨平等，大量的個人便出現了…他們擁有及保有知識和財力，可以滿足自己的需要。他們習慣於獨立思考，認為自己的整個命運只操於自己手裡。」

美國人的嚴謹精神為什麼未能防止美國人往往作出考慮欠周的事情？

　　「幾乎經常保持冷靜態度和舉止穩重的美國人，卻往往不能自我克制，在心血來潮或輕率判斷之下越出了理性的界限，做出一些荒唐的事情來，而且做得很認真。對這種矛盾現象不應該吃驚。美國的人民之所以嚴謹持重，是因為他們的社會情況和政治情況不斷地驅使他們去從事必須認真辦理的工作；而他們之所以有時行為輕率，是因為他們只有不多的時間和精力去做其中的每一項工作。」

　　美國社會面貌為什麼既千變萬化又單調一致？

　　「生活在民主時代的美國人有充沛的熱情，但大部熱情都歸結於愛財或出於愛財。同樣的熱情如此相繼出現，就使人感到單調了，而滿足這種熱情的每個具體過程，也同樣是單調的。」

　　在托克維爾的著作中還作了一些日後得到應驗的預測，如美國內戰、美墨戰爭、資產階級民主制度前途的危機…等。托克維爾考察的是處於資本主義大發展前的美國，他不可能勾畫出十九世紀下半葉以後美國的藍圖，但是他已充分發現了美國能夠獲得成功的秘密——使多數管理國家，儘管托克維爾對這個多數還心存疑慮。正如拉斯基教授所評論的：「《論美國的民主》是一部懷有感傷情緒的貴族作品，但它卻能高瞻遠矚，看出貴族特權的時代已經日落西山，而一個它所不歡迎的新的階級，正在以飛快的速度走上即將由它統治的歷史舞臺」。

馬克思、恩格斯的　共產黨宣言

　　《共產黨宣言》是馬克思、恩格斯的重要著作，也是國際共產主義運動的第一個綱領性文獻。它於一八四七年十二月至一八四八年一月寫成，一八四八年二月在倫敦出版。

　　十九世紀的四十年代，隨著資本主義在歐洲的發展，工人運動也蓬勃發展起來，在法、英、德等主要資本主義國家，都發生過工人起義，無產階級開始作為獨立的政治力量登上歷史舞臺，與資本家的矛盾日益尖銳。但是，由於缺少以科學的共產主義思想武裝的革命政黨領導，加上受空想社會主義、小資產階級社會主義等思潮的影響，這些抗爭都歸於失敗。馬克思、恩格斯總結經驗，提出創立無產階級的組織，首先把各國工人運動中的先進分子和職業革命家組織起來。一八四六年初，他們創立了共產主義通訊委員會這一國際性的無產階級革命家組織，提出了共產主義者的宗旨。隔年一月，馬克思、恩格斯參加了「正義者同盟」，並對同盟從思想到組織進行了整頓、改組，將同盟改名為「共產主義者同盟」。這就是世界上第一個以科學共產主義思想為指導的無產階級國際組織。

　　「共產主義者同盟」需要一個正確的綱領。恩格斯曾經先後起草兩個草案：《共產主義信條草案》和隨後的《共產主義原理》，都是以問答的形式闡述了歷史唯物主義和馬克思主義政治經濟學的基本原理，以及現實鬥爭中一些重要問題。但恩格斯始終認為這只是綱領的草案。一八四七年十一月在共產主義者同盟第二次代表大會上，馬克思、恩格斯全面論述了科學共產主義的基本思想，並在激烈的爭論中批判了各種錯誤的觀點，統一了大會的思

想，最後他們受委託寫出一個戰鬥的共產主義宣言，這就是後來流傳世界各國，為無產階級革命鬥爭指明方向的《共產黨宣言》。正如列寧後來所說：「這本書篇幅不多，價值卻相當於多部鉅著：其精神至今還鼓舞、推動著文明世界全體有組織且進行鬥爭的無產階級。」

《共產黨宣言》有引言和四章節。引言扼要地勾畫了早期共產主義運動的圖景，描述了共產黨人在形形色色的敵人的咒詛、圍攻中成長的進程，以及在這種背景下發表《共產黨宣言》的目的。

第一章〈資產者和無產者〉，著重論述了階級鬥爭的學說，這也是貫穿全書的一條線索。本章一開頭就指出，自原始氏族社會解體以來「到目前為止的一切社會歷史都是階級鬥爭的歷史」，然後論述各個歷史時代階級鬥爭的狀況，說明階級鬥爭是階級社會發展的動力，還提出一個著名的原理：「一切階級鬥爭都是政治鬥爭。」無產階級反對資產階級的階級鬥爭必然要發展為奪取政權的政治鬥爭，導致無產階級革命，最後消滅一切階級，實現共產主義。本章中分析了資產階級產生、發展的過程。資產階級在反對封建制度的鬥爭中曾有過進步作用，創造了巨大的生產力。但是隨著生產力的發展，資本主義社會的基本矛盾，也就是生產社會性和生產資料佔有制的私人性矛盾日益尖銳，使資本主義必然滅亡、社會主義必然勝利，這不依人們意志為轉移的客觀規律終將實現。此外，馬克思、恩格斯還闡明了無產階級的發展和其偉大歷史使命，說明它是現代社會中最堅決、最徹底的革命階級，只有無產階級才能團結和領導廣大勞動人民推翻資產階級的統治，解放全人類，也解放自己。

第二章〈無產者和共產黨人〉，首先說明了共產黨的性質和特點，規定了黨的基本任務和奮鬥目標。共產黨是無產階級的政黨，它沒有任何與整個無產階級的利益所不同的利益，始終堅持無產階級的國際主義，堅持共產主義的偉大目標。黨的任務是「使無產階級成爲階級，推翻資產階級的統治，由無產階級奪取政權」，然後儘快發展社會生產力，採取措施逐步把工業和農業結合起來，把教育與物質生產結合起來，逐步消滅城鄉對立、階級對立和階級差別，最終實現共產主義。本章中還批判了當時流行對共產主義的種種誹謗及誣衊之詞，闡明了「共產主義革命就是與傳統的所有制關係實行最徹底的決裂；它在自己的發展進程中要與傳統的觀念實行最徹底的決裂」這一論點。此外，馬克思、恩格斯還就無產階級取得政權後爲了解決所有制、變革全部生產方式提出了十條具體措施，同時指出，「這些措施在不同的國家裡當然會是不同的」。

　　第三章〈社會主義的和共產主義的文獻〉。馬克思、恩格斯運用歷史唯物主義觀點和階級分析方法，揭露和批判了當時流行形形色色、非科學的社會主義和空想社會主義，深刻分析這些思潮的社會階級根源和各自代表的階級利益，從而闡明了科學共產主義與它們在性質上的根本區別。馬克思、恩格斯指出，被資產階級打敗的英、法封建貴族，也打出「社會主義」旗號，而這種「封建的社會主義」的實質則是夢想復辟封建制度。「小資產階級的社會主義」，就是在資本主義制度下不斷分化、破產的小資產階級代表人物所鼓吹的「社會主義」，實際上是要恢復中世紀的小手工業和小農經濟。所謂「眞正的社會主義」，就是代表德國小市民利益的德國著作家們所販賣的「社會主義」，他們既反對資產階級

革命，又反對無產階級運動的興起，產生一箭雙雕的反動作用。以上這些，被馬克思、恩格斯歸爲「反動的社會主義」。

所謂「保守的或資產階級的社會主義」，則是資產階級中想要消除資本主義社會的弊端，從而維持這個社會人民生存的理論。他們鼓吹改良，企圖使工人階級放棄政治鬥爭。至於「批判的空想社會主義和共產主義」，則是不成熟的無產階級利益和要求的反映。他們看到了資本主義的弊端，對之進行揭露和批判，提出了關於未來社會的積極主張，但是他們並不瞭解資本主義社會產生、發展和滅亡的規律，不瞭解無產階級的歷史使命，幻想透過「示範」作用，甚至使上層人物「發善心」等等去實現其理想社會，而拒絕一切革命鬥爭。所以他們的主張具有純粹空想的性質。

第四章《共產黨人對各種反對黨派的態度》，闡明了共產黨的基本策略思想。「共產黨人爲工人階級的最近目的和利益而鬥爭，但是他們在當前的運動中同時代表運動的未來」，「共產黨人到處都支持一切反對現存社會制度和政治制度的革命運動」，「共產黨人到處都努力爭取全世界民主政黨之間的團結和協議」，但是「共產黨一分鐘也不忽略教育工人儘可能明確地意識到資產階級和無產階級的敵對」，絕不放棄對錯誤思想「採取批判態度的權利」。這些策略原則要求黨在反對資本主義制度的鬥爭中必須把眼前利益和長遠利益、當前鬥爭與實現共產主義的偉大目標結合起來，在鬥爭中既要聯合其他革命黨派，支持一切革命運動，又要保持清醒的頭腦，保持自己的獨立性和階級意識。

宣言結束時，提出了無產階級國際主義的戰鬥口號：「全世界無產者，聯合起來！」。《共產黨宣言》還附有馬克思、恩格斯

在不同時期寫的七篇序言，這些序言或是重申了宣言的性質，回顧了宣言同國際工人運動相結合的歷史；或是精闢地論述了貫穿本書的歷史唯物主義基本原理；或是根據無產階級運動的實踐經驗作出一些重要的補充和修改。總之，這些序言已經成為宣言不可分割的部分，對於我們瞭解宣言的精神實質有著重要的意義。

福澤諭吉的 文明論概略

　　福澤諭吉（一八三五年～一九○一年）是日本近代的啓蒙思想家。本書是他介紹資本主義文明，論述文明理論的代表作。原著在一八七五年出版後，在日本全國風行一時，被稱爲日本近代思想史上的啓蒙思想名著，對日本社會和知識文化界影響極大。

　　福澤出身於江戶時代（一六○三年～一八六七年）後期日本的一個下級武士家庭。少年時期親身感受到封建等級制度的壓抑，在思想上種下了反封建的種子。青年時期，他率先接觸西方思想文化，十九世紀六十年代三次遊歷歐美各國，深受西方近代科學和政治學術思想的影響。當時日本面臨內憂外患的嚴重形勢，他決心以「謀求國家獨立」和「富國強兵」爲己任，猛烈抨擊腐朽的封建制度及其意識形態，大力傳播啓蒙思想，介紹資本主義文明，號召日本人民學習科學、興辦實業、發展資本主義。一八六八年他創辦慶應義塾，培養科學人才；一八七三年他和森有禮、加藤弘之、津田眞道、中村正直及西周等人一起組織了啓蒙團體「明六社」①，出版《明六雜誌》，針對當時日本的現實問題著書立說，積極開展啓蒙活動，鼓吹資本主義改革。福澤因而被譽稱爲「日本的伏爾泰」，可見其影響之深遠。

　　福澤諭吉的啓蒙活動，不是單純地介紹西方文明，而是宣傳透過汲取西方的科學文化來促進日本資本主義的文明開化。他號召日本人民發揚獨立自主精神，努力使日本趕上西方先進國家。作者接受西方的思想，是透過十九世紀西歐的思想家如孔德、穆

---

①明六社因成立於明治六年，故以此命名。

勒、史賓塞等人的著作，這些人物已經不是革命時期的思想家，而是資產階級已經取得政權、居於統治地位時期的思想家。福澤沿襲這些人的思想觀點，在政治制度上主張英國式的君主立憲制，在經濟上他接近庸俗經濟學的觀點，在道德倫理上採取功利主義，在認識論上則站在經驗論的立場。

到了後期，福澤的思想日趨保守。一八八二年他創辦了《時事新報》，以不偏不倚的立場為標榜。這個時期他公開提出「官民調和」的論調，要求人民把爭取民主的鬥爭從屬於天皇制國家的對外擴張政策。因此他雖然曾大聲疾呼「民主、自由」，卻並未參加後來在日本澎湃發展起來，爭取自由民權的民主運動。以後，他進一步站在「國權主義」的立場，擁護天皇制，鼓吹盡忠報國的道德教育，主張對朝鮮、中國進行武力擴張。到了中日甲午戰爭時期，他把侵略中國稱為「文明之戰」，積極鼓吹「主戰論」，甚至為日本軍國主義捐獻軍費，並為日本在戰爭中的勝利感動得涕淚橫流，充分顯露了他國族思想的特性。

福澤諭吉一生的著作約有六十種，除這本書外還有：《西洋事情》、《勸學篇》、《丁丑公論》、《民情一新》和後期的《帝室論》、《尊王論》…等。晚年寫的《福翁百話》和《自傳》則是其世界觀變化和生平活動的概述。

《文明論概略》一書是作者啟蒙思想的代表作。全書分為十章，分別論述了「確定議論的標準」、「以西洋文明為標準」、「論文明的涵意」、「論一國人民的智德（正、續）」、「智德的區別」、「論智德的時間性和空間性」、「西洋文明的來源」、「日本文明的來源」及「論中國之獨立」等問題。作者試圖透過本書建立一套文明理論，藉以促進資本主義在日本的建立和發展。原著

首先闡述了文明的涵意。作者認爲文明一詞，狹義地說就是增加人類的物質需要，廣義地說，不僅在於追求衣食住的享受，而且要開發智力、提高道德水準，把人類提高到高尚的境界。也就是說，文明的範圍至大至廣，人類社會的一切物質財富和精神財富，都包括在文明的概念之中。福澤諭吉特別強調提高人民道德智力的重要，他認爲一國文明程度的高低，可以用人民的道德智力水準來衡量。因此要促進文明開化，必須提高人民的道德和智力，而人民道德智力的提高是沒有止境的，所以文明的進步也沒有止境。

原著把文明發展過程劃分爲野蠻、半開化和文明三個階段。同時承認這些名稱是相對的提法。作者認爲歐美是文明國家，亞洲各國是半開化國家，而非洲和澳洲算是「野蠻」的國家。福澤強調，世界各國不論目前處於何種狀態或地位，如果想使本國文明進步，就必須以歐美文明爲目標。他從歷史上分析對比西洋文明和日本文明，肯定日本落後，西洋先進。書中強調日本應該向西方學習，以便急起直追，迎頭趕上。書中雖然承認西洋文明高於日本文明，但並不認爲西洋文明已經盡善盡美，相反地，作者認爲西洋文明缺點甚多，並不完滿，說其文明不過是相對於落後國家而言罷了。千百年後，各國人民道德智力大大提高，再回顧今天的西洋文明，也許會爲其野蠻落後而歎息。作者不是把西洋文明看成盡善盡美、永世長存的東西，而是看作一定歷史發展階段的產物，這在日本思想家中是十分難能可貴的。

福澤諭吉寫作這本書沒有停留在單純的抽象議論，而是面對日本的現實，著重探討了日本的獨立問題。作者認爲，文明既有先進和落後，那先進的就要壓制落後的。由於當時日本面臨內憂

外患，人們無不憂慮國家的獨立問題，因此，如何推動本國文明的發展，以維護本國的獨立，就成爲一個現實的問題。作者認爲國家的獨立是目的，現階段日本的文明開化就是達到這個目的的手段。福澤諭吉在書中強調：明治維新的「人心騷亂是全國人民向文明進軍的奮發精神，是人民不滿足於中國固有文明而要求汲取西洋文明的熱情。因此，人民的理想是要使中國的文明趕上或超過西洋文明的水準，而且不達目的誓不甘休」。於是書中得出的結論是：「國家的獨立也就是文明，沒有文明就不能保持國家的獨立。」

奥本海的 **奧本海國際法**

奥本海（一八五八年～一九一九年）出生於德國法蘭克福附近的溫德肯。一八七八～一八八〇年，他曾在柏林、海德堡、哥廷根等大學學習法律。在獲得票據法學位之後，又轉到萊比錫大學，在著名法學家邊沁教授的指導下攻讀刑法。一八八五年初，他在弗賴堡大學任教，後來又應邀赴瑞士巴塞爾大學從事研究和教育工作，在刑法學方面享有聲譽。由於健康問題，他於一八九五年前往倫敦療養，並在當時新設立的倫敦政治經濟學院任教，開始獻身於國際法教學與研究工作。一九〇〇年，他加入英國國籍。一九〇八年，又接替當時著名的國際法學家約翰·韋斯特累克擔任劍橋大學惠威爾國際法講座的教授。他曾任肯特國際法學會的正式會員、馬德里法學會名譽會員及美國國際法學會的通訊會員，為國際法科學的發展作出卓越貢獻。其著作除了《國際法》教科書以外，主要有《國際法的前途》、《巴拿馬運河衝突》、《國家與社會的主要性質》、《陸地戰爭》（與艾德門合著）…等。他還主編了《國際法與外交論文》。

《奧本海國際法》就是奥本海在倫敦政治經濟學院任教期間的講義彙編。一九〇五年該著作的第一卷《平時國際法》問世，第二年其第二卷《爭端法、戰爭法、中立法》又接著出版，不過全書的內容僅限於第一次世界大戰以前。一九一二年，由於受到第二屆海牙和平會議的影響，奥本海對該書作了修改後，又出版第二版。一次世界大戰後，由於痛恨德國的暴行，奥本海抱著即使部分國際法遭到破壞，但整個國際法是不可摧毀和消滅的堅定信念，他又著手對該書進行第三版修訂。後終因操勞過度，積病而

逝，第三版的修訂工作遂由他的學生羅克斯伯修訂完成。該書的第四版由麥克奈爾修訂，從第五版至第八版始由勞特派特修訂。

《奧本海國際法》一書體系完備，條理分明，幾乎涉及當時國際法發展的各個領域；書中引用大量材料，包括國際條約、外交、檔案、各國國內法、國際和國內法院判決等，概括了主要的西方國家所主張的國際法原則及其長期以來的實踐，反映了西方國際法觀念發展的主要動向。

奧本海是一個實證主義法學家，該學派認為，凡是由立法機關所頒佈的規範性檔案即是該社會的法律，即所謂的「惡法亦法」論，而不像自然法學派那樣主張法律是道德要求的產物，應合乎理性、正義等。從此立場出發，奧本海認為，國際法的淵源——即其效力來源只能有兩種，即國際條約和國際慣例，而引用自然法的任何觀念都不合乎學理；國際法與國內法是完全不同的法律體系，前者的規定非經國內法令的批准，絕對不能自然而然地成為國內法的一部分。之所以主張這種觀點，是與他堅持的國家主權學說，認為個人永遠不能成為國際法主體的觀點分不開的。他相信，人類社會現在沒有、將來也不會有一個統治各國的中央政權。但是，一次世界大戰後國際聯盟的成立及其作用，使他在《國際聯盟及其問題》一書中承認這一聯盟的必要性。這表明奧本海本人的觀點也是隨著國際實踐的發展而變化的。

值得強調的是，由於主客觀因素及歷史發展的限制，《奧本海國際法》一書中的論述帶有濃厚的西方色彩，其中所引用的資料及所表述的觀點有的是錯誤的，有的已經過時，不再符合現代國際法發展的要求，這也正是促使該書一再修訂的原因之一。但是，瑕不掩瑜，該書自問世以來，即受到國際法學界高度評價。

例如，著名的國際法學家韋斯特累克正是由於極為讚賞該書，而在自己辭職後推薦奧本海擔任惠威爾講座教授的。而且，由於該書隨著國際實踐的發展一再由著名的國際法學家加以修訂，所以內容既保留原著的精華，又力求反映國際法的現時狀況；既保留了奧本海的個人風格，又融入了其他名家的見解，使其內容日臻全面、完美。迄今為止，該書的影響依然不衰，為國際法學家及學生的研究、學習提供了有益而權威的參考。同類著作，無出其右。

021 ▶ 問鼎海域的指南

馬漢的 海權論

　　煙波浩淼的海洋佔據了地球總面積的百分之七十以上。有文字記載的歷史告訴我們，人類的文明起源和發展不僅依賴於陸地，而且在很大程度上得益於海洋。海洋提供了豐富的資源，爲發展交通運輸創造了便利條件。自私有財產和國家出現以來，海洋也成爲國家和民族利益角逐的場所。地中海上的克里特很可能是歷史上最早的海上強國之一；腓尼基人與羅馬人在海上的爭奪，希臘人跨海攻打特洛伊都是海上爭霸的著名篇章。爭奪海上貿易控制權的戰爭同資本主義的產生和發展息息相關，自近代以來越演越烈。

　　自一四九二年哥倫布發現通往美洲的航路開始，海洋爭霸不絕於史。先是西班牙與葡萄牙對世界的分割，然後是十六～十八世紀英國與西班牙、荷蘭、法國之間連綿不斷的海戰，最後以英國取得海上霸主地位告終。進入十九世紀，在工業革命的影響下，海上交通工具發生了很大變化，蒸汽機、內燃機廣泛使用，輪船逐步替代了帆船，海軍的面貌也爲之一新。隨著自由資本主義開始向壟斷資本主義過渡，爲了爭奪原料產地，銷售市場和殖民地，重新瓜分世界，列強之間的矛盾更加尖銳化。爭奪出海口、海上通道和戰略要地，控制海上貿易線的問題重新提上了議事日程。海軍這支海上有組織的武裝力量不僅有了新的裝備，而且被賦予了新的功能和使命。從理論和歷史總結上述經驗，闡明其新歷史任務的使命落在美國一位海軍軍官身上。

　　馬漢（一八四〇年～一九一四年）出身於美國一個愛爾蘭移民的家庭，一八五九年畢業於美國最高海軍學府安那波利斯海軍

學院，其後長期在美國海軍中任職。他曾率艦隊遍歷亞洲、非洲、拉丁美洲。當時英國的海軍如日中天，殖民地遍及全球，大英帝國的赫赫聲威讓他留下了深刻的印象。對英國殖民事業和海上霸權的崇拜，是馬漢把英國稱霸海洋歷史作為研究課題的一個重要動因。一八八五年，馬漢出任海軍學院講師，主講海軍史和海軍戰略。在廣泛研究西歐各國政治史和軍事史，探索大國消長規律的過程中，馬漢發現控制海洋是一個從未得到系統研究的歷史因素。以強權政治和實力政策為出發點，馬漢把過去幾個世紀的一般歷史和海軍史一起進行研究，以揭示兩者之間的關係。經過四年多的努力，《海權論》一書於一八九○年五月問世。

本書連同引言共十五章。馬漢在引言中明確指出，此書目的在於考察海上實力對歐美歷史發展的影響。由於普通的歷史工作者缺乏關於海洋和海事的專業知識，更沒有興趣，其結果是海事力量對重大歷史事件的影響完全被忽略了。馬漢在引言中說明，海上實力史在很大程度上是以研究國家之間的衝突為物件的，特別著重於研究軍事衝突的歷史。第一章是全書的總綱，馬漢把晚期重商主義奉行的對外貿易致富論作為他討論問題的出發點，將沒有貿易就沒有繁榮當做至高無上的原則，在此基礎上論證了海上實力論的概念和構成海上實力的各項因素。

馬漢對於海上實力的概念作了新的界定。他把這個習慣上被理解為海上軍事力量的詞語，解釋為包括憑藉海洋或透過海洋能夠使一個民族成為偉大民族的一切。不僅包括海軍、商船隊、海外殖民地和軍事基地，而且包括國家制度、民族性和生產能力。海上實力的核心是海軍，在和平時期，海軍是處理國際事務的威懾力量；在戰爭中，海軍是進攻的工具。要想讓海軍成為進攻的

力量就必須建立一支能在遠洋作戰，以主力艦為主體的海上武裝。這樣一支強大的海軍還必須有一支龐大的商船隊作為輔助力量，並以遍佈全球的海外殖民地和海軍基地作為支撐點。馬漢認為俱備這樣的海上實力，就可以持久而牢固地控制全部海上交通線，即制海權。這是使國家強盛和繁榮因素中的首要因素。他甚至認為海上實力對於世界歷史的發展具有決定性的影響。

在馬漢看來，並非所有國家都能擁有強大的海上實力。它是有條件的，包括：

第一、地理位置。指一國的地理環境決定了它無須在陸地設防，或實行陸地上的領土擴張，而且能夠集中使用海上武裝力量。不僅如此，該國還處於有利的戰略地位，港灣林立，攻守得宜。這顯然是指英國。馬漢應用上述條件分別對法國、義大利和美國的地理位置進行了分析。特別指出巴拿馬運河的開通對美國控制戰略要地的重大意義。

第二、地形。主要指海岸線是否曲折，有無良好天然港口。

第三、領土範圍。對發展海上實力而言，不完全在於面積大小，而在海岸線長度和港口特點。

第四、人口數量。同領土範圍一樣，不完全在於絕對數量多少，而在於有多少人力從事海洋相關活動，或有多少人能受雇於航海事業，及開發海洋的事業。

第五、民族性。由於海上實力是以發達的海外貿易和國內貿易為基礎，對商業活動採取積極的態度就成為發展海上實力的一個必要條件。換言之，一個航海民族必然是一個熱衷於追求商業利益的民族，為了謀取利潤，使事業有所成就，不惜背井離鄉，遠涉重洋，定居異域他鄉。

第六、政府特點。馬漢對各國政府的性質和特點進行了詳盡的探討。他認為問題的關鍵在於一國政府是否有符合國情，持續發展海上實力的政策。在總結了英、荷、法三國的歷史經驗後，馬漢指出，若要發展海上實力，在和平時期政府的政策必須鼓勵發展與海外貿易相關的產業；在戰爭或備戰時期，政府有決心保持一支強大的海軍，並能有適當的機構動員和組織人民參加建設海上武裝力量。

　　為了證實自己的這些論斷，馬漢以主要篇幅用於第二次英荷戰爭以來歐美國際關係和重大海戰戰例的分析。他以大量史實說明，有了由海軍、商船隊、殖民地這三大要素組成的海上實力，並採取集中優勢力量，在具有決定意義的地區，摧毀敵人主力艦隊的原則，就能取得制海權。在分析英法七年戰爭英國獲勝的原因時，馬漢說這是因為英國政府善於運用其海上實力，而法國政府在這方面遠遠落後於英國。馬漢認為英國在美國獨立戰爭中敗北，根本原因在於兵力分散，失去了對海洋的控制權。

　　馬漢這部著作問世以來，被譯成多種文字。它對於列強追求世界霸權的政策，發展海軍事業，加速軍備競賽產生了深遠的影響。

　　德國起步最快，德皇威廉二世迅速決策建設一支以現代化戰列艦為主體，能和他國相抗衡的強大艦隊，並命令每一艘德國軍艦都必須備有一本馬漢的書。德國海軍軍官艾爾弗萊德‧馮‧梯爾皮茲從馬漢理論中引申出適合德國需要的「風險理論」，也就是向英國海上霸權進行挑戰的理論，並在兩次世界大戰中付諸實行。英國軍政界歡呼此書正確無誤地解釋了英國的傳統國策，並由朱理安‧考伯特、格拉漢姆等人加以發揮。

英國海軍在相當長的一段時間裡所堅持的兩強標準，即英國擁有的戰列艦噸位至少應相當於兩個強國的擁有量，藉以保證英國對海上通道的控制。這顯然就是受馬漢思想影響的結果。

　　馬漢的理論在美國的影響尤為顯著。他的追隨者全都是影響政界的人物，包括海軍部長亨利‧卡波特‧洛奇、國務卿約翰‧海格、總統希歐多爾‧羅斯福。在這些人物掌權和以後的年代裡，美國不但建成一支世界一流的海軍，而且依仗著這支武裝力量到處耀武揚威，推行霸權主義外交政策。尤為重要的是馬漢的理論有助於創造美英聯合，主宰海洋，進而操縱世界事務的氣氛，兩次世界大戰為此提供了絕妙的機會。第二次世界大戰後，發展海上實力更成蘇聯擴張主義政策的一個重要組成部分。

　　馬漢的主要著作至今仍被許多海軍學院列為研究海軍史和海軍戰略的經典教材。只要大國爭霸的局面繼續存在，馬漢的學說就不會過時，就軍事史的研究而言，馬漢的著作則將作為經典和一筆遺產長期流傳下去。

麥金德的 地緣政治學

　　麥金德（一八六一年～一九四七年），英國著名學者，一八九九年任牛津大學地理系主任，一九〇三年任倫敦經濟學院院長，一九〇四年發表一篇關於地理學的論文，從此被尊崇為「地緣政治學之父」。一九二六年任英國樞密院顧問兼帝國經濟委員會主席。他的主要著作和論文是《歷史的地理樞紐》、《民主的理想與現實》，被稱為現代「地緣政治學」的基石。

　　麥金德與馬漢是同時代人，一九〇四年他發表《歷史的地理樞紐》時，馬漢的海權論早已得到很高的聲譽。儘管如此，不少西方學者還是相當肯定這部學說。前美國圖書館協會主席羅伯特·唐斯認為《歷史的地理樞紐》是影響世界歷史進程的十六部著作之一。英國著名戰略家哈特也認為世界軍事名著中，二十世紀首推《歷史的地理樞紐》這部著作。當代許多學者的思想也都能在麥金德的地緣政治學說中找到來源。一九一九年麥金德擴大充實了理論基礎，出版《民主的理想與實際》一書。

　　所謂地緣政治學，是指由地理學與政治學結合而成的一門學問。麥金德的理論由世界島和心臟地帶所組成。所謂的世界島，是指歐亞非三大陸；從世界地圖上我們可以看出，這片陸地四周被大海包圍，正是一片島嶼。所謂心臟地帶，從俄國北部的白海開始，經莫斯科，再穿過黑海和裏海之間的高加索地區，再到伊朗腹地，然後再轉向東北進入中國境內；經中國的新疆、內蒙、大興安嶺，最後一直到俄國的西伯利亞。簡單明瞭的說法就是，前蘇聯或現俄國所處之地就是心臟地區，亞洲腹地處在這片地區之內。

心臟地區稱爲樞紐地區，位於樞紐地區的國家爲樞紐國家。在樞紐國家之旁的一些國家和地區：歐洲、非洲撒哈拉沙漠以北地區、土耳其、伊拉克、沙特、伊朗、巴基斯坦、印度、中南半島、中國南部沿海地區、中國東部沿海地區、朝鮮半島等，麥金德稱爲內新月地區，由於內新月地區處在歐亞大陸的邊緣，所以又稱其爲邊緣地區或邊緣新月地區。邊緣地區在東半球中人口眾多素質也高，文化及生產力最爲發達，並擁有雄厚的自然資源。內新月地區之外便是所謂的外新月地區。外新月地區包括英國、非洲撒哈拉沙漠以南非洲地區、澳大利亞、日本、北美洲、南美洲等。需要指出的是，在麥金德地緣戰略地圖中，政治地理學的概念並非一般的地理概念，例如德國在自然空間上屬中歐，但在政治地理上卻屬於西方，所以，說德國是中歐國家或西歐國家都正確。還有日本、美國等也被稱爲西方國家，這也是在政治地理學的意義上說的。

　　心臟地區在歷史上曾存在著很多很強悍的草原遊牧民族，他們一有機會便向四面八方的邊緣地區①擴張。最令歐洲歷史學家不能忘懷的是草原遊牧民族向西擴張的歷史。在五到十五世紀，接連不斷的遊牧民族從心臟地區向西遷徙，他們來到歐洲，摧毀了一個又一個的鄉村、城市、國家乃至文明。例如，崛起於五世紀的匈奴人，曾向西進入歐洲，威脅羅馬帝國；十世紀的突厥人朝西南擴張，經伊朗、伊拉克到敘利亞，建立了土耳其帝國；十三世紀的蒙古人向南則擊敗了中國人，建立了元朝。遊牧民族對歐洲的蹂躪留給世人極爲深刻的印象，今天史學家們在談到匈奴

────────────────

①即內新月地區。

人、突厥人和蒙古人時，仍不免驚恐失色。

心臟地區的亞洲民族主要是從小亞細亞地區和歐洲大陸之間，博斯普魯斯海峽和達達尼爾海峽進入歐洲。大約六～十世紀，崛起於中亞地區的突厥人由這裡進入東南歐。中亞地區和小亞細亞地區至今仍是戰略要地。突厥人曾一度衰落，十三世紀蒙古帝國崩潰後，已經伊斯蘭化的突厥勢力再次振興。小亞細亞一向是歐亞各民族激烈爭奪的地方，最後，突厥人奪得了這片土地。一四五三年，穆罕默德蘇丹二世率領土耳其軍隊渡過博斯普魯斯海峽，攻陷君士但丁堡。拜占庭帝國終於滅亡，希臘和羅馬殘存的最後一點文明便被突厥人徹底地消滅了。

在烏拉山南端和裏海之間有條寬大的通道，處在烏拉山以東心臟地區的馬札爾人、保加利亞人、匈奴人、蒙古人和卡爾梅克人等便從這裡向西遷徙。從烏拉山以西地區進入西歐有兩條路線：一條在喀爾巴阡山以北的波德平原②。另一條通過喀爾巴阡山南麓的多瑙河中下游平原，這一平原位於現代史上的前南地區、羅馬尼亞、保加利亞和匈牙利等國家和地區。這兩條路都處在波羅的海至亞得里亞海之間的東歐地區，所以，東歐這片地方既是來自亞洲腹地的草原民族通往歐洲的通道，又是西歐民族阻擋草原民族，或是向心臟地區發動進攻的戰略要衝。這些地區對西歐人來說非常重要，所以麥金德說：「誰控制了東歐，誰就統治了心臟地帶」就是這個涵意。

居住在心臟地區的草原民族，其文明程度要低於邊緣地區的農業民族，但是為什麼落後的文明總可以擊敗先進文明呢？道理

---

②波德平原即中歐平原，現在的波蘭和德國位於此處。

很簡單，當時所謂先進文明在軍事上卻並不比某些落後文明先進，只有當先進文明後來能造出現代武器後，落後文明才會在軍事上徹底失去一切優勢。農業民族由於受到自身生產方式的制約，對遊牧民族不得不經常採取保守的防禦戰略，這就為日後的失敗留下了巨大的隱患。

直到哥倫布開啟新時代，歐洲人逐步走上稱霸世界的道路，成為世界的主人。一五〇〇年之後的世界史開始成為歐洲人的歷史。海洋被征服，好望角和新大陸被發現，使西方民族擴張了發展空間，他們奪取了大片的殖民地，把大量的美洲人民和非洲人民變成了自己的奴隸，掠奪了大量的財富，增加了自己的實力。這時，西方人利用海洋也獲得了空前的戰略機動性，他們終於能對心臟地區實行戰略迂迴和包圍。在這一時代最後成為世界霸主的是英國。英國曾是一個獨一無二的海軍強國，而在那時世界帝國也就在望了。如果德國沒與俄國結盟，這種情況就可能發生。麥金德所處的時代，德國和美國的工業水準已經超過英國。

處在心臟地區的俄國崛起，並控制整個歐亞內陸的大草原。麥金德對此憂心忡忡，他認為：地理上的優勢平衡很可能已經向不利於英國的位置傾斜，而英國只是靠慣性力來維持自己的位置罷了。在他看來，心臟地區民族與邊緣地區民族的衝突，本質上是陸權和海權的衝突，是陸權國家和海權國家的對抗。俄國勢必成為一個陸權大國，這樣一個陸權大國若得到出海口，依靠著自己雄厚的資源，很快地會建立起一支強大的艦隊爭奪海洋霸權，那時世界帝國也就在望了。特別是德國若與俄國結盟，這種情況就不可避免了。麥金德對此深感憂慮，他在地理協會第一次宣讀《歷史的地理樞紐》這篇論文時，明白指出這種情況的危險性。

麥金德看出，即使英國這樣的海權國家能取得一時勝利，最後也不能避免衰落的命運，而德國和俄國卻會恢復力量，重新構成對海上國家的威脅。因此他的對策是英國應聯合美國、日本等海上國家，再由海上國家支持法國、義大利、埃及、印度和朝鮮等這些處在內新月邊緣地區的國家，成爲阻擋樞紐國家的橋頭堡，從而制止樞紐國家建立強大的艦隊。麥金德敵視大陸國家，他非常強調英國和美國的關係。這是因爲地緣政治理論認爲是地理空間決定一個民族的狀態和前途，因此從地緣政治學的角度看，不論是日耳曼人還是斯拉夫人、中國人，任何一個民族只要佔據了心臟地區就都會在同樣的地理機制下運轉。如果德國這樣的西歐國家東進，取得心臟地區的控制權也會這樣。因此，麥金德認爲對德國採取的政策應促使它放棄參與心臟地區的企圖。

　　耶魯大學國際關係教授、國際研究所主任斯皮克曼曾對麥金德理論提出批判，認爲麥金德高估了心臟地帶的實力，而眞正重要的卻是邊緣地區，他認爲「誰支配著邊緣地區，誰就控制著歐亞大陸，誰支配著歐亞大陸，誰就掌握了世界的命運」。麥金德的地緣政治學仍受到政界與學界不斷的關注。

杜黑的 制空權

一九〇三年萊特兄弟把第一架飛機送上天空，大大拓寬了人類的活動空間，也為戰爭開闢了一個新領域。當最早的飛機還在田野和天空之間掙扎，以今天的標準根本不能叫做飛行，當時，義大利軍事理論家杜黑就敏銳地預言飛機在軍事上的應用前景及制空權的戰略價值。一九二一年，他將自己的思想整理寫成《制空權》一書，全面宣傳空軍制勝論。《制空權》的出版，奠定了現代空軍軍事理論的基礎，也帶來了傳統軍事理論的再次革命。

《制空權》的作者朱里奧‧杜黑於一八六九年五月三十日出生於義大利南部城鎮卡塞塔，早年就讀於義大利都靈工程學校和總參謀部學院，先後擔任義大利陸軍第一個航空營營長、米蘭師參謀長、國防部航空署主任、航空部部長等職務。在第一次世界大戰期間，他因猛烈抨擊義軍統帥部戰爭指導上的錯誤，曾被軍事法庭判處監禁一年。一九二〇年義大利最高軍事會議認可他的論點，次年晉升他為少將。一九二三年杜黑退職，專門從事著作，一九三〇年二月十五日病逝於羅馬。

早在一九〇九年，杜黑就面對來自各方面的責難，衝破傳統觀念的束縛，預言「天空即將成為戰場。現在人們都強調制海權，但不久就會看到，制空權比制海權更重要」。一九一〇年，他又提出必須創立軍事學術的第三分支，即「空中作戰學術」部門。一九二一年陸軍部出版他的第一部著作《制空權》，一九二七年再版時，他增寫了該書的第二篇。此後，他相繼出版了《未來戰爭的可能面貌》、《扼要的重述》和《一九××年的戰爭》等著作，從不同面對制空權理論進行了深入闡述與發揮。

在杜黑的著作中，《制空權》一書，出版最早、流傳最廣，也最集中地反映了他的基本觀點。《制空權》最早以明確的語言指出航空為人類開闢了一個新的活動領域——空中領域，結果必然形成一個新的戰場，對於住在地球表面的人類來說，天空比海洋具有更大的重要性。因此，沒有什麼理由能阻止這一結論：天空是個同等重要的戰場。《制空權》一書斷言，空中武器的發展，將完全改變迄今已知的一切戰爭樣式。飛機在行動和方向上享有充分的自由。空中武器擴大了進攻的優勢，同時縮小了防禦的優勢，它能以閃電般的速度對敵人心臟給予致命打擊。人們在地球表面上不能做任何事來干擾在三維空間中自由飛行的飛機。歷來規定和影響戰爭特性的一切因素對空中的活動都是無能為力的。地球表面，不論陸地還是水面，要防禦空中攻擊，不是分散部署大炮和飛機，而要靠阻止敵人飛行。換句話說，就是要「奪得制空權」。

杜黑認為，所謂「制空權」指的不是高度空中優勢或航空兵器的優勢，而是一種態勢，既能阻止敵人飛行，同時能保持自己飛行。制空權為掌握它的人提供優勢，能保護自己整個領土和領海免遭敵人空中進攻，同時能使敵方領土受到我方進攻。掌握制空權就是勝利，沒有制空權就註定要失敗，並接受戰勝者願意強加的任何條件。因此，一旦發生戰爭，為了保證國防，必要和充分的條件是能奪得制空權；為了保證國防，一個國家所做的一切都應為著一個目標，即在一旦發生戰爭時掌握最有效的手段來奪取制空權。

如何奪取制空權？《制空權》一書認為除了依靠一支強大的空軍外，別無他法。只有具有足夠力量的獨立空軍才能確保國

防。所謂「獨立空軍」的涵意是：組成能夠奪得制空權在空中力量的所有航空兵器的總體。一支獨立空軍的構成包括最大限度的轟炸力量，和與敵人實力成比例的空戰力量；其主要成分便是轟炸機和戰鬥機。獨立空軍必須滿足以下兩個條件：一是最重要的條件，即具有足以奪取制空權的實力；二是必需條件，即在奪得制空權後仍保持實力，來粉碎敵人物質上和精神上的抵抗。奪取制空權最有效的方法是摧毀敵機，與打下空中飛行的鳥相比，用摧毀地面上的巢和蛋的方法摧毀敵方空中力量更容易奏效。

鑒於空軍具有突出的進攻特性，作者進一步強調：一支獨立空軍是一支進攻力量，它能以驚人速度向任何方向打擊陸地或海面上的敵方目標，並能突破敵方任何空中抗擊。因此，支配空軍作戰活動的原則是：獨立空軍永遠應集中使用，在可能的最短時間內對敵造成最大的損害。《制空權》強調獨立空軍的重要性，但不主張以空軍取代陸、海軍。陸、海、空軍作為國家整體力量是一件「三刃的戰爭工具」。戰爭中使用陸、海、空軍力量都是為著同一目的——勝利。為了獲得最大效果，這些力量應當協同並相互協調。為了國防利益要求三個軍種在最高當局領導下配合行動，並按正確的比例合理分配國家資源。

《制空權》一書還認為，為了國家安全利益，應該促進民航的發展，作為空軍的後備力量。民航活動本身就是儲備直接用於國防的手段，要創造條件使他們能迅速轉為戰爭工具。要努力組織一支在國家需要時，能改造為強大的軍用空中力量的民航。

《制空權》一書不僅有系統地提出了空軍制勝論，而且還從方法論的高度強調必須從一個新的角度去探索未來。勝利向那些能預見戰爭特性變化的人微笑，而不是向那些等待變化發生後才去

適應的人微笑。在這個戰爭樣式迅速變動的時代，誰敢於先走新路，誰就能取得新戰爭手段克服舊戰爭手段所帶來無可估量的利益。因此，杜黑呼籲成立軍事學院和軍事科學院，培養一批不是從傳統的軍種角度，而是從國家武裝力量整體角度研究戰爭的軍官。

《制空權》出版後，受到世界各國的密切關注。杜黑倡導的「空軍制勝論」，對兩次世界大戰期間各國的空軍建設和軍事學術的發展產生重要的推動作用。第一次世界大戰末期至三十年代，英國、蘇聯、義大利、法國、德國、美國…等國相繼建立起獨立空軍或強大的陸軍航空隊，空軍構成轟炸機所占的比重也逐年大幅度增加，這雖然不能完全歸之於制空權理論的直接推動，但至少證實了杜黑預見的正確性。杜黑對制空權所下的定義幾乎被所有國家採用，並一直影響到現在。第二次世界大戰中德國的閃擊戰理論以及美國、英國等西方國家關於轟炸航空兵戰鬥使用的理論與實踐都不難從《制空權》一書中找出其思想淵源。

在高科技航空武器迅速發展的今天，制空權在現代戰爭中的特殊作用，日益為各國所重視。杜黑《制空權》一書中提出的許多深刻思想，反映了軍事技術的發展與對戰爭領域帶來的一系列革命性變化，反映了新的物質條件下，戰爭的新特點和新規律。杜黑關於制空權的戰略重要性的思想，力求摧毀敵機於地面的思想，三軍協同作戰的思想，發展民航，建立強大空軍後備力量的思想，以及克服舊觀念，研究未來戰爭新的特性等等，至今仍不失其現實意義。一九九一年爆發且帶有明顯高技術特徵的海灣戰爭，歷時四十三天，有三十八天是在空中進行的，地面戰鬥僅一百個小時，多國部隊共出動飛機近十一萬架次，平均日出動飛機

二千六百架次。參戰飛機數量之多，作戰協同之複雜，空襲強度之大，奪取制空權鬥爭之激烈，都是前所未有的。海灣戰爭在某種意義上可以說把杜黑《制空權》中的基本思想發揮到了淋漓盡致的程度，是在高技術條件下對制空權理論的典型運用。

希特勒的 我的奮鬥

　　《我的奮鬥》是一本帶給世界災難的書，作者阿道夫・希特勒（一八八九年～一九四五年），民族社會主義德意志工人黨①黨魁，一九三三年～一九四五年的德國元首兼總理，第二世界次大戰頭號戰犯，畏罪自殺的人類公敵。

　　希特勒出生在奧地利的布勞瑙，投考造型藝術學院未被錄取，先後在維也納和慕尼黑以賣畫爲生，他志願從軍加入德軍在西線作戰，戰後在慕尼黑加入人數僅數十人的德意志工人黨，他提出《二十五點綱領》並冠「民族社會主義」於黨名之前，趁威瑪共和國通貨膨脹、政局動盪之機發展組織，一九二三年十一月在慕尼黑發動啤酒館政變，因叛國罪被判五年監禁，次年四月在蘭茨貝格監獄服刑，十二月提前獲釋。在獄中由他口授、赫斯記錄寫出此書第一卷，副題爲「清算」，分「我的家庭」、「在維也納學藝的艱苦歲月」、「我在維也納時的政見」、「慕尼黑」、「世界大戰」、「戰爭宣傳」、「革命」、「我的政治生涯的開始」、「德意志工人黨」、「崩潰的原因」、「民族和人民」、「民族社會主義德意志工人黨的最初發展階段」十二章，一九二五年初版。同年夏天，希特勒在赫斯和戈培爾的參與下寫出第二卷，副題爲「民族社會主義運動」，有「世界觀和政黨」、「國家」、「國家與公民」、「個人和民族的國家觀」、「世界觀和組織」、「初期的奮鬥、演說之重要」、「同赤色陣線的鬥爭」、「唯有強者是最有主宰力者」、「關於衝鋒隊的意義和組織者的基本思想」、「作爲幌

---

①民族社會主義德意志工人黨過去譯作國家社會主義黨，簡稱國社黨。

子的邦聯主義」、「宣傳和組織」、「工會問題」、「德國戰後的聯盟政策」、「東方方針和東方政策」、「緊急防衛的權利」十五章，一九二六年底初版。一九二八年兩卷合為一冊出版。

第一卷是自傳，寫到希特勒入獄為止，主要是談他在戰前維也納的政治環境中如何成為一個「自覺的反猶主義者」。在第二卷中，他提出一個世界觀、一個運動和一套內外政策，其理論基礎是社會達爾文主義。書中提到，一切有機生命的自由競爭、優勝劣敗、弱肉強食，是「大自然中鐵的規律」，這一規律也適用於人類社會，人類歷史是種族的生存鬥爭史，「全世界的歷史事件都只是人種的自保慾在或好或壞的意義上的表現」。鼓吹極端種族主義，認為「亞利安人是『神人』」，「我們今日所見的全部人類文化，全部藝術、科學與技術成果幾乎都是亞利安人的創造物」。以亞利安人構成的民族是最優秀的種族，而「構成亞利安人最強大的對立面的就是猶太人」，「猶太人不具備任何構成文化的力量」，「其智力從不具建設作用而只有破壞作用」，「猶太人的最終目的是非民族化，讓其他民族雜交，降低最高人種的水平，透過消滅其他民族的知識份子，代之以猶太的知識份子，從而統治這些混雜人種」。

因此，猶太人是最低劣的人種。猶太人又是「交易所匪幫」，「控制國際金融資本」，「展開反對德意志重工業的持久戰爭」，使英法「猶太化」，和德國打仗並打敗德國，又「把今日歐陸諸國視為他掌握中的無意志工具」；「同樣的命運正在威脅著新大陸，猶太人現在是美洲聯盟交易所勢力的攝政」。猶太人是旨在搞垮德國國際資本主義勢力的化身，猶太人還利用馬克思主義「毒害德意志民族的靈魂」，把民族劃分為階級，控制馬克思主義政黨和工

會進行階級鬥爭，破壞民族經濟，又操縱共濟會、知識界和新聞報刊，宣傳國際主義、人道主義、和平主義，「麻痺民族自保慾」，若不「肅清馬克思主義」，德國就不能「重新崛起」，因此叫囂要反猶太人。

希特勒還論述了反共反蘇政綱。他聲稱，當今世界「面臨馬克思主義征服浪潮的勝利進軍」，「俄國由於布爾什維克革命而喪失了核心系日耳曼人的社會上層，現被猶太人統治著」；封建君主無力抵擋，威廉二世「成了第一個與馬克思主義政黨握手言和的德國皇帝」，讓社會民主黨進行了十一月革命，「在德軍背後捅了一刀」，導致德國戰敗；資產階級「腐朽怯懦」，「今日的西方民主制乃是馬克思主義的開路先鋒」；「猶太人最終目的不僅要在經濟上，且要在政治上奴役世界」，「當猶太人借助馬克思主義理論戰勝世界各民族之時，猶太人的王冠便是人類死亡的十字架」。「當一方以鋌而走險的世界觀為武器衝向現制度時，另一方永遠只能反抗」，故應確立一種「民族的世界觀」，並為它「提供一個工具」，即納粹運動。這種世界觀的要旨是「按照宇宙的永恆意志」培育最優秀的人種。「在人種受毒害的時代裡，一個為培育其最優人種因素而作出貢獻的國家，有朝一日必將成為地球的主人」，故而德意志民族必須強化其人種自保慾，因此，納粹黨必須「展開一場爭取德意志民族靈魂的鬥爭」，「消滅國際主義靈魂毒害者」，「使自覺反民族的群眾民族化，首先使德意志工人回歸德意志民族」②，建立「民族共同體」，在一切領域內實行「領袖原則」，對公民和青年進行「民族教育」，使之「有拿起武器的能

---

②此即他所謂的「社會主義」。

力」，使德意志民族形成「獸群般的統一」，一旦打仗，「先讓一萬二千至一萬五千名腐蝕民族的猶太人去嚐毒氣瓦斯」，「及時除掉他們」，這就是日後的集中營和煤氣室的來源。

希特勒繼而由內政轉談外交，極力闡述以武力征服世界，奴役各族人民的理論，他說，種族的生存鬥爭一般地表現為戰爭，「戰爭已失去或多或少令人驚訝的突然事件等性質」，也無正義非正義、人道非人道之分，「貓吃老鼠誰之過？」「人道是愚昧、怯懦和自作聰明的混合物」，而「人類在永恆的鬥爭中壯大，在永恆的和平中毀滅」。他說，生存鬥爭主要為了爭奪生存空間，「德意志民族是沒有生存空間的民族」，需要「奪取土地」，而「今天在歐洲談到土地的話，那首先只能想到俄國及其邊緣國家」。「猶太人透過布爾什維克在俄國進行直接統治」，「這個東方大國崩潰在即」。至於「英國的傳統政策是使歐洲巴爾幹化」，「法國的傳統政策是使德國巴爾幹化」；「英國不想讓德國成為世界強國，法國根本就不想讓德國成為強國，這個區別至關重要」，由此出發來看，英國和義大利是德國的可能盟友，「德意志民族無情的死敵現在和將來都是法國」，德國遲早要和法國「算賬」。這些論調成為法西斯德國反動統治和瘋狂的侵略戰爭政策下的思想基礎。

《我的奮鬥》第一卷初版售出近萬冊，但使那些想瞭解啤酒館政變內幕的人大失所望。第二卷僅售出三千冊。希特勒擔任總理的一九三三年，此書售出百萬冊，到一九四〇年共售出六百萬冊，但很少有人認真讀過，因為其中基本觀點由希特勒多如牛毛的講演，隨機發揮並透過龐大的宣傳機器灌輸到群眾中去，造成一種強而有力的幻覺圖像。希特勒後來說，當初他若知道自己日後會當總理就不會寫此書，現在既然寫了，書中的話一句不改。

事實上他上臺執政後就按書中的基本設想推行內外政策，實行獨裁，擴軍備戰，入侵波蘭，挑起歐戰，屠殺十萬傷病人和弱智兒童、三十五萬吉普賽人、六百萬猶太人，奪走了總共五千萬人的生命。對於這本書和這個人及其政黨的罪惡行徑僅用批判是不夠的，最後還是靠武器才結束了這場災難。

希羅多德的 歷史

　　古希臘的史學泰斗希羅多德（西元前四八四年～前四二四年）撰寫的《歷史》，是西方史學史最早的一部歷史名著，作者曾被古羅馬的雄辯家西塞羅譽稱為西方「史學之父」，在古代史學史上享有崇高的聲譽。

　　希羅多德出身於小亞細亞的愛奧尼亞城邦，哈利卡爾那索斯城的一個名門世家，父親呂克瑟司頗有資產，在社會上聲望頗高。希羅多德從小熟讀古希臘散文編年史家的著述，酷愛史詩，有志於歷史寫作。青年時代參加過反對本城僭主的抗爭，後被迫移居薩摩司島。此後，他兩次在希臘周邊地區遊歷，幾乎走遍了小亞細亞到希臘各城市，還到過馬其頓、埃及、敘利亞、巴比倫、黑海沿岸、義大利南部和西西里等地。在古希臘史學前輩的影響下，他很早就留心歷史掌故，每到一地便考察歷史遺跡，探訪當地的風俗民情，搜集舊聞逸事。這就為他後來的寫作累積了豐富的資料。西元前四四七年他來到了經濟繁榮、文化昌盛的雅典。他與雅典的政治家伯里克利斯和悲劇作家索福克勒斯等人有過密切的交往，而雅典的民主制和繁盛的經濟文化對他的思想留下了難以磨滅的印象，由此他萌發了寫作波希戰爭史的想法。西元前四四三年他參加了建立殖民據點圖里伊的活動，並在那裡從事寫作，直至西元前四二四年去世。

　　西元前四九二年～前四七九年，以雅典為首的希臘城邦和波斯帝國為了爭奪地中海上的霸權爆發生了史上著名的波希戰爭。經過十幾年的激戰，結果波斯戰敗，以雅典為代表的希臘城邦取得勝利，使雅典從此成為希臘各城邦的首領。戰爭的勝利對希臘

的歷史發展產生重大影響，雅典的民主制有了高度的發展，經濟、政治、文化和學術出現了空前的繁榮。希羅多德的《歷史》一書主要寫的就是這場波希戰爭，所以也稱「波希戰爭史」。原著最初大約在西元前四三○年問世，到十至十五世紀在希臘開始流傳，傳抄本有十多種。現代流傳中較好的版本是收在洛布古典叢書中，由史坦因編訂的希臘英文對照本。此書中譯本已由商務印書館於一九五九年出版，並於一九八五年列入《漢譯世界學術名著叢書》。

《歷史》一書最初並未分卷，後由亞歷山大城的注釋家分爲九卷，每卷冠以希臘神話中九位「文藝女神」繆斯的名字，所以後世又把它稱爲「繆斯書」。現在的版本，全書九卷，每卷均有一個主題。第一卷在說明寫作目的後，主要記述呂底亞和波斯的情況，及波斯王居魯士對呂底亞的武力征服，並首先提到呂底亞僭主克洛伊索斯對波斯的進攻作爲引起波斯人日後侵入希臘的伏筆；第二卷介紹埃及的情況；第三卷敘述波斯岡比西斯和大流士時代的情況；第四卷介紹斯奇提亞和利比亞的情況，及大流士對上述地區的進攻；第五卷敘述愛奧尼亞反對波斯統治的起義；第六卷描繪大流士侵犯希臘，和雅典人的馬拉松之戰；第七卷記述薛西斯侵入希臘，和鐵爾摩披萊之戰；第八卷敘述雅典海軍在撒拉米司的決定性勝利；第九卷記述希臘人在普拉塔伊和米卡列之戰，最後以西元前四七八年攻克賽司托斯結束全書。

縱觀全書，實際可概括爲兩大部分。前一部分自第一卷至第五卷第二十八節，概述小亞細亞、埃及、利比亞、斯奇提亞等地區的情況及波斯的興起和擴張，基本是波希戰爭前的歷史背景。後一部分自第五卷第二十九節至第九卷，全面敘述波希戰爭的經

過。從體裁和內容來看，前一部分文字鬆散、內容龐雜，穿插了許多道聽塗說的故事，反映出作者所受古代散文編年史著述的影響。後一部分結構嚴謹，記述的都是經過考訂的史實，充分表現了作者的史學才能和求實精神。

作為西方史學的奠基人，希羅多德的《歷史》表現出以下幾個特點：

一、治史態度嚴肅，具有批判精神。他在書中說：「我的責任是報導人們所說的一切，但我自己並不一定就相信這些事是真實的。——我這項聲明，適用於我的全部著作。」儘管作者的敘述有時失於輕信，但他並不是不加選擇地有聞必錄，而是力求遵從與事實相符的批判精神。他在搜集史料、考訂史實上是一位嚴肅認真的史學家，態度嚴謹而敢於存疑。對於一些不同的說法，他都加以區別，並且細心考訂，使之互相參證，而不妄加評斷。經過他的敘述，讀者能夠知道，哪些是他親自考察後而毋庸置疑的史實，哪些是他道聽塗說無法對證的，哪些是有爭論的，哪些是可能發生或不可能發生的。希羅多德的求真存疑的批判精神，後來發展成為希臘史學的優良傳統。

二、取材豐富，視野廣闊。希羅多德一生中有十多年時間廣泛漫遊，這使他經歷豐富、知識淵博。他的《歷史》是部百科全書式的著作，書中不僅記載政治、軍事、外交等有關波希戰爭的事件，也廣泛記述各國的自然地理、民情風俗、宗教文化和社會經濟情況，為後人留下了各方面的豐富知識。《歷史》不僅著重敘述了波希戰爭的史實，而且視野廣闊，把範圍擴大到當時作者所瞭解的希臘及其周邊「世界」的歷史、文化。除希臘外，書中還記載了埃及、巴比倫、敘利亞、波斯和小亞細亞各國的人種、

風俗、歷史、文化。西方學者因此把此書看作是第一部世界性的社會文化史。

三、歌頌民主制，讚賞民主自由和平等權利。希羅多德在政治上傾向於民主制，因此他是懷著極大的熱情來寫作《歷史》。他認為波斯是個專制國家，而雅典之所以能打敗波斯，就在於雅典實行的是民主制，公民享有民主自由。他在書中指出，雅典公民「當其在暴政壓迫之下的時候，一切都只是為了一個主人，那時他們並不努力作戰，而聽任自己被擊敗；然而他們一旦獲得了自由，就人人竭其所能地爭先效力，把國事當做自己的事了」。這就說明雅典的民主制是勝利的保證。

四、文筆華美，生動感人。希羅多德不僅是位史學巨匠，也是一位文學大師。他善於運用多樣性的體裁，以戰爭史為主線，又能穿插許多引人入勝的插話；書中使用了格言、名句，使著作更富哲理性。他關於鐵爾摩披萊之戰和撒拉米司之戰的描寫，氣勢磅礴、繪聲繪色，成為後人長期傳誦的名篇。傳說他曾在奧林匹亞朗誦過《歷史》中的篇章，竟使年幼的修昔底德感動得流下眼淚。

由於時代和思想上的侷限，書中也存在一些缺點。例如書中經常出現占卜、神示、預兆、奇蹟，記載一些荒誕不經的傳聞，就使原著帶有一些迷信色彩。又如由於作者缺乏軍事經驗，書中關於戰爭進程的記述有些不夠準確、清晰。儘管如此，由於原著不僅有重要的史料價值，又有高度的文學魅力，使它成為西方史學史上不朽的名作。它在歷史思想、寫作方法和藝術價值等方面都遠遠超過前人，為西方史學後來的發展開闢了廣闊的道路。

026▶西方古典史學的典範

修昔提底斯的 伯羅奔尼撒戰爭史

　　修昔提底斯（約西元前四六〇年～前三九六年）是古希臘最偉大的歷史學家，他撰寫的《伯羅奔尼撒戰爭史》記述了古代「一次偉大的戰爭」，已成為西方古典歷史學著作的典範，它像一座古希臘的雕刻，永遠放射著藝術的光芒。

　　修昔提底斯出身於雅典的一個富裕家庭，少年時代受過良好的教育。他父親奧羅拉斯在色雷斯沿海地區擁有金礦的開採權，在社會上頗有聲望。他三十歲前後參加伯羅奔尼撒戰爭時，就萌發了寫作的念頭，開始搜集資料，打算寫一部戰爭史。西元前四二四年他被選為雅典十將軍之一，當時他指揮七艘雅典戰艦駐紮在塔索斯。同年斯巴達軍隊進攻色雷斯的安菲玻里城時，他應雅典將軍攸克利的要求前往救援，雖然打敗了斯巴達的軍隊，卻未能保住安菲玻里，遂以叛逆的罪名被放逐國外。他在色雷斯流居二十年，集中精力撰寫「戰爭史」，並從伯羅奔尼撒方面蒐集到不少資料。戰爭結束後被赦，他於西元前四十三年回到雅典，繼續修訂著作。一般認為他大約在西元前三九六年死於色雷斯。

　　伯羅奔尼撒戰爭發生於西元前四三一～前四〇四年的二十七年間，是雅典的提洛同盟和以斯巴達為代表的伯羅奔尼撒同盟之間，為爭奪在希臘世界的霸權而進行一場軍事上的決戰，成為希臘歷史發展的轉捩點。戰爭雖然以雅典的戰敗而告終，但斯巴達的實力也大大地削弱了，從此一蹶不振。希臘的奴隸社會由此開始從繁榮走向衰敗。作者在原書的開頭就說明了自己的寫作動機：「在這次戰爭剛剛爆發的時候，我就開始寫我的歷史著作，相信這次戰爭是一個偉大的戰爭，比過去曾經發生過的任何戰爭

更具敘述的價值。我的這種信念是根據下列的事實得來的：雙方都竭盡全力來準備；同時，我看見希臘世界中其餘的國家不是參加了這一邊，就是參加了那一邊；就是那些現在還未參加戰爭的國家，也正在準備參加。這是希臘人的歷史中最大的一次騷動，同時也影響到大部分非希臘人的世界，可以說，影響到幾乎整個人類。」伯羅奔尼撒戰爭之後，雅典失敗了，但是作者站在雅典這一邊，不願看到希臘城邦制度的失敗，他希望透過自己的著作，替希臘人從失敗中總結出一些經驗教訓。

　　原書基本上是按照事件的年代順序編寫的，並注意保持重大事件的完整性，在體裁上開創了紀年與紀事相結合的史學著作先河。作者把延續達二十八年之久的伯羅奔尼撒戰爭當作一個整體來敘述，各部分聯繫得十分緊密。全書共八卷，可分為五個部分：第一卷是導論，第一章相當於序言，說明早期希臘的歷史和作者寫作歷史的目的及方法；第二章到十一章闡明戰爭的遠因和近因。第二卷到第五卷第二章記述戰爭初期的十年（前四三一年～前四二二年），敘述阿基達馬斯戰爭的歷史，從戰爭爆發到《尼西阿斯和約》的簽訂。第五卷第三章到第七章記述《尼西阿斯和約》的簽訂到西西里遠征五年半（前四二一年～前四一六年）的歷史，雙方雖然簽訂了和約與五十年同盟條約，但衝突的原因並未消除，部分地區戰爭並未停止。第六、第七卷記述雅典人在西元前四一五年～前四一三年間的西西里遠征及其軍隊的全部覆滅。第八卷記述戰爭最後階段開始的兩年間（前四一三年～前四一一年）的歷史①。原著寫到西元前四一一年突然中斷，傳說因

---

① 即狄西里亞戰爭和愛奧尼亞戰爭。

為作者猝然去世，還有七年的歷史沒有寫完。史學界一般認為，原著是這場戰爭的最完整、最詳實、最可靠的歷史記錄。

修昔提底斯生活在西元前五世紀初，當時正是雅典民主派政治家伯里克利斯的全盛時期。奴隸制經濟和民主政治的發展推動了哲學思想、文化藝術的高度繁榮。在古希臘哲學、邏輯學、修辭學、雄辯術和文學思想的影響下，修昔提底斯具有較成熟的史學思想和修史方法。他把當時希臘哲學家追求真理的精神、邏輯方法和文學手法運用到歷史寫作中，為後世的歷史學家樹立了光輝榜樣。他強調修史的目的在於「擎起歷史的火炬，引導人類在摸索中的腳步」。歷史學的作用就是述古喻今、鑒往知來，他主張史書貴在記實，不同意希羅多德「有聞必錄」的修史方法。修昔提底斯是一位態度嚴肅的史學家，主張對待史料要慎重，敘述史實要重證據，他說：「我所描述的事件，或是我親自看見過的，或是我從親自見過這些事情的人那裡聽到後，經過我仔細考核過的。」因此，他努力收集官方檔案和各種條約，並到重大戰役和事件的發生地進行實地考察。所以他書中對各次戰役的記述準確又清楚，他記述的某些條約與後世出土的條約碑文完全一致。

修昔提底斯是一位對歷史具有科學的批判精神和理智的求實態度的歷史學家。他對歷史發展有深刻的認識。他強調「歷史變化決定於其自身的因果必然」，他把神話傳說和道聽塗說拒於歷史記載之外，在他的著作中從未出現過靈祥災異，從未出現過神對於人間事變的干預，而是對歷史進程進行冷靜的分析。他對伯羅奔尼撒戰爭進行分析，指出雅典與斯巴達及科林斯的利害衝突是爆發戰爭的基本原因。在分析歷史事變的各種關係時，他不僅重視記述政治、軍事事件，同時重視經濟因素的作用。他認為經濟

實力是軍事行動的保證，指出雅典在伯羅奔尼撒戰爭中之所以失敗，除其他政治、外交原因外，還在於國家金庫的資金不足，戰爭難以支持下去。

　　作者在政治上傾向於雅典民主制，他把伯里克利斯當做理想人物，透過他的演說，表達了他本人對民主自由的讚頌：「我們的政體之所以被稱為民主政體，就是因為我們這個政府是為了多數人，而不是為了少數人。我們的法律，在解決私人爭執的時候，保證人人在法律面前一律平等，無所偏私；儘管人們的社會地位有高低不同，但在選拔某人擔任公職的時候，所考慮的不是他的階級出身，而是看他有沒有真才實學。任何人只要他能對國家有所貢獻，絕不會因為貧窮而在政治上淹沒無聞。」書中的這些論述，即使放到今天來看，也是有現實意義的。儘管我們知道修昔底德對雅典的民主制是大為美化了。作為著名的史學瑰寶，修昔提底斯的著作敘事真實、形象生動。他的文字風格長期受到後人的讚賞：筆力雄健、言簡意賅，富有藝術感染力。尤其是他在書中代擬的演說詞，每一篇都是文情並茂的文學傑作。因此，作者用他的藝術手法，為他的這部戰爭史和政治史增添了藝術魅力，加深了作品的政治感染力。

　　誠然，由於作者世界觀和時代的侷限性，書中也存在一些缺點，諸如他推崇英雄史觀，誇大個人的作用，還常常用抽象的人性來解釋歷史現象，認為「人性」不變，歷史總會重演等等；其次取材過於偏狹，除了伯羅奔尼撒戰爭，有關雅典的思想文化很少提及；再如書中的記時方法不精確，容易引起混淆等等。總起來說，這些缺點不過是白璧微瑕，並不妨礙這部戰爭史成為古希臘最偉大的一部史學名著。

色諾芬的 **長征記**

古希臘史學大師色諾芬（約前四三○年～前三五四年）與希羅多德、修昔提底斯被西方史學界譽稱為古希臘三大史學家。他是位多產的作家，《長征記》是他著作中聲譽最高、影響深遠的史學名著之一。

色諾芬是雅典人。約在西元前四三○年生於埃爾希亞村的一個豪富之家，父親名叫格里盧斯。青少年時期，他受過良好的貴族教育，曾與柏拉圖一起受教於古希臘哲學家蘇格拉底。他涉獵過哲學、政治、經濟、歷史、文學等多種學問，青年時代曾在雅典騎兵部隊服役，熟悉軍事和騎術。在政治上，他反對雅典的奴隸主民主制，讚賞斯巴達式的貴族政體，支持伯羅奔尼撒戰爭後建立的雅典「三十僭主統治」，後因僭主統治垮臺，色諾芬便於西元前四○三年離開了雅典。他三十歲時參加希臘雇傭軍替波斯國王的弟弟小居魯士爭奪王位的「長征」①。前三九九年，他的老師蘇格拉底在雅典被判處死刑，色譜芬也因替曾幫助斯巴達對雅典作戰的小居魯士效勞而遭到雅典的放逐。三年後，他投靠斯巴達國王阿格西勞與波斯作戰。科林斯戰爭時期（西元前三九五年～前三八六年），色諾芬又追隨斯巴達軍隊對雅典作戰，被雅典公民大會判決終身放逐。此後他定居在斯巴達賞賜給他的，位於斯奇盧斯的莊園內生活了二十多年。前三七一年，斯奇盧斯被底比斯攻陷後，色諾芬遷居科林斯。兩年後，雅典又與斯巴達結盟同底比斯對抗，色諾芬把兩個兒子送回雅典在騎兵部隊服役，因其

---

① 《長征記》記述的就是「長征」的史實。

子於戰爭中建立戰功，雅典便撤銷了對他的放逐令。但他仍然定居科林斯，從事寫作，直至去世。

色諾芬的著作頗豐，涉及到多種學科。史學著作除上述《長征記》外，還有《希臘史》和《阿格西勞傳》；哲學方面有《回憶蘇格拉底》、《蘇格拉底的申辯》和《宴會篇》；政治著作有《斯巴達政治制度》；經濟方面有《經濟學》和《雅典的收入》；文學作品有《居魯士的教育》等。另外他還寫過有關騎兵、騎術的著作。因此，色諾芬不僅是一位傑出的史學家，還是出色的軍事家、政治家和文學家。

在色諾芬的史學著作中，《希臘史》是他的代表作之一。原著自西元前四一一年寫到前三六三年，色諾芬的目的是把它當成《伯羅奔尼撒戰爭史》的續篇來寫作的。不過此書對斯巴達頗多偏袒，在史學思想和寫作方法上都遠遠趕不上前者。只是因為它是同時代人全面反映這段歷史的唯一史書，在史學研究上仍有一定價值。他寫作的《阿格西勞傳》則是對斯巴達和主角的歌功頌德。

《長征記》是色諾芬著作中最負盛名的一部。原作是根據作者在行軍中按事件進程所做的詳細記載。作者在前三九四年從小亞細亞回到希臘不久便開始寫作，到前三七〇年才問世。全書分為七卷，可概括分為兩個部分，前一部分（第一、二卷）記述小居魯士的經歷，他對斯巴達的援助和他為了奪取波斯王位組織，率領雇傭軍回國長征及初期作戰情況，直到前四〇一年小居魯士在巴比倫附近的庫拉克薩戰役中戰死，和雇傭軍的幾位首領被波斯軍誘殺的情況；後一部分（第三～七卷）主要描寫雇傭軍失去了領導和作戰目的，軍心渙散，因而遭到波斯軍的攻擊。在這關鍵

時刻，色諾芬被推舉為將軍，率領這支士氣低落的軍隊，離開美索不達米亞，取道亞美尼亞，越過高加索地區積雪的高山峻嶺，歷經千辛萬苦，撤至黑海沿岸，最後乘船回到色雷斯一路長途迂迴作戰的歷程。當時這支雇傭軍只有一萬人，而他們面對的卻是多達四十萬人（原書說是一百二十萬，有些誇大）的波斯軍隊，加上小居魯士的過早戰死和其他首領被波斯軍誘殺，對於這支群龍無首、人心惶惶的雇傭軍來說，要想安全地撤回希臘，的確是困難重重，幾乎令人絕望。

一般認為這支雇傭軍能奇蹟般地渡過重重難關而返回希臘，主要原因在於：

第一、波斯軍隊的衰敗，他們人數雖多，卻不願為波斯國王賣命，缺乏戰鬥力，在希臘雇傭軍面前，他們常常是不戰自潰。雇傭軍的撤退，儘管遭到波斯王家軍隊的攔阻，他們卻能輕易地打敗比他們多好幾倍的波斯軍，這就表明外表強大、令人畏懼的波斯帝國，不過是一個軟弱無力的泥足巨人。以色諾芬為首領的希臘雇傭軍安全撤退的行動，給了當時希臘政治家和軍事家極大的啟示。正如英國著名學者法蘭西斯·培根所說：「這位年輕的學者、哲學家（指色諾芬），在所有的首領於談判中被背信棄義地殺害之後，率領這支陸上萬人大軍穿過廣闊王土的心臟地帶，安全地從巴比倫回到希臘。此事震驚了世界，並鼓舞了後來希臘人入侵波斯王土。正如以後塞薩利人約森所擬議，斯巴達的阿基西羅斯所企圖的，馬其頓的亞歷山大所完成的大業，所有這些都是在這位年輕學者的行動感召下進行的。」

第二、由於色諾芬青年時代就熟悉軍事，在他被推舉為首領以後，經過實戰的鍛鍊，他在撤退的過程中逐步成長為一名非常

有才幹的戰略家和戰術家。在戰鬥中遇到問題時，他總是以學者和思想家的精神進行探討，並把他深思熟慮作出的決斷運用至作戰中，並取得成功。色諾芬足智多謀，常常把新的戰術應用於新的情況，從不受常規的拘束。所以西方學者認為「他的獨創和發明的天才對後來希臘兵法影響深遠，這種影響一直傳留到現代。」

《長征記》中還詳實記錄了沿途各地的地理、物產和各個落後部落的風情民俗，經濟生活；也描寫了雇傭軍內部的分歧和士兵的心理狀態。值得指出的是，由於色諾芬持有希臘人蔑視「野蠻人」②的傳統思想，他在記述說明希臘人愛好自由的傳統，同時也大肆鼓吹雇傭軍的優點。其實這些雇傭軍的特點就是為個人追名逐利，他們在行軍的途中到處搶掠，巧取強奪，欺壓當地民眾，這和希臘民族的性格是風馬牛不相及的兩回事。有些西方學者利用色諾芬的思想侷限來為「西方優於東方」的思想作鼓吹，不過是表現了他們的民族偏見而已。

原著對作者在「長征」中的作用雖然有些誇大，但記述的內容基本上是真實可信的。色諾芬的文筆簡潔、優美，對人、事、景的描繪栩栩如生，使得此書在回憶錄和旅遊、探險文學中佔有較高的地位。作為優秀的歷史作品和地理志，本書也有極大的史料價值。

---

②此處的野蠻人指的是外國人。

塔西陀的 **編年史**

　　塔西陀（約五十六年～一二○年）是古代羅馬最傑出的歷史學家、散文作家和演說家。他在古羅馬史學史上的地位相當於修昔提底斯在古希臘史學史上的地位，史學界認為他是世界最偉大的歷史學家之一。《編年史》和他的另一部《歷史》是他的兩部歷史學代表作。兩部分前後銜接，構成一部完整的一世紀羅馬帝國史。《編年史》被稱為古羅馬最傑出的一部史學著作，也是西方史學名著之一。

　　塔西陀的傳記資料流傳下來的很少。據考證，他約在西元五十六年生於山南高盧地方，出身於騎士等級的一個富裕家庭，受過良好教育。青少年時期曾跟隨名師學習雄辯術和法律，是著名文學家、教育家昆體良的學生。年輕時他曾擔任下級官員和軍團參謀。七十七年，他與羅馬執政官阿古利可拉的女兒結婚。此後，他官途順暢，擔任過財務官、行政長官、執政官、亞細亞行省總督…等職。其間，他可能曾在北方行省任職，所以熟悉日耳曼人的社會和風俗習慣。他在政治上傾向於貴族共和制，又親身經歷了羅馬皇帝多米提安的殘暴統治，對專制暴政長期抱有強烈的不滿。因此，他雖然出身騎士，又長期擔任官職，但卻一直保持貴族共和派的思想。由於在政治上不能實現抱負，塔西陀便潛心寫作，把寫作歷史當作不朽的事業，傳播他的歷史觀點。

　　塔西陀的著作有五種。最早的作品是八十年前後寫作的《演說家對話錄》，主要是探討在西塞羅之後，羅馬雄辯術衰落原因的著作。第二本《阿古利可拉傳》和第三本《日耳曼尼亞志》均發表於九十八年。前者為其岳父樹碑立傳，書中大力頌揚阿古利可

拉擔任不列顛總督時期的政績，同時也描繪了不列顛的民情習俗和人民反對羅馬統治的情況；後者記述了當時日耳曼各部落的分佈、經濟、社會狀況、風俗習慣及宗教信仰情況，是塔西陀對日耳曼人進行考察和研究的成果，這是後人研究古代日耳曼人歷史的珍貴史料。

《歷史》①和《編年史》②則是塔西陀的歷史著作中最重要的兩種。《歷史》寫於一〇四年～一〇九年，記述了六十九年到九十六年多米提安去世以前，作者親身經歷同時代的歷史。作者的目的是揭露羅馬皇帝多米提安的暴政，藉以表達他對貴族共和體制的懷念。此書的主要部分已經失傳，現在僅存第一至四卷和第五卷的一部分。

《編年史》寫於一一五年至一一七年，是塔西陀最傑出的一部歷史著作。作者在寫作《歷史》後，為了進一步闡明貴族共和制為什麼會蛻變為帝政的原因，便回過頭來寫作此書。書中記述的是十四年至六十八年提比略、卡里古拉、克勞狄烏斯和尼祿四個皇帝當政的五十多年歷史。塔西陀說：「歷史的職能在於揚善伐奸，以戒後人。」他寫作《編年史》的動機就是用春秋的筆法來揭露專制帝政的罪惡。他在書中憤怒地抨擊帝國政治的黑暗，揭露帝王的專斷、殘暴，記述宮廷的陰謀和君臣的爾虞我詐。在他的筆下，幾個皇帝的嘴臉都昭然若揭。書中也揭露了元老們的奴顏婢膝、阿諛奉承和整個社會的傷風敗俗，這些都有助於後人瞭解帝國政治、社會的黑暗。不過作者揭露的主要是帝王個人的品

---

① 《歷史》亦作《羅馬史》。

② 《編年史》亦作《羅馬編年史》。

德卑劣，並未說明帝制取代共和制的政治社會原因。由於作者在歷史觀上的厚古薄今，他未注意到帝國早期在社會經濟、政治制度、科學文化方面的進步，這當然和他在取材上著重使用抨擊時弊的資料有關。總之，他寫史能秉筆直書，並無偏見，基本上是符合歷史事實的。

塔西陀同時也是位文學家。他的文筆簡練優美，發揮了拉丁文生動、有力、富於節奏感的特色。他描述歷史場景栩栩如生，刻畫人物形象逼真。英國史學大師麥考萊說：「在刻畫人物性格方面，塔西陀在歷史學家中是古今無匹的。」塔西陀的著作中，根據史料構思了大量演說詞，這些演說詞富於感染力，詞句優美，雄辯有力，更增加了其著作的藝術魅力。書中還有許多膾炙人口、廣為後人傳誦的雋語警句：如「國家弊端登峰造極之時，正是法律多如牛毛之時」；「罪行開始之時是危險的，但完結了卻會有好的報償」…等，讀後發人深思。由此可見，《編年史》的文學價值可以與其史學價值相媲美。因此，人們稱他寫作的羅馬帝國初期的歷史是一部絢麗多彩的歷史畫卷。

不過，塔西陀的史學著作在當時並未引起人們的注意。在中世紀，他的名字幾乎被人遺忘。到了文藝復興時期，由於義大利文學家薄伽丘的大力推崇，加上當時又發現了塔西陀的部分殘卷，才引起史學界和文學界的關注。在塔西陀的作品中，個人是歷史的中心，是人類歷史進程的主宰。因此，到了十八世紀，由於啓蒙思想的傳播，在啓蒙運動和法國革命時期，塔西陀受到西歐人士的廣泛讚頌。俄國大詩人普希金稱他的著作是「懲罰暴君的鞭子」。

司馬遷的 史記

　　司馬遷生於史學世家。他的先世歷代爲史官，其父司馬談曾爲太史令，著有《論六家要旨》，立志著史。司馬遷十歲誦古文，後來博通典籍善於詩賦，精於散文。他二十歲開始遠行，遍遊中國各地，還奉使於西南，侍從漢武帝巡遊各地。元封三年，司馬遷官爲太史令，掌管天文、歷法、記事、圖書、檔案，開始著述歷史。他曾參與修《太初歷》；天漢年間遭李陵之禍，受了宮刑；繼爲中書令。因遭橫禍，他更是發憤著述，終於寫成了《太史公書》，後人通稱爲《史記》。除《史記》外，司馬遷還作賦八篇，均已佚散，唯《藝文類聚》卷三十引有《悲士不遇賦》片段。司馬遷的學術思想，在中國古代思想文化史上佔有重要突出的地位。

　　《史記》是中國第一部紀傳體通史，上起傳說中的黃帝，下至漢武帝時代，總結了中國三千年歷史的發展，共一百三十篇，共計五十二萬六千五百字，被譽爲「史家之絕唱，無韻之離騷」，對後世史學影響深遠。

　　《史記》包括「本紀」、「世家」、「列傳」、「書」、「表」五個部份。其中《本紀》十二篇，是按帝王的世系和年代記述政治上的一些重要事跡；《表》十篇，是排比並列歷代帝王和侯國間的一些大事；《書》八篇，爲經濟文化等方面的專書論述；《世家》三十篇，是記敘諸侯王國和輔漢功臣的①；《列傳》七十篇，是一般人物傳記。

---

①孔子非王侯，被列入《世家》是例外。

從歷史的角度來看，《史記》開創了中國古代兩千多年紀傳體「正史」的先河；從文學的角度而言，《史記》的文筆優美，語言生動，形象鮮明，所涉人物形象千姿百態，給後人留下了豐富多彩而又各具個性的歷史人物。

司馬遷在《報任安書》中，除了表明「發憤」著述的思想外，還表明了「稽其成敗興壞之理」、「究天人之際，通古今之變，成一家之言」的史學思想。「稽其成敗興壞之理」表示司馬遷要探討歷代政權的興亡、政治的得失以及個人的成敗之原由。其中值得注意的有三點：一是暴政無道必然引起反抗，導致敗亡。司馬遷認爲，秦朝統一天下，很有生氣，但苛政重賦，殘害百姓，引起陳勝起義，於是秦朝滅亡。二是任用賢能，善於納諫，才能有所作爲。司馬遷寫楚漢相爭，項羽由強而弱，以至敗亡，劉邦由弱而強，以至成功，在諸多因素中，有一個重要的原因是，項羽只信舊族姻親，有一謀士范增而不能用，劉邦則任用蕭何、張良、韓信等三傑，並採納眾將正確的意見。三是民心向背與政治成敗息息相關。因此，他主張因循民俗而重視生產，讓百姓謀利致富。這些成敗興壞之理，都是歷史經驗的總結，很有識見。

「通古今之變」，意在探討歷史變化問題。在寫歷史變化時，司馬遷表達了自己的歷史觀，其中有三點最爲突出：一是歷史進化思想。他說：「秦取天下多暴，然世異變，成功大。傳曰『法後王』。」（《六國年表序》）肯定秦統一中國，建立了歷史性的偉業，爲後世王朝樹立了法則。二是「承敝通變」思想。司馬遷以爲歷史變化，必然是除舊佈新。他肯定商鞅變法，破除舊規，建立新令，使得「鄉邑大治」，「秦人富強」（《商君列傳》）。三是

「見盛觀衰」思想。司馬遷以爲盛世中往往隱藏衰象，表面的興盛中掩蓋著政治失誤和積弊，以致產生危機。由於統治者和剝削者貪暴如虎狼，奢侈腐化，使得百姓貧困，社會矛盾加劇，由盛開始轉衰。

「究天人之際」則表明司馬遷要探究天意與人事糾葛的問題，其中蘊含著他的世界觀。當時，董仲舒宣揚「天人感應」觀點，漢武帝有意提倡，以神化皇權統治，還信方士，求神仙，祈求長生不老。司馬遷身爲太史令，「文史星歷近乎卜祝之間」（《報任安書》），曾參與一些祭天地、求神仙、占星等活動，也受了天人感應思想的影響。但他在寫歷史時，則重人事，並不著重宣揚天命，而強調事在人爲。他還揭露漢武帝迷信求神，「終無有驗」（《封禪書》）。

司馬遷要「成一家之言」，就是要樹立獨具特色的史學旗幟。整部《史記》就是司馬遷的一家之言，上文提到的內容都包括在其中。他的一家言，尤以思想觀點最爲突出。漢武帝提倡「罷黜百家，獨尊儒術」，而司馬遷卻強調六家各有長短，主張兼容並蓄，《史記》對各家都給予一定的歷史地位。漢武帝專制獨斷，嚴刑酷法，而司馬遷主張寬政，揭露當時官場面諛、猜忌、貪酷、醇謹等種種風氣，批判酷吏貪狠，頌揚遊俠仁義。

《史記》包羅廣泛，體大思精。它不僅寫了遠古、近古，也寫了現代、當代；不僅寫了中原、華夏，也寫了邊疆、外國；不僅寫了政治、軍事，也寫了經濟、文化；不僅寫了帝王將相、英雄豪傑，也寫了下層社會各色人等。這種囊括古今各類知識、各家各派文化於一爐，而加以融會貫通的氣魄，可說是前無古人的。

030 ▶ 「世界一大奇書」
馬可波羅遊記

　　六百多年前，一個義大利人在監獄中口述的遊記，推動了十五世紀歐洲航海事業的發展，啓發了哥倫布發現新世界，這是馬可波羅本人所沒想到的。對於這位冒險家所作出的精確、細緻和包羅萬象的口述，世人莫不驚歎他的記憶力和觀察力，《馬可波羅遊記》因此被譽爲「世界一大奇書」。更使人稱奇的是，這位來自威尼斯的馬可波羅，他青年時代的近二十年，竟與蒙古汗國的大汗、日後的元世祖忽必烈結下了不解之緣。

　　馬可波羅（一二五四年～一三二四年）出身於義大利威尼斯的一個富商家庭，父親尼可羅和叔父馬飛阿都是威尼斯的貴族，兩人長期在地中海東部一帶經營外貿。他們爲了賺大錢，決心與新建立的蒙古汗國做生意。大約在一二六五年，波羅兄弟歷盡艱難曲折在中亞遇見蒙古大汗忽必烈的一個使團，他們隨使團經過一年的旅程，也覲見了忽必烈大汗，受到大汗的盛情款待和垂詢，這是大汗第一次見到歐洲人。他對這兩位精通韃靼語的歐洲人見多識廣，言談得體十分欣賞，在交談中，大汗「尤其關心教皇的起居和工作狀況，教會的事業、宗教的崇拜和基督教的教義」，並決定派他們兩兄弟充當專使，代表大汗訪問教皇。波羅兄弟肩負重任，未作久留立即動身。可是惡劣的自然環境，天寒地凍，洪水氾濫，路途上用去三年還未到達目的地，而且中途又得到教皇去世的消息，爲了等待新教皇的選舉，他們回到威尼斯等待選出新教皇。尼可羅·波羅回到家裡後，看到了他還未見過面的十五歲兒子馬可波羅。波羅兄弟在覲見過新教皇後，攜帶教皇贈送給蒙古大汗的禮物，於一二七一年開始返回中國。

馬可波羅高興地跟隨父親和叔父開始了這次歷史性的旅行。這次跨洲長途跋涉，穿越敘利亞和兩河流域，跨伊朗，北上阿姆河，行經中亞沙漠，翻越帕米爾高原東行，進入中國國境，經過喀什、於闐，傍羅布泊；東達敦煌、玉門、酒泉，經寧夏境，直到一二七五年才安抵忽必烈帝都上都開平府，這時距第一次覲見忽必烈大汗已經快十年了。當忽必烈發現波羅兄弟身旁的一位英俊少年，問此人是誰。尼可羅回答說：「這是陛下的僕人，我的兒子。」大汗說：「歡迎他，我很高興。」並且下令將馬可的名字列入榮譽侍從的花名冊上。從此，馬可波羅和父親、叔父就成了元朝的官員，從一二七五年到一二九二年，長達十七年。

馬可波羅在很短的時間內學會了蒙古人的一切禮儀，而且精通漢語和蒙古語，他辦事謙虛謹慎，顯示出自己是個不可多得的人才，大汗常派他前往帝國各地及其藩屬執行機密使命，他曾經到過山西、陝西、四川等省，還經西藏境去雲南執行任務。他還到過緬甸北部，並奉命出使南洋，到過越南、爪哇、蘇門答臘等地。他每到一地，都注意瞭解交通物產，觀察習俗民情，並且條理清晰地把它們記錄下來，回來向大汗報告。這些資料成了他日後口述其遊記的基礎。馬可波羅深受大汗器重，曾受命總管揚州三年，這個職務向來由大員擔任，馬可·波羅以外籍客卿擔此重任，可見大汗器重之隆。

馬可波羅家族三人在中國旅居十七年後思歸故里，事有湊巧，一二八六年，波斯汗阿魯王的寵妃去世，遺囑明言繼為王妃者必須是她本族的蒙古貴族之女。阿魯王即派特使來覲見忽必烈，請求賜婚。忽必烈從該亡妃的親族中選定一名十七歲的少女闊闊真遠嫁波斯。一二九二年初，波羅家的三人和隨從六百餘人

護送闊闊眞，分乘十四艘四桅帆船從福建泉州出發，經爪哇、蘇門答臘，再沿印度洋航行十八個月才抵達阿魯王國。在這次艱難的長途航行中，一行六百多人絕大多數病死或遇難，只有闊闊眞、波羅家族三人和幾個女侍倖存下來。他們登陸以後，才知阿魯王已經去世，闊闊眞嫁給了阿魯王的兒子合贊爲王妃。

馬可波羅家族的三人繼續西行踏上前往義大利的歸程，經小亞細亞、君士坦丁堡，返回威尼斯，這是一二九五年末，他們離家已二十四年了。他們從中國帶回許多財寶珍物，成爲名揚威尼斯的巨富。但是，馬可波羅卻沒有福分做太平紳士，一二九八年，威尼斯的敵邦熱那亞派了一支艦隊進攻威尼斯，馬可波羅出資建造一艘戰船參加威尼斯的艦隊與熱那亞作戰，並且親自登艦指揮。激戰結果，威尼斯大敗，馬可波羅的船被熱那亞人俘獲，馬可波羅成了俘虜，關入熱那亞獄中。在大約十個月的牢獄生活中，馬可波羅向同監的一名叫露絲梯謙的人口述他在東方的傳奇經歷，此人是比薩的一位作家，精通法文，馬可波羅的口述，便被記錄成法文而流傳於世，這就是著名的《馬可波羅遊記》，或稱《東方見聞錄》。

《馬可‧波羅遊記》全書分爲四卷。

第一卷是「從小亞美尼亞到大汗上都沿途各地的見聞錄」。這一部分包括亞美尼亞、兩河流域、波斯、中亞的帕米爾高原、天山南北等地的風土人情、商業狀況。包括一些當地的歷史故事和民間傳說。這一卷中有專章描述羅布泊大沙漠、敦煌、哈密、酒泉、張掖和青海、寧夏境內的一些城市。這一卷的最後部分描述了「大汗在上都所建的豪華宮殿和皇殿上的禮儀」，是西方人瞭解當時蒙古宮廷的建築規模和蒙古大汗生活習慣的第一手資料。

第二卷是「忽必烈大汗和他的都城、宮廷、政府及西南行程中經歷各城市和省的見聞錄」。這一部分記述元朝初年忽必烈在位時期的政治活動和戰爭，包括鎮壓皇叔乃顏的叛亂，還有一段關於忽必烈儀容的描寫：「號稱大汗或王中之王的忽必烈，是一個中等身材，修短適中，四肢勻稱，整個體態配合得很和諧的人。他眉目清秀，英氣照人，有時紅光滿面，色如玫瑰，更增加了他的儀容風采。他的眼睛烏黑俊秀，鼻樑高直而端正。」可以說，這也許是對忽必烈儀容最貼近的描寫。馬可波羅對元代大都北京①的描述表現出他的深深讚美之情。元代的北京：「整體是四方形，範圍三十八公里，每邊約為十公里。…全城設計都用直線規劃。大體上，所有街道全是筆直走向，直達牆根。…配給全城居民建房的土地也是四方形的，並且彼此整整齊齊地排列在一條直線上，每塊地都有充足的地盤，來建造美觀的住宅、院子和花園等。…整個城區按四方形佈局，如同一塊棋盤。設計的精巧和美觀，簡直非語言所能描述。」書中還用了專章描述忽必烈的「宏偉華麗的宮殿」。讀完馬可波羅對北京和忽必烈皇宮的描述，使人感受到了六百多年前北京的宏偉氣勢。

遊記把南宋王朝過去的轄區稱為「蠻子省」，從馬可波羅對這些地區的描述來看，他似乎並不理解「蠻子」與不開化是聯繫在一起的詞語，因為他對許多「蠻子」城市的人文景觀給予了極高的評價，例如說，「蘇州城漂亮得驚人」，而對於杭州（京師），則譽稱其「莊嚴秀麗，堪稱其他城市之冠」，對其他南方城市多作了細緻入微的描述。遊記共用了一半的篇幅介紹了中國四十多個

---

①蒙古人稱北京為汗八里。

城市，當中頗多是作者親身經歷的珍貴史料。但令中外研究者大惑不解的是，馬可波羅在他的中國北部行記中，竟無一處提及長城，而實際上他經過的路線曾幾次穿越長城，是馬可波羅的疏忽，還是記錄者的遺漏？

　　遊記第三卷記述的是日本群島、南印度和印度海的海岸與島嶼。第四卷是關於韃靼各王公之間的戰爭和北方各國的概況。這些是馬可波羅旅途的見聞和收集到的奇聞軼事，似乎不如他對寓居達十七年之久的中國那樣觀察細緻入微了。中國研究馬可波羅的史家余士雄指出，《馬可波羅遊記》對十五世紀左右歐洲航海事業的發展，產生巨大的促進作用。例如航海家哥倫布小時讀了《馬可波羅遊記》後，立志東遊，練習航海術，學習天文、數學、歷史、地理等，爲旅行東方作準備。他從一四九二年起，在西班牙國王資助下，幾次遠航，到達中美和南美的東北角，他誤以爲自己到達了印度，所以稱當地土著爲「印第安人」，他並把墨西哥當做杭州，把古巴當做日本。這一地理上的誤會，卻掀開了歷史新的一頁──開闢了歐洲到達美洲的新航路，歷史把發現美洲的桂冠奉獻給了哥倫布。在明代，德國人達・伽瑪，英國人卡波特、詹金森兄弟，葡萄牙人本尼迪克特等，都曾經分別經海路或陸路東行，目的都是爲了尋訪《馬可波羅遊記》中刻意描述的契丹國（中國北部地方）。

　　一部書，促進了中西交通、文化、商業的交流和發展，這就是其魅力和影響所在。馬可波羅死於一三二四年一月，享年七十歲，安葬在故鄉威尼斯。

米涅的 法國革命史

　　與法國大革命屬於同一時代的法國著名史家米涅在一八二四年出版的《法國革命史》，是法國大革命史研究的前驅，他這部著作的出版距法國革命的完全結束（以一八一四年拿破崙帝國滅亡為止）僅十年，人們記憶猶新，因此在法國史學界倍受重視，特別是米涅為寫作本書用了兩年時間收集資料，訪問許多革命的參與者和活動家，使這部書具有更大的權威性。

　　米涅（一七九六年～一八八四年），出身於法國普羅旺斯省的一個鎖匠家庭，從中學時代就對歷史有濃厚興趣，在大學時攻讀法律，並獲律師資格。史法結合，使他的學術研究具有思想縝密、邏輯嚴謹的特點。在進行學術研究的同時，米涅熱情投身反抗波旁王朝復辟的抗爭，並曾親自參加街壘戰鬥。他撰寫的《法國革命史》矛頭指向復辟王朝，鼓舞人民再度奮進反抗封建貴族的復辟行徑，是記載和論述法國人民從一七八九年開始大革命的豐功偉績。

　　《法國革命史》除去一章論述背景，其他內容分為十五個章節。與其他同類史籍不同的是，作者每章以每一時期重大事件為依據，按編年體形式標出年月日作為標題，從這種年代劃分體現出作者行文的側重點和傾向，每一章有重點提示以代替節題。

　　在導論中，作者認為法國革命在歐洲開創了新社會的紀元。法國革命時期，本書界定為從一七八九年五月五日三級會議的召開直至一八一四年拿破崙帝國的覆滅。在路易十六即位前夕，第三等級分享統治權的時期終於到來。作者認為「在幾個君主之中，路易十六以他的胸懷和品德來講，是最適合於他那個時代的

君主」。「路易十六頭腦清楚，心地正直、善良，但是性格不夠堅定，在他的所作所為中缺乏堅持到底的精神。他的改革計畫所遇到的阻力是他意想不到的，也是他未能加以克服的。因此，正如一個拒絕改革的君主遭到毀滅的結局那樣，他由於嘗試改革而毀滅了。」作者對路易十六的評價顯然是相當寬容的。但是，作者認為革命的發生是勢所必然的，「三級會議只不過是將業已成熟的革命公佈於世而已」。

第一章從一七八九年五月五日到八月四日夜。三級會議於一七八九年五月五日在凡爾賽宮召開。三級會議中的貴族和僧侶與宮廷勢力力圖遵循過去的老樣子來控制會議，壓制第三階級代表，六月十七日第三等階級代表果敢地單獨組成國民議會，宣告自己是法蘭西的代表人，並宣告廢除政治權利的等級制度，這是走向廢除君主政體中等級的第一步。宮廷方面決定以武力鎮壓第三階級代表，並將同情改革的財政總監內克爾①放逐出法國，巴黎人民因此發出「拿起武器」的呼聲。

接下來就是七月十四日巴黎人民起義並攻佔巴士底獄。米涅對這一事件的描述十分生動，儘管他認為有些做法過火，但是整體而言是滿懷革命激情的。路易十六面對武裝起來的巴黎人民，被迫承認了國民議會和國民自衛軍的存在。大批王公貴族逃往國外，進行策劃內戰和煽動歐洲反法聯盟的活動。八月四日晚，貴族和僧侶被迫廢除他們享有的各種特權，米涅認為「這一夜是由一切從屬於個人的制度到一切應屬於國民的另一制度的過渡」，「是一次革命」。

---

①國民議會與宮廷作鬥爭的時候需要內克爾作為旗幟。

第二章從一七八九年八月四日夜到十月六日。這一階段的重要事件是，國民議會成為國家的最高權力機關，制定了《人權宣言》。宮廷勢力繼續施展陰謀，並向巴黎調動軍隊。十月一日在凡爾賽宮舉行了國王路易十六親臨參加接待軍官的盛大宴會，此一對平民示威的行動，引起巴黎市民的憤怒，爆發了平民向凡爾賽宮的進軍。這一次群眾示威和進軍，摧毀了宮廷的舊體系，奪走了宮廷的禁衛軍，並迫使國王回到巴黎，置於巴黎人民的控制之下。

第三章從一七八九年十月六日到一七九一年四月米波拉之死。這一章著重記述國民議會與舊勢力之間的鬥爭，特別是關於拍賣教會財產和發行信用券問題。一七九○年七月十四日革命勝利一周年紀念日舉行了八十三個郡代表、國民議會代表、國民自衛軍和國王共同參加的全國結盟大會，在這次大會上，各方面都表示忠於國王、維護憲法。但結盟大會並未結束革命與反革命勢力之間的鬥爭，貴族變本加厲在軍隊中進行分裂和煽動活動，各派政治勢力也加強自己的活動，革命的兩個敵對階級都在準備國內戰爭和國外戰爭。就在這個時候，革命派的領袖和代言人米波拉在一七九一年三月二日因心力衰竭而去世，米涅對米波拉作出了很高的評價。

第四章從一七九一年四月到九月三十日制憲會議。米涅指出：法國革命必然改變歐洲的政治，它結束國王與國王之間的鬥爭，開始國王與人民之間的鬥爭。歐洲各君主國組成反法聯盟對法國進行武裝干涉。一七九一年六月二十日，路易十六及王后變裝逃出巴黎，第二天就在邊境小鎮瓦倫被認出和扣留。歐洲各國國王聞訊紛紛以戰爭威脅要求解散國民議會，恢復路易十六王

位。國民議會在準備應戰的同時，抓緊制定新憲法的工作。一七
九一年的憲法是中等階級的產物，恢復了路易十六的王位，實施
君主立憲制。

　　第五章從一七九一年十月一日到一七九二年九月二十一日。
一七九一年十月一日按憲法選出的國民立法議會開幕，立法議會
全場起立根據憲法宣誓：「不自由勿寧死。」議會中有一個右
派、一個左派和一個中間派。左派勢力佔優勢，叫做吉倫特黨。
米涅認為「在革命中它只是從中產階級轉向人民大眾的一個過渡
黨派」。法國逃亡分子與宮廷反動勢力相勾結在國內挑起叛亂，在
國外煽動軍事干涉。一七九二年四月二十日法國立法議會和內閣
向反法同盟的主要國家普魯士和奧地利宣戰。法軍初戰不利，普
奧聯軍侵入法國領土，聯軍總司令布倫瑞克公爵在七月二十六日
發表了一個宣言，要對法國人民進行狂妄威脅，激起法國全國的
憤慨，一致主張抗戰，並認為必須廢黜國王。八月十日巴黎人民
舉行武裝起義，逮捕了路易十六，推翻了立憲派政府，立憲派領
袖拉法葉特站在革命人民的對立面。米涅對這位曾與華盛頓一起
為美國獨立作出貢獻的人的一生作了很高的評價。法國人民在以
丹東為首的巴黎公社領導下取得戰爭勝利，將普奧聯軍趕出法
國。

　　第六章從一七九二年九月二十一日到一七九三年一月二十一
日。一七九二年九月二十日，國民公會取代立法議會。二十一
日，國民公會宣佈廢除君主立憲制，成立共和國，即法蘭西第一
共和國。吉倫特派掌握了內閣，山岳派②控制了巴黎公社和雅各

───────────
②山岳派因為坐在議會左邊最上方而得名。

賓俱樂部，在巴黎占統治地位。在法國革命中產生重要作用的羅伯斯比爾權勢更盛，他堅決反對意欲拯救國王的吉倫特派意見，力主處死路易十六。由於路易十六與逃亡貴族和反法同盟相勾結，一七九三年一月二十一日，他被押上斷頭臺，年僅三十九歲。米涅對這位他稱之為「不走運」的國王流露出惋惜之情。

第七章從一七九三年一月二十一日到六月二日。路易十六被處決，使法國各派政治力量鬥爭更劇烈。吉倫特派在五月三十日至六月二日的巴黎騷動中被推翻，許多吉倫特派領導人被逮捕，山岳派取得勝利。

第八章從一七九三年六月二日到一七九四年四月。面對內憂外患，山岳黨人成立救國委員會實行革命專政。路易十六的遺孀安托瓦內特及吉倫特派等二十二名重要人物均被處死，羅伯斯比爾掌握了統治權，排擠了主張停止恐怖政策的丹東派，並將丹東處死。

第九章從一七九四年四月丹東之死到熱月九日（一七九四年七月二十七日）。救國委員會已成為全歐洲眾矢之的，受到壓制的國內各派政治力量也反對之，羅伯斯比爾受到令人陶醉的阿諛。恐怖局面延續了近兩個月，每天有近五十人被送上斷頭臺。國民公會中反對恐怖統治的力量聯合發難，羅伯斯比爾等人被逮捕於一七九四年七月二十八日（熱月十日）羅伯斯比爾及其主要助手二十餘人被處死。

第十章從熱月九日到共和三年牧月一日（一七九五年五月二十日），民主派暴動和失敗時期。羅伯斯比爾派失敗後，雅各賓俱樂部被封閉，雅各賓專政時期的法令被取消，下層階級被逐出政府，一七九三年憲法亦被取消。這些措施得到資產階級的支持。

第十一章從牧月一日（一七九五年五月二十日）到共和四年霧月四日（十月二十六日），國民公會終結。革命在對外方面的大好形勢促成了獨裁政府和雅各賓派的垮臺，救國委員會的任務已告完成，因為這樣一個獨裁政權的特性本來就是拯救一個國家和事業，並在卓有成效之後本身也歸於消滅。國民公會是一個中間的強大力量，它在摧毀雅各賓派統治的同時，也鎮壓了保王黨的報復。國民公會派重新掌握政權以後，用了一年多的時間才把革命拉回法制的軌道，但是，國民公會完成了保衛共和國和建設共和國的使命以後，作為革命權力機關至此宣告終結。一七九五年十月二十六日開始了督政府時期。

第十二章從督政府成立（一七九五年十月二十七日）到共和五年果月十八日（一七九七年九月四日）政變。督政府鎮壓了巴貝夫領導的平等派民主運動，也打敗了第一次反法同盟，一七九七年九月四日依靠軍隊，戰勝了保王黨的攻擊。年輕的拿破崙在遠征義大利戰爭中嶄露頭角。

第十三章從共和五年果月十八日（一七九七年九月四日）到共和七年霧月十八日（一七九九年十一月九日）。一七九八年底，英、俄、土組織第二次反法聯盟，督政府授予從義大利遠征勝利歸國的拿破崙以極大榮譽並任命他統率龐大的海軍艦船遠征埃及。此時，反法同盟卻大軍壓境，國內局勢亦趨緊張，督政府已無法應付局面，在國外屢建功勳的拿破崙勝利歸國成了軍事首腦。一七九九年十一月九日，拿破崙解散議會（霧月十八日政變），推翻督政府，開始了軍事統治。

第十四章從霧月十八日（一七九九年十一月九日）到一八〇四年十二月二日。這一階段是法國歷史上的執政府時期。米涅生

動地敘述了拿破崙從第一執政、終身執政到法蘭西第一帝國皇帝的歷史。

　　第十五章從一八○四年帝國建立到一八一四年。這一章記述了拿破崙帝國從建立到滅亡的全過程。米涅客觀地評價了拿破崙這位歷史巨人：「他對本國的專制統治使他成為反革命者；而他征服歐洲的思想卻使他成為歐洲的革新者。」一八一四年，帝制被推翻，舊王朝復辟，路易十八回到巴黎。

032 ▶宗教改革的一面鏡子

蘭克的 **教皇史**

　　文藝復興和宗教改革是歐洲歷史從中世紀走向近代的開端，吸引了許多史學家的興趣。從正面敘述這段歷史的著作比比皆是。德國著名史學家蘭克（一七九五年～一八八六年）卻別開生面，從宗教改革的對立面，羅馬教皇的角度譜寫這段歷史。這部批判學派的代表作全名爲《教皇，他們的教會與國家，特別是十六和十七世紀他們與新教衝突的歷史》，全書共三卷，先後於一八三四年（第一卷）和一八三六年（第二、三卷）出版。

　　蘭克在序言裡對該書的資料來源作了詳盡的交代。重視資料來源的可靠性是蘭克所創建批判學派的一個重要特點。蘭克非常注重使用檔案資料，所以他一開始就對維也納、威尼斯和羅馬三地檔案保存的情況作了介紹。蘭克指出，維也納的檔案收藏極其豐富，幾乎是無所不有，由於奧地利的地理位置、歷史地位和檔案收集的方針，其所擁有的資料範圍十分廣泛，從最高層次到最低層次，從義大利、西班牙到比利時和倫巴底的檔案一應俱全。威尼斯的圖書館設有手稿部，保存了一批該城執政家族的文稿，對於研究威尼斯與梵蒂岡的關係有重要價值。蘭克的羅馬之行所獲甚豐，他收集到教廷駐外大使給梵蒂岡的報告共四十八件，最早一件爲一五○○年，其中，十六世紀十九件，十七世紀二十一件，十八世紀只有八件，這些檔案爲蘭克的系統描述提供了可靠的依據。蘭克本人是新教徒，梵蒂岡方面對他查閱檔案有所戒備，所幸羅馬的私人檔案相當完備，可以補充公共檔案之不足。序言對該書寫作目的也作了扼要的說明，蘭克認爲教皇制是歐洲史的重要組成部分，儘管有較大的連續性和穩定性，但並非一成

不變。他撰寫此書的目的在於說明十六世紀以來天主教會遇到挑戰，進行革新，暫時恢復和擴大其固有的勢力，取得進展，而後又重新陷於衰落的過程。他認為，教皇史的重要性在於其歷史過程本身及過去的影響。

全書的結構是，第一卷敘述十六世紀的歷史。分為五個部分：第一部分，回顧了教皇制在中世紀的情況，然後對十六世紀初天主教會統治的勢力範圍和遇到的反抗作了簡要的描述。第二部分，主要寫天主教會為抵制宗教改革而開始的革新運動，重點是羅耀拉（一四九一年～一五五六年）和耶穌會。第三部分，描述十六世紀中葉的幾位教皇。第四部分，著重介紹兩位教皇：格列哥里十三世和塞克特斯五世。第五部分，反宗教改革的第一階段。第二卷按時間順序，敘述十七世紀的歷史。分為三個部分，第一部分，介紹十六世紀末到十七世紀初天主教會的內部矛盾。第二部分，反宗教改革的第二階段。第三部分，十七世紀中晚期的教皇。敘述部分至此結束。第三卷內容為教皇的傳記、日記及當時發表的聲明和其他文件。

貫穿全書的是蘭克及其學派對歷史過程所特有的客觀冷靜的態度。作為一名新教徒，蘭克在敘述羅耀拉創建反宗教改革的教團——耶穌會時，可以說是娓娓道來，不動聲色，絲毫看不出敘事者本人的愛憎和傾向性。他首先分析了羅馬教廷在馬丁‧路德起事後作出的反應和採取的政策。他認為，在宗教和政治兩方面都進行妥協是教廷採取的基本對策。與此同時，天主教會所實行的內部改革則與新教教義針鋒相對。路德嚴厲批評了教權制和等級制。宗教改革開始後，天主教會內出現的新教團，無不以加強等級制，嚴格紀律為己任。羅耀拉出身在尚保存騎士制度的西班

牙，又有過一段軍人生涯，他在創建耶穌會時，強調紀律和服從，是可以理解的。蘭克還指出，耶穌會的另一個特點是，一經成立便將全部精力投入其所規定的主要任務，爲普通人禱告，接受懺悔；教育青年一代，決不旁騖。目的在於儘快擴大影響，與新教爭奪信徒。

《教皇史》的另一特點是未停留在事實描述上，而是在弄清來龍去脈的基礎上，既有分析又有綜合。蘭克對於文藝復興和宗教改革在不同國家表現出來的特點所作的分析相當深刻，他認爲在阿爾卑斯山南北兩側歷史的發展都是朝著反對天主教會統治的方向前進，在義大利，科學與文學攜手並進，德國的運動則起源於對聖經和神學的深入研究。義大利以否定和懷疑見長，德國則以態度積極和信仰誠摯取勝。在義大利，嘲弄譏諷是常用的手段，德國則是滿腔怒火地發動進攻。

蘭克對十六世紀上半葉新舊教交鋒所作的概括也很精彩，他指出，雙方都力圖擴大自己的影響。起初，有過一個相互接近的階段，德國尚未下定決心，徹底拋棄等級制，義大利則試圖修改等級制。此後，在聖經的指導下，新教在信仰和宗教生活兩方面都堅定地恢復原始基督教的形式。與此相反，天主教則堅持其教會制度，並把它變得更爲嚴格。喀爾文主義比路德派具有更強烈的反天主教精神，天主教對新教也就更加敵視。蘭克作了一個很形象的比喻：新舊兩教有如在山頂上兩條同出一源、比鄰而居的泉水。他們選擇了相反的流向奔騰而下，從此天各一方，永無相聚之日。

蘭克完成這部著作時，他的寫作技巧也達到了爐火純青的境界。英國著名史學家古治認爲《教皇史》不僅是史學研究的偉大

成果，還是一部完美的藝術作品。蘭克把如涓涓流水的敘述，栩栩如生的描繪，與不時有感而發的評論巧妙地結合起來，產生出巨大的魅力。此書定名爲《教皇史》而不是「教皇制度史」，就是爲了寫出每位教皇的個性。蘭克在刻畫人物性格方面也很成功。教皇塞克特斯五世在國內外取得的成就是全書最精彩的部分。

《教皇史》出版後，迅速被譯成各種主要文字，成爲史學著作的經典。該書資料豐富，考證詳實，態度不偏不倚，天主教方面的學者也爲之折服。那些把史學當作政治鬥爭工具的新教徒，譴責蘭克所採取的客觀態度，認爲該書缺乏歷史的眞實性。爲了回答這一批評，蘭克積數年之功寫成一部六卷本《宗教改革時期的德國史》。儘管有各種批評意見，《教皇史》在世界史學中的地位是改變不了的。時至今日，有關天主教會反宗教改革活動的知識，主要得益於蘭克的這部名著。而蘭克冷靜客觀的態度和詳實史料則已成爲每一個有良心的史學工作者律己度人的標準。

魯賓遜的 新史學

　　「新史學派」是二十世紀初期美國著名的史學流派之一，這個學派的理論家和宣傳者魯賓遜的《新史學》則是闡述這個學派史學主張的主要著作。

　　詹姆斯・哈威・魯賓遜（一八六三年～一九三六年）是美國新史學派的倡導者，他出生於美國伊利諾州布魯明頓市的一個資產階級家庭。父親是當地銀行的創辦人，家境富裕。魯賓遜於一八八八年畢業於哈佛大學，同年前往德國弗賴堡大學留學，在研究所接受了德國蘭克學派研究方法的科學訓練。一八九○年在弗賴堡大學獲得哲學博士學位。他的研究領域是歐洲中古史和近代史。回國後，一八九一～一八九五年間在美國賓夕法尼亞大學執教。一八九五年在紐約哥倫比亞大學擔任歐洲史教授。到一九一九年為止，他一直在這所大學執教。第一次世界大戰之後，他因與和哥倫比亞大學校長意見不合，又因繼承一大筆遺產，便於一九一九年離開該大學。

　　魯賓遜於一九一九年與查理斯・比爾德一起在紐約創辦「社會研究新學院」，自任管理委員會主席，並在校中任教。後因與該校創辦人之間意見分歧，於一九二一年辭職。此後專心從事寫作。一九二九年他當選為美國歷史學協會主席。一九三六年在紐約去世。他的前期著作有《西歐史》、與比爾德合編的《近代歐洲的發展》、與布累斯提德合編的兩冊《歐洲通史》和兩冊《歐洲近代史資料集》…等，都是在哥倫比亞大學任教時期編寫的。不久他出版了鼓吹新史學派理論的代表作《新史學》。後來還寫有《思想在形成中》和《文明的考驗》等著作。

十九世紀末和二十世紀初期，在美國史學史上形成了一個不同於傳統史學的「新史學派」。第一個新史學派史學家是弗雷德里克・透納（一八六一年～一九三二年），他倡導的「邊疆理論」在美國史學史上開創了一個新時代。他的許多史學觀點，如：強調歷史的範圍應擴大，包括「人們活動的每個領域」；他認為在所有推動歷史前進的因素中，經濟因素應佔有突出的地位，他提倡分析性史學，反對敘述性史學，特別是他強調歷史的實用價值，重視歷史與現實的聯繫…等，使他成為美國新史學派的開創者。不過，使新史學派的理論觀點趨於成熟，並最後形成的則是魯賓遜的《新史學》一書。此書彙編了魯賓遜歷年發表的論文和演說，反映了他的新史學思想。原書出版於一九一一年，全書分為八章，即新史學、史學史、史學的新同盟軍、思想史的回顧、普通人應該具有的歷史知識、「羅馬的滅亡」、「一七八九年的原則」以及用歷史眼光來看保守精神。

魯賓遜對歷史學的基本主張有以下幾點：

一、他反對陳腐的英雄史觀，主張把歷史的範圍擴大到包括人類以往的全部活動。他在《新史學》的一開頭就明確地指出：「從廣義來說，一切關於人類在世界上出現以來所做的，或所想的事業與痕跡，都包括在歷史範圍之內。大到可以描述各民族的興亡，小到描寫一個最平凡人物的習慣和感情。」

二、用綜合的觀點來解釋和分析歷史事實。魯賓遜非常重視歷史學與其他學科的聯繫和合作，他認為，一位合格的史學家不僅應具有深厚的專業知識和判斷史料的能力，還必須對人類學、社會學、經濟學、法學、比較宗教學、社會心理學、地理學、氣象學和史前考古學…等學科有較深入的瞭解。作者把這些學科稱

作「史學的新同盟軍」，強調史學應從其他學科中汲取營養、取得幫助。

三、魯賓遜用達爾文的進化論觀點來考察和研究歷史，把人類歷史看成一個「繼續不斷」的成長過程。他認為「一切人類的制度、一切公認的思想、一切重要的發明，都是長期發展的總和」。

四、研究歷史的功用在於幫助人們瞭解現狀和推測未來，強調用歷史知識來造福社會。魯賓遜主張「我們現在應該大大地發展我們的『歷史頭腦』，因為歷史頭腦可以彌補我們知識中的缺點，而且它還可以促進合理的進步」。不過魯賓遜的歷史價值論是實用主義的。他認為歷史之所以有價值，就在於它對當前有用，而凡是有用的就是真理。這就曝露出他的實用主義歷史觀點的侷限性。

二十世紀初期，魯賓遜的歷史觀點在美國風行一時，對史學界的影響很大。以魯賓遜為代表的「新史學派」所以能在美國廣泛流傳，其主要原因在於：

一、魯賓遜長期在美國學生最多的哥倫比亞大學主講歐洲史，培養出成千上萬的學生，他們又在美國各地大學、中學講授歷史。魯賓遜的許多同事和學生，如比爾德、紹特威爾、海斯、史來生格爾、蒙思、巴恩斯、桑戴克、福克斯和沙皮羅等後來都成為美國史學界的名流學者。

二、魯賓遜編寫的許多歷史教科書，風行美國，印數多達數十萬冊。這些教科書又經過多次增訂重版，廣泛發行，美國的許多教師和學生都熟知他的名字。

三、魯賓遜提倡的實用主義歷史理論是為現實的政治服務

的，這使他的歷史著作受到美國資產階級的賞識，被廣泛採用。因此，新史學便成為現代美國中一個勢力很大的史學流派。不僅如此，他的史學著作在歐洲也有一定影響，之後，其理論又傳到了中國。早在二十世紀二十年代，《新史學》就由何炳松譯成中文出版，一九二四～一九二五年何炳松又編譯了他的歐洲史著作。魯賓遜在舊中國的史學界頗有影響，有關史學理論和歷史教科書中的觀點大都是從他書中汲取過來的。

威爾斯的 世界史綱

　　提起威爾斯，中國知識界對他相當熟悉，並不一定是熟悉他本人，而是熟悉他的名著《世界史綱》。他的全名是赫伯特・喬治・威爾斯，一般都稱呼他 H・G・威爾斯。一八六六年生於英國布臘姆利一個小業主家庭。威爾斯在這個接近社會底層的家庭中，養成了刻苦自勵的性格，中學未畢業就到藥鋪和布店當學徒。在當學徒期間，他更加刻苦學習，十八歲時，考進了南安普敦皇家理學院，由於他年輕時愛好自然科學，故選擇了生物學，但由於經濟拮据，未能畢業就投身社會，一面當教員，一面繼續攻讀倫敦大學學士學位。一八八八年，獲倫敦大學理學學士學位，並曾在著名科學家赫胥黎的實驗室從事研究工作。作為一名自然科學家，他在改造自然的同時，認識到社會的改革更具迫切性，這也是與他青少年時代的經歷分不開的。

　　一八九三年，他投身寫作，並於隔年出版第一本小說《時間機器》，是「關於人類命運去向異想天開的一種推測」，另外還有幾本科幻小說：《莫洛博士島》、《隱身人》、《星際戰爭》、《當睡著的人醒來時》，主旨都是諭示建立合理世界性組織的社會改良理想，或是對人類文明發展的前景的誇張描述。跨入二十世紀門檻，威爾斯更積極投身於揭露資本主義社會弊端的創作活動中，寫了多部反映英國中下層社會生活的小說。一九○三年，威爾斯還參加了英國社會主義改良派費邊社，並成為該組織領導成員之一。他力圖把這一集合許多具改良主義思想的著名知識分子坐而論道的學術團體，改變成更有積極作用的群眾性政治活動組織，因此與蕭伯納等巨頭對立，並在一九○八年退出費邊社。

威爾斯對第一次世界大戰持反對立場，並積極從事反戰的創作活動。他於一九一六年創作的反戰小說《勃列特林先生看穿了它》，曾受到高爾基的讚揚。就在《世界史綱》問世的一九二〇年，威爾斯透過高爾基的介紹，會見了列寧，並於一九二一年出版蘇聯訪問記──《黑暗中的莫斯科》，一九三四年他再次訪問蘇聯，並與史達林進行長時間的談話。一九四六年八月，威爾斯在倫敦逝世。

　　威爾斯的著作頗豐，但是大獲成功的是《世界史綱》。全書共分八篇三十八章。

　　第一篇：人類以前的世界。包括五章，分別概述空間和時間中的地球，古代岩石留下的古生物痕跡，生物和氣候，爬行動物時代和哺乳動物時代。

　　第二篇：人類的形成。以七章的篇幅敘述猿和亞人，舊石器時代中期一個已絕滅的尼安德塔人，舊石器時代晚期真人的出現，新石器時代的人開始了農耕時代和原始交易，人類早期思想的形成，人類的種族，人類語言。

　　第三篇：最初的文明。包括五章，分別是早期的帝國，包括蘇美人和閃米人的帝國、巴比倫帝國、亞述帝國和埃及、印度、中國的早期文明；航海民族和經商民族；文字的出現；神和星，僧侶和帝王；人類社會出現農奴、奴隸、社會階級和自由人。

　　第四篇：猶太、希臘和印度。共分七章，分別是希伯來聖書經文和先知，對猶太民族的形成和歷史地位作了簡明扼要的評介；史前時期的亞利安語民族；希臘人和波斯人；希臘的思想、文學和藝術；馬其頓王亞歷山大的一生；埃及的亞歷山卓城的科學和宗教的繁榮昌盛；佛教的興起與傳佈。作者還探討了中國的

儒家和道教，他指出：「東方和西方世界偉大民族之間在知識和道德方面如果要達到任何眞正的相通，對這三教①的徹底研究是必須做的第一步。」

第五篇：羅馬帝國的興亡。包括三章，在以「兩個西方的共和國」爲題的一章中追溯了拉丁人的起源和羅馬與迦太基的三次戰爭及其惡果。其餘的兩章論述羅馬共和國內部的紛爭，而這個屬於自治共同體性質的共和國失敗的原因是不能維持團結，因此返回到帝制是必然的。羅馬文明經歷了它的全盛時期，隨著蠻族的入侵，羅馬帝國終於崩潰了。

第六篇：基督教和伊斯蘭教。包括四章，對於這兩大宗教的興起、傳播和對世界文明的影響，威爾斯針對此二大宗教作了精闢的論述，是《世界史綱》中最引人入勝的一部分。

第七篇：陸路上的諸蒙古帝國和海路上的諸新帝國，共兩章。書中將成吉思汗及其後裔的大帝國稱爲「陸路的時代」，敘述十三～十六世紀橫掃亞歐大陸的蒙古帝國對亞歐文化和社會形成的巨大衝擊，以及在蒙古人影響下建立起來的莫斯科大公國和成吉思汗後裔巴貝爾建立起來的莫臥爾帝國。另一章則是以陸路讓位給海路爲特徵的西方文明的復興，重點論述了十六世紀歐洲宗教改革運動，十五～十六世紀歐洲科學的再覺醒、文藝復興，以及地理大發現。

第八篇：列強的時代。共五章。時間跨度爲十七世紀到第一次世界大戰的一百多年，重點論述歐洲列強觀念的形成，爭奪歐洲霸權和海外擴張成爲這一時代的突出特徵，其中以專章論述了

---

①三教指儒、道、釋。

拿破崙的生平事業。美國獨立戰爭和法國大革命是作者在本篇中加以評述的重點，作者歌頌了這兩次大革命，「它掃蕩了很多過時的有害事物，但是很多有害的、不合理的事物還保留了下來。它解決了很多問題，留下了對友誼和秩序的渴望，同時很多更大的問題似乎剛剛才曝露出來。」他指出，新制度未能解決舊制度具有的三大難題：財產、貨幣和國際關係。

　　威爾斯的《世界史綱》採用了一種新的編寫模式，既不是編年史式，也不是國別史式，而是把人類活動當做一個整體，宏觀取向，但抓住要領，依照人類歷史發展的進程，既擇其大者、要者進行敘述和評析，同時，開闊視野，避免將人類歷史寫成政治史、外交史和戰爭史，而兼及經濟、文化、科學、宗教、交通、種族、語言、習俗、日常生活。對於歷史上著名的旅行活動，如玄奘的西行和馬可波羅的東行，在本書中都有專節敘述。正如威爾斯自己所說：「人們，男的和女的，試圖回憶他們在短短的學生時期從學校裡學得的褊狹歷史，他們發現那無非是一張枯燥無味和部分已忘掉了的各國帝王或總統的名單。他們試圖查閱這些事件，面前是浩如煙海的書籍。他們發現，他們是被人蒙上了民族主義的眼罩來學歷史的，除了自己的國家之外，一切國家都視而不見，現在他們突然發覺周圍光輝奪目。」

　　作者反對「學究氣十足」的歷史學者，他們「惟恐有微小的錯誤，而寧可使歷史互不連貫」，他說，「這個世界是如此地充滿著恐懼，然而又如此地充滿著希望和機會」，他以富有哲理的語言寫道：「作者只是一個導遊者，他把他的讀者最後帶到當今的邊緣，各種事物正在前進的邊緣，然後在讀者身旁站住，輕輕地向他耳語說：『這就是我們的遺產。』」

威爾斯的《世界史綱》甫一問世，就成為歐美的暢銷書，一九二○年這一年印行二百多萬冊，到一九三○年為止，共再版了六次。其影響不僅僅在於銷售上，更重要的是它開創了宏觀研究歷史的新風，使歷史學擺脫單純考證詮釋的舊傳統，而更貼近生活，貼近人們日益擴展的知識需求，使歷史學成為一門雅俗共賞的學科。

湯恩比的 歷史研究

　　當代英國歷史學家、政論家阿諾爾德・湯恩比（一八八九年～一九七五年）的著作現身，其中，十二卷的《歷史研究》奠定了他的「文化形態史觀」①的基礎，並使他被西方評論界譽為「當代最偉大的歷史學家」。

　　湯恩比出生於英國的書香家庭，青少年時代接受的是傳統古典教育。一九○七年，進入牛津大學巴里奧學院學習希臘、羅馬古典作品，一九○九年在融貫希臘史與當代史作比較研究的史學家齊默恩爵士指導下從事研究，這對湯恩比日後治學方向有很深的影響。一九一一年在雅典專習考古，並徒步考察希臘的許多歷史遺跡。一九一二年又回到牛津大學巴里奧學院擔任古代史教師。一九一五年任職於英國外交部，一九一八年作為英國代表團的隨員出席巴黎和會。一九一九年任倫敦大學教授，講授拜占庭和近代希臘文學、歷史，他對希臘史的研究已在學術界贏得名聲。一九三四年出版《歷史研究》第一～三卷，一九三九年出版第四～六卷，一九五四年出版第七～十卷，一九五九年、一九六一年分別出版第十一、十二卷，共歷經二十七年，鉅著始告完成。一九五五年，湯恩比被牛津大學和伯明罕大學授予榮譽文學博士稱號，同年退休。退休後著述不斷，一九七五年十月二十二日病逝。

　　體現了湯恩比的「文化形態史觀」基本內容的《歷史研究》，自然是了解他的學術觀點的最重要的著作，但是由於篇幅太大，

_____

① 「文化形態史觀」亦稱「歷史形態學」。

影響了它的傳播。一九四七年和一九五七年英國人索麥維爾在湯恩比本人的協助下出版了《歷史研究》節本，包括了這部書的基本內容和精神，使這部書得以在較大範圍內傳播。

節本共分為十三部：

第一部緒論：1、歷史研究的「單位」；2、文明的比較研究；3、社會可以比較。

第二部文明的起源：1、問題的所在及不能解決的緣故；2、挑戰與應戰；3、逆境的美德；四、環境的挑戰。

第三部文明的生長：1、停滯的文明；2、文明生長的性質；3、生長的分析；4、生長中的差異。

第四部文明的衰落：1、問題的性質；2、決定論的答案；3、失去控制環境的能力；4、喪失自決能力。

第五部文明的解體：1、解體的性質；2、社會體的分裂；3、靈魂的分裂；4、解體的社會與個人的關係；5、解體的節奏；6、透過解體，趨於標準化。

第六部統一國家：1、是目的還是手段？2、不朽的幻景；3、「捨己救人」。

第七部統一教會：1、關於統一教會和文明之間的關係的幾種不同概念；2、文明在社會生活史上的職責；3、人世間軍事行為的挑戰。

第八部悲劇的途徑。

第九部：1、研究範圍的擴大；2、同代文明之間接觸的概況；3、同代文明之間相接觸的戲劇性；4、同代文明之間相接觸的後果。

第十部文明在時間上的接觸：復興的概況。

第十一部歷史中的法則和自由：1、問題；2、人類事務對「自然法則」的服從；3、人性對於自然法則的頑抗性；4、神的法則。

第十二部西方文明的前景：1、這種探索的必要；2、預定答案之不能肯定性；3、文明史的論據；4、科學技術、戰爭和政府；5、科學技術、階級鬥爭和就業。

第十三部結論：這部書的寫作經過。

歷史研究的「單位」不是國家，也不是時代，而是文明。自從文明社會以來，世界上共出現過二十一個文明，即：西方基督教文明、拜占庭東正教文明、伊朗文明、阿拉伯文明、印度文明、遠東文明、希臘文明、敍利亞文明、古印度文明、古中國文明、邁諾斯文明、蘇美文明、赫梯文明、巴比倫文明、埃及文明、安第斯文明、墨西哥文明、尤卡坦文明、瑪雅文明、俄羅斯東正教文明、朝鮮日本文明。其中埃及文明、蘇美文明、邁斯文明、古中國文明、瑪雅文明、安第斯文明是最早的，其他文明都是這六個文明繁衍出來的。每個文明都經歷了起源、生長、衰退、解體四個階段。在二十一個文明中，已有二十個已經或正在解體，只剩下一個西方基督教文明還具有生命的活力。一九六一年第十二卷「再考察」發表後，湯恩比關於文明四階段說沒有改變，但二十一個文明的提法修改爲十三個大文明和十五個周邊的「衛星文明」，未解體的文明則有西歐文明、東歐希臘正教文明、伊斯蘭文明、印度文明和東亞文明五大文明。東亞文明則以中國文明爲核心，周邊三個「衛星文明」則是日本文明、朝鮮文明、越南文明。

對於人類文明的未來，湯恩比把宗教放在十分重要的位置，

認爲人類發展的最後目的和歸宿是融合四大宗教②於一體的統一宗教。他認爲宗教是一種更高級的文明——所謂「第三代文明」，能解決科學所不能解決的道德問題。宗教管感情，科學管理智。人類的感情、潛在意識、心靈活動…等科學是無能爲力的。湯恩比強調人類的和諧共處皆靠宗教。

湯恩比的著作嚴格說來不是歷史學，而應歸於哲學範疇。他提出問題、分析問題都是宏觀的，跨越歷史學意義上的時空觀念，比如他說「西元後的一九一四年和西元前的四三一年，在哲學上是屬於同時代的兩個時期」。一九一四年是第一次世界大戰開始的一年，西元前四三一年是雅典與斯巴達之間的伯羅奔尼撒戰爭開始的一年，這兩個年代的同時代性，在湯恩比看來，在於它們各自標誌一個文明的開始衰落。

湯恩比的哲學和史學觀點都是唯心主義的，他爲了反對科學主義，把宗教置於不適當的位置，把人的意志也強調到片面化的程度，因此他的「文化形態史觀」難以建立縝密的科學體系，常被其反對者「以子之矛，攻子之盾」。但是，湯恩比不愧爲當代富有創造性和遠見卓識的學問家，他的宏觀研究、比較研究和勇於承認錯誤的研究方法和學風都是值得肯定的。他對西方學術界的影響也是不容忽視的。美國哈佛大學教授杭廷頓發表在美國《外交》季刊一九九三年夏季號上的一篇題爲《文明的衝突》論文，在世界範圍內引起強烈迴響，他立論的基本出發點，就有湯恩比學說的明顯烙印。

---

②四大宗教指基督教、大乘佛教、伊斯蘭教、印度教。

亞里斯多德的 **形而上學**

　　《形而上學》是古希臘哲學家亞里斯多德（西元前三八四年～前三二二年）最重要的哲學著作。亞里斯多德出生在希臘北部的斯塔吉拉城，十七歲時來到雅典成為柏拉圖的學生，在學園中學習、研究和工作長達二十年之久。他思想敏捷，學識淵博，被譽為「學園之靈」。柏拉圖去世後，亞里斯多德離開雅典，曾被聘為馬其頓王子（後來的亞歷山大大帝）的教師。西元前三三五年，他重返雅典，在呂克昂體育場創建了自己的學校。據說他經常和學生們一邊散步一邊討論問題，因而他的學派獲得了「漫步學派」的名稱。

　　亞里斯多德被公認是最博學多才的科學天才之一，他對希臘哲學進行了概括和總結，集知識之大成，一生著述宏富，廣泛論及哲學、倫理學、美學、邏輯、政治、經濟、歷史以及當時所有的自然科學內容，成為其中許多學科的奠基者。亞里斯多德的著作大部分遺失了，保存至今的四十七部著作只相當於其全部作品的五分之一。與柏拉圖的對話相比，亞里斯多德的著作缺少優美的文采而且晦澀難解，這大概是因為他所留傳下來的作品大多數並不是為了供人閱讀而是用於教學的講義和筆記。在這些著作中，亞里斯多德沒有追求內容的形式完整與體系的前後統一，而是發現問題提出問題，並且力圖儘量詳盡地探尋解決問題的各種可能方案，這種分析方法體現了一位偉大哲人熱愛智慧、探求智慧的思想歷程。

　　對於研究哲學的人來說，《形而上學》一書是極其艱深又不可不讀的經典，說它是哲學的奠基之作並不過分。多年來，人們

在理解這部著作上竭精盡智，並且在該書的梳理考證方面有所收穫，但在許多問題上總是見仁見智，難以達成共識。一方面人們對於亞里斯多德在《形而上學》中對於各種哲學問題所作的反覆思考多方探尋，歎爲觀止，另一方面又對該書中比比皆是的重複與相互矛盾之處和缺少統一的體系感到難於理解。造成這種狀況的原因可能是多方面的，而其中最主要的原因是它本非一部完整的著作，而是由不同時期的講義、筆記拼湊而成的哲學論文集，並非由亞里斯多德自己編輯審訂，甚至它的書名也不是由他本人所定。

一世紀時，呂克昂學園第十一任主持人安德羅尼科著手編纂亞里斯多德的著作，他將其探討第一哲學的論文放在討論自然哲學（物理學）的著作之後，將其命名爲「物理學之後諸卷」，此後這個書名亦被人們當作哲學或第一哲學的同義詞。中文據《易經》「形而上者謂之道，形而下者謂之器」而譯其爲「形而上學」。

據古代文獻中的一種記載，《形而上學》一書分爲十卷，而今天看到的《形而上學》則包括十四卷。第一卷可以看成是全書的序言。按照亞里斯多德通常討論問題的方式，他首先回顧哲學的歷史，現今所有前蘇格拉底哲學的資料，大多來自亞里斯多德的論述。在他看來，求知是人的本性，而眞正的知識乃是關於原因的知識。各家各派哲學所探討的問題概括起來無非四種原因，即質料因、形式因、動力因和目的因，這就是著名的四因說。第二卷很簡短，內容是一般的學習哲學的導言，似乎與其他各卷沒有密切的聯繫。在第三卷中，亞里斯多德提出了第一哲學應該研究的十幾個問題，對於這些問題的回答構成了以後各卷的主要內容，這一卷可以看作全書的提綱。第五卷一般被人們稱作「哲學

辭典」，它列舉了三十個哲學術語，如本原、原因、存在、實體…等，對每個概念進行了詳盡的分析，指出它們的多種意義。在《形而上學》諸卷中，這一卷可能是較早寫成的獨立著作。

第四卷和第六卷主要圍繞著存在概念而展開，構成了亞里斯多德的「存在論」。亞里斯多德在哲學史上第一次研究並確定了哲學作為一門學科的研究物件，任何科學都是從存在中切取某一部分研究屬性，它們以存在為前提但並不以之為物件，因而一定有一門學問專門研究「作為存在的存在」，這就是第一哲學，它是其他學科的基礎。存在有多種意義，它們全部都與一個本原相關，這一首要的意義就是使事物「是其所是」的「實體」。為了完成這種基礎的研究，必須找到一些確定無疑的原則或公理，存在的公理就是矛盾律和排中律。

第七～九卷分別討論了實體、質料與形式、潛能與現實，構成了亞里斯多德「實體論」的基本內容。它們被大多數研究者一致認為是《形而上學》中唯一具有內在聯繫的三卷，也是《形而上學》的核心部分。

第七卷討論實體問題。在存在的多種意義中首要的意義是「是什麼」即「實體」，實體不論在定義、認識還是時間上都是在先的，因而首要的或唯一的問題就是考察這樣的存在是什麼。在這裡，亞里斯多德改變了他在《範疇篇》中所主張的個別具體事物是第一實體的觀點，因為具體事物還不是最基本的，可以進一步劃分為質料與形式，而且由於它是生成變化的，對此無法形成確定的知識。所謂質料是抽去所有屬性最後所剩下來的東西，雖然它具有作為實體的重要特徵，即別的東西都表述它而它不表述其他東西，但它不具備與其他事物區別開的獨立性和作為「這一

個」的個體性，因而質料不是實體。決定一個事物是其自身的實體不在於質料而在於它的「是其所是」或本質，亦即出於其本性的根本規定。由於定義是「是其所是」的公式，而一個事物的定義也就是它的形式，所以形式是第一實體。亞里斯多德的形式與柏拉圖的理念不同，它並不與具體事物相分離，而是在具體事物中與質料不可分地結合在一起。

亞里斯多德在第八卷中繼續實體的討論，但比較側重於質料與形式的問題。他透過對兩者關係的考察，認為我們認識一個具體事物並不是去尋求最初的形式和最後的質料，而是要尋求和這個事物最接近的質料，以及它所特有的形式，它們並不是兩個不同的東西而是同一個東西，其差別不過在形式是現實的，而質料是潛能的，因而是同一個東西的兩種不同存在樣式。

於是，第九卷主要討論了潛能與現實，亞里斯多德在此將質料與形式結合在一起。形式與質料和現實與潛能是相同的，前者表示的是事物的靜態結構，後者表示的則是事物之動態的存在方式。由此，亞里斯多德將運動的因素引入形而上學之中。質料是尚未現實化的潛能，形式是已經實現了的現實，它是質料的目的。質料要實現自己成為現實亦即獲得自己的形式，一旦獲得了形式就實現了目的，而目的的完全實現就叫做「隱德萊希」。現實在定義、時間和實體性上都先於潛能，因而形式先於質料，形式是實體。

第十卷討論的問題是相對獨立的。亞里斯多德認為像「一」這樣最一般的範疇不是實體，由此他討論了一和多、同和異等各種對立和相反，分析它們的各種涵意和關係。

第十一卷由兩個部分組成，前一部分是第三、四、六卷的內

容摘要，後一部分則是《物理學》的摘錄。

第十二卷可能是較早寫成的獨立論文。前五章討論可感實體，基本思想與《物理學》相似而與《形而上學》有別，後五章討論「不朽的實體」，構成了亞里斯多德的「神學」。神學研究的物件是永恆不動的實體。運動與時間的不可毀滅性證明必然存在著不可毀滅的實體。作為萬物的第一推動者，它是不動、永恆而完全現實的。亞里斯多德的神不是宗教意義上的人格神，而是萬物的最終因、幸福生活的最終目標和認識的端矢。

第十三、十四兩卷主要是批判柏拉圖以及柏拉圖學園中的人類思想，說明數學物件和理念並不是實體。

《形而上學》一書是西方哲學史上最有影響的偉大著作之一，它不僅將哲學確立為一門獨立的學科，奠定了形而上學本體論的基礎，而且提出並討論了諸多哲學問題，其內容之豐富，思想之精深，分析之詳盡，推理之嚴密，堪稱後世之典範，充分體現了哲學之熱愛智慧、探索智慧的根本特徵。

037▶古代原子論的寶貴文獻
盧克萊修的 物性論

《物性論》是古羅馬詩人和哲學家盧克萊修（約前九十九年～前五十五年）的詩體哲學著作。盧克萊修是羅馬共和末期人，生平不詳。面對羅馬社會中宗教迷信的盛行和頹廢的無序狀態，他從希臘原子論中尋求醫治「羅馬病」的良方，把自己的哲學任務規定為「能用一些方法堅強不屈地抵制各種宗教和預言者的威脅」。在他看來，宗教迷信的產生無非兩個原因，一是對自然規律的無知，一是由於靈魂不死的觀念和對死後生活的恐懼，而能夠驅散恐懼與黑暗的，唯有對自然的面貌和規律的認識。因此，盧克萊修在《物性論》中全面詳盡地闡釋了希臘唯物主義原子論，特別是伊比鳩魯的學說，試圖說明自然現象以及心靈和靈魂的本性。

《物性論》直譯應為「論自然」，全書共分為六卷，用拉丁語寫成。第一卷和第二卷的主要內容是原子論的基本思想。盧克萊修認為物質是永恆的。第一個自然規律即無中不能生有，沒有任何事物能夠憑藉神的力量從無產生，一切東西都需要一定的種子，才有一定的實體。既然無中不能生有，那麼沒有任何事物會真正消亡，所以第二個自然規律就是無物能歸於無，否則，一切都將不存在。

自然包括原子①和虛空，沒有第三種自然。事物不是無限可分的，它們都是由不可分的原子所組成。原子是極其微小的，它絕對充實，不存在內部變化，因而是永恆的存在。虛空是原子運

①盧克萊修稱原子為種子、原初物體、本原。

動的場所。宇宙在空間上是無限的，在無限的空間中的原子數目也是無限的。原子雖然沒有內部的變化，但由於自身的重量而運動，也由於來自其他原子的撞擊而運動。原子由於自身的重量而產生的運動是普遍的向下運動，但是當它們透過虛空垂直而下時，在極不確定的時刻和地點會從它們的軌道稍微改變方向，這就引起了原子之間的碰撞。如果沒有這種偶然的偏斜運動，原子就像一場大雨永遠垂直向下，它們相互之間就不會有碰撞，也就沒有由於原子與原子的結合而形成的自然萬物。原子在形狀上是有差別的，不過這種差別不是無限的，否則就會有一些極其巨大的原子；也不是所有不同形狀的原子都可以相互結合，否則就會產生出各式各樣的怪物。事物之間的差別是由原子形狀上的差別所造成的，感覺性狀不過是原子形狀、位置、次序排列的產物，因而真實存在的只有原子。自然是永恆存在的，嚴格說來，不存在事物的產生與消亡，它們只是原子與原子的結合與分離。

在無限的宇宙中，存在著許許多多個世界，但是這些世界在本性上都是相同的，由原子與虛空所組成。宇宙的浩瀚和複雜表明它不是由神所統治的，因為對神來說，宇宙太大了。所有神靈享受著不朽的長壽和最完滿的和平，祂們居住在各個世界之間，過著一種與世界無涉的平靜生活。祂們不會干涉我們的生活，我們也不能以任何方式引起祂們的歡心。盧克萊修不是徹底的無神論者，他批判宗教迷信的目的意在排除神對世界的干涉所引起的敬畏與恐懼，證明自然完全按照自身的規律存在和運動。

在第三卷中，盧克萊修從對自然的說明轉向了對靈魂的考察，他主張不僅自然事物由原子所構成，而且人的心靈與靈魂同樣是由原子構成的，並且針對靈魂不死的觀念提出了二十八個駁

論。盧克萊修在心靈與靈魂之間作出區別，雖然他有時也在相同的意義上使用這兩個概念。心靈是思想的能力，也稱爲理性，它是身體的主要統治者，位於胸膛最中心的地方。靈魂則是生命的原則，散佈於全身，並且與身體的原子混合在一起，是感覺的原因。兩者都是由類似極其精巧的原子所構成的，只不過心靈是純粹的原子，而靈魂則是混合的，它們密不可分，形成一個整體。我們發現，即使身體的大部分都喪失了，而生命仍然存在，但是一旦失去熱和氣的粒子，生命卻會立即死亡，因而作爲生命的靈魂在身體中並不是均匀地分佈著，不同的原子其功用不同，只是那些風、熱和氣的原子負責維持生命，靈魂就是由它們組成的。另外，在心靈中還有一種無名原子，意識就是這種最精緻、最靈活的原子的運動。

在說明了心靈與靈魂的本性之後，盧克萊修著手證明靈魂是有死的。靈魂離開了身體就沒有存在的居所，它與身體一起成長、衰老並隨之一同消散；心靈與其他感官一樣不能無身體而存在；如果靈魂不朽，我們就應該記起過去的生命；如果靈魂是從外面進來的，它就不能和身體有如此密切的聯繫；如果靈魂不朽，當它歷經各種軀體甚至動物的軀體之後，就會有雜亂不一的性格；有死的東西與不朽東西的結合是荒謬的；靈魂沒有滿足不朽的條件。靈魂由原子組成，隨著原子的消散，靈魂將不復存在，意識也停止了。因此死亡對我們來說是不存在的，當我們活著的時候不會感受到死亡的痛若，而當我們死亡之後，我們已經沒有了思想和感覺，對於已經不存在的我們，一切都沒有任何意義。實際上，死後地獄源自對今生今世的罪責的恐懼。

第四卷的主要內容是原子論的感覺理論。由事物表面的原子

運動產生影像，類似從物的外表剝出來的薄膜，它投射出去與我們的視覺相接觸，就形成了相關的感覺，其他感官也是由於類似的投射物的影響而形成感覺的。感覺是一切知識的基礎，生命的唯一指南，感覺從來不會出錯，錯誤出在心靈的推理。懷疑論以感覺的錯誤來否認對事物的認識是荒謬的，因為基於感覺的推理不能駁倒感覺，各種感覺不能彼此互相駁倒，每一種感官也不能對自己定罪。不僅感覺，思想也產生於物的影像，只不過這些影像是由更為精細的原子構成的，它們能夠穿透身體，觸動心靈從而激起它的感覺。我們動作的原因也是如此，當一種動作的影像呈現在心靈之中時，就有一個意志行動發生了，然後心靈推動靈魂原子撞擊身體原子，動作便出現了。

　　《物性論》第五卷的主要內容包括一種宇宙論和關於人類的起源與文明起源的學說，前者在基本方面並未超出前蘇格拉底自然哲學的成就，而後一方面則格外引人注目，它包含著許多與後來近代社會起源論相近的思想。人類最初處在完全的自然狀態，文明起源於火的發現，它使家庭關係得以牢固地建立起來，並且使人類的共同情感得以發展，語言亦隨之誕生。漸漸地那些能力較強、智慧較多的人就教人用火和其他新的發現，帝王開始建立城市，按照各人的美麗、體力和能力分配牲畜和田地。此後，財產出現了，尤其是黃金的發現使一切皆為之改觀，它助長了人們的野心，帝王被打倒，一切陷入混亂之中。於是人們選出了執政官，制定了法律，結束了暴力衝突，使人們有可能過安定的生活。然而隨著冶金術的發現，其他技術的發明，戰爭亦與文明相伴而行。從這些思想中，我們可以看到近代自然狀態說與社會契約論的萌芽。

《物性論》的最後一卷是對雷、電、地震…等自然現象的解釋，最後是修昔底德的伯羅奔尼撒戰爭史中關於「雅典的瘟疫」的描述，全書到此為止，顯然作者並未完成這部著作。《物性論》的每一卷都以對伊比鳩魯的讚頌作為序詩，它的確全面詳盡地闡發了古代原子論的思想，但同時也對之有所完善和發展。這部著作是唯一完整地保存了古代唯物主義原子論的寶貴文獻，因而在哲學史上佔有極其重要的地位。

伏爾泰的 **哲學辭典**

　　伏爾泰原名法蘭西瓦・馬利・阿魯埃（一六九四年～一七七八年），是十八世紀法國啓蒙運動最著名的代表，聲譽極高的哲學家、歷史學家、文學家、戲劇家，反對天主教和批判基督教神學的傑出勇士。他是巴黎一個公證人的兒子，就讀於大路易中學。一七一七年和一七二六年，他兩度被關入巴士底監獄，第二次出獄後前往當時資本主義發達的英國。僑居英國的三年間，伏爾泰結識了許多名流學者，潛心鑽研洛克哲學和牛頓學說，考察英國政體和宗教，民風民俗狀況。一七二九年回國後，他把在英國的所見所聞、所想所感寫成《英國通訊》①，一七三三年在英國出版了英文本，次年法文版問世。書中的進步思想和對法國社會現狀的不滿、批評，引起法國統治當局和天主教會的仇視和恐懼。出版商被捕，書被焚毀，伏爾泰在外地避難達十年之久。一七四四年回到巴黎，任宮廷史官，次年當選爲法蘭西學院院士。

　　一七五〇年應普魯士國王腓特烈二世的邀請，伏爾泰前往柏林，任王室高級侍從。具有民主自由思想的伏爾泰不滿這位所謂「開明君主」的專橫和窮兵黷武，三年後離開柏林，輾轉於史特拉斯堡、科爾馬等地，最後於一七五八年在法國、瑞士交界處的費爾奈村落戶。他的崇高聲望，使費爾奈成爲眾多學者崇拜者的造訪之地，人們稱他爲「費爾奈教長」。

　　十八世紀五十年代，狄德羅等人編撰、出版《百科全書》，伏爾泰予以熱忱支持，撰寫了不少條目。十八世紀六十年代，他爲

---

① 《英國通訊》即《哲學通信》。

恢復被宗教迫害的狂熱犧牲者——新教徒卡拉的名譽，到處奔走呼籲，贏得世人的尊敬。一七七八年初，伏爾泰回到巴黎，三月當選為法蘭西學院院長。他一生著作宏富，在哲學、歷史、小說、戲劇和詩歌等領域都有名留青史的著作。

伏爾泰生活的年代是法國大革命條件日漸成熟的年代。作為第三等級領袖的資產階級，在革命前發動了一場聲勢浩大、波及思想文化領域各方面的啟蒙運動，矛頭直指封建專制制度和天主教教會及神學這兩個當時最大、最主要的反動勢力。反封建反宗教自然也是伏爾泰一生著述的主題。《哲學辭典》的基本內容就表明了這一點。《哲學辭典》最初名為《袖珍哲學辭典》，一七六四年匿名出版，以後又收集了作者為《百科全書》和《法蘭西學院辭典》撰寫的條目，增補了一些條目，成為現書名所含的內容，收入《伏爾泰全集》（初為第一卷，後為第十七～二十卷）。

伏爾泰指出：「這部辭典並非是為人云亦云所寫作的。」也就是說，他「根本不以神學家的身分」來談論包括洗禮在內的宗教問題。他這部辭典內容及觀點的立足點和寫作目的，不是從信仰出發、照搬傳統的，時下流行但實則陳腐的過時內容，即基督教神學的內容，也不是要人們信仰它；而是以理性為原則，闡述、分析、評論它，引導人們正確地認識它，進而從傳統的宗教神學統治下解放出來。伏爾泰對理性的力量充滿信心。作為時代的代言人，他豪邁地向修道院院長、主教們說：「你們曾經利用過無知、迷信和愚昧的時代來剝奪我們的遺產，踐踏我們，用我們的血汗來自肥。理性到來的日子，你們就發抖吧！」面對教會僧侶這個當時被視為「神聖」、「聖徒」的龐然大物，伏爾泰大膽地喊出了「踩死敗類」的名言。

按照伏爾泰的觀點，物質永恆存在，「根本沒有無中生有的事」，這是「自然的各種法則」中的重要法則之一，是世人普遍接受的思想。伏爾泰據此批判了上帝創世說，以諷刺的口吻寫道：「我們今生有幸由於宗教信仰而得知上帝從虛無中引出了物質。」伏爾泰的認識論是唯物主義的感覺論。既然無不能生有，那人的心靈也就不可能先天而主觀地產生出關於外界事物的觀念。「人心裡根本沒有天賦觀念，一切觀念都是我們後天獲得的。」「形而上學式的概念，都從感覺而來：因為我們若是未曾見過或摸過一個圓圈或是一個三角，又怎麼會度量它們呢？」感覺包含著人的各種能力，倘若一個人沒有五官感覺，他縱然能活著，但絕不會有任何觀念。

　　基於感覺論，伏爾泰認為神的觀念也不是人天生就有的，神的觀念是怎麼來的呢？在伏爾泰看來，這是人類用類比從事推理造成的。最初神的觀念是從野蠻人「心中隨年齡的增長而發展起來的那種感覺和自然邏輯而來的。人們看見大自然的驚人效果，豐收和荒年，晴空萬里和暴風驟雨的日子，好事和災難，人們便感到必有一位主宰」。每一個小小的社會都有自己的神，這是眾多的神存在，即多神教存在的時期。在以後的發展中，由於大國的教士、占星術士、哲學家等「有閒人士從事思考」，「把他們的理性向前推進」，於是便有了「一位獨一無二，無所不包的神」，繼而有了以神為中心的宗教等其他內容。

　　作為反宗教的旗手，伏爾泰無情地揭露、抨擊教會和僧侶的腐敗和惡行，以及宗教狂熱造成的惡果。《新約》告誡信徒「不要在人世間為自己積攢財富」。可是教會從三世紀末葉起，就擁有大量的不動產，並且為主教們所獨佔。甚至在法國和德國的許多

省份，修士擁有農奴和奴隸，有人身奴役、財產奴役以及兩者具備的奴役。這人身和財產同時擁有的奴役，「是貪得無厭的慾望所能想得出的極端可憎、連強盜也不敢想像的事」。教會爲了維繫信徒的信仰和宗教的權威，對所謂侮辱神明的人處以種種刑罰，而刑罰往往又是武斷而令人難以置信的。這明顯地表現在對異教徒、異端的迫害狂熱上。聖巴托羅繆之夜慘案、愛爾蘭大屠殺都是可怕的暴行。尤其是前者，它是「宗教狂熱最大的事例」，「這種罪行的原因在於狂熱的信仰；但其結果是非常可憎的；其起因是災難性的；這種暴亂令人膽戰心寒。」

伏爾泰說，時下人們把宗教狂熱理解爲「一種陰暗而殘酷的宗教瘋狂」，「瘋狂就是思想和行爲錯綜凌亂、沒有條理」。宗教狂熱源於迷信，是一種可怕的心靈傳染病，它驅使感情易激動的宗教狂熱信徒去「參加主的戰鬥」，爲了「取悅上帝而去殺人」，而狂熱信徒中的那些狐狸、騙子則唯恐天下不亂，到處煽風點火，把匕首遞到狂熱信徒手裡。作爲一位啓蒙思想家，伏爾泰認爲，治療宗教狂熱這種傳染病，只能靠哲學精神的傳播，亦即進行理性啓蒙。

伏爾泰雖然猛烈批判宗教及神學，但他並不是無神論者，而是自然神論者。他承認上帝存在，但上帝並不干涉自然、社會的事物，上帝並沒有說一個人只能活到八十歲，也沒有說它願意世上有很多的王國，可是卻沒有一個共和國。他以讚美的語氣寫道：「從來也沒有人看到自然神論者在什麼國家搞過陰謀活動。」他的自然神論是不公開的唯物論，是無神論的盟友。他大膽地指出，「與其被人以他們所敬奉的上帝的名義殺害，倒不如乾脆做個無神論者而活著」。針對盧梭的無神論者的社會不能存在的論

點，伏爾泰說：「那些主張一個無神論者的社會可以存在的人倒是不無理由的，因爲社會是由法律組成的，而這些無神論者又都是哲學家，在法律保護之下，可以過一種賢明而幸福的生活。」作爲改革者的思想代言人，伏爾泰把哲學家列入「超越人民之上的」社團，而人民大眾「根本不是哲學家」。「在任何國家，人民都需要較大的約束，而培爾倘若只有五、六百農民要治理，他必然會向農民宣傳有一位有賞有罰的上帝。」同任何人一樣，伏爾泰的思想有著時代的烙印。

《袖珍哲學辭典》出版後，廣爲流傳，人們隨身攜帶，隨時閱讀，這對當時人們的思想產生了重大影響。就是在當今，這一著作的思想內容也還是對人有所啓發的。

休謨的 人性論

　　《人性論》是十八世紀英國哲學家大衛·休謨（一七一一年～一七七六年）的主要著作。休謨出生於蘇格蘭愛丁堡一個沒落貴族家庭，十二歲入愛丁堡大學學習法律，因家境貧寒中途輟學，在自學中對哲學產生濃厚興趣，二十一歲開始撰寫他的第一部重要哲學著作──《人性論》。一七三九年出版第一卷，一七四〇年出版第二、三卷。休謨對此書期望甚高，但未受到人們重視，以致於他沮喪地說，這本書從機器一生下來就夭折了。經過反省，他認爲問題出在闡述方式上，遂於一七四八年和一七五一年將該書的第一卷和第三卷改寫成兩本小書，即《人類理智研究》和《道德原則研究》，出版後獲得成功。

　　一七五二年休謨成爲愛丁堡蘇格蘭律師協會圖書館館長，寫作出版了多卷本《英國史》，生前他在英國主要以歷史學家著稱。由於他本身的懷疑論觀點，羅馬教會於一七六一年將其著作列爲禁書。一七六三年起，休謨在擔任英國駐法使館秘書期間，與法國啓蒙思想家盧梭、霍爾巴赫、愛爾維修和狄德羅等人交往密切。一七七六年休謨逝世後，亞當·史密斯受託於一七七九年出版他的《自然宗教對話錄》。作爲近代英國經驗論最後一位主要代表，休謨從洛克經驗論出發，深受巴克萊的唯心論、古希臘懷疑論、培爾的懷疑論和牛頓的科學方法論的影響，將經驗主義原則貫徹到底，形成獨特的懷疑論體系。

　　《人性論》一書包括引論、第一卷「論知性」、第二卷「論情感」和第三卷「論道德」，其副標題爲「在精神科學中採用實驗推理方法的一個嘗試」。休謨認爲，與已經相當完備的自然哲學相

比，關於人的精神哲學雖然發展緩慢但卻更爲重要，因爲一切科學歸根到底都與人性有關，而哲學的紛爭根本上就在於對人性缺乏科學的認識。在他看來，這門精神哲學與自然哲學一樣必須建立在經驗與觀察之上，作爲其基礎與核心的「人性」應包括知性和情感兩大主要部分。因此，休謨對自己提出的任務就是運用實驗推理的方法來剖析人性，以便建立一門「人的科學」。

《人性論》首先討論知性。休謨將認識的基本要素稱爲「知覺」。心靈的全部知覺都是雙重的，分爲印象和觀念兩大類，兩者的區別在於刺激心靈進入意識時，強烈與生動的程度。印象是進入心靈時最強烈生動的那些知覺，包括初次出現於心靈中的一切感覺、情感和情緒。觀念則是印象在思維和推理中的微弱意象，它是印象的摹本。知覺還可以區分爲簡單知覺和複合知覺，一切簡單觀念與簡單印象是相互類似的，複合觀念雖然未必與複合印象相似，但是它的構成要素都是由簡單印象來的，例如在印象中不存在而在想像中出現的「飛馬」乃由「飛」和「馬」這些印象組合而成。因此人性科學的第一條原則就是印象先於觀念，一切觀念起源於經驗，不存在先天的觀念。至於源於感官的印象從何而來，則是人類理性所不能解決的問題，因爲我們無法超越感覺這一認識的界線對此作出說明。所以對認識而言，眞正有意義的工作是說明形成觀念之間關係的秩序和原則。

心靈對於由印象而來的觀念有兩種能力，即記憶和想像。記憶複現印象並以精確的次序保存觀念，想像則可以自由地安排觀念，想像自由就是人性科學的第二條原則。不過，想像對觀念的聯結並非毫無秩序，它受一些普遍原則所支配，這就是類似、時空接近和因果關係。由此而形成的觀念之間的關係可以分爲兩

類：一類完全決定於我們所比較的各個觀念，如我們從一個三角形的觀念發現它的三個角等於兩個直角這樣一種關係，只要我們的觀念不變，這種關係也不會變；另一類是可以不經過觀念的任何變化而變化的，例如原因和結果顯然是我們從經驗中得來的關係，不是由任何抽象的推理得來的關係。前者只涉及觀念之間的關係，只要它符合觀念聯結的原則，由此形成的知識如數學，不過它的內容極其有限。後者主要是因果關係似乎能夠推溯到我們感官以外，並把我們看不見、觸不到的存在和物件報告給我們，它構成了知識大部分的內容，即關於外部世界的知識基礎。

在人們看來，建立在因果關係之上的知識亦有確定性，因為因與果之間有某種必然的聯繫，然而休謨卻對此提出了疑問。顯然，我們關於因果關係的信念建立在原因與結果之間有某種恆常結合，即必然聯繫之上，這種必然聯繫不可能源於理性，而只能來自經驗，但是經驗所提供給我們的不過是一些特定的物件，在過去的一切例證中是經常結合在一起的，它既不能告訴我們為什麼會經常結合在一起，這超出了它的界限，是它無法回答的問題；也不能告訴我們它們將來亦必然如此。因為經驗僅對過去已經驗過的東西有效，太陽過去每天都升起並不表明它明天一定會升起。實際上就我們所知，因果觀念乃源於「習慣」。由於多次經驗到兩個事件的經常結合，當我們知覺其中一個事物時，習慣便驅使我們聯想起另一個事件。所以，我們關於外部世界的知識只能是或然的推理。

在休謨看來，雖然我們無法確知感覺的來源、實體和上帝的存在以及因果必然性的真實原因，但這並不意味著我們必然走向徹底的懷疑論。他對這些問題的置疑其目的只是免除那些與此相

關的問題，從而將認識限制在我們能夠解決的問題之上。由此，休謨將他的懷疑論稱為「溫和的懷疑論」。

《人性論》第二卷討論情感。知覺分為印象與觀念，而印象又可以分為原始的和次生的兩種，這就是感覺和反省。前者包括全部感覺印象和一切苦樂感覺，後者則包括情感和類似情感的其他情緒。反省印象還可以區分為平靜和猛烈的，對於行為、著作和外部物件的美和醜所有的感覺屬於第一種，愛和恨、悲傷和喜悅、驕傲與謙卑…等情感屬於第二種。休謨在這一卷中主要探討了那些猛烈的情感本質、來源、原因和結果，他以情感先於觀念的原則為倫理學奠定了基礎。

《人性論》第三卷討論道德的問題。休謨將他的認識論和情感論應用於倫理學，並且認為關於道德的推理將證實關於知性和情感的論述。心靈除了知覺沒有別的東西，關於善惡的判斷也是知覺，因而倫理學是一門行為科學，必須建立在經驗與觀察的基礎上。習慣性的聯想不僅使我們相信自然有因果關係，同樣使我們相信人類行為也有因果關係，相似的原因產生相似的結果，這個原則對兩類事件都成立。真正說來，道德的區別不是從理性而來的，因為理性的作用在於發現真偽，而我們的情感、意志和行為沒有真偽之別，它無所謂違反或是符合理性。道德不如說是被人感覺到的而不是被人判斷出來的。既然道德的區別不在於觀念，那就一定源於印象，即源於我們的道德感。因而理性也不構成與情感的對立關係，並且也應是情感的奴隸，除了服從和服務於情感外，再也沒有其他功用。

情感的主要內容是苦樂的感覺，一切道德都是建立在這些特殊的感覺基礎上。德的本質就在於產生快樂，惡的本質就在於使

人痛苦。德與惡是被我們單純地觀察和思維任何行為、情緒或品格時所引起的快樂和痛苦所區別的。休謨一方面堅持道德情感主義而反對道德理性主義；另一方面亦力圖使其功利主義觀點不至於陷入自私的褊狹性，由此他將「同情」看作道德的重要原則。同情是心靈的交感、情緒和情感的傳達，是觀念到印象的轉化，它能夠使人超出自我，對他人的利益乃至公共福利產生關切的情感，因而是德性的重要來源和社會生活的基礎。據說《人性論》第三卷是最先寫成的，這表明休謨的倫理觀點對其哲學思想的形成具有重要意義，同時也說明了他的道德學說遠不如知性學說那樣系統精緻的原因。

休謨的《人性論》尤其是其中關於知性的學說在哲學史上產生了深遠的影響，他的因果學說及其對歸納問題的闡述至今仍是人們討論的課題，而他的懷疑論不僅使宗教，也使唯理論甚至經驗論陷入了困境。在近代英國經驗論者中，休謨最徹底地貫徹了經驗主義基本原則，也正因為徹底，從而最充分地曝露了經驗主義的侷限性。

狄德羅的 百科全書

　　十七、十八這兩個世紀，在人類文化思想史上，可以稱得上是個以歐洲爲中心的雨驟風狂的時代。經過文藝復興長期醞釀之後，以培根爲代表的科學革命，首先改變了自古以來人對自然的認識和與自然的關係；隨之而來的啓蒙運動，則把這種認識原則進一步推向對人類社會及其精神世界的觀察和理解，從而使人類對其自身的認識也開始具備某種科學意義。十八世紀，主要是在法國，那批眞誠地信仰、宣傳並努力實踐這種原則，當時被稱爲「文人」或「哲人」的知識份子們，是這場洶湧的思想解放運動的主將。

　　那是個群星燦爛的時代，幾個世紀後人們仍在仰望的啓蒙思想大師們──盧梭、伏爾泰、孟德斯鳩、霍爾巴赫、愛爾維修、狄德羅…等，竟然都生活在同一時期、同一國度中，而每個人都曾在各自的領域裡爲人類留下不朽的精神遺產。然而，從觀念形態上說，啓蒙運動卻遠非單一的思潮：政治上既有人主張開明專制，也有人擁護共和主義；哲學上既有自然神論者如伏爾泰和盧梭，也有狄德羅、霍爾巴赫和愛爾維修那樣的唯物主義者。他們所共同反對的，主要是封建等級專制制度和禁錮人們自由思想、阻止科學進步的反動教會和經院哲學。也許可以說，出於某種偶然，他們之間思想上的共同性和僅有的「組織聯繫」，竟是透過一部書來體現的，那就是狄德羅主編的《百科全書》。由於他們絕大多數都曾應狄德羅之請爲這部書撰寫過條目，或同情並積極支持過《百科全書》的事業，以致《百科全書》不期而然地竟成了啓蒙運動的一面旗幟，而「百科全書派」也就成了後人賦予這批思

想家的一個共同的光榮稱呼。如今人們提到狄德羅的《百科全書》，多已不注意於書的本身，而在它所代表的那個思潮了。

　　丹尼·狄德羅（一七一三年～一七八四年）出身工匠家庭。還在求學時代就深受培根的影響，並結識了盧梭等啓蒙學者，有了比較激進的啓蒙思想，發表過具有唯物主義觀點的哲學論文，因此很早就受到法國政府和反動教會的敵視。而立之年，因爲翻譯和哲學論述方面的才能，和另一位傑出的年輕學者、數學家達朗貝爾（一七一七年～一七八三年）一起，被出版商布列頓聘爲策劃中的一部百科全書的正、副主編。歷史表明，布列頓的選擇意義深遠，但這並非他的初衷。狄德羅和他的同事並不是這個平庸的出版商所想找的那種編輯，出版商原本不過準備編譯一本能賣錢的普通工具書罷了。狄德羅等接手編輯部不久，就徹底改變了原書的編輯方針和計畫，廣邀志同道合的啓蒙思想家們撰寫條目，把這部原定的工具書編成了一部透過百科的形式來廣泛闡揚啓蒙思想、抨擊經院哲學的戰鬥文集。

　　在大革命前的法國，這樣一部標新立異、富於革命精神的作品及其編者的命運可想而知。編輯工作剛剛開始，狄德羅就因發表了宣揚唯物觀點、反對唯心的先驗論的文章《論盲人》，觸犯了教會的權威，竟被關入監獄，後來由於學術、思想界許多名人的抗議、呼籲，才被釋放。《百科全書》在一七五一年出版了第一卷後，又立刻遭到反動教會的圍攻、詆毀。後面幾卷陸續出版後，《百科全書》的造反精神表現得越來越明顯，反動教會和政府對它的圍剿也日甚一日，不僅對書的內容強行審查，甚至還下令當眾焚毀某些條目，甚至禁止繼續出版發行。面對這樣的政治壓力，狄德羅堅持編輯出版下去，其中許多卷還是秘密印刷的。

在整個編輯過程中，對狄德羅最大的兩次打擊不是來自反動的法國政府和教會，而是編輯部內部。一七五七年，《百科全書》第七卷出版，其中達朗貝爾寫的《日內瓦》一條，公開抨擊了日內瓦當時的封建統治者和教會，嘲笑了後者的無知與保守。這不僅遭到日內瓦反動教會的強烈「抗議」，而且還意外地惹惱了原籍日內瓦的盧梭。這位也曾為《百科全書》撰寫過許多重要條目、《論人間不平等的起源和基礎》及《社會契約論》等鉅著的作者，竟然為此和狄德羅吵翻了臉，並從此斷絕和《百科全書》的關係。此後不久，狄德羅又從「背後」遭到了一次更嚴重的傷害：他在偶然中發現，出版商布列頓因為害怕當局追究，竟背著他，在付印前將已經他審定的條目稿中，許多被當局認為「不妥」的部分偷偷刪除，而且藏匿了原稿，以致他一時甚至無法核查究竟有哪些內容被刪去了（曾有現代學者對此作過專門研究，並根據有關史料恢復了部分被刪文字）。這種近乎背叛的行為使狄德羅極度憤怒和失望，幾乎喪失了堅持下去的勇氣，但布列頓的擔心也並非沒有道理。一七六六年，狄德羅還是因為《百科全書》而被抓進了巴士底監獄。

從一七五一年到一七六五年，狄德羅、達朗貝爾及其戰友們歷盡艱辛，幾致傾家蕩產，終於出齊了《百科全書》的正文十七卷，另圖版五卷；一七七二年，又出完了其餘六卷圖版。這樣，直接由狄德羅編輯的全書共二十八卷全部完成。到一七八〇年，由別人主持的《補編》四卷、圖版一卷和索引二卷相繼出版，使整部《百科全書》篇幅達到三十五卷。歷時近三十年才編成的這部百科，是當時歐洲第一鉅著，也耗盡了編者的心血。

關於《百科全書》的宗旨，狄德羅自己寫道：「…收集散見

於世界各地的所有知識，將它們的基本線索和結構表述給我們的同時代人，並傳遞給後代⋯這樣我們的兒孫們，由於受過更多的教育，也就可以變得更加善良和幸福，而我們⋯也就無愧於人類了。」事實上，「百科全書派」是要透過這部書來對整個中世紀意識形態進行一次徹底的「大掃除」，立志在知識、自然、理性和生活觀⋯等領域，全面革新人們的思維模式。這正是萌發中的新型生產力，和代表它的資產階級在觀念形態方面的自然表現和要求。

這種全面革新的第一個重點，就是與歐洲中世紀神學統治決裂，打破以神啓來解釋世界的那種封閉思想體系，代之以理性、實驗、科學的思維方式。儘管「百科全書派」中還有許多人是宗教信仰者，有一些則是自然神論者，但在對自然的觀察和解釋方面，他們都已自覺地擺脫了神學的羈絆。這不僅體現於《百科全書》大量有關哲學的條目（其中有相當數量是狄德羅和達朗貝爾親自撰寫的），而且還表述在自然、醫學等方面的條目中。其中有些條目的作者身分竟是神父甚至修道院院長（如普呂赫），這也充分說明，這場思想革命的深度和廣度已經突破了原來的社會壁壘。《百科全書》中還有相當數量的「小」條目，對宗教迷信和各種教會陋習極盡揭露、揶揄、挖苦之能事，因此也是投向反動教會的一把匕首。

革新的另一個重要方面是政治的。「百科全書派」既然都是封建專制等級制的批判者，當然也都是公民自由、平等權利的熱烈宣傳者。他們鼓吹把人從封建等級制和神權統治下解放出來，要賦予「所有的人」以平等的政治和社會權利，在封建專制和教會統治面前，他們要恢復「人」的尊嚴。《百科全書》中許多這

方面的條目都出自盧梭、伏爾泰、孟德斯鳩、霍爾巴赫和狄德羅這些民主主義偉大先哲之手，在這方面的作用是非常巨大的，以致恩格斯認為在法國大革命中，《百科全書》「給了共和黨人和恐怖主義者一面理論旗幟，並為《人權宣言》提供了腳本」。

針對中世紀神學宿命論和基督教的「原罪」意識，建立一種樂觀進取的新型人生觀，也成了這場觀念變革的一個顯著特點。在這方面，狄德羅本人曾撰寫過如《享受》這樣的條目，公開地讚美性愛給人帶來的歡愉，為人追求快樂和肉體享受作辯護。這充分體現了資產階級的生活態度，是對於中世紀教會的禁慾主義（往往也是虛偽的）和對人性的種種禁錮的直接挑戰。《百科全書》另一個重要特點，是對當時尚處在萌芽狀態中新的生產力，包括工具和方法給予極大的關注。在這方面，狄德羅本人的貢獻尤其重要。他為了在百科中更準確地介紹和描述手工工廠中某些新的工藝和工具，甚至親自到工廠中向工匠們請教，有時還親自操作。《百科全書》大量精美的圖版，大部分就是用來圖解這些工藝和工具的。這也充分表明新興資產階級對於發展生產力的高度重視，也可以說是近代工程學的先聲。

《百科全書》是許多人的共同創作，而這些人在許多問題上的觀點又並非一致。因此，它不是對某一種特定的哲學、政治或社會觀點的嚴密而系統的闡述，而只是綜合地反映了當時的一個龐大而又多元的社會思潮。其意義也許並不表現為對哪一種具體理論或專門事物的介紹，而是在思想領域打破禁區，開闢了道路。這就是為什麼它被稱為「啟蒙」的根本原因。啟蒙，顧名思義，就是啟迪蒙昧，特別是康德所謂的「自己對自己造成的」蒙昧。按這位大師的說法，這後一種蒙昧的主要特徵，就是不敢用自己

的腦袋來思想。而《百科全書》的主要歷史功績之一，就是在十八世紀中葉，革命前的法國那樣，在一種壓抑的氣氛中，公然打破這種由反動政治及精神統治者刻意造成的蒙昧狀態，號召並教給人們應怎樣用自己的頭腦來思考！

康德的 未來形而上學導論

　　《未來形而上學導論》是十八世紀德國哲學家康德（一七二四年～一八○四年）的哲學著作。康德是德國古典哲學的開創者和奠基者，雖然他一生未踏出家鄉哥尼斯堡，過著典型的書齋學者的生活，但其哲學思想對世界的深刻影響非同尋常，至今無法估量。人們一般將康德的哲學思想劃分為前批判時期與批判時期。早年他屬於萊布尼茨─沃爾夫唯理論學派，後來在休謨、盧梭等人的影響下，經過長時間的哲學思考，他揚棄了經驗論與唯理論的片面性，以《純粹理性批判》、《實踐理性批判》、《判斷力批判》等一系列著作，建立了獨具特色的批判哲學，不僅直接導致了德國古典哲學的產生，而且對西方哲學也產生了廣泛深遠的影響。

　　《未來形而上學導論》一書是《純粹理性批判》的縮寫本，全稱《任何一種能夠作為科學出現的未來形而上學導論》，一七八三年在里加出版。一七八一年，康德十二年的思考卻在四、五個月中完成的《純粹理性批判》終於出版了。學術界在相當長的時間內對該書保持沉默，直到八個月後，一七八二年一月才在《哥廷根學報》上匿名發表了第一篇書評。它指責康德著作使用的語言過於晦澀難懂，而實際上告訴人們的不過是一眼就能看到的東西，並且視康德為休謨式的巴克萊主義者。對於學術界的沉默，康德有心理準備，他很清楚他的工作是在為哲學開闢新的方向，理解它是需要時間的，但他不能容忍對他的誤解。這篇書評的出現促使康德下決心寫一部《純粹理性批判》的「簡明本」以消除人們的誤解，《未來形而上學導論》就這樣誕生了。在康德的所

有著作中，這本書是最簡明、最有條理也是最通俗易懂的。康德自認他在此書中已經儘量做到了通俗明晰，在他看來，如果有誰對此還感到晦澀難懂的話，那麼請他考慮一下，並不是每個人都非研究形而上學不可。不過，《未來形而上學導論》的簡明性既是它的優點，也是它的缺點，由於它省去了大量深入詳盡的論證與說明，因而要想真正理解康德的哲學思想，還是必須讀《純粹理性批判》。

從書名上可以看到，《未來形而上學導論》要解決的問題乃是形而上學的問題。在康德的時代，存在了二千多年的形而上學已經到了名存實亡的地步，於是康德主張應該把形而上學事業放一旁，先來問問它是不是可能的。形而上學一向以科學自居或企圖成為科學，對於一般科學知識的說明顯然有助於我們解決它的問題。我們有普遍必然的科學知識如歐幾里德的幾何學和牛頓力學，它表明我們能夠「先天地」，亦即普遍必然地認識物件，然而沿著知識必須符合物件這一傳統的思路，無法說明科學知識的普遍必然性。因而康德嘗試將知識與物件的關係顛倒過來，主張不是知識必須符合物件，而是物件必須符合知識，即必須符合主體的認識形式。這就使我們證明了科學知識的普遍必然性：事物刺激我們的感官提供了知識所必需的質料，而主體的先天認識形式則加工整理經驗材料形成知識，認識形式的先天性就保證了知識的普遍必然性。但是這也使事物劃分為對我們的顯現和事物自身兩個方面，對於前者我們可以形成科學知識，後者則是不可知的領域。由於以往的形而上學以不可認識的超驗物件為認識物件，當然是不可能的，但這並不意味著形而上學本身不可能。現象與物件的劃分表明在受認識形式限制的經驗現象之外，有一個無限

的自由領域，這就為形而上學提供了可能性。康德批判理性的目的就是試圖透過先驗哲學對知識的限制，將形而上學「導」向新的方向上去。

《未來形而上學導論》包括導言、前言、正文和附錄。如果形而上學是科學，它就必須符合一般科學知識的條件，因而在前言中，康德首先確立了衡量一門知識是否科學的標準。科學知識只能是由既擴展知識的內容又具有普遍必然性形式的「先天綜合判斷」所構成的知識。這樣，康德就提出了「先天綜合判斷是如何成為可能的」問題，並且把這個問題具體分為「純粹數學是如何成為可能的」、「純粹自然科學是如何成為可能的」和「一般形而上學是如何成為可能的」三個問題。

第一篇「純粹數學是如何成為可能的」相當於《純粹理性批判》中的「先驗感性論」。在康德看來，數學是先天綜合知識，它必須依據直觀而且是先天的直觀。那麼，對於物件的直觀如何能夠先於物件而存在？當我們將直觀中的經驗因素抽去之後，所剩下的就是純直觀，即直觀的形式，這就是空間與時間。空間與時間不是事物自身的存在方式，而是主體的先天直觀形式。唯其如此，我們才能說明數學知識的普遍必然性。由於空間與時間只是先天直觀形式，所以我們雖然可以認識透過它們而獲得的雜多表像，但不能認識事物自身。

第二篇「純粹自然科學是如何成為可能的」相當於《純粹理性批判》中的「先驗分析論」。康德首先討論了自然概念。作為自然科學之對象的自然並非意指自然本身，而是一切可能經驗的總和，它當然服從經驗的法則，亦即知性的先天認識形式。感性直觀的作用是為知識提供雜多表像，亦即質料。知性概念的作用則

是綜合統一這些雜多表像，賦予質料形式，從而形成先天綜合知識。知性的先天認識形式是「範疇」。形式邏輯的判斷表自從亞里斯多德以來已經相當完備了，然而它只能分析已有的知識，卻不能獲得新的知識，顯然在這些判斷的背後必然有某種先天的要素對雜多質料進行綜合統一而形成新的知識，這種先天的要素就是知性純概念或「範疇」。相應於量、質、關係、樣式四組十二種判斷形式，我們不多不少亦有四組十二個範疇。由於離開了範疇的綜合統一功能，雜多就永遠是雜多而無法形成經驗物件，因而範疇乃是經驗物件之所以成立的先天條件，這就說明了為什麼主觀的概念對經驗具有客觀有效性，於是我們便達到了先驗哲學的最高成果：知性為自然立法。不過，這個最高成果也是對知性的限制，因為知性範疇作為經驗的法則僅在經驗範圍內有效，所以我們在這個範圍內，雖然可以有普遍必然的科學知識，但是它畢竟只是關於現象的知識，在這個範圍之外的物資本身則是不可知的領域。

第三篇「一般形而上學是如何成為可能的」相當於《純粹理性批判》中的「先驗辯證論」。康德考察數學和自然科學的目的乃在於解決形而上學問題。感性直觀與知性範疇相結合，形成了先天綜合判斷，然而知識還需要調整成完整系統的體系，這就需要理性的作用。知性是判斷的功能，理性則是推理的功能，其先天形式就是「理念」。既然有三種推理形式，那麼就有三個理念，亦即靈魂理念、世界理念和上帝理念。理念與範疇不同，它不是認識工具而只是調整知識的原則，因而僅與知識相關而對經驗無效。但是理性不滿只作為調整知識的原則，而企圖把它們當作現實物件來認識，當它這樣做的時候並沒有別的認識工具，這樣一

來，就迫使僅在經驗範圍內有效的範疇作超驗的使用，從而陷入了理性辯證法。由此康德就揭示了以往形而上學爲什麼是不可能的原因。

康德在《未來形而上學導論》中以先驗論的方式證明了數學與自然科學的可能性以及以往形而上學的不可能性，然而這並不意味著形而上學本身是不可能的，我們可以透過限制知識的方式將形而上學引向一條嶄新的道路。在最後「總問題的解決」中，康德指出，人類一勞永逸地放棄形而上學研究是一種因噎廢食的辦法，實不足取。對於形而上學，我們應該放棄使之成爲理論知識而採取合理的信仰，也許它比知識更爲有益。這也是構成《實踐理性批判》的主題。

黑格爾的 精神現象學

　　《精神現象學》是十九世紀德國哲學家黑格爾（一七七○年～一八三一年）的哲學著作。黑格爾出生於德國符騰堡的首府斯圖加特，一七八八年進入圖賓根神學院學習，與後來的哲學家謝林和詩人荷爾德林結為好友，畢業後做家庭教師。在哲學上他最初追隨謝林，一八○一年在耶拿與謝林創辦《哲學評論》雜誌，並任教於耶拿大學。一八○五年冬開始撰寫《精神現象學》，隔年十月於耶拿戰役前夕匆匆完稿，一八○七年四月出版，這部著作標明著黑格爾脫離了謝林而形成自己的哲學思想。黑格爾於一八○八年任紐倫堡中學校長，撰寫《邏輯學》，分三卷於一八一二～一八一六年出版。一八一六年任海德堡大學教授，一八一七年出版《哲學全書綱要》，其哲學體系至此基本完成。自一八一八年起，黑格爾擔任柏林大學教授，一八二一年出版《法哲學原理》，一八二九年被選為柏林大學校長，一八三一年因病逝世。此後，他的學生將其講課手稿和學生筆記整理出版，包括《歷史哲學講演錄》、《美學講演錄》、《宗教哲學講演錄》和《哲學史講演錄》等。黑格爾是德國古典哲學乃至西方哲學的集大成者，他建立有史以來最龐大的客觀唯心主義哲學體系，終於使傳統形而上學成為「科學」的夢想變成了現實，亦代表著它的終結，其深刻的哲學思想和思辨的辯證方法對後世產生了深遠的影響。

　　《精神現象學》為黑格爾第一部成熟的哲學著作，被認為是其著作中甚至哲學史上最富獨創性、極具魅力且至為艱深的著作。這部鉅著的主題是「一般科學或知識的形成過程」，它描述了人類精神在其內在的必然性推動下經過長期艱苦的矛盾運動，從最初

的精神現象，即感覺知識最終達到「絕對知識」的過程。在黑格爾看來，人類精神乃絕對精神的現實存在，它「履行著絕對的生活」，因而人類精神認識絕對的過程，亦即絕對自己使自己成為精神，自己認識自己的自我運動。作為黑格爾立志「讓哲學說德語」的第一個豐碩成果，這部著作尚未完全被思辨哲學的體系與結構所限制，將抽象晦澀的思辨語言與生動的藝術形象奇特地融為一體，幾乎將人類思想的所有領域和人類歷史的各個階段統統納入其中，為人類精神的「探險旅行」譜寫了一曲悲壯的英雄史詩。人們經常把《精神現象學》與歌德的《浮世德》相提並論，並且稱之為精神的「奧德賽」。

　　《精神現象學》在黑格爾哲學體系中的地位極為獨特。此書初版時曾標明為「科學體系的第一部分」，或是「這條到達科學的道路本身已經是科學」。然而當其哲學體系完成之後，黑格爾不再視之為體系的第一部分，而只稱之為體系的「導言」。由於種種原因，這部著作的前半部比較清晰規整，後半部在論述上則顯得不夠充分，比較晦澀難解。儘管如此，《精神現象學》一書基本上是一氣呵成的，黑格爾就像是人類精神的代表，被某種內在的原因推動著前進而一發不可收拾，結果使許多後來在他看來本應在體系的其他部分，如「精神哲學」中詳述的內容提前呈現給了讀者。一八三一年黑格爾開始修訂這部著作，但僅訂正了三十多頁就因病去世了。

　　黑格爾完成《精神現象學》之後，似乎擔心讀者迷失於豐富的內容而不得要領，抑或感到言猶未盡，因而為本書寫了一篇概述其哲學基本原則的「序言」。實際上，這篇序言不僅是本書的序言，也可看作是黑格爾哲學的序言，對於想理解黑格爾的讀者來

說，它是不可不讀的重要文獻。在此，黑格爾提出了著名的「實體即主體」原則，並闡述了他的辯證方法。在他看來，宇宙之真實的存在既非斯賓諾莎的僵死而無生氣的實體，亦非康德、費希特的純粹主觀性，更不是謝林的絕對無差別狀態，而是「活的實體」。換言之，實體是能動的，它自我分化而自我運動，並且在辯證的矛盾運動中完成其自身。所以，真理是「全體」，它是一個以終點為目的，直到終點才成為現實，同時將其所經歷的一切發展階段保存於自身之中的「圓圈」。也就是說，絕對唯有經過自身的矛盾運動而自覺其為精神，才真正為絕對。

與序言相比，本書的「導論」或許更貼近它的主題，它表明本書原初的意圖是批判康德的不可知論，說明科學知識的形成過程。黑格爾有意將康德對理性的批判改造成理性（意識）的自我批判，即自身的辯證運動，從而把康德對認識之靜態的結構分析闡述為動態的發展過程。由於在意識中存在著知識與對象的差別和矛盾，認識不是一次完成的，而是一個過程，因而在認識的辯證運動中，自在之物終將轉化為意識之物，本質不在現象之外，卻正好就在現象之中。

第一部分「意識」分為三個階段。「感性確定性」自以為其真理是「這一個」個別的東西，然而它最終發現個別性消失了，留存下來的是共同性。「知覺」將單一與普遍結合起來，把物件區別為獨立自存的物，和它所具有的非獨立的特質，「知體」必須從「精神」進展到「宗教」。

第五部分「宗教」分為三個階段，這就是把無限當作物來膜拜的「自然宗教」，把無限看作人的創造，即藝術品的「藝術宗教」和透過耶穌基督化成肉身，上帝化身為人的方式，使人的精神與

絕對統一起來的「天啓宗教」，即基督教。然而，宗教畢竟是以表像把握無限的方式，而表達無限最恰當的方式是概念。

第六部分「絕對知識」即以概念把握無限的最高方式，這就是哲學。哲學是人類精神發展的最高形態，是探險旅行的最後目的地。宗教在時間上比哲學更早表達了絕對精神，但是唯有哲學才是絕對精神關於它自身的眞知識。黑格爾在此簡單回顧了人類精神前此所走過的道路，並且將眞正以概念爲物件單純闡發本質形態確定爲《邏輯學》的工作。

《精神現象學》以恢弘的氣勢、精闢的分析和深刻的見解展現了人類精神所走過艱難曲折的思想歷程。黑格爾在這部著作中確立了其哲學的基本原則，制定了思辨的辯證方法，展示了其哲學體系的雛形，闡述了絕對在人類精神發展史中自我生成的過程。因而馬克思稱之爲「黑格爾哲學的眞正起源和秘密」，並且把它的最後成果表述爲「作爲推動原則和創造原則的否定性辯證法」。經過了相當長的沉寂之後，黑格爾在十九世紀的復興正是從《精神現象學》這部著作重現光明而開始的。

叔本華的 作爲表像和意志的世界

亞瑟・叔本華（一七八八年～一八六〇年）是十九世紀德國唯心主義哲學家，唯意志論的主要代表。他出生於但澤①的富商家庭，就讀於戈塔、威瑪文科中學。二十一歲時進哥廷根大學，初學醫學，後在康德主義者舒爾策的指導下研讀柏拉圖和康德著作，一八一一年轉入柏林大學，聆聽過費希特和施賴爾馬赫的講課。他在接受西方哲學薰陶的同時，也鑽研印度哲學和佛學。一八一三年在威瑪寫成博士論文《論充足理由的四重根》。他的主要著作《作爲表像和意志的世界》於一八一九年出版，次年獲得柏林大學任教資格。他選擇授課的時間也是黑格爾講課的時間，藉以與其爭奪聽眾，決一高低。結果非但未使他如願，反而使他十分難堪。黑格爾的課堂聽者眾多，而他這邊的聽眾竟未超過三人，他的課不得不取消。叔本華於一八二二年再次出遊義大利等地，次年回國，寓居慕尼黑、德累斯頓、柏林等地，一八三三年在緬因河畔的法蘭克福定居，直到去世。

叔本華哲學的基本內容，可以用他的兩個命題來概括：一是「世界是我的表像」，另一是「世界是我的意志」。他認爲，以往哲學不是從客體出發就是從主體出發，前者導致唯物論，後者則有很新的「費希特的冒牌哲學」。它們各有弊端，共同的錯誤就在於「都是一開始就先假設了它們聲稱往後要證明的，也就是已假設了他們那出發點所不可少的對應物」，即主體或客體。與此不同，叔本華聲稱自己是從表像出發的，理由是「表像已包含這主客兩方

①但澤爲今波蘭格但斯克。

面，並且是以它們為前提的，因為主體客體的分立原是表像首要、本質的形式」。主客體的分立包含在表像之中。叔本華企圖超越唯物唯心的對立，不過是他不可能實現的願望。

叔本華把表像分為直觀表像和抽象表像兩類。抽象表像指構成表像的一個類，即概念。「直觀表像包括整個可見的世界或全部經驗，旁及經驗所以可能的各條件。」直觀表像即是現象，或「表像的世界」。「現象就叫作表像，再不是什麼別的。」作為現象或表像世界的表像，就其構成來說，在客體方面可以還原為物質、時間與空間，在主體方面可以還原為純粹感性和悟性（因果性的認識）。可見叔本華的表像不過是康德的現象的另一種說法罷了，表像的世界也只是現象界的別稱。

按照叔本華的說法，表像的主客兩方面即是表像世界的本質上必然地不可分的兩個半面。兩者互為界限，存則共存，亡則俱亡。叔本華遵循康德的路線，認為客體具有的普遍形式，諸如時空、因果性，不是從認識客體中來的，而是「先天地在我們意識之中的」，「單從主體出發也是可以發現」，「可以完全認識」它們。不過，叔本華進一步主張，充足理由律是解釋一切的原則，而「根據律就是我們先天意識到的，客體所具一切形式的共同表述」。我們純粹先天知道的一切，只是這一定律的內容。因此，世界只在認識中存在。「一切客體全部存在，只要是客體，就都是表像而不是別的。」以表像論，客體需要「認識」的主體作為它實際存在的支柱。

叔本華說，關於世界是表像的得知，是從「可知性」出發的，可知問題也就是認識的主體對認識的物件（即客體）要的認識問題。在他看來，人作為被認識的客體，也是表像；但人「在

認識到的時候」，人就是主體，是直觀者、表像者、認識者。這主體作爲「認識到而永不被認識的東西」，並不存在於如時間、空間等形式中。倒是這些形式總要以這主體爲前提。認識是認識到的主體用「認識」的諸形式去規定客體。「因此，如果人們撇開主體，一切客體事物便完全消失。」「原來凡是存在著的，就只是對於主體的存在。」這樣，叔本華既從客體的角度闡明世界是表像之後，又從主體的角度闡明世界是我的表像。

叔本華承認，「世界是我的表像」這一眞理「決不新穎」，巴克萊是第一個說出「這個眞理」的人。叔本華從康德回到了巴克萊，從先驗唯心論回到主觀唯心論、唯我論。叔本華繼續論述了「世界是我的意志」的思想，他說，如果人只是一個認識到的主體，那除了說明世界是表像之外，並不可能進一步解決世界還可能是什麼的其他問題。認識的主體是作爲個體的人而存在的，認識是以人的身體爲媒介獲得的。對認識到的主體來說，身體也是客體之一，表像之一。但是主體如果仍以以往的方式，亦即從「可知性」方面來認識「身體的活動和行爲的意義」，那對他來說，它們是陌生而不可理解的，因爲它們是由另「一種完全不同的方式」所制約。解答這個謎語的謎底是什麼呢？是意志。唯有意志「才給了這主體理解自己這現象的那把鑰匙，才分別對它揭露和指出了它的本質，其作爲、行動的意義和內在動力」。

叔本華繼承了康德人的二重性思想。他也認爲，人以兩種方式存在，一是直觀中的表像，服從根據律；一是意志，它是人自己身體的本質自身，並首先在身體的有意運動中把自己透露出來。整個身體不過「是客體化了的，即已成爲表像了的意志」。而意志在它沒有透過身體「顯現」之前，在沒有「把自己客體化於

現象中」之前，是「完全不同於它的現象，是完全不具現象的一切形式」。它也是在根據律的範圍之外的。這樣的意志也就是「意志自身」或「自在之物」。「在本質上是沒有一切目的，一切止境的」，「是一個無盡的追求」。

這就決定了意志要「客體化」。舉凡現象世界或表像世界的一切存在物，儘管千差萬別，但內在本質是同一個東西，這就是意志。不過意志的客體化有著「不同級別」。最低一級是自然力，較低一級是無機體。意志作為人的意志是意志的最高級，在人身上，意志把自己表現得最清楚。因此，「我們生活存在於其中的世界，按其全部本質說，徹頭徹尾是意志，同時又徹頭徹尾是表像」。由於表像已包含主客分立，假定了主客形式，表像因而是相對的。而現象不外是意志的客體化。「意志就是真正的自在之物。任何人都能看到自己就是這意志，世界的內在本質就在這意志中。」同時人也能看到自己就是認識到的主體。「所以在這雙重觀點下，每個人自己就是這全世界，就是小宇宙，並看到這世界的兩方面都完整無遺地皆備於我。」唯意志論哲學的框架在此也就基本形成。

叔本華固然把意志泛化為一切事物的本質，但他的著重點是生存或生命的意志。生殖與死亡構成了任何一個生命個體意志追求的基本內容。於是我們也就在自然界中看到，處處充滿了爭奪、鬥爭和勝敗無常，這在人身上尤為突出。叔本華引用霍布斯的話說：「人對人，都成了狼。」人不斷追求，滿足了又產生新的追求，如此永遠不息。而當他的追求得不到滿足或努力失敗時，他就陷入痛苦。追求、欲求要以一種需要、缺陷為根基來說，它也是痛苦。因而「人生在本質上就是一個形態繁多的痛

苦，是一個一貫不幸的狀況。」人一生追求一切，但一切都在未定之天。人生又有什麼意義、價值呢？叔本華陷入了悲觀主義和虛無主義。

叔本華的唯意志論哲學形成於十九世紀頭二十年。法國大革命的壯舉，拿破崙帝國的興衰，歐洲及德國政局的動盪，充分顯示出個人意志的意義和作用。法國啟蒙運動、康德肇始的德國哲學革命展示了理性的輝煌成就，但這也促使人們思考情感、意志這類非理性的問題。印度佛學為叔本華提供了思想資料。他少年在求學志向上和父親意志的抵牾，母親對父親的冷漠態度以及父親的自殺，自己與母親的爭吵，使他深感親情的缺乏和人世的悲哀，這些直接或間接地為叔本華哲學的形成提供了土壤。然而，這一哲學剛出現時，並未帶給叔本華什麼榮耀。據說《作為表像和意志的世界》第一版出版後，在一年半的時間內，銷售量不到一百本，只是到了十九世紀五十年代，叔本華哲學價值「遲遲才被發現的時代到來了」，那是因為一八四八年革命後，時代、社會、思想文化發生了很大的變化。叔本華哲學廣為流傳，影響深遠，他的直接繼承者和發揮者就是尼采。

費爾巴哈的 基督教的本質

　　路德維希‧費爾巴哈（一八○四年～一八七二年）是十九世紀德國著名的唯物主義哲學家、宗教哲學家、傑出的無神論者。他是巴伐利亞刑法學家保‧費爾巴哈的第四個兒子，生於朗茨胡特。十九世紀二十年代就讀於海德堡大學神學系和柏林大學哲學系，聆聽過黑格爾的課程和施賴爾‧馬赫的講課及佈道講演。一八二八年獲埃爾蘭根大學哲學博士學位並在該校任編外講師。一八三○年因《關於死之與不朽的思想》一書被迫離開大學講壇，輾轉於安斯巴哈、法蘭克福、紐倫堡等地，從事近代哲學史的著述，並爲黑格爾學派刊物《科學評論年鑒》撰稿。一八三七與安斯巴哈布魯克貝格村一陶瓷廠廠主的女兒貝爾塔‧列芙結婚，新婚夫婦在工廠附近安家。一八六○年因妻子經營的工廠破產，費爾巴哈一家搬遷到紐倫堡附近的萊欣堡。他晚年參加德國社會民主黨，讀了馬克思的《資本論》並予以極高的評價。一八七二年因中風去世。

　　十九世紀三十～四十年代是德國資本主義經濟迅速發展、資產階級革命條件逐漸成熟，並在一八四八年爆發革命的年代，也是思想文化領域發生空前變革的年代。普魯士國王的封建專制統治，使政治成爲荊棘叢生的領域，鬥爭採用了哲學和宗教的形式。作爲時代的產兒，費爾巴哈把宗教當成自己一生著述的主題，積極參加思想領域的鬥爭。一八三五年史特勞斯的《耶穌傳》的出版導致黑格爾學派解體。一八三七年應盧格邀請，費爾巴哈爲青年黑格爾派刊物《哈雷年鑒》撰稿。從十九世紀三十年代後期到十九世紀四十年代後期，他發表了一系列批判黑格爾唯心主

義哲學、批判宗教、闡述自己的人本學唯物主義哲學及宗教哲學的著作和論文，並產生廣泛深刻的影響。特別是《基督教的本質》一書，對當時人們的思想產生巨大作用，人們驚呼他的著作將使「全部教會的社會關係都要垮臺」。

《基督教的本質》第一版於一八四一年上半年出版。不到兩個月，書店告罄。作者著手修改，調整部分結構，刪去部分文字，修訂、潤色一些晦澀、模糊的文字和段落，補充大量的路德引文，寫了一篇著重論述自己哲學與「黑格爾哲學對立」，以及與史特勞斯、鮑威爾哲學不同的長篇序言，這就是一八四三年出版的第二版。一八四八年出了第三版，即作者生前的最後一版。以後相繼有各種文字的譯本。

《基督教的本質》正文分兩大部分。前部正面闡述基督教的本質，後部透過對基督教神學教義的批判，從反面揭示研究物件的本質。全書的中心思想是：神學的秘密就是人本學。

人本學哲學是費爾巴哈批判宗教及神學的理論基礎。他所說的人是有血有肉的人，是最感性、最真實、最現實的存在。「沒有了血肉，肉體就是無。血肉即是生命，而只有生命才是肉體之現實性。」無論是肉體人的產生還是人的精神生活，都必須以男與女、我與你的存在為基礎。人與自然的關係是：自然是人類生存的基礎，人能夠存在歸於自然，但人能夠成為人則歸於人。因此從時間上說，自然是第一位的，人是第二位的；但從地位上說，人則是第一位的，自然是第二位的。人和動物一樣都是自然發展到一定階段的產物。人與動物的區別在於人不僅有外在生活而且有內在生活，即精神生活，即人的個體與他類發生關係的生活，而動物只有單一的外在生活，即生存活動。人有理性、意志

和心（情感），其他生物只有繁殖，而人則能製作，製作是人一個真正根本的概念。

所有宗教①都是人創造的。不是上帝按照自己的形象創造了人，而是人按照自己的形象創造了上帝。宗教是由於人的主觀需要而產生的，是人對自己與自然的關係，對個體與類的關係有所意識，亦即意識到人對它們的依賴並力圖擺脫這種依賴的產物。人是宗教的開端、中心點和終結點。

因此，宗教的物件存在於人之內。「宗教——至少是基督教，就是人對自身的關係，或者，說得更確切一些，就是人對自己的本質的關係，不過他是把自己的本質當作一個另外的本質來對待。」所謂在宗教中，人把自己的本質當作另一個本質來對待，乃是說在宗教中，人借助幻想力、想像力，把自己的本質抽象化、物件化、獨立化、神化，成為一個異於自己的，支配、駕馭、奴役自己且獨立自在自存的實體，繼而把它稱之為神、上帝。可見神、上帝是人的影像，是人的本質的虛幻反映，是人的本質的異化。人原本是第一位的、是原像，上帝是第二位的、是摹本。但基督教神學卻顛倒過來，上帝是第一位的，人是第二位的。基督教神學是顛倒的世界觀，是倒置的人本學。

費爾巴哈進一步指出，由人創造的神、上帝並非真實的存在。但教會及神學卻盡力使信徒確信它是真實的、能夠賜人福樂或祛災的存在。為此，信仰奇蹟就成了宗教的必要因素或重要的內容。哪裡有了宗教的開端，哪裡也就有了信仰、奇蹟的開端。所謂奇蹟，乃是一個被實現了的超自然主義願望。人不可能長生

---

①指自然宗教和精神宗教，多神教與一神教，異教與基督教。

不死，但可能健康長壽。不死就是超自然主義的願望。人不可能全知、全能、無所不在。但上帝的全知、全能、無所不在滿足了人的這種超自然主義的願望。奇蹟靠什麼維繫呢？靠信仰。「對信仰來說，沒有什麼不可能的事；奇蹟只是把信仰這種全能實現了。」但是，哪裡有奇蹟、有信仰，一切明確清楚的東西在那裡也就消失在幻想和心情的迷霧之中，世界、現實就不是真理，不是真實的世界、現實。

費爾巴哈還具體分析、批判了基督教教義及神學，揭露了基督教對人、人類社會生活的消極否定作用。他指出，基督教的創世說乃是從無創造世界，亦即無中生有。這是基督教宣揚的最大奇蹟之一，是主觀任性也最露骨的表現。這個從無創有的創世說與客觀真實存在的自然界是極端矛盾的。「想同時信奉自然和宗教將是多麼可憐並且可笑的偽善啊！」同樣，基督教神學關於上帝存在的種種證明也是不能成立的。本體論證明上帝存在，然而從觀念的存在推論出現實的存在，正好表明了這一證明的唯心主義實質。基督教是唯心主義宗教。至於耶穌基督是神人，即既有神性又有人性的說教，是類人，即既是個體又是類的說教，以及三位一體、復活和超自然的誕生等基督論的內容，也是基督教宣揚的最大奇蹟，是一些最難以置信、最不合理和最不可靠的事情。

費爾巴哈尖銳地指出，基督教使人為了對上帝的愛犧牲了對人的愛，犧牲了人的一切。上帝越來越富有，而人則越來越貧困。基督教沒有血淋淋的人祭，但它有殘酷的精神人祭。迫害不信教者、異端、異教徒的宗教狂熱，使人間充滿了種種不幸和災難。基督教是精神上的員警，它禁錮人們的思想，扼殺人的自

由，葬送人的塵世生活和幸福，阻礙科學的發展和進步。上帝是基督教世界抑或天國世界的最高主宰，專制君王則是世俗世界抑或人間世界的最高統治者。世俗世界的一些政治家「把宗教看作征服和壓迫人最得策的手段」。

但是，人的目的和價值就是人自身。人本學哲學認為，人對人的愛是人最原始、最根本的愛，是人的實踐上首要且最根本的原則。因此必須用人對人的愛（愛的宗教）代替人對上帝的愛（所謂愛人的基督教）。費爾巴哈指出，他一生批判宗教的目的就是要用理性的火炬照亮宗教的黑暗，把人從他所臨的宗教泥潭中解放出來，從愛神者變為愛人者，從天國生活的信仰者變成塵世生活幸福的追求者。費爾巴哈對宗教的批判同樣具有近代啟蒙主義的特徵，有著相應的歷史地位和意義。但由於人的學說及歷史唯心論的侷限，決定了費爾巴哈宗教批判有著不可避免的歷史侷限性。

045▶哲學與神學的結合
奧古斯丁的 上帝之城

　　奧古斯丁生於努米底亞的塔迦斯特。他的父親帕特利修，是個很有地位的異教徒，性情凶暴，為人懶散偷安，貪戀世俗，直到臨終時才信奉基督教。他的母親摩尼加卻是個虔誠的基督徒，性情溫良。或許是因為遺傳自他父母的兩種性情，奧古斯丁既放縱情慾，又同時擁有虔誠追求真理的性情。十九歲時受西塞羅《Hortensius》一書的啟發，對哲學產生了熱情。奧古斯丁曾一度信奉摩尼教九年，主張唯物論與宇宙善惡二元論。三十歲後，遷居羅馬，並於米蘭教授修辭學，同時接觸新柏拉圖主義，加深對摩尼教論點的懷疑，開始接納靈性世界是唯一真實世界的觀念；並在三八二年斷然悟覺摩尼教教義之不實。

　　在米蘭主教安波羅修的影響下，奧古斯丁在三八五年成為慕道友①；三八六年放棄教職，與母親、兒子搬到米蘭附近的Cassiciacum居住，專心研究哲學，同年經歷悔改經驗。並於三八七年復活節時，接受安波羅修的洗禮。三九一年，在違反他的本意之下，於希坡②被 Valerius 主教封立聖職，受職為神父；在三九五年成為希坡主教，從此在希坡小鎮展現出他對基督教世界的影響力。奧古斯丁死於四三○年八月二十八日，正當汪達爾人圍攻希坡之時，也就是羅馬帝國崩潰前夕。

　　奧古斯丁畢生著作浩如煙海，留存至今計有二百一十三本書，二百一十八封信，及五百多篇講章，涵蓋範圍廣泛，包括自傳、哲學、神學、釋經、修辭與倫理等問題。他主要的作品大都

---

① Catechumen，即學教理問答者。
② Hippo，今日北非 Bona 城。

是在「神職」階段寫成，其中最享盛名之一的《上帝之城》是他於四一三年進行，那時正是哥德人阿拉利王攻陷羅馬城（四一〇年）後三年的第一個黑暗期，此書完成於四二六年。前後長達十三、四年，也是他晚年之作。

　　《上帝之城》共二十二卷，分成二大部。第一部由第一卷到第十卷，最初五卷是奧古斯丁初步辯駁異教徒對基督教的指控，他指出羅馬遭受侵略與懲罰並不是起因於基督教，而是因古代羅馬神祇的粗鄙及縱慾，甚至敬拜邪神的王，雖然將兵眾多也一敗塗地；其中他更指出入侵的蠻族赦免了基督教堂以及到教堂避難的人，但對於殘留的異教殿宇則毫不留情。後五卷是反駁主張人世間常有的災難需要敬拜神祇以求消孽除障的說法。所以前十章是辯駁反對基督教的二種主要論點。

　　　第二部由第十一卷到第二十二卷，在後十二卷中，前四卷論「上帝之城」與「地上之城」的起源，以後四卷是論二城的發展，最後四卷是論二城的結果。第二部是奧古斯丁對「反基督教」的第二步辯駁，也是他對歷史作神學反省與解釋的所在。他試圖根據柏拉圖的存在於「天上某處」的理想國之觀念，保羅的生與死，信徒組成的一個社會觀念，以及多納派之神與魔二元的社會觀念，給予世界歷史一個普遍性演變原則的解釋。奧古斯丁在此指出世界是由兩個象徵性的城市組成：善城與惡城，上帝在善城，魔鬼在惡城。人類歷史就是這兩股力量作殊死戰的記錄，雙方互有勝負，但最後上帝將在此戰爭中獲勝，且忠心信仰祂的人將得到報賞，享受永久的安息日。無疑地，奧古斯丁認為歷史有兩條路線，一條是地上之城的歷史，跟隨該隱與罪惡的人類歷史；另一條是上帝之城的歷史，也就是跟隨亞伯並過上帝樂見的

生活，是一條拯救的歷史。這二城自人類開始就有，但直到耶穌基督才被表明出來。

奧古斯丁認為人類是有原罪的，這是源自亞當和夏娃誤用意志，行為驕縱，所以罪便開始了。亞當的原罪隨著情慾而傳給後裔，而人的情慾大過自己的意志，如此使得人的後裔永遠承接原罪。若亞當在伊甸園裡，在沒有情慾下，仍能生孩子，且為無罪的；但是，亞當犯了罪，情慾就掌控人的意志，以致於愛自己而輕視上帝。在上帝之城裡，奧古斯丁指出當人被造時，原是良善正直，享有自由意志，且有不犯罪與不死的可能，並與上帝來往無阻。犯罪的結果便是失落良善，上帝的恩典喪失了，靈魂死了，因為罪使人與上帝遠離。

奧古斯丁在此最大的創見，即是建立教會的權威。上帝之城是上帝在創造之始就設立的，透過耶穌基督的降生而使應許完全實現，更透過教會持續上帝之城的使命。既然如此，奧古斯丁身在教會中，就對教會所扮演的權威角色極力維護。他的態度表現在對上帝的信心，認為教會的權威將人引向基督，再透過基督回歸上帝。他說過：「假如教會的權威沒有強迫我，我將不相信福音書。」教會是上帝榮耀的居所，是由基督重建的，而非人手所建造的。但是教會內仍有該逐出教會者，如簸之篩莠，教會的榮光現在不明顯，也是如此。上帝之城理應是聖徒所寄居之處，但事實上，教會所擁有的並不全是聖徒，甚至有懷疑上帝信仰者，或仍屬魔鬼的子民。因此，奧古斯丁構想一個與現實教會不同的教會，一個看不見的「真教會」，而真教會正是永恆的上帝之城。

在奧古斯丁的思想中，地上之城常與邪惡劃上等號，但是，他並不認為（世俗）國家所期望的都不是好事，相反地，人類能

因它而得到改善，且它也期望世界和平。其實國家的作爲常取決於當權者，奧古斯丁就認爲當權者若是輕視人世間的榮耀和權位則是偉大的德性，因爲只有上帝可以看見，而人看不見他的作爲，也因此他所獲得的讚美與榮耀的報償是大的。但是無論有多麼多的讚美，若不敬畏眞神，只求人世的榮耀，更不用與聖徒們相比，因爲聖徒們都將一切歸於上帝的恩典與慈愛上。

《上帝之城》爲教會史上第一部歷史哲學鉅著，它讓我們看到主必然勝利的確信，也讓人知道上帝對整個人類的計畫。本書的歷史觀所反映出的神學，可說是中世紀哲學倫理思想的權威，它同時也奠定後代教會的思想基礎，這一切都要歸諸於奧古斯丁的原創性。

尼采的 查拉圖斯特拉如是說

　　弗里德里希・尼采（一八四四年～一九○○年），德國唯心主義哲學家和散文家，出生於普魯士一鄉村牧師家庭。四歲喪父，隨母遷居瑙姆堡。在著名的普福達人文中學畢業後，先後在波恩和萊比錫大學攻讀古典語文學。因發表考證論文，未畢業即獲博士學位並被瑞士巴塞爾大學聘為副教授，一年後升正教授。曾深受叔本華的《作為意志和表像的世界》的影響，並與作曲家華格納為友，著《悲劇誕生於音樂精神》，稱德國音樂與哲學結合將開創文化新紀元。一八七九年因病辭去教職，隱居山林。一八八九年一月在都靈突然精神失常，一九○○年在威瑪去世。著作有：《不合時宜的觀察》、《人性的，太過人性的》、《朝霞》、《快樂的科學》、《查拉圖斯特拉如是說》、《善惡的彼岸》、《道德譜系》，自傳《瞧這個人》以及據遺稿編成的《求主宰力意志。試論一切價值之重估》…等。

　　《查拉圖斯特拉如是說》是尼采的代表作之一，全書共分為四個部分，是尼采在一八八三年到一八八五年間，分別於四個不同的時間、地點和身心狀態下寫成的，每一部分都只用了十天的時間。查拉圖斯特拉又名瑣羅亞斯德，是西元前十世紀上下的傳說人物，《波斯古經》有記載，說他隱居在洞穴中，和最高傲聰明的獸——鷹和蛇為伍，宣講宇宙乃善①與惡②的二元對立，創建拜火教。尼采只是藉這位比耶穌基督早千年的教主形象來宣講他的教義。

---

①善乃是指光明、火。
②惡主要是指邪惡、黑暗。

尼采筆下的查拉圖斯特拉是什麼人呢？他是教師，他教導了兩件事：超人和等同物的永恆回歸。道德批判和哲學問題是此書的內容，但此書不是邏輯嚴密、論證明確的哲學倫理學論著，而是一部散文作品，採用象徵性、寓言性的文體，作者對他所反對之事，嘲諷、怒罵、批判、否定，慷慨激昂，流於武斷；對他贊成之事，則透過譬喻宣講，由於譬喻的不確定性和多解性，又使此書的思想底蘊顯得深奧甚至神秘莫測。

此書開篇是「查拉圖斯特拉的前言」，說查拉圖斯特拉於三十歲時隱居山林，經過十年孤獨之後，終於下山，來到城鎮，向群眾宣講什麼是超人。他說，萬物都要克服自身，超越自身；人只是獸到超人之間的一座橋，一次過渡，一次滅亡。但群眾不愛聽。他又向群眾講自以為找到幸福的最後的人，群眾卻愛聽。於是，他決心不再向群眾講超人。他回到森林，一覺醒來，時當正午，他看到一隻鷹在天空繞著大圓圈，一條蛇纏繞在鷹的脖頸上，這是一個圓和一個環，環在圓中，圓在環中，這景象象徵著等同物的永恆回歸。

「前言」後面是「查拉圖斯特拉的講話」，有：「談三種變形」、「談美德講座」、「談遁世者」、「談蔑視肉體者」、「談歡樂與熱情」、「談蒼白的罪犯」、「談讀和寫」、「談山邊樹」、「談死亡說教者」、「談戰爭與戰士」、「談新偶像」、「談市場之蠅」、「談貞潔」、「談朋友」、「談一千零一個目標」、「談愛鄰」、「談創造者的道路」、「談老婦與少女」、「談蛇咬」、「談孩子與婚姻」、「談自願死亡」、「談饋贈美德」。查拉圖斯特拉聲稱，古希臘多神教時代的眾神都死了，基督教的上帝也只是一種「揣測」，過去靈魂蔑視肉體，如今大輕蔑的時刻已到，《聖經‧

新約》的倫理觀：幸福、理性、美德、公正、博愛均已失效，善惡本無標準，一切價值應當重估。超人是未來的創造者，但首先是過去的破壞者。

第二部包括「持鏡的孩子」、「幸福島上」、「談同情者」、「談教士」、「談有德行者」、「談群氓」、「談毒蜘蛛」、「談著名智者」、「黑夜之歌」、「舞蹈之歌」、「墳墓之歌」、「談克服自身」、「談崇高者」、「談文明之邦」、「談未被玷污的認識」、「談學者」、「談詩人」、「談偉大事件」、「卜者」、「談解救」、「談人的聰明」、「最寂靜的時刻」。查拉圖斯特拉表示了對城市和國家的厭惡，批判了基督教道德，蔑視靈魂而肯定肉體與精神之後，他開始宣講沒有酒神狄俄倪索斯的酒神哲學，即生命哲學，其核心即求主宰力的意志。「在我找到有生命之物的地方，我就找到了求主宰力的意志。」他把這種意志稱作克服自身。克服自身的人即超人，超人的影子是美，美是藏在石頭裡的圖像，他要用錘子敲開石頭，砸碎這個監獄，而這監獄就是德國、同情者、教士、有德者、群氓。他接著又把超人同崇高者、有教養者、思想家、懺悔者和詩人作了區分，並說未來有賴於超人。但是，超人說和等同物的永恆回歸說是矛盾的，所以，查拉圖斯特拉在最寂靜的時刻承認，超人只是一種嘗試，一次冒險，一種打算。人永遠不能達到，但超人是人必須走的一條道路。「你必須再變成孩子，並且不害羞。」「查拉圖斯特拉呀，你的果實成熟了，但是你還沒有成熟到可以去摘取你的果實！」於是，他又回到孤獨中去了。

第三部包括「漫遊者」、「談臉和謎」、「談違願的極樂」、「日出之前」、「談變渺小的美德」、「橄欖山上」、「談過渡」、

「談叛教者」、「返鄉」、「談三件惡事」、「談重力精靈」、「談舊榜和新榜」、「病癒者」、「又一首舞蹈之歌」、「七道封印」。查拉圖斯特拉宣佈他是世界上一切舊價值的毀滅者，作為未來的人，他要學會愛自己的藝術，獲得他的善惡。他宣佈他有一個「深不可測的思想」，並鼓起勇氣把它呼喚出來，到了「病癒者」一節，他終於稱自己是生命的代訴人，痛苦的代訴人，圓的代訴人，永恆回歸的宣告者，偉大正午的宣告者，「沒落者祝福自己的時刻到了。於是——查拉圖斯特拉的毀滅結束了」。

第四部包括「蜂蜜祭品」、「求救呼聲」、「同國王談話」、「螞蟥」、「魔術師」、「退職」、「最醜陋的人」、「自願的乞丐」、「影子」、「正午」、「致意」、「晚餐」、「談較高級的人」、「憂鬱之歌」、「談科學」、「在荒漠女兒們中間」、「覺醒」、「毛驢節」、「酩酊歌」、「徵兆」。沒落的歐洲產生了最後的人，他對超人一竅不通。較高級的人：國王、不再侍奉上帝的教皇、魔術師、乞丐③、卜者④、精神科學家、影子、最醜陋的人⑤為避開最後的人，上山來見查拉圖斯特拉。他們參加了毛驢節，它象徵已死的上帝被克服，虛無主義的時期已經到來。獅子趕走了較高級的人。查拉圖斯特拉臨死，他的思想太豐富，世人厭惡他，但他將勝利地走向滅亡。

《查拉圖斯特拉如是說》包含了尼采的各種基本思想。尼采先是一個文化批判者，他所理解的文化即風格，即一個民族其各種表現方式的總和。知識和博學不是文化，而只是對各種風格的瞭

③乞丐為指苦行者。
④卜者指虛無主義宣告者。
⑤最醜陋的人指殺死上帝的人。

解，只能透過模仿拼湊成一種風格，故不是創造，他因此竭力反對無創造力的文化庸人。他認為歷史傳統、風俗習慣是奴隸的腳鐐，壓制創造，受歷史傳統重壓的精神像駱駝一樣。精神應變成獅子，反抗傳統這條巨龍，爭取自由。精神要獲自由，還要變成孩子，忘掉傳統，清白地面向未來，創造未來才能掌握過去⑥。尼采以一個精神貴族的姿態藐視群眾，崇拜英雄，認為開創未來的只是少數天才，他們將破壞一切現有價值，確立新的價值。尼采從英雄史觀出發進行道德批判，尤其抨擊基督教的道德觀，鞭笞德意志市民的劣根性。他反對「爭取最大多數人的幸福」這一思想，認為改變國家機構不會帶來幸福，改善物質福利也非幸福。他接受叔本華的觀點，即幸福生活是不可能的，有可能的是一種英雄式的生活。

　　尼采認為，個體應該為少數開創未來的天才活著，透過天才體現自身價值。他由此反對公正、博愛、同情等基督教倫理觀。尼采研究古希臘文和拉丁文，他對蘇格拉底以前的古希臘哲學尤感興趣。柏拉圖認為感性世界是不真實的，唯一真實的是超驗⑦事物。自萊布尼茨以來的形而上學者如康德、費希特、謝林等，都認為本體的存在即意志。叔本華更明確地說，世界即意志，即億萬求生意志的相互衝撞。他主張棄智絕慾，滅絕求生意志，擺脫塵世痛苦。尼采則反過來肯定生命，認為有生命之物均有求主宰力的意志，要主宰他物必先主宰、克服、超越自身。尼采以此為哲學基礎，提出超人說，認為人是橋，是向超人的過渡，是沒落與滅亡，亦即新生。宇宙力是有定量而非無限的。宇宙力的狀

---

⑥即書中所謂的精神三變形。
⑦超驗指的是超出經驗範圍的。

046 ▶藉拜火教主之名，傳尼采超人之說──尼采的《查拉圖斯特拉如是說》　216 / 217

況、變化、結合多不勝數，但也非無窮。宇宙力在時間中發揮作用，時間是無限的。在無限的時間裡，宇宙力是永遠等同且活動的。生命，有規律的一切，如星球運行、人類歷史、夢、潮汐、四季、動植物的生長，都在律動、過程和運行中，都在重複，都在回歸。人對自身的克服和超越，作為力的作用與表現，也在永恆回歸。

　　一八八八年，丹麥文學史家勃蘭兌斯在哥本哈根開設尼采講座並和他通信。勃蘭兌斯指出，尼采同當時稱雄劇壇的挪威劇作家易卜生有思想血緣關係。由於這位在學術界和文學界均具有影響力的學者介紹，尼采才開始在北歐及法、俄、英、義…等國引起人們的注意。從一八八九年尼采精神失常到一九○○年他去世的十年間，他的著作被譯成各種文字。十九和二十世紀之交，文壇上不少著名作家都受到尼采的影響，在不少文學作品裡，或出現超人式的人物形象，或涉及西方的沒落，或批判偽善道德。這就使《查拉圖斯特拉如是說》一書與尼采的名字緊緊地連接在一起。

　　魯迅稱尼采為「近來偶像破壞的大人物之一」，並於一九一八年開始譯此書前言，一九二十年發表譯文和譯者附記，說「尼采式的超人，雖然太覺渺茫，但就世界現有人種的事實看來，卻可以確信將來總有尤為高尚、尤近圓滿的人類出現」。在學術界，如德國社會學家韋伯在討論合法統治三類型時提出的具有超凡魅力領袖的統治，顯然也受尼采影響。此外，心理學、語言學、人類學研究，存在主義、結構主義和新馬克思主義也都從尼采著作中汲取過啓示，如法蘭克福學派的馬庫塞就從尼采那裡體驗到「解放性的思想」。

另一方面，義大利法西斯黨領袖墨索里尼稱尼采使人「擺脫博愛而獲解救」，德國納粹黨元首希特勒說尼采使人「擺脫同情宗教而獲解救」，納粹黨理論家羅森貝格在《二十世紀的神話》一書中稱尼采是納粹主義的「祖先」。文藝理論家盧卡契和蘇聯哲學家稱尼采為「極端反動的德國唯心主義哲學家，資產階級剝削和侵略的公開辯護者，法西斯思想的先驅」。英國哲學家羅素說他討厭尼采，但尼采畢竟不是民族主義者和反猶主義者。德國作家湯瑪斯‧曼說，不是尼采造成了法西斯主義，而是法西斯主義造就了尼采。哲學家海格爾指出，《查拉圖斯特拉如是說》「讓人擺脫復仇而獲解救」，怎能說尼采鼓動人追求暴力政治、戰爭和狂暴行為呢？關於尼采的爭論，今天仍在繼續，無人完全肯定他，也無人徹底否定他，這或許就是尼采的影響無盡吧！

佛洛伊德的 精神分析引論

　　西格蒙德・佛洛伊德（一八五六年～一九三九年）是奧地利
著名的神經病學家和心理學家，是精神分析學派的創始人。他出
生於一個猶太籍商人的家庭。他中學畢業後，於一八七三年進入
維也納大學醫學院，一八七六年開始，在世界名生理學家布呂克
教授所領導的生理學研究中心研究神經細胞組織學。維也納大學
畢業後，他於一八八一年在維也納公立醫院研究幼年到成年腦的
發展問題。一八八五年他到巴黎跟隨神經病學家沙爾可學習，受
其影響，逐步走上研究心理學的道路。一八八六年回維也納後，
他和著名的生理學家布魯爾合作研究歇斯底里及其醫療法。一八
九五年兩人合著《歇斯底里研究》，探索歇斯底里症背後的深層原
始意識的根源，但學術上的分歧使他倆決裂。佛洛伊德開始獨立
地按他的精神分析學方向進行研究和發展。一九〇〇年發表《夢
的解析》。一九〇四年發表《少女杜拉的故事》和《日常生活的心
理分析》，初步完成了潛意識理論的體系化。一九〇五年寫成《性
學三論》及《機智與潛意識的關係》，第一次有系統地探索了自幼
年時代起的人類性慾發展規律。一九〇九年與榮格應邀赴美講
學。一九一二年發表《圖騰與禁忌》，將精神分析學應用於人類
學、文化史與宗教學。此後還撰寫了《快樂原則的彼岸》、《自我
與本我》、《文明及其不滿》、《摩西與一神教》。一九二四年，維
也納版的《佛洛德全集》開始出版。一九三五年，佛洛伊德成為
英國皇家學會榮譽會員。一九三三年希特勒在德國上臺，開始瘋
狂迫害猶太人，宣佈佛洛伊德的書是「禁書」，並焚燒了所有的佛
洛伊德的著作。一九三八年，法西斯納粹軍隊攻入奧地利，國際

心理分析組織為佛洛伊德的自由奔走。納粹黨索取贖金，當時佛洛伊德的一個病人和崇拜者馬利里‧邦那公主為他的獲釋付了二十五萬先令。佛洛伊德全家前往倫敦。一九三九年，佛洛伊德因下顎癌惡化，於九月二十三日午夜病逝。

　　佛洛伊德長期生活於對兩性關係禁忌嚴格且猶太宗教氣氛濃厚的社會環境中。猶太人的特殊生活習慣、文化傳統，以及所受到的特殊社會待遇，長期所受到的反猶主義的威脅，影響著他的思想和性格。另一方面，他的時代經歷了普法戰爭和兩次世界大戰的苦難，也經歷了歐洲經濟、文化和科學的發展和繁榮，對他的研究產生了重要影響。在思想上，佛洛伊德受赫爾姆霍茨等人的機械唯物論和達爾文進化論的影響，同時，柏拉圖的理念論和回憶說對他的精神分析學說的建立產生一定作用。

　　《精神分析引論》是佛洛伊德於一九一五年至一九一七年在維也納大學講授的講稿。該書於一九一五年出版，一九一七年加以擴充再版發行。它總結了第一次世界大戰期間的精神分析力學基本成果。該書分為三個部分，第一部分用潛意識和抑制的學說分析了日常生活的過失，包括舌誤、筆誤、讀誤、聽誤、遺忘、誤放誤取及失落等現象，探討這些現象的心理根源，從中發掘了潛意識的存在，表明了「抑制」作用的功能，指出這些過失是有意義的心理現象，是兩種不同意向相互牽制的結果，過失無非就是兩種衝突意向的一種調解。

　　第二部分是對夢的分析。佛洛伊德指出，夢不是一種軀體現象，而是一種心理現象，夢是有意義的，但這種意義是潛意識的，夢是這種潛意識化裝了的代替物，透過自由聯想的方法，可以分析和推知那隱伏在背後的原念。夢的功用在於保護睡眠，它

是由兩種互相衝突的傾向而起：一是要睡眠，一是要滿足某種心理刺激，夢的特性就是願望滿足和幻覺的經驗。夢的荒誕和不易理解乃是由於夢的化裝所致，夢的化裝又是由於對不道德的潛意識慾望衝動施行檢查的結果，因此夢有一種檢查作用，但夢畢竟對其潛意識慾望具有一種象徵作用。夢的化裝有幾種方式：壓縮作用、移置作用、變思想為視象的作用。由此可見，夢的主要性質在於把思想變形為幻覺，以達到慾望的滿足。

第三部分對精神病症進行精神分析。這一部分比較全面地論述了精神分析的基本理論。佛洛伊德指出，精神病症狀的意義在於病人生活的關係，這些症狀都起源於潛意識的精神歷程，精神分析的治療在於把凡屬於潛意識內的病源都使之進入意識之內。但是病人對醫生的治療往往有一種抗拒，這種抗拒就是反抗化潛意識為意識的企圖，這就是「壓抑」。由此，佛洛伊德提出，人的意識系統有三個層次，潛意識、前意識和意識。潛意識系統的精神興奮必須經過「守門人」的考察才能進入前意識系統，經過前意識的注意，才可成為意識。那些不能進入前意識系統的精神興奮就是被壓抑的，這個守門員就是自我。被壓抑的慾望就是性慾，因此，神經病的症狀就是性滿足的代替。性在精神分析學中有比通常更廣泛的意義，泛指身體一切器官的快感，又稱為里比多。精神病與里比多的發展密切相關。嬰兒的吸乳是整個性生活的出發點。其後，嬰兒放棄了體外物件，以身體的部分作為物件，成為自淫的，如吮吸拇指和手淫。

三～八歲的兒童，已知道將情感中的性因素隱藏起來；六～八歲，性的發展呈現為一種停滯或退化的現象，這時期是潛伏期。兒童以父母為物件的選擇稱為伊底帕斯情結，表現為女孩迷

戀父親，男孩迷戀母親。到了青春期，里比多就致力於擺脫父母，去另尋新的性的物件，當這種擺脫失敗時，便引起精神病，因此，伊底帕斯情結是精神病的主因。由於里比多得不到滿足，便退化到性組織的較早階段，於是產生了神經病的症狀，這些症狀是對失去的滿足代替。如果里比多採取了一種新的目的和物件，即以社會為目的，這就是昇華作用。因此，治療精神病的工作在於解放里比多，使其擺脫其先前的迷戀物，而重覆服務於自我，從而消除症狀。

《精神分析引論新編》是《精神分析引論》的姊妹篇，一九三三年出版於維也納。該書對佛氏早期學說有所修改，並有新的發展。該書除對夢的解析有所修訂，用精神分析來研究精神感應現象外，還提出了個性論或人格心理學。這個學說把心靈分為三個領域：本我、自我、超我。本我是最原始的無意識結構，由遺傳本能、慾望組成。本我的慾望只有透過自我才能實現。自我是一個意識結構，與外部世界接觸，調節外部世界與本我之間的衝突。超我是一個由父母和師長的指示所形成的結構，它無意識地產生作用，就是所謂「良心」，它會產生贖罪和自我懲罰的無意識需要，在正常情況下，三種結構處於相對平衡，神經病就是這種平衡關係被破壞。該書討論了精神分析是否導致一種世界觀的問題。佛洛伊德認為，精神分析對於科學的貢獻就在於把這種研究推廣到心靈區域。他明確地反對和批判宗教的世界觀，同時也反對無政府主義的世界觀，對馬克思主義世界觀持懷疑和批評的態度，並指出，精神分析不能產生自己特有的世界觀，但它贊助科學的世界觀。

佛洛伊德的精神分析學說發表之後，在一段時間內，得不到

人們的理解和反應，而他原來的親密合作者和支持者一個個離他而去，他的學說甚至招致了人們的厭惡。二十世紀的前十年，是佛洛伊德從被孤立走向被國際公認的過渡時期。他的學說首先在英美國家中傳播，並逐漸形成了國際學術運動。一九〇八年第一屆國際分析學會在薩爾斯堡召開，此後，精神分析學由醫學領域進展到社會科學、人文科學和文學藝術等廣闊的領域，成為一種國際性的社會思潮，他的學說被冠以「佛洛伊德主義」之名。佛洛伊德的聲譽之隆，影響之大，在心理學家中是罕見的。波林在《實驗心理學史》中指出動力心理學的重要來源當然是佛洛伊德；美國的舒爾茨在《現代心理學史》指出佛洛伊德的某些概念被納入現代心理學的主流；利伯特和尼爾的《現代心理學》指出，佛洛伊德首創當代第一種人格心理學說，即精神分析說，對現代心理學產生了巨大的影響。一九二四年英國外交大臣巴爾佛在耶路撒冷希伯來大學建校典禮上說，對人類現代思想產生重大影響的是柏格森、愛因斯坦和佛洛伊德。

韋伯的 新教倫理與資本主義精神

　　馬克斯・韋伯（一八六四年～一九二〇年）是著名的德國社會學家，父親是普魯士州議會和德國國會中代表民族自由黨的議員，母親是虔誠的新教徒。他在大學主修法學和國民經濟學，一八八九年獲博士學位，一八九一年獲大學授課資格並發表調查報告《普魯士易北河以東地區農業工人狀況》，在學術界初露頭角。一八九四年被弗賴堡大學聘爲國民經濟學教授，一八九六年赴海德堡大學任教。早期論著收入《社會與經濟史論文集》，認爲容克地主已喪失領導國家的能力，主張社會改革與民主化。一八九七年他陷入嚴重的身心危機，辭去教職，一九〇四年始復原並接辦刊物《社會學與社會政策文庫》。同年應邀去美國聖路易斯參加國際科學大會，歸國後發表《基督教世界中北美的教會和教派》及《新教倫理與資本主義精神》，爲他帶來國際聲譽。韋伯後來以《世界宗教的經濟倫理學》爲總題目發表一系列文章，進行宗教社會學的比較研究，探討宗教改革與資本主義發展的關係，彙成《宗教社會學論文集》。韋伯在新康德主義和實證論的影響下研究科學論和方法論，闡述科學的「價值自由」原則、「理想類型」方法和「理解性社會學」要旨，有關論著收入《科學論論文集》。一九〇九年，在韋伯等人的倡議下，德國社會學學會成立。一九一一年起，他研究經濟與社會這個大題目，其成果即《經濟與社會》、《社會經濟學大綱》。第一次世界大戰期間，韋伯屬主戰派，但又激烈批評德國的內外政策，戰後又對重建德國發表意見，文章收入《政治論文集》。一九一八年，韋伯先後在維也納和慕尼克執教，一九二〇年病逝。

《新教倫理與資本主義精神》由韋伯在一九〇四年和一九〇五年發表的兩篇論文組成：《上篇‧問題》含「宗教派別與社會分層」、「資本主義精神」和「路德的『職業』概念」三章；《下篇‧禁慾主義新教各分支的實踐倫理觀》含「世界內的禁欲主義的宗教基礎」和「禁慾主義和資本主義精神」二章。作者提出並回答如下問題：為什麼資本主義首先在西歐信奉新教（福音教派）的地區而不是在信奉天主教的地區發展起來？為什麼信奉清教的英國人能夠在虔敬、貿易和自由這三個方面同時取得長足的進步？在中世紀，天主教會宣揚塵世生活是罪與苦，幸福極樂遠在天國，故而拜金慾被天主教倫理觀斥為卑劣無恥，追求財富的人被視作「很難讓神滿意的人」。

　　馬丁‧路德（一四八三年～一五四六年）發起的宗教改革，開始改變貶低現世生活的倫理與規範，提出「職業」的概念。「職業」這個德文詞含有「神安排的任務」之義，它肯定了履行世俗義務是神應許的唯一的生活方式。路德教派認為，在神的面前，各種職業價值是同等的。喀爾文教派繼而提出「預定論」，據此教義，人生在世應專為神的榮耀服務，從事職業就是侍奉神，一如聖保羅遺訓所言「不勞者不得食」；又因人生短暫，無限寶貴，故而必須實行日常生活中的禁慾，無聊閒談、社交活動、耽於享樂，甚至睡眠超過六至八小時，均應受道德譴責，目的在於讓人一心從業，因為人在塵世職業生活中的成功或失敗，顯示人死後靈魂升天或下地獄的預先規定。這樣一來，縱使一個人所從事的職業是從牛身上刮油，從人身上賺錢，也得到了宗教倫理的認可，而擴大財富也就等於擴大神的榮耀。於是，現代資本主義精神以及現代文化的一個持續的組成部分——在職業觀念基礎上

的合理生活方式便從基督教的禁慾主義中誕生了，在心理效果方面，這種生活方式使追求財富擺脫了傳統倫理觀的阻礙，不僅使追求盈利合法化，而且使人認為這是合乎神意願的行為。

這種特殊的宗教價值觀，即倫理性的資本主義精神，作為一種內在的精神衝動，使信奉新教的人群採取十分嚴格而合理的生活和經營方式，為增加財富而創造一種能動的經濟秩序，其特徵是：資本積累、透過消費使盈利達到最大限度，以及不斷提高生產率。這種倫理性的資本主義精神，即把增加盈利和擴大財富視為增添神的榮耀，在實際生活中便成為赤裸裸的資本主義精神了，典型的例子就是美國早期政治家和作家班傑明·富蘭克林（一七〇六年～一七九〇年）的那些格言：時間就是金錢；信用就是金錢；金錢孳生金錢；善付錢者是別人錢袋的主人；生活中要量入為出…等等。

一九二〇年，在《宗教社會學論文集》中，韋伯加了一篇前言，進一步說明他的論點：資本主義等於追求盈利，等於在持續而合理的經營中不斷追求新的利潤。充分利用交換機會、以表面上和平的獲利機會為基礎的經濟行為，即一次資本主義經營行為。但是，由資本核算來調節、有計劃地利用物與人的有效功率、進行預測評估的、持續經營的資本主義企業，早在中國、印度、埃及、巴比倫、希臘、羅馬等文明古國就已存在；在中世紀和近代，世界各國也都有之。可是，唯獨在近代的西歐諸國，產生並發展的資本主義，即形式上自由勞動的合理資本主義組織，這種組織在其他國家和地區並沒有產生。

這種合理的經營組織不以暴力政治，或不合理的投機機會作為導向，而以貨物市場的機會作為導向。這種經營組織還有兩個

重要因素：第一，家政①與經營分開，並在法律上把經營財產和私人財產區分開；第二，實行簿記制度。這種經營性資本主義及其自由勞動的合理組織的產生，雖然與市民等級的產生有關聯，其產生，從表面上看，是受著科學技術進步的制約，但實際上，科學知識的技術應用反倒受經濟獎勵的制約，而經濟獎勵則來自法律和行政管理的合理結構。歷史上，各種搶劫擄掠性的、冒險投機性的資本主義，各種受政治制約的資本主義，都不需要這種合理的法律和行政管理結構。但是，私人經營、合理的經濟卻不能沒有這種結構。促成這種結構的，是資本主義經濟利益，但更重要的是新教的經濟倫理觀，即倫理性的資本主義精神。

　　韋伯的學說在威瑪共和國時期受到左中右三方面學者的重視，但到納粹黨掌權以後的德國便無人問津了。德國社會民主黨學者卡爾·呂維特早在一九三二年就稱韋伯為「資產階級的馬克思」，說韋伯揭示了資本主義對「人的自由」的威脅。然而，韋伯揭示弊病旨在挽救資本主義於困境之中，因此，法國學者雷蒙·阿隆在一九三五年指出，韋伯的理論是和馬克思主義「對立的極」。由於移居美國的德國學者賴因哈德·本迪克斯的介紹，韋伯的學說傳入美國。一九三七年，美國社會學家塔爾科特·帕森斯發表《社會行動的結構》一書，有系統地闡述韋伯的社會學理論，並由此發展了他本人的「結構功能」說。第二次世界大戰後，韋伯學說於二十世紀五十～六十年代在德國「復興」，七十年代盛行於日本。一九八二年起，德國出版韋伯全集。全世界研究韋伯的專著中，僅題目含韋伯姓氏的就超過二千種。

---

①此處的家政尤指封建王侯的家政。

從韋伯的接受歷史來看，他對後世的影響並不是由於他的某一篇論著，而是由於他的整套學說。其中的要點是：在探討現代資本主義起源時，他強調精神對個人的社會行為及推動力遠超過經濟利益，並指出社會的活力在於個體自治、個性自由和個人的首創精神；在探討自由主義的資本主義模式時，他指出有兩種因素存在重要作用：一是具有不受限制且首創精神的企業家個人，一是在形式上受管理的市場展開的自由競爭；在討論社會「石化」②問題時，他認為自由、民主和人權同資本主義沒有必然的聯繫，反倒在該制度下會有夭折的危險，因為現代工業資本主義會產生一個沒有感情和思想的技術官僚階層和一套極端紀律化的官僚制度，大企業的死機器和官僚制度的活機器構成一個「依附關係的鋼殼」，禁錮所有依賴於市場的個體，扼殺任何個人的首創精神，使社會「石化」；在討論社會統治類型時，他主張超凡魅力的統治，即透過群眾民主制的淘汰，選出有超凡魅力的治國領袖，由他們確立的倫理與價值標準律己並引導群眾，方能保持社會活力的歷久不衰。從以上所述便可看出，當今西方流行的許多術語和概念，都源自於韋伯，而且已經成了日常生活和時事政治的常用語彙了。不僅如此，當今西方社會學、政治學、經濟學、歷史學等所關注的核心問題，即社會活力問題，也是韋伯首先提出的。西方不少企業家著書立說，介紹成功經驗，提倡企業精神和企業文化的培養，也都是韋伯思想的繼承。

---

②石化即指僵化。

羅素的 西方哲學史

　　伯特蘭・羅素（一八七二年～一九七〇年）是二十世紀英國著名哲學家、數學家、散文作家和社會活動家，是分析哲學的奠基者。

　　羅素生於英國貴族世家。一八九〇年十月，他考進劍橋大學三一學院，並於三年後通過劍橋大學數學榮譽學位考試。一八九五年他以《論幾何學的基礎》論文獲取劍橋大學研究員的資格。一八九七年，該論文修訂出版，成爲他的第一部哲學著作。一九〇〇年又出版了他的《萊布尼茨哲學述評》。一九〇〇年七月國際哲學家大會在巴黎召開，會上羅素見到了義大利數學家、邏輯學家皮亞諾，使他從此轉向數理哲學的研究。一九〇三年出版了他的《數學的原理》。後來與他先前的老師懷特海合作，花十年時間撰寫三大卷鉅作《數學原理》，分別於一九一〇、一九一二和一九一三年出版。這部鉅著在數學邏輯史上具有劃時代的意義，使羅素搏得世界性聲響。此後，他把數理邏輯方法運用於哲學，由此提出邏輯原子主義。一九一四年出版了《哲學中的科學方法》。第一次世界大戰期間，他積極參加反戰活動，組織了「拒服兵役委員會」，並因撰寫傳單被法庭判罪罰款。不久，劍橋大學也解除了羅素的職務。一九一八年英國政府又以侮辱盟國罪判處羅素六個月監禁。蘇聯社會主義革命後，羅素於一九二〇年作爲英國工黨代表團的非正式成員訪問蘇聯。他不贊成暴力革命和階級鬥爭，但對蘇維埃政府抱有好感。一九二〇年羅素來到中國，在北京作了多次講演，後來出版了《物的分析》、《心的分析》、《社會結構》、《哲學問題》。一九二一年九月回到英國，先後寫了不少著

作，涉及二十世紀科學革命、社會問題、政治和歷史。一九三一年，羅素成爲第三代羅素伯爵。一九三八年，羅素全家來到美國，先後就任芝加哥大學和加州大學訪問教授。一九四〇年紐約市任命他擔任市立學院教授，但一位主教控告他是反宗教和反道德之人。法庭作出了不利於羅素的判決。羅素於一九四四年離美返英，一九四八年出版其主要哲學著作之一《人的知識：它的範圍和限制》。一九四九年，他被選爲英國科學院榮譽院士，隔年英王喬治五世向他頒發「功勳獎章」，同年底榮獲諾貝爾獎金。一九五三年後，羅素致力於和平運動，他首先向英國廣播公司呼籲禁止核武器。一九五五年發表著名的羅素—愛因斯坦聲明。之後他組織了核裁軍運動團體，建立羅素和平基金會，譴責美國對越南的戰爭，後又建立「國際戰犯審判法庭」。一九七〇年二月羅素在威爾士去世。

羅素的《西方哲學史——及其與從古至今的政治、社會情況的聯繫》於一九四五年出版，該書是羅素在美國受巴恩斯邀請到賓夕法尼亞大學講授哲學史撰寫而成的。該書與以往的哲學史著作相比有以下特點：

一、該書強調哲學不是卓越的個人所作出的孤立思考，而是社會生活與政治生活的組成部分。羅素指出，哲學家是他們的時代中社會環境和政治制度的結果，也可能是塑造後來時代政治制度和信仰的原因。該書著重論述了各哲學流派所產生的社會文化背景，指出古希臘時代公民享有極大的自由，從而產生了相應的哲學。當希臘人臣服於馬其頓人和羅馬人後，那些原來的概念便不適應了，產生了個人化的、缺少社會性的倫理。從亞歷山大到君士坦丁的六個半世紀，社會團結靠的是軍隊的強力和行政機構

的強力，因而羅馬也沒有自己獨立的哲學。中古時代教會與國家之間的衝突，所表現出來的哲學僅是一黨一派的思想鏡子。近代由於宗教改革運動，政治上趨向於無政府主義，宗教上趨向於神秘主義，哲學上則形成了主觀主義。十八世紀的浪漫主義運動，透過盧梭、拜倫對德國哲學產生了深刻的影響。

　　二、該書並非單純地把哲學家加以羅列比較，而是極力揭示哲學思想發展的線索和思想家之間的聯繫。羅素強調該書的寫作目的就是要揭示歷史運動中的統一性聯繫。羅素首先研究了古代哲學產生的兩個文化來源，一是巴庫斯宗教，對狄奧尼索斯酒神的崇拜產生了深刻的神秘主義，大大影響了諸如柏拉圖等諸多哲學家，甚至對基督教神學的形成也產生作用。但巴庫斯宗教是透過奧爾弗斯教來影響哲學家的，奧爾弗斯教把肉體上的沉醉昇華爲追求與神合一的精神沉醉，它首先影響了畢達哥拉斯學派，並由它進入到柏拉圖哲學中。另一個文化來源是奧林匹克神祇體系，它帶來了一種可欽可敬的靜穆和理智審愼。因此，希臘文化產生了兩種傾向：一種是熱情的、宗教的、神秘的、出世的；另一種是歡愉的、經驗的、理性的，對事實的知識感興趣的。後一種傾向影響了愛奧尼亞哲學家和亞里斯多德。於是，在幾千年的哲學發展中，哲學家可以分爲加強社會約束的人和希望放鬆社會約束的人。紀律主義分子宣揚某種教條體系，他們往往訴諸人性中的非理性部分。另一方面，自由主義分子都傾向於科學、功利和理性而反對激情，是一切宗教的敵人，這種衝突變爲各種形式，從過去發展到今天，並將持續到未來。整個哲學發展的一般線索，首先是一種嚴格和迷信的體系，以後逐漸鬆弛下來，並是天才輝煌的時期。這時，舊傳統中好的東西繼續保存，當體系解

體時，其中壞的東西發展，它就走向無政府主義，從而導致一種新的教條主義體系的建立。自由主義的學說就是想要避免這種無休止的反覆，但它有待未來的檢驗。

三、該書特別敘述了科學發展對哲學的影響。羅素認為，愛奧尼亞哲學顯然受經驗科學傳統的影響，它提出假說，訴諸經驗。而幾何學和數學方法對哲學的影響是深遠的，希臘人所建立的幾何學是從不證自明的公理出發，透過演繹推理，步步證明，達到遠非自明的定理，這種方法影響了從畢達哥拉斯到康德的大部分哲學家。由於經驗科學和數學兩種不同科學方法的影響，哲學史便存在兩派人的對立局面：一派人的思想主要是在數學的啟發下產生的，另一派受經驗科學的影響較深。柏拉圖、湯瑪斯·阿奎那、斯賓諾莎、康德屬於數學派；德謨克里特、亞里斯多德、洛克以及近代經驗主義屬於另一派。羅素還論述了近代科學的興盛對近代哲學的深刻影響。他指出，十七世紀的科學產生了新的哲學信念，第一是消除了一切物活論的痕跡，神在自然中地位被降低；第二是人類在宇宙間地位的觀念發生變化，「目的」概念不再在科學解釋中佔有地位。

四、該書是從作者自身的邏輯分析及哲學的立場出發來評述哲學史的發展。根據這種立場，羅素首先用現代邏輯對傳統邏輯進行了批評。指出亞里斯多德的邏輯有三大缺陷，一是形式上的缺點，沒有把全稱判斷和單稱判斷嚴格區分開來，這種純形式的錯誤是形而上學與認識論錯誤的一個根源，因為它抹殺了個體與共相的區別，造成了無窮無盡關於「一」的壞形而上學；二是對三段論式估價過高，正是這種演繹法把哲學家們引入了歧途；三是把演繹法作為知識來源，實際上只有歸納法才能提供我們新的

知識。由於這種錯誤，亞里斯多德的「實體」概念，是把由主謂語構成的語句結構轉到世界結構上來，犯了形而上學的錯誤。其次，羅素對黑格爾的辯證法進行了批評。第一，他認為黑格爾的辯證邏輯依然建立在傳統邏輯的侷限上，傳統邏輯假設每個命題都有一個主語和一個謂語，依據這一假定，一切事實都是說某物具有某性質，這就否定了關係命題的實在性。第二，按照黑格爾的真理就是全體的觀點，任何詞都無法開始具有意義，認識就不可能開始，那麼就不會有任何知識了。根據這些理由，羅素排斥黑格爾的辯證法，認為他的哲學命題幾乎全是錯誤的。他對康德在辯證法的重建隻字不提，把費希特和謝林從哲學史中略去。再次，羅素認為邏輯分析哲學是洛克、貝克萊、休謨的經驗主義的繼承發展，不同之處在於它結合了數理邏輯的方法，具有科學性。它比以往哲學的優越之處在於一次一個地處理問題，許多古來的問題可以得到解決。

海格爾的 存在與時間

一九二六年，德國著名哲學家海格爾（一八八九年～一九七六年）最主要的代表作《存在與時間》完成，翌年發表於胡塞爾主辦的《哲學和現象學年鑑》上。從該書出版至今，已再版達十五次。自一九三〇年起，已有大量的第二手資料出現，但由於本書內容及文字生僻怪誕，直到二十世紀五十年代才被譯成英、法、義、日、韓、中…等多種文字。在哲學界，一般認為這本書是二十世紀最重要的哲學著作之一，它對哲學、文學批評、社會學、神學、心理學、政治學、人類學、法學…等都產生了深遠的影響。

在作者看來，此書只是一項基礎性的工作，它並未完成。從全書的結構來看，可分為導論（概述存在的意義問題），第一部（依時間性闡述此在「Dasein」，解說時間之為存在問題的超越的境域）的第一篇（準備性的此在、基礎分析）、第二篇（此在與時間性）等部分。本書的導論部分雖然沒有太長的篇幅，但卻是全書的重要部分，因為作者在其中闡明了許多基本的問題，如存在問題、時間問題等。

海格爾的存在觀與傳統哲學的存在觀有很大的區別，也可以說有根本的不同。因為從傳統哲學的觀點來看，存在是凝固靜止的，是沒有時間的。自柏拉圖以來，西方形而上學對存在的研究，對現象之中或現象背後的本質研究，正是要尋找不變的東西，尋找在時間和變化的流動中永恆不變的東西。在海格爾看來，存在一直是西方哲學史上隱而不現的囚犯，海氏希望將它釋放出來，使存在變成活生生的、流動的東西。海格爾之所以要重

新提出存在的意義問題，乃是基於以下幾個方面的原因。第一，存在是最普遍的概念；第二，存在這個概念是不可定義的；第三，存在是自明的概念。海氏認為他是向西方哲學史上的存在問題首先提出質疑的人。他的問題與傳統本體論有別，表現在以下幾個方面：

第一，傳統本體論中「存在」是一個範疇，而他的「存在」，則指的是人的種種具體意識、生存狀態的過程。

第二，傳統本體論依靠的是邏輯推論方法，而他不同，他是從分析人的存在狀態中來討論「存在」的意義。他用的是現象學的方法或釋義學的方法。

第三，由於論題和方法的不同，故兩者所討論的內容也有明顯的區別。海氏的本體論重點討論人（此在）的生存狀態，故它與倫理學有關。而傳統的本體論則與邏輯學有著必然的聯繫。

在「導論」部分，作者首先將「存在」與「在者」作出區分。他認為我們是就「存在」問題在發問，因此，只要問之所問是存在，而存在又總是意味著存在者的存在，那麼，在存在問題中，被問及的東西正好就是存在者本身，亦即要從存在者身上逼問出它的存在來。海格爾由「此在」出發，闡述了人的存在狀態。他認為，此在是一種存在者，此在的本質是「存在在世界之中」的，這是從存在方面對人的規定。更進一步講，人生就是此在。與其他一切存在者相比，此在具有幾層優先地位。第一層是存在者狀態上的優先地位，意為這種存在者在它的生存中是透過生存得到規定的。第二層是存在論上的優先地位，指此在由於以生存為其規定性，故就它本身而言就是「存在論」。第三層指此在是使一切存在論，在存在者與存在論上都得以可能的條件。海氏

早期比較強調人的主觀性，強調此在，到晚期則有所變化。

　　海格爾認為，他的研究工作運用了「現象學方法」，並表明「現象學」一詞本來意味著一個方法概念，它不描述哲學研究對象所包納事情的「什麼」，而描述物件的「如何」。現象學是存在者存在的科學，即存在論，現象學描述的方法上，其意義就是解釋，因此，此在的現象學就是詮釋學，即透過詮釋，「存在的本真意義與此在本已存在的基本結構，就向居於此在本身的存在之領悟宣告出來」。

　　在本書的第一部分，作者首先分析了此在的基礎。他說，他的任務是分析存在者，而這裡分析的存在者總是我們自己，這種存在者的存在總是我們存在。存在有本真狀態與非本真狀態兩種，此在的非本真狀態並不意味著「較少」或「較低」存在，此在分析必須與人類學、心理學和生物學劃清界限。先行把握了現象整體的前提下研究此在，可以從三處著眼討論，即「世界之中」、「向來以在世界中的方式存在著的存在者」和「在之中」本身。認識是在世的一種方式，認識本身先行地奠基於「已經寓於世界的存在」之中。「世界」應看作「存在於世界中」這個結構的一個環節。世界有四種用法和意義，第四種強調的世界是指人的世界，即以人和世界的關係為出發點。人和世界的關係可分為兩種基本的層次，即「當下現成狀態」和「呈報狀態」。這裡作者強調的是：世界是指意義的世界。「意義」既非純主觀的，也非純客觀的，而是在人與事物打交道的活動中展開人與物、物與物關係的總體。人的領悟是「意義」發生的關鍵。

　　海氏接著還分析了空間性問題，主要包括從世界上到手頭東西的空間性、在世界中存在的空間性以及此在的空間性。人和世

界關係的重要環節是「在之中」，即「在世界之中」。人基本原初的「在之中」方式有兩種，即現身和領會，這兩者又可以透過第三種方式——邏各斯（言談）來實現。「語言的生存論存在論基礎是言談」。言談、現身和領會是三種基本生存能力。要展開這種能力，可以用閒談、好奇等來描述它們在日常生活中的表現方式，這三種表現方式統稱「沉淪」。據此，作者還談到作為此在存在的煩、畏，談到他關於真理的見解。

海格爾在本書的第二篇中討論了「此在與時間性」的問題。他首先分析了死，認為死是此在的終結，是此在最本己的可能性。他也分析了生存論存在論的死亡結構，認為死亡是「一種懸臨」。死亡是此在本身不得不承擔下來的存在可能性，作為這種可能性，死亡是一種與眾不同的懸臨，死亡是隨時可能的。向死亡存在，就是先行到這樣一種存在者的存在中去：這種存在者的存在方式就是先行本身。在此之後，作者還論及了良知、罪責、決斷的問題。

作者在本書的後幾章討論了時間問題。他首先分析的是時間性與日常性。在他看來，要理解一般展開狀態的時間性，就得展示繁忙的具體時間性建制。據此，作者具體分析了領會、現身、沉淪、言談的時間性。討論在世的時間性與世界的超越問題時，他著重闡釋尋求繁忙的時間性和超越的時間性，最後，又落在此在的時間性意義上。在此，作者又重新詳細闡述了時間性與歷史性的關係問題。他認為，歷史的涵意可作如下的分析：「歷史」這個詞有時既不意指關於歷史的科學，也不意指歷史學的物件，而是指並非必然物件化了的這個存在者本身。歷史主要是指出過去的淵源，歷史也意味著「在時間中」演變的存在者整體。最

後，流傳下來的事物本身也被當做「歷史的」。首先具有歷史性的是此在。

《存在與時間》雖說是海格爾的早期著作，也是作爲海氏本人哲學工作的一個基礎性和開始的著作，但它產生了巨大的影響。存在主義者總是喜歡從這本書中去尋找淵源，解釋學也是直接得益於本書，因爲本書據作者本人，就是「此在的詮釋學」著作。這本書的劃時代意義，在於它重新定義了存在，而存在概念自古以來，又是哲學的最終基礎。海氏的這本著作，對現代西方哲學（當然遠不止哲學）產生了巨大的影響，並且，現在這種影響還一直持續著。

聖經

　　《聖經》是世界上最廣為流傳的書，約有一千五百種不同文字出版，世界各國都有這部書的存在，算是世界上影響最廣的書。《聖經》分為《舊約》和《新約》兩部分，合稱《新舊約全書》。《舊約》是大約公元前四世紀希伯來的祭司們把猶太民族自古流傳且各種具有宗教色彩的文獻和傳說加以彙編而成，其中包括歷史傳說、宗教教規、先知們的訓誡、史詩、國王的法律，範圍十分廣泛。《舊約》最早是用古希伯來文寫成。西元前二七〇年在亞歷山卓城出現古希臘文譯本。在這之後，《舊約》經過不斷修訂，補充成為三十九卷本的《舊約全書》，包括的內容大體上有四個部分：

　　一、律法書——即著名的「摩西五經」：創世記、出埃及記、利未記、民數記、申命記。這五卷是《舊約全書》的基本部分，其中包括世界和人類的起源、樂園及洪水的神話傳說，也有猶太教的教規和國法。這些記載可能早在西元前七世紀至前五世紀之間即已形成。

　　二、歷史書——包括約書亞記、士師記、路得記、以斯帖記等十卷，記述以色列和猶太國家興亡史，大約在西元前三百年成書。

　　三、先知書——包括以賽亞書、耶利米書、以西結書等十八卷，是猶太教祭司對社會現象的評述和褒貶。大約成書於西元前七世紀至前三世紀。

　　四、詩文著作：包括約伯記、詩篇、箴言、傳道書、雅歌、耶利米哀歌等六卷，大約成書於西元前五世紀至前二世紀。

《新約》成書較晚，大約產生於一世紀至二世紀，是記載耶穌生平、教訓和他的門徒們言行的基督教經典，共二十七卷，用古希臘文寫成，分爲三個部分：

　　一、福音書：馬太福音、馬可福音、路加福音、約翰福音，再加上使徒行傳共五卷，這些都是敘事性著作。

　　二、使徒書信：包括哥林多前書、後書等共二十一卷。

　　三、啓示書：啓示錄。

　　這些卷的成書時間相隔有一百多年，最早的是《啓示錄》，出現在西元六十八年；使徒書信約在二世紀前半期；福音書在二世紀期間。

　　耶穌的思想集中反映在《馬太福音》的五～七章，即「登山寶訓」中，對律法、姦淫、離婚、起誓、報復、施捨、禱告…等，發表了見解並提出了最高的思想和行爲標準。

　　基督教信仰依據的經典就是《聖經》。基督教於一～二世紀在羅馬帝國形成。早期基督教所宣揚的平等原則，在下層人民中有廣泛影響，也對反對羅馬的統治產生一定作用，《聖經》中所宣傳的「救世主」思想和來自上帝的福音給無助的人以精神依託和嚮往。在中世紀的歐洲，《聖經》的詞句在各級法庭中都具有法律權威，因此歷代反動統治者都利用《聖經》作爲統治工具，《聖經》思想和唯心主義哲學思想有種種內在聯繫，但這些並不應由《聖經》來承擔責任。事實上，如果以文學觀點來看，《舊約》是希伯來民族從部落時代到西元前五八六年猶太國被巴比倫滅亡淪爲「巴比倫之囚」之後的文學遺產的彙集。

　　最有文學價值的是《雅歌》，它由八篇抒情詩組成，可與中國《詩經・國風》中的愛情詩相媲美，而《雅歌》的主角的感情則更

為熾烈和奔放。《詩篇》是《舊約》中最大的一部抒情詩集，以「大衛的詩」而聞名於世。大衛是西元前十一世紀出身於牧羊人的國王，也是一位詩人，他的許多詩包含人生哲理和處世格言。《耶利米哀歌》是描寫耶路撒冷陷落於巴比倫人之手後，猶太人的苦難的抒情詩。《約伯記》是一篇華麗的詩劇，是猶太人從「巴比倫之囚」歸來重建耶路撒冷時期的作品。《創世記》是幾篇描寫天地洪荒的故事。《出埃及記》描述摩西率領希伯來人逃出埃及的故事。《士師記》歌頌英雄大力士參孫的故事，更是為人所熟知。《路得記》、《以斯帖記》、《但以理書》都是《聖經》中比較著名的歷史小說或預言式的文學作品。《聖經》的許多題材對歐洲文學產生巨大影響，從而對歐洲各國人民的社會意識、審美觀乃至生活方式都產生了無所不在的影響。許多文學巨匠從《聖經》中擷取題材，汲取靈感，創作出諸多傳世之作。

　　但丁的《神曲》把《聖經》中的形象和神話同古代歷史人物和當代政界人物形象混合起來，從而把詩人的生活體驗、宗教熱情、愛國思想同當代哲學、倫理和政治問題結合起來，表達出新時代的人文主義世界觀。

　　荷蘭詩人汪德爾的著名悲劇《撒旦》是他以《聖經》題材為主題的許多著作中的一部，其以《聖經》中的形象，用寓意形式反映了尼德蘭人反對西班牙統治的抗爭。

　　十七世紀英國詩人米爾頓根據《創世記》中亞當和夏娃偷吃禁果而被逐出伊甸園的故事，創作了《失樂園》和《復樂園》兩部偉大詩篇。《力士參孫》這部充滿革命激情的詩體悲劇是根據《士師記》中大力士參孫的故事創作的。

　　德國詩人克洛普史托克的長篇史詩《救世主》以希伯來人領

袖摩西的故事爲題材，賦予他巨人式的英雄特徵。

歌德的《浮士德》中的魔鬼形象也是來自《聖經》，他借用《聖經》的箴言來歌頌人而不是神。

法國人文主義作家拉伯雷的《巨人傳》，利用《聖經》中的形象來諷刺宗教、教會和經院教育，嘲笑宗教傳統，抨擊教皇和教會的等級森嚴教階制度。

法國作家伏爾泰的作品有許多來自《聖經》的內容，也充滿對教會、教士和宗教迫害的諷刺與抨擊。這方面的著名作品有《老實人》和《憨第德》。

英國詩人拜倫寫了許多《聖經》題材的詩篇，著名詩劇《該隱》的主題就是取自《聖經》，但是在他的作品中並未籠罩神祕的宗教氣氛。

德國小說家湯瑪斯·曼的長篇名著《約瑟和他的兄弟們》四部曲：《雅各的故事》、《年輕的約瑟》、《約瑟在埃及》和《贍養者約瑟》，皆取自《聖經》中約瑟的故事，以抨擊德國法西斯對猶太人施行的種族滅絕政策。

俄國詩人萊蒙托夫在長篇敘事詩《惡魔》中的上帝和惡魔的形象都是來自《聖經》，但他把惡魔寫成反抗上帝、追求自由的形象，藉以表達他對沙皇農奴制的不滿。

托爾斯泰的作品與《聖經》關係之密切是人所共知的，他在《安娜·卡列妮娜》這本書寫下的卷頭語「伸冤在我，我必報應」便引自《新約全書·羅馬人書》，他的其他作品如《復活》也是引用《聖經》作爲卷頭語的。托翁對《聖經》的獨眷，表達了他的戒惡行善的原始基督教教義思想，同時也反映了他不用暴力反抗罪惡的極端和平主義說教。

在歐洲文藝復興時期一直到它以後的幾個世紀中，在造型藝術上，以《聖經》爲題材的作品更是膾炙人口，如米開朗基羅的《哀悼基督》、《大衛》、《摩西》等石雕；西斯廷教堂拱頂上的《創世記》壁畫、前壁上的《最後的審判》壁畫；達芬奇的《聖孕》、《岩間聖母》、《最後的晚餐》；拉斐爾的《西斯廷聖母》；喬托的《猶大之吻》；提香的《聖母瑪麗亞升天》…等。

總之，《聖經》對西方文化的影響是十分深遠而全面的，遠不只是宗教信仰方面，在文學、繪畫、造型藝術、音樂、建築，甚至飲食、家具等各方面無一不感受到它的影響。當我們從影視中看到美國總統宣誓時手按《聖經》，一對西方新人結婚時面對口誦《聖經》的牧師時，感受到的與其說是宗教氣氛，還不如說是一種文化形態。

古蘭經

　　《古蘭經》是伊斯蘭教的基本經典。「古蘭」一詞是由阿拉伯文音譯而成，該詞的原義是「誦讀」，即它是供穆斯林在宗教和日常生活中誦讀用的。據稱《古蘭經》的經文全是阿拉的「語言」，載在「天經原本中」；阿拉透過大天使向封印先知穆罕默德傳遞一部分經文，大部分經文由阿拉直接向他啓示，斷斷續續地一直下降了二十三年，據說最早下降的啓示是：「你應當奉你的創造主的名義而宣讀…他曾教人知道自己所不知道的東西。」最後的啓示是：「今天，我已爲你們成全你們的宗教，我已完成我所賜你們的恩典，我已選擇伊斯蘭做你們的宗教。」全部啓示的經文都是用他的「語言」，即阿拉伯語下降的。中世紀的經注家基於對啓示的神聖性虔信不疑，賦予它五十五種名稱。其中，有的名稱如「天啓」、「眞理」、「光」、「指導」…等，常爲後來的穆斯林所使用。

　　穆罕默德生前，在啓示陸續下降過程中，《古蘭經》並未彙集成冊。穆罕默德把「接到」的啓示隨即向門弟子傳誦。一些虔誠的門弟子聽到新的啓示後，或是背記下來，或是寫在骨片、石板、皮子上。六三三年，在葉麻麥征戰中，有幾位能背誦全部經文的門弟子，全爲伊斯蘭教的事業獻身。這時還未繼哈里發位子的歐麥爾發現了這一問題的嚴重性，他認爲若不加以搜集整理啓示，啓示將有失傳的危險。遂向哈里發阿布伯克爾（六三二年～六三四年在位）提出建議。阿布伯克爾派熟悉經文的栽德和其他幾名門弟子主持搜集和整理工作。最初的彙集本由阿布伯克爾保管；在他以後由歐麥爾（六三四年～六四四年在位）保管；歐麥

爾以後由他的女兒、穆罕默德的遺孀哈福賽保管。隨著穆斯林軍對外征服戰爭的勝利，伊斯蘭教傳播的地域已越出阿拉伯半島。由於各不同地區的穆斯林在經文的讀法上發生爭執，第三任哈里發奧斯曼（六四四年～六五六年在位）重新組織幾名熟悉經文的門弟子予以訂正，並抄錄多份，除麥地那保留一份外，其餘的分送到麥加、大馬士革、葉門、庫法、巴林、巴士拉…等伊斯蘭教傳播中心；他規定《古蘭經》應以此為「定本」①，同時下令銷毀各地傳本。當今世界各地流傳的《古蘭經》，均是以該定本為藍本而複製的。

根據《古蘭經》的定本，它共有三十卷、一百一十四章、六千二百餘節經文。《古蘭經》的每一章開頭均有「奉至仁至慈的真主之名」（除第九章）的經文。阿拉伯文稱它為「大思米葉」，意即「以阿拉之名」的稱名句。穆斯林在誦讀經文之前，通常要念「以阿拉求護句」，即念「當你要誦讀《古蘭經》的時候，你應當求真主保護，以防受詛咒的惡魔的干擾」。在誦讀完第一章後，還應念一聲「阿們！」意即「主啊！你答允我們的祈求吧！」有的認為在念完第二章後，也應念「阿們！」，《古蘭經》是為了誦讀的，因此，中世紀的經注家在卷、章、節以外，還把全本經文分作六十個「希茲布」（段落）或七個「曼吉爾」（階段），以便虔誠的穆斯林在六十天（或七天）內誦讀完全本《古蘭經》；而三十卷的劃分顯然是為了在一個月內誦讀用的。

隨著對《古蘭經》研究和注釋的發展，出現了經注學和誦經學。經注家則在經文邊旁標記章名、節數、降示地點，以及各詞

---

①定本即「奧斯曼本」。

的讀音和誦讀中應同時跪拜和叩頭的經文。而教授、背誦、繕寫《古蘭經》，則被認為是善行而受到讚賞。根據《古蘭經》下降的時間和地點，經注家通常把經文分為「麥加章」和「麥地那章」。「麥加章」約有八十六章，佔全經的三分之二；「麥地那章」約有二十四章，佔全經的三分之一。一般說來，「麥加章」以宗教內容為主，「麥地那章」則以社會問題為主。具體說來，它的內容主要有以下幾個方面。

一、規定穆斯林的基本信仰②和基本功課③，以及為履行上述宗教功課而應履行的潔淨儀式。這些信仰和功課是伊斯蘭教的主體構架；而穆斯林應絕對信仰「阿拉獨一」則是它的核心或本質之點。

二、規定穆斯林應遵守的倫理規範④、禁戒⑤或禁令⑥。《古蘭經》有的章節則類似於基督教和猶太教「十戒」的訓示，這是穆斯林日常生活中安身立命的基本準則。同時，經文還對違反禁令者予以懲罰作出各種規定。

三、規定穆斯林的家庭生活⑦和社會生活⑧各方面應該遵循的律例或法規。這是他們待人、接物、處世、行教的基本原則。實際上，上述內容涉及政治、經濟、軍事、社會、宗教、倫理等各方面，它是早年建立在政教合一的穆斯林公社──烏瑪的律法

---

②包括信阿拉、信天使、信使者、信經典、信末日和死後復活、信前定。

③指念「清真言」、禮拜、齋戒、納課、朝覲。

④如敬畏、虔信、順服、謙和、克己、堅忍、自製、行善、濟貧…等。

⑤如禁食血、豬肉、不潔之物等非法食品…等。

⑥如不拜偶像、不殺人、不偷盜、不姦淫…等。

⑦如婚姻、離婚、遺產繼承、孤兒、喪葬等…。

⑧如貿易、借貸、利息、奴隸、戰爭、俘虜…等。

或制度，構成後來形成的伊斯蘭教法的基礎。

四、有關伊斯蘭教創立時期的一些社會主張。如主張濟貧，善待孤兒、寡母、弱者、窮人，釋放奴隸，反對溺嬰，反對高利貸，反對稱量不公等。第二次世界大戰後，某些穆斯林學者提出，伊斯蘭教主張「社會主義」（或伊斯蘭社會主義）。有關這方面的經文，正是其理論或經典根據。

五、在信仰、經典和傳說上，力求基督教和猶太教認同。這類經文約占全經的四分之一。例如肯定伊斯蘭教其信仰和崇拜的是同一個主，只是各個宗教對神明的稱呼有所不同而已。肯定伊斯蘭教在信仰《古蘭經》的同時，也信仰它以前的經典⑨。利用類似基督教和猶太教的故事、傳說，傳播一神教義；其中，涉及《舊約》的傳說人物有阿丹（即亞當）、穆薩（即摩西）等二十四人，《新約》的有爾撒（即耶穌）、麥爾彥（即瑪麗亞）等四人。

六、根據傳教的需要，借鑑半島古阿拉伯人的有關故事、傳說和諺語。這方面的內容通常與基督教和猶太教的故事與傳說相互印證，從中引申出必要的教訓，以反對多神信仰、反對偶像崇拜，進而表白唯有信仰一神阿拉、多行善事，在末日審判到來時，才能遠避火獄的無盡煎熬，享有天國的永恆福樂。

七、與多神教徒、基督教徒、猶太教徒以及「僞先知」、「不信者」的種種論辯記述。爲創立新的一神教，同時也爲了反對「不信者」，有大量經文涉及這方面內容。例如它列舉一些偶像之名，指出它們只會把人引入迷誤，對人毫無裨益；指出基督教信

---

⑨包括《討拉特》、《引支勒》和《宰逋爾》，即《律法書》、《福音書》和《大衛詩篇》。

仰「三位一體」違背一神教義；斥責猶太教徒篡改天啓；不信死後復活者必遭刑罰…等。

八、還有的經文內容涉及的問題極其廣泛。包括稱作「機密」或涵意隱晦的經文，用於宗教儀式和宣教活動的誓詞、禱文、譬喻和咒語，關於天、地、日、月、雲、雨、星宿、光、地震等自然現象的論述，有關穆罕默德二十三年傳教活動的情況，以及其他的經文。

《古蘭經》在伊斯蘭教中的神聖地位，不僅為穆斯林所公認，而且受到世人的尊重，它是伊斯蘭教義的基礎，伊斯蘭教法的首要淵源，也是伊斯蘭教的各種學說、思潮的根據。作為阿拉伯民族最早的文獻之一，對研究古阿拉伯社會、伊斯蘭教起源及其歷史背景、穆罕默德創教活動等，都有重要的意義；它優美而具有韻律的文體，成為阿拉伯語文的典範，在阿拉伯文學史上享有最高的地位。

亞當・史密斯的 國富論

　　亞當・史密斯（一七二三年～一七九〇年），英國古典政治經濟學的傑出代表和理論體系的建立者。一七四〇～一七四六年就讀於牛津大學巴里奧學院，畢業時獲文學碩士學位，一七五一～一七六三年任教於格拉斯哥大學，講授邏輯和道德哲學，一七五九年發表《道德情操論》，一七六四年二月～一七六六年十月間結識了重農學派主要代表魁奈和杜閣等名流學者，且深受影響。一七六四年夏在法國圖盧茲開始撰寫《國民財富的性質和原因的研究》（簡稱《國富論》）初稿，一七七六年三月初版問世，一七七八年被任命爲蘇格蘭海關專員和鹽務專員，一七八七年十一月和一七八八年十一月當選格拉斯哥大學校長，一七九〇年七月十七日去世。

　　十八世紀中葉，英國正處於工廠由手工業轉向大機器工業之過渡時期，其農業和國內外貿易發展較快，於是使得英國迅速發展資本主義生產。當時的英國封建專制統治雖已結束，國會中地主和金融貴族的代表卻仍占多數，許多代表他們利益的法令和制度仍然在發揮作用。因此，英國要順利發展資本主義經濟，就要有經濟自由，就必須剗除封建制度和重商主義限制政策，阻止資本主義生產發展的各種障礙。史密斯的這部充分論證資本主義經濟自由的必要性著作，就是爲適應這種需要而問世的。

　　《國富論》主要闡述國民財富的性質及其發展變化的原因。全書共分五篇。第一篇，作者以分工爲中心，論述了勞動生產力增長的原因以及產品分配給各階層的順序，闡明了交換、貨幣、價值、工資、利潤和地租等問題，實際上，這是作者圍繞如何提高

勞動生產力來說明資本主義生產、流通和分配的規律；第二篇，作者指出資本量決定了社會上從事生產勞動的人數，資本增加，社會就業人數就增加，從而產品也增加。這是作者以資本為中心，闡述了資本、資本的性質及其構成、累積和用途等；第三篇，作者主要考察了促進或阻礙國民財富增長的因素，論述了自羅馬帝國崩潰以來歐洲各國農業受阻抑的情況，和都市振興商業發展的作用，研究了各國發展產業的經濟政策，也就是各國經濟發展史；第四篇，作者敘述的是政治經濟學體系，評論了重商主義和重農主義。他全面批判了重商主義把貨幣和財富等同的觀點，及貿易差額論和國家統治對外貿易的政策；肯定了重農主義所認為在完全自由、公平的制度下國家才能繁榮的觀點，是「最接近於真理」，批評重農主義片面認為只有農業是生產的，而工商業是不生產的觀點。這一篇也就是經濟學說史；第五篇，內容類似於財政學，作者主要論述君主和國家的費用、公共收入的來源，以及國家財政稅收政策對國民財富增長的影響，主張限制君主和國家對經濟活動的干預，實行經濟自由主義。

　　《國富論》創立了以增進國民財富為中心的資產階級及政治經濟學理論體系。史密斯認為，資本主義制度是自然、永恆的、是最有利於生產發展的制度。自由競爭是「一隻看不見的手」，自然地調節生產的進行，國家干預私人經濟生活往往會有妨礙作用。在史密斯的觀念中，孤立個人的經濟行為就是按照人的本性進行的經濟活動，經濟規律就是最符合人的本性，所產生的經濟行為或經濟活動規律。他認為，聽任每個人自由地追求個人利益，就能更有效地促進社會的利益。因而他主張充分實行經濟自由，反對重商主義政策，反對國家干預經濟生活。這一經濟思想，貫穿

於他對各種經濟問題的論述。

關於分工，他認爲，個人的利己主義本性引起交換，進而引起分工，指出發展分工可以提高勞動生產力。關於交換，史密斯指出，在實行分工的社會裡，人們大部分需要靠互相交換勞動產品來滿足。關於貨幣，史密斯認爲，如果沒有貨幣，交換就發生困難，貨幣因而產生，敍述了貨幣產生的歷史事實，它在交換中的作用。在價值論上，史密斯清楚地區分了商品的使用價值和交換價值，指出一種商品可能有很大的使用價值，而只有很小的交換價值，或者，只有很小甚至沒有使用價值，卻有很大的交換價值。在考察交換價值時，史密斯提出了商品交換價值的「眞實尺度」和商品的「眞實價格」兩個概念，指出商品價值決定於物化在商品中的勞動規定，並看出創造價值的是生產商品所必要的勞動量，商品的價值量與這種必要勞動量成比例，這些都是古典勞動價值論的重大發展。他還說明了簡單勞動和複雜勞動的區別與聯繫，探討了「自然價格」（價值）和市場價格的關係，並且論述了價值規律對商品生產的調節作用。

史密斯覺察到，在現實的資本主義社會和前資本主義社會中，價值規律是有所不同的，在簡單商品生產條件下，商品直接按照耗費勞動決定的價值進行交換；在資本主義商品生產條件下，價值轉化爲生產價格是以價格爲中心來進行現實的交換。在資本主義條件下，勞動決定價值的規律產生不了作用了，把商品交換以生產價格爲中心，看成是由三種收入決定價值。在勞動價值論的基礎上，史密斯圍繞分配問題深刻地探討了剩餘價值的本質和起源，他研究了資本主義社會三種基本收入形式，即工資、利潤和地租。

作者把工資看成是勞動的報酬，在一定程度認識到資本主義制度下，工人的一部分勞動成果被生產資料所有者所佔有的剝削關係，工資只能等於維持工人生存的必要生活的價值，即勞動力的價值，而平均工資是生產費用的一部分，工人得到的工資，就是得到了自己的勞動的全部報酬。史密斯明確提出利潤和地租是勞動產品的扣除額，即把二者歸結爲勞動者生產工資等價物所用勞動之外的勞動追加量，歸結爲資本家和土地所有者佔有的無償剩餘勞動。這是史密斯首次把利潤看作剩餘價值的第一種形式，明確反對把利潤說成是資本家監督勞動的工資。

　　史密斯指出，地租是剩餘產品扣除利潤後的餘額，是在土地私有制基礎上產生的。他基本上說明了資本主義企業中三個階級的關係，正確認識到地租是工人的剩餘勞動所創造，說明了地租的眞正來源。史密斯在剩餘價值問題上所作的研究，在某程度上揭露了資本主義社會階級利益對立的經濟根源。他從分析三種收入進而分析三個階級，明確指出「以地租爲生、以工資爲生和以利潤爲生」的三大社會集團「構成了文明社會的三大主要和基本階級」，即土地所有者、雇傭工人和資本家。這種劃分表明，史密斯對資本主義社會的階級結構已比魁奈有更爲清楚的認識，特別是他首先把資本家和雇傭工人作爲兩個獨立的基本階級區別開來，這是史密斯對階級理論的一個重要貢獻。在對各個階級及其相互關係所作的經濟分析中，史密斯也接觸到了資本主義社會各階級的經濟利害關係。此外，史密斯對資本、累積、人口、生產勞動、再生產、國民收入、國家的經濟職能和財政等等問題，也提出了不少創見。

　　由於史密斯受到階級和歷史條件的侷限，由於他的研究方法

具有雙重性，一方面探索各個經濟範疇的內在聯繫，另一方面又僅僅描繪資本主義經濟現象中表面的聯繫，因此在他的理論觀點中不可避免表現出雙重性，即一方面在一定程度上正確揭示了資本主義經濟關係的內在規律性，另一方面又僅對經濟現象作一般的描述和概括，因此經常是正確的觀點和錯誤的觀點交錯在一起，特別是他未能區分剩餘價值的一般形式和其特殊形式，把剩餘價值混於利潤和地租，也使他的剩餘價值理論產生不少矛盾和缺陷；有時他用資本家的「興趣」來說明利潤，把地租說成是「自然的產物」，更是明顯的錯誤。這些在史密斯的整個政治經濟學的理論體系中居次要地位。

　　史密斯的經濟理論對無產階級政治經濟學的產生具有重大的影響。馬克思在創立自己的經濟理論、實現政治經濟學的偉大變革的過程中，批判地吸收了史密斯的各種理論，特別是他的勞動價值理論和剩餘價值理論中，科學成分和合理因素，克服了這些理論所包含的矛盾和缺陷。史密斯的經濟學思想對資產階級經濟學的發展也有深遠影響，對當時英國和歐洲各資本主義國家的經濟發展都有重大的促進作用。

李嘉圖的 政治經濟學及賦稅原理

大衛・李嘉圖（一七七二年～一八二三年）英國經濟學家，古典政治經濟學的完成者。生於英國倫敦一個信奉猶太教的交易所經紀人家庭，十一歲時在荷蘭阿姆斯特丹猶太教義學校學習，十四歲回倫敦進證券交易所，從事證券買賣，後獨立經營交易所，二十五歲時成為英國金融界富有人物，一七九九年讀了史密斯的《國富論》後對經濟學產生濃厚興趣，一八一九年當選英國下議院議員。

李嘉圖所處的時代，正是十九世紀英國產業革命取得巨大勝利的時代，當時，日益壯大的工業資產階級正在為自己奠定物質技術基礎，並繼續和舊的經濟殘餘及政治勢力進行抗爭。但由於英國資產階級革命的不徹底，政權落在資產階級化的土地貴族手中，他們長期維護舊的政策法令，保護並擴大自己的經濟利益，限制工業資本的發展，階級矛盾日益加深，兩者之間一度存在著妥協破裂。李嘉圖的《政治經濟學及賦稅原理》（以下簡稱《原理》）正是在這一歷史條件下問世的。本書初版於一八一七年，一八一九年、一八二一年分別出第二、第三版。

《原理》共三十二章，闡述了價值理論、分配理論、貨幣理論、自由貿易理論、經濟危機、賦稅問題，包括了李嘉圖全部的政治經濟學理論。書中的理論體系以分配問題為中心，一方面在勞動價值論的基礎上論述工資、利潤和地租等範疇及其相互關係，另一方面又注重關心利潤的增長和生產力的發展，力圖透過對各階級收入分配的分析，來論證有利於資本主義生產發展的條件。在價值理論的論述上，李嘉圖用勞動價值論貫穿自己的所有

理論體系。他認為，勞動時間是價值的唯一基礎，商品價值的大小由其中所包含的勞動量來決定；並指出，勞動決定價值的規律，不僅適用於過去，也支配著表面上與它矛盾的資本主義生產關係。李嘉圖接受史密斯對使用價值和交換價值的區分，指出使用價值雖不是交換價值的尺度，但對交換價值來說是不可少的，認識到使用價值是交換價值的物質承擔者。

李嘉圖批評史密斯購買勞動決定價值的觀點，把由勞動時間所決定的價值稱作「絕對價值」，「真實價值或價值一股」，把表現在另一個使用價值上的交換價值稱作「比較價值」或「相對價值」。李嘉圖不同意史密斯的三種收入決定價值的觀點，贊成把商品價值分解為三種收入，但不能認為三種收入對構成交換價值；還證明了工資、利潤和地租的變動不會影響商品的價值量，只影響三者之間的分配比例。強調商品的價值不僅包括直接投入的勞動所創造的價值，還包括生產時所耗費的資本即生產材料的價值，生產材料的價值也是由勞動創造的。

他在論述級差地租時指出，商品的價值量不是由每個人生產商品時實際耗費的勞動量決定的，同質同量的商品在市場上只能賣相同的價格，商品的價值是由社會必要勞動量決定的。在論述簡單勞動和複雜勞動的計量問題時，在市場上難度大、技術要求高的勞動，必然會經過競爭、討價還價後被折算為加倍的簡單勞動，但卻沒有闡明不同質的勞動為何會被歸結為量的區別。

李嘉圖的分配理論是以其勞動價值論為基礎的。在分配論中堅持這樣的思想，勞動在生產中所創造的價值是各種所得的唯一源泉。生產物品的價值分解成工資、地租、利潤等，並不能動搖生產中所消耗的勞動量決定商品價值這一原理的正確性。社會總

產品要在三大階級之間進行分配，從而造成三大階級之間的矛盾。書中還著重分析利潤與工資的對立、地租與利潤的對立、地租與全社會利益的對立。李嘉圖的地租理論是在英國經濟學家安德森所創立的級差地租論的基礎上發展起來的，他有意識地把地租理論同勞動決定價值的規律聯繫起來，強調地租不是決定價值的原因，而是農產品價格提高的結果。按作者的定義，地租是為了使用土地的原有和不可摧毀的生產力，而付給地主的那一部分土地產品，地租來源於農業中的超額利潤，劣等地沒有超額利潤，也就沒有地租。

關於工資，《原理》考察了資本主義的相對工資，從社會關係的觀點，說明了工人階級的社會地位，不是取決於工資的絕對數量，而是取決於相對數量。在貨幣理論方面，李嘉圖與史密斯一樣，把貨幣學說與勞動價值論聯繫起來，認為貨幣的價值同其他商品的價值一樣是取決於其生產時所花費的勞動量，但他認為，貨幣的價值是在流通過程中形成的，取決於流通過程中貨幣數量。他透過考察貨幣與商品交換時量的比例關係，得出了一條重要的一國所需貨幣流通量的原理，即當一國內商品流通量與價值量假定為已知數時，它所需的貨幣量必然取決於其價值，貨幣本身的價值大小與所需貨幣量的多少成反比。

李嘉圖主張自由貿易學說。作者根據史密斯的國際分工理論，論證了國際專業化的好處，並在此基礎上發展了比較成本學說。他認為，進行國際貿易，每個國家專門生產對自己最有利的商品，彼此互相交換，就會得到最大好處。他強調，國際貿易與國內貿易不同，在國內，資本和勞動可以自由轉移，形成統一的市場價值。而在國與國之間，資本和勞動就不能隨意轉移，因

此，支配一國中商品交換的規律，不適用於與其他國的交換。但李嘉圖認為國際間的商品交換，不是按照各商品生產所花費的勞動量來進行，而是按照這些商品在各個國家自行生產所花費的比較勞動量來進行，主張由比較生產費來決定。

李嘉圖於再生產理論上接受了史密斯關於商品價值僅僅分解為收入的觀點，把資本累積看成是剩餘產品由生產工人消費，把剩餘價值的資本看作是剩餘價值轉化為勞動力。在論及經濟危機時，他以產品總是用產品購買的公式來論證買與賣的統一，供給與需求的統一；資本主義的消費將同生產一起增長，生產增長能帶來消費的擴大，生產不會受消費的限制而能無限向前發展，因此，只有暫時性的局部生產過剩，普遍性的生產過剩的危機是不可能的。這樣，李嘉圖拋開了資本主義現實的經濟，用生產與消費、供給與需求的抽象統一性，否定了現實的經濟矛盾，否認了經濟危機的可能性。

《原理》用相當篇幅論述了賦稅的一般原理，分述了各種賦稅，著重分析稅收的來源，稅收對各階級收入和發展生產的影響。李嘉圖讚賞史密斯提出的「公平、確實、便利、經濟」四大賦收原則，認為國家不可因徵稅而妨礙資本主義的發展，主張增加對地主的課稅，減輕由資本負擔的課稅，因此最適宜課稅的對象是地租，這種課稅不會減少資本，不會損害消費者利益，可以維護資本的利益和生產發展的需要。從以上可以看出，李嘉圖把資本主義社會看作自然的、永恆的社會，對它的經濟範疇僅作量的分析。

李嘉圖的經濟學代表了一個力圖發展生產力、擴大生產的產業資產階級利益，它力圖證明資本主義生產關係比封建主義生產

關係更能促進生產力發展，更能增加財富。因此，李嘉圖把資本主義生產方式當做一般生產最有利的方法，當作財富生產最有利的方法，在當時是正確的；他冀求爲生產而生產，也是正當的。他堅持和發展勞動價值論，認識到使用價值是交換價值的物質前提，把商品價值由勞動時間決定的理論貫徹始終；認識到商品的價值取決於生產中所耗費的勞動量，價值量與所耗費的勞動量成正比，與勞動生產率成反比；區分了簡單勞動和複雜勞動，認識到決定商品價值的勞動量，既包括直接勞動①，又包括間接勞動②，不是個別勞動，而是社會必要勞動…等，這些都是李嘉圖的主要貢獻。

---

①直接勞動指活勞動。
②間接活動指物化勞動。

約翰·穆勒的 政治經濟學原理

　　約翰·穆勒（一八〇六年～一八七三年）是十九世紀英國著名的哲學家、經濟學家、邏輯學家。生於倫敦，十四歲派居法國，研究化學、植物學和高等數學，並精通法文；一八二一年回國研究心理學和羅馬法。此後曾在東印度公司工作，並從事學術活動，出版過有關邏輯學和政治經濟學方面的專著。穆勒一八六五～一八六八年在西敏寺區當選爲下議院議員，一八六八年成爲世界第一個婦女選舉權協會創辦人之一，一八七三年死於阿維尼翁。

　　十九世紀，英國的產業革命取得巨大勝利，新興的工業資產階級與土地貴族的矛盾日益加深；亞當·史密斯的《國富論》，其經濟理論體系已被認爲不完善，其中很多內容已經過時。爲了總結那些曾推動十九世紀前半葉政治形勢發展的經濟理論，用當時最好的社會思想來證明社會經濟現象，穆勒決定撰寫一本適應於當時更廣泛的知識和先進思想的「現代《國富論》」，並對李嘉圖的學說作一些補充和引申的著作，即《政治經濟學原理——及其在社會哲學上的若干應用》（以下簡稱《原理》）。

　　《原理》是穆勒在政治經濟學方面的主要著作之一，一八四八年於倫敦初版，以後曾重版六次。全書共五篇，主要論述生產、分配、交換、社會進步對生產和分配的影響，及政府的影響等問題。《原理》首先確定了政治經濟學研究的範圍，認爲政治經濟學研究的物件是財富、財富的性質及其生產和分配的法則。但作者同時卻把社會經濟繁榮與衰落的原因，包括精神、心理和人類天性等因素也列入政治經濟學研究的範圍。接著，《原理》詳細

論述了生產規律與分配規律的不同性質，這是該書的中心論題，也是作者的經濟理論體系的基礎。

在作者看來，生產規律具有永久的自然規律性質，因此，他把一切時代的生產都歸結爲勞動、生產工具和土地等抽象要素的生產；分析生產一般條件的真實意圖是從生產的一般條件出發，來論證生產是不受歷史條件制約的，是純屬永恆的自然規律。對分配規律，《原理》認爲它與生產規律具有根本不同的性質，是一種具有歷史性質的規律。作者承認資本主義分配關係是一種暫時的歷史關係，是一種進步。

《原理》認爲，任何社會生產都必須具備勞動、資本及自然所提供的材料或動力這三個要素。對於勞動，作者認爲它既是體力和腦力的支出，也包括由這些支出引起的主觀感受。勞動所生產的效用有三種：一是固定並體現在外界物件上，這是生產物質產品的勞動；二是固定並體現在人身中，這是一切培植自身或他人的體力和智力的勞動；三是既不固定也不體現在任何物件上，這是給人們提供一定快樂或避免煩惱、痛苦的運動的勞動。但作者強調，一切直接或間接生產物質產品的勞動，都是生產性勞動，反之，則是非生產性勞動，調和了關於生產性勞動與非生產性勞動的傳統觀點。

對於資本，《原理》認爲資本是先前勞動生產出來，由蓄積而保存下來，用於維持生產性勞動的物質產品。對於自然所提供的材料與動力，《原理》認爲，它們是進行生產所不可缺少的必要條件，它們所包括的都不是勞動的生產物，而是生產的自然要素，即土地，因而提供農作物資源的土地是各種生產要素當中最主要的。

此外，《原理》還分析了生產諸要素增加的規律，認為生產的增加不僅取決於生產要素的生產效率，而且還依存於生產要素的增加。作者並在分析該規律時，把史密斯等人的資本累積規律和馬爾薩斯等人的土地報酬遞減規律及人口按幾何級數增長的「人口規律」綜合在一起進行論述，來證明生產規律是一種永久的自然規律。《原理》對資本主義分配的考察，首先分析的是工資。作者認為，工資主要取決於勞動的需求與供給，即取決於人口與資本；物價的漲跌，通常是透過影響勞動的供給來影響工資，或透過影響資本的增減來間接引起對勞動需求的變化並影響工資。而實際工資水平的決定，主要取決於人口的多少，取決於勞動人數及用來購買勞動的資本及其他基金的比例，作者把資本主義條件下工資低的原因歸之於勞動階級人口過多。接著，《原理》分析了利潤的性質，其來源、職業差異和平均比趨勢，以及利潤率的決定等問題。

　　作者認為，勞動者的工資是勞動的報酬，而資本家的利潤則是忍慾的報酬，總利潤分為：忍慾的報酬——利息、冒風險的報酬——保險費和管理的報酬——監督工資。對利潤的性質問題，穆勒一方面採納了經濟學家的上述觀點，另一方面又接受了李嘉圖的古典經濟學家的觀點，認為利潤來源於勞動，甚至來源於剩餘勞動。在分析利潤的來源和利潤平均化時，作者認為利潤產生的原因在於勞動生產力。在於勞動所生產的產品多於所耗費的產品，在於勞動者在生產了資本家以工資形式墊支的產品之後，有時間剩餘為資本家工作；否認了利潤是買賣的結果，取決於價格的觀點。

　　對利潤率的決定，作者認為，國家的利潤總量取決於生產物

的數量，即勞動的生產力，和勞動者在其生產物中所取得的比例，即勞動者的報酬與其生產額的比例。利潤率只取決於第二個因素，與勞動者的報酬成反比。勞動的效率、勞動的工資①和這真實報酬所含物品的生產費用或獲得費用支配了利潤率，利潤率的變動取決於一國任何時間誘使人們進行儲蓄，並把儲蓄轉爲資本的最低必須利潤率，而這種最低利潤率又取決於人們的遠慮和投資的安全。

對地租的闡述，作者基本上重述了李嘉圖的級差地租理論。《原理》在闡述價值理論時，認爲價值論不是政治經濟學的主題，財富的生產與價值無關，只有分配是由競爭決定時，才與價值問題有關，而交換依然是競爭社會中決定財富分配的根本法則，在商品社會中，價值問題仍是「根本問題」。關於商品的價值問題，作者區分了使用價值、價值、價格等概念，認爲使用價值就是商品滿足慾望或適合目的的能力，一物的交換價值不能超過其使用價值，把價值規定爲相對價值，否定價值是商品的內在屬性；把價格定義爲表示一物與貨幣的相對價值，當貨幣的一般購買力不變時，價格就表現爲該商品的一般購買力，它的交換價值，並承認價格會普遍升降，但否認價值（實際上是相對價值）會普遍升降。

穆勒在用生產成本解釋商品價值時接受了李嘉圖關於價值主要取決於耗費勞動，其次取決於工資、利潤的見解，而在分析工資、利潤等影響價值的具體機制時，否認了絕對價值的存在，僅把價值看成是商品之間交換的比例，從而工資、利潤等普遍變化

---

① 工資指勞動者的眞實報酬。

不影響價值。穆勒的價值論是生產費用論和供需論的調和折中，他認為，在國際貿易中生產費用決定商品價值的法則不適用，商品的價值主要取決於供需關係及商品交換比例的上、下限，這是對李嘉圖在比較成本學說的重要補充。

《原理》認為，社會經濟的進步即增長，主要表現為社會支配自然能力的增加，人身和財產的安全和自由支配權的增加，以及各種形式的合作能力的增加；經濟增長取決於人口增長、資本增加和技術進步。社會進步能增加地主財富，勞動者生活水準有所提高，而利潤有所下降；在作者看來，利潤下降，會使經濟增長停滯，這是一種財富分配公平、人口增長得到控制、勞動減輕、休閒時間增加、個人自由發展的「理想社會」。穆勒主張，人們的事務，應由切身利益攸關的人自由去經營，不受規律限制，不受政府人員干預。他由此認為，經濟增長的一般辦法和基本原理是自由放任，把經濟自由主義作為資本主義制度和政治經濟學的基本信條；他贊成政府對社會事業的干涉限在最狹的範圍之內，只能干涉一些與公眾便利最有關的事項。

總結而論，穆勒的這個混合主義，其經濟理論體系是對當時已經形成的各種經濟理論知識的一次大綜合，既包括了古典政治經濟學，也包含了一般政治經濟學，並且還汲取了資產階級改良主義和空想社會主義思想的某些觀點。穆勒的經濟理論在當時盛行了相當長的時期，對之後資產階級經濟學的進一步演變和發展產生相當大的影響。

馬克思的 資本論

　　《資本論》是馬克思最主要的著作，也是馬克思主義政治經濟學偉大的文獻。從十九世紀四十年代開始，直到馬克思逝世，他幾乎把畢生的精力都貢獻給這部書的研究和寫作。

　　當時，資本主義生產方式在歐洲一些國家發展迅速，資本主義社會所固有的種種問題明顯地曝露出來，無產階級反對資產階級的抗爭也日益尖銳化。爲了使無產階級徹底擺脫各種資產階級社會主義影響，同時在理論方面給資產階級一個致命的打擊，馬克思著手研究政治經濟學，準備寫一部批判資本主義制度和資產階級政治經濟學的著作。爲此，馬克思廣泛閱讀有關的文獻和資料，做出大量的摘錄、筆記，還深入研究了許多資產階級經濟學家的著作。僅僅在一八五七年十月至一八五八年五月寫出手稿，也就是後來的《資本論》，第一卷的最初草稿就有六、七十萬字。現在馬克思在各個時期寫的經濟學手稿，字數大概要以千萬字計。

　　《資本論》第一卷最初的德文第一版（一八六七年出版）共分六章：（一）商品和貨幣、（二）貨幣轉化爲資本、（三）絕對剩餘價值生產、（四）相對剩餘價值生產、（五）絕對剩餘價值和相對剩餘價值的進一步研究、（六）資本的累積過程。一八七三年經馬克思修訂後出版的德文第二版，調整了原先的篇章結構，把章改爲篇，把工資問題從第五章中劃分出來獨立成篇，總共爲七篇；把原先的節改爲章，共二十五章。此外，現行的第一卷還收有馬克思和恩格斯在不同時期寫的七篇序言和跋，論述了政治經濟學的物件、階級性和方法等問題，也是極其重要的馬克

思主義科學文獻。

　　《資本論》第一卷的研究物件是資本的生產過程，中心則是闡明剩餘價值的生產過程。其中的七篇可分為三個部分：第一部分是第一篇，闡述商品貨幣理論，分析商品和貨幣的屬性和本質，闡明勞動價值理論的各個基本原理。這一篇可以說是研究資本主義生產方式的「緒論」或「引言」。它所闡述的價值理論則是以後分析資本和剩餘價值理論的基礎。第二部分包括第二～六篇，闡述剩餘價值生產理論，分析了剩餘價值生產過程，揭示了資本的本質、剩餘價值的起源、資本主義剝削的秘密。因為有關資本本質和剩餘價值起源的理論是馬克思經濟理論的基石，所以這一部分可以說是《資本論》中具有決定意義的篇章。第三部分為第七篇，闡述資本累積理論，分析資本如何從剩餘價值產生，揭示資本累積的本質，資本主義累積的一般規律，指出資本主義累積的歷史趨勢。這一部分從分析資本累積的過程，得出資本主義必然滅亡的結論，可以看作是整個第一卷的總結。

　　《資本論》第一卷出版以後，馬克思於一八八三年三月十四日病逝，使他最終未能完成這部鉅著的續寫和修訂，因此第二卷和第三卷的整理編輯工作落在恩格斯的肩上。恩格斯也的確沒有辜負亡友的囑託，前後花了將近十二年的時間，終於在一八八五年七月出版了《資本論》第二卷；在一八九四年十二月，也就是他逝世前半年多，出版了第三卷。

　　馬克思為第二卷擬定的標題《資本的流通過程》，說明了這一卷研究的主要內容。他解釋說：「在第一卷中，我們研究的是資本主義生產過程本身，作為直接生產過程考察時呈現的各種現象，而撇開這個過程以外的各種情況所引起的一切次要影響。但

是，這個直接的生產過程並未結束資本的生活過程。在現實世界裡，它還要由流通過程來補充，而流通過程則是第二卷研究的物件。」

《資本論》第二卷共有三篇。第一篇題爲《資本形態變化及其迴圈》，研究了資本迴圈過程經歷的階段，資本在其迴圈過程不同階段中所採取的形式，以及資本的各種形式在運動中從出發點又回到原出發點所形成的迴圈形式。第二篇爲《資本周轉》，研究了資本由流通過程得到的兩種新形式——固定資本和流動資本，考察了資本的流通速度及其對剩餘價值產生的影響。第三篇爲《社會總資本的再生產和流通》，研究了社會資本再生產的實現條件。前兩篇論述個別資本流通的形式和條件，後一篇則論述社會資本流通的形式和條件。

《資本論》第二卷是在第一卷研究資本主義生產過程的基礎上，進一步研究了資本的流通過程。這個過程是資本主義生產過程的繼續和補充，同時又是第三卷研究資本主義生產總過程的引言。所以，恩格斯在第二卷序言中說：「對第二卷的卓越研究，以及這種研究在至今幾乎還無人進入的領域內所取得的嶄新成果，僅僅是第三卷內容的引言。」

第三卷題爲《資本主義生產的總過程》，全卷分爲七篇。第一、二、三篇闡述的是平均利潤和生產價格的理論；第四篇闡述了商業資本和商業利潤的理論；第五篇闡述了生息資本和利息的理論；第六篇闡述了土地所有制和地租的理論；第七篇闡明了分配關係和生產關係的關係，進一步揭示資本主義生產方式的對抗性質和歷史暫時性質，指出解決這個對抗性的社會生產方式的道路。恩格斯在第三卷的序言中說過，第三卷是馬克思這一主要著

作的「理論部分的終結」，闡明了「馬克思對資本主義基礎上的社會再生產過程所研究的最終結論」。它揭示和說明了資本運動過程作爲整體考察時所產生的各種具體形式，闡明了剩餘價值的分配規律。

057▶人口是不可預測的變數

馬爾薩斯的 人口論

　　湯瑪斯・羅伯特・馬爾薩斯（一七六六年～一八三四年），英國十八世紀末十九世紀初的資產階級人口學家、庸俗政治經濟學的奠基人和主要代表，一七八四～一七八八年在劍橋大學耶穌學院學習哲學和神學，並獲文學士學位，一七九一年又獲該校文科碩士學位，一七九三年任該校耶穌學院研究員，一七九八年入英國教會僧籍，並擔任奧爾堡的牧師，一八〇五年後一直在東印度公司創辦的黑利伯里學院擔任近代史和政治經濟學教授。一八一九年當選英國皇家學會會員，一八三四年病逝。

　　《人口論》是十八世紀西歐的經濟、政治思想發展的產物。英國是西歐資本主義生產先進的國家之一，由於工業革命促使英國經濟空前高漲，國民財富銳增，人口也因此迅速增加。但資本主義機器工業的發展使廣大工農群眾生活狀況急劇惡化，失業和貧困日益成為英國嚴重的社會問題。當時，法國正在進行的大革命對英國產生很大影響，促進了英國勞動大眾反抗鬥爭的熱情。於是，在英國出現了 W・葛德文等主張社會改革的思想家，其思想十分吸引人心。為此，英國統治者迫切需要消除法國大革命和社會改革論思想的影響，《人口論》就是適應這種需要而問世的。

　　《人口論》在馬爾薩斯生前出過六版。一七九八年匿名出第一版，書名為《論影響社會改良前途的人口原理，以及對葛德文、孔多塞先生和其他作家推測的評論》；一八〇三年出第二版，書名改為《人口原理對於人類幸福之過去及現在之影響的考察，附考察將來關於消除或緩和由人口所引起災難的前景的研究》（簡譯為《人口原理》或《人口論》），字數擴大為二十多萬字；一八〇

六年出第三版，一八○七年出第四版，一八一五年出第五版，一八二六年出第六版，每版都有新變動，但基本觀點不變。

　　馬爾薩斯撇開社會制度，根據他的「食物為人類生存所必需和兩性間的情慾是必然的」這兩條所謂永恆性法則，認為人口的增長，不管有無婚姻法存在，天性和美德似乎會促使青年男女早日結合，如果沒有減少人口的原因，人口將會很快增加；人口如不受限制，則每二十五年以幾何級數增加。而食物增長受土地的限制，不能像人口那樣增長，在最有利的人類勞動條件下，食物生產的增加，每二十五年只能以算術級數增加。由此，馬爾薩斯得出結論，人口增殖的能力比土地生產生活資料增殖的能力，要大得多。同時指出，人類不變的情慾所導致人口增長比生活資料增長快，而自然法則卻要求兩者保持平衡，所以要靠對人口的抑制來校正人口與生活資料的不平衡。馬爾薩斯指出，對人口抑制有兩類，一類是積極抑制，即透過包括由罪惡和苦難而產生，會縮短人的壽命的各種原因，如各種髒累的職業或勞動、極度貧困、疾病、傳染病、饑荒、瘟疫、戰爭等來提高人口死亡率以減少人口；另一類是預防抑制，也稱道德抑制，就是用理性約束人們不結婚、晚婚和嚴守性道德的辦法來降低人口出生率以限制人口增長。

　　馬爾薩斯用收集到世界各地對人口的抑制的資料來證明自己的觀點，並把它們歸納為三個命題，即：第一，人口增加必然為生活資料所限制；第二，除非受到某種非常有力而顯著的抑制，人口一定會堅定不移地隨生活資料的增長而增長；第三，這些抑制以及那些遏止人口優勢力量並使其結果和生活資料保持同一水準的抑制，可以歸納為道德的抑制，罪惡與貧困。這些就是馬爾

薩斯所說的支配人類命運的人口自然法則中的基本內容，也是馬爾薩斯主義的基本內容。

　　馬爾薩斯認為，財產私有制是人口自然法則作用的結果，失業和貧困並不是社會制度造成的，它們也是人口自然法則作用的結果，任何社會改革都不可能消除人口自然法則的壓力。在馬爾薩斯看來，實行平等制度是不可能成功的，在平等制度和財產公有的情況下，實行婚姻自由，改善和提高了人們的生活水準，就勢必會刺激人口增加，但生活資料的增長總是有限度，即使建立起平等的社會制度也必然會夭折。因此，馬爾薩斯認為，只有私有制才會激勵人們努力，才會使人們出自自身利益的考慮，自然地限制早婚，自動抑制人口繁殖，而不致因縱慾生殖過多的子女；但在公有制下，自然限制早婚的辦法只好用人為的法律制度來代替，而這種人為的制度，必然比私有財產制度加在每個人身上撫養子女的道德責任所造成的手段還要殘酷得多，也不近人情得多。馬爾薩斯讚美私有制是發展人類的能力和智慧，培養和提高人類德性的最良好的制度。

　　馬爾薩斯還極力反對英國當時實行的濟貧法，認為濟貧法非但不會解決窮人的苦難，而且會使窮人的狀況更惡化。在馬爾薩斯看來，濟貧法使本來無力維持家庭的窮人也能結婚，生育子女，使人口增多；但養活人口的糧食不會增加，結果是窮人製造窮人。濟貧法還會減少社會上更有價值的優秀勤勞的社會成員本來應享有的生活資料，有可能迫使他們也要求救濟。馬爾薩斯斷言，下層階級的貧乏是根深蒂固的弊害，不是人類智力所能醫治的，濟貧法只會更助長貧民的不節儉習氣，只顧眼前，不顧長遠，也可以說，窮人沒有被救濟的權利。

馬爾薩斯還把極其複雜和變化多端的人口問題歸結爲簡單的兩個等式，一是人口的自然繁殖；二是植物（或生活資料）的自然繁殖，把歷史上不同的關係變成一種抽象的數學關係，把一定數量的人與一定數量的生活資料聯繫在一起。馬爾薩斯把人類社會與動植物界等同起來，抽象地從人的情慾中引申出所謂永恆的自然的人口規律，這抹殺了社會生產方式對人口規律所產生的作用。事實證明，在整個人類社會發展中，並不存在人口增長總快於生活資料增長的絕對規律，人類科學技術的進步會使生活資料增長速度超過人口增長速度。歷史也證明，每一種特殊的歷史的生產方式都有其特殊的歷史地起作用的人口規律，抽象的人口規律只存在於歷史上還未受過人干涉的動植物界。馬爾薩斯描繪的失業、貧困、罪惡事實上都是資本主義社會存在的特殊現象，而不是人口增長超過生活資料的結果。而馬爾薩斯的錯誤在於用抽象的人口規律來代替對特定的生產方式的人口規律的分析，用以掩蓋資本主義下社會失業和貧困的眞正根源。

《人口論》的出版引起了學術界的普遍注意，人口學說也逐漸發展成一門獨立的學科，儘管人們對作者提出的一些主張和方法有爭議，但畢竟該書在人口學說史上佔有了重要的地位。人口問題是一個眾目關注的問題，需要我們深入仔細研究。

凱恩斯的 就業利息和貨幣通論

　　約翰・梅納德・凱恩斯（一八八三年～一九四六年），現代西方經濟學最具影響力的英國經濟學家之一。一九〇五年畢業於英國劍橋大學，獲數學學士學位，一九〇六～一九〇八年在英國財政部印度事務部工作，一九〇八年起在劍橋大學講授經濟學，隔年創立政治經濟學俱樂部，一九一一～一九四四年擔任英國皇家經濟學會《經濟學雜誌》主編，一九三〇年任英國內閣經濟顧問委員會委員，一九四一年任英格蘭銀行董事，一九四二年被晉封爲勳爵，一九四四年率領英國代表團出席在不列敦森林召開的國際貨幣金融會議，並擔任國際貨幣基金組織和國際復興開發銀行的董事，一九四五年作爲英國首席代表參加向美國借款的談判，一九四六年在國際貨幣基金組織和國際復興開發銀行的第一次會議上，他與美國財政部長發生尖銳衝突，回英後不久，猝死於心臟病。

　　凱恩斯早年就從師於馬歇爾和庇古等經濟學家，受古典經濟學派理論觀點的薰陶，贊同借助於市場供需力量自動地達到充分就業的均衡狀態，就能維持資本主義的觀點，所以他一直致力於研究貨幣理論，從二十世紀三十年代前凱恩斯出版的《貨幣改革論》、《貨幣論》等著作就可看出這一點。面對第一次世界大戰後英國陷入了長期的經濟失調和嚴重失業的困境，凱恩斯認爲這是國家經濟緊縮所造成的後果，他主張本國政府採取通貨管理政策，透過價格控制來調整經濟。隨著一九二九～一九三三年的經濟危機，傳統的經濟理論既無法解釋經濟危機中出現的經濟蕭條、失業嚴重等各種經濟現象，又不能提供「有效的」良方來解

除危機。凱恩斯正是處在這種危難之中，專心致志地研究經濟理論。一九三六年《就業利息和貨幣通論》的出版（以下簡稱通論），標誌著凱恩斯背離傳統的古典經濟理論，創立了獨立的新經濟理論體系，也引起了經濟理論戰線上的一場革命——「凱恩斯革命」。

《通論》著重研究影響並決定總產量（或總收入）和總就業水平的各種因素。凱恩斯把就業理論放在第一位，利息理論和貨幣理論是就業理論的基礎和組成部分。

關於就業理論，傳統經濟理論的「充分就業均衡」是建立在供給本身自行創造需求這一理論基礎上的，從「均衡價格理論」出發，把資本主義經濟描繪成一部可以自己調節的機器，不僅可以自行解決一時的失調，而且還可使社會各種資源得到充分使用，即就業量始終能保持在充分就業的水準，每個人就能得到最大滿足。

凱恩斯認為，在資本主義經濟中，「充分就業均衡」只是一種「特殊情況」，在通常情況下，只存在一種「小於充分就業的均衡」。凱恩斯自稱這個「小於充分就業的均衡」理論，就是既能解釋充分就業的情況，也可解釋小於充分就業的情況的通論，它的理論基礎就是凱恩斯的「有效需求」理論。凱恩斯認為，一個國家的就業水準取決於有效需求，有效需求是指商品的總供給價格與其總需求價格達到均衡時，社會對商品的總需求，而這個總需求是由總消費需求和總投資需求構成的。資本主義經濟制度中之所以經常存在「小於充分就業的均衡」，而不是「充分就業均衡」，就是取決於「有效需求」的不足，也就是消費需求和投資需求不足。

為什麼會出現這種「有效需求」的不足？《通論》認為，主要是由於「消費傾向」、「流動偏好」以及「對資本的未來收益的預期」這三個「基本心理因素」產生作用，這些因素分別支配消費需求和投資需求，從而也決定著有效需求及就業總量。按《通論》所說，「消費傾向」這個「基本心理因素」往往與「基本的心理上的規律」相聯繫，即人們願意隨收入的增加而樂於增加自己消費絕對數額。但其消費的增加總不如收入增加得快，結果是消費部分在收入中的比例隨著收入的增加而不斷下降，因而引起消費需求不足。對「投資需求」不足，《通論》指出有兩個原因。其一是對資本的未來收益的「預期」過低，也就是「資本邊際效率」過低，這反映了在其他條件相同的情況下，資本家對利潤率的「預期」，將隨著投資的增加而降低的這樣一種「基本心理規律」。其二是利率過高，《通論》認為，對貨幣的供需決定利率的高低，而對貨幣的需求，又取決於人們的心理因素——「流動偏好」，即人們總想保留部分貨幣來進行投機活動的願望。《通論》指出，利息就是給予人們放棄這種「流動偏好」的報酬，如果人們「願望」保留貨幣越強烈，資本家就必須支付越高的利率來獲取貨幣資本。因此，如資本家預期的利潤率比利率低，則不願投資，其結果必定是「投資需求」不足。

　　《通論》認為，在上述「三個基本心理因素」中對資本未來收益的預期即資本邊際效率的作用居主導地位，造成經濟危機的主要原因就在於「資本的邊際效率」的「突然崩潰」。因此，資本主義不存在自動達到充分就業均衡的機制，主張政府干預經濟，政府透過各種政策，特別是財政政策來刺激消費和增加投資，以實現充分就業，而消費傾向在短期內則是相對穩定的，所以，只有

透過增加投資需求，才能達到充分就業。《通論》還指出，投資
一變動，收入和產出也會相應變動，並產生一種乘數效應，因而
政府更應該多投資，來促使國民收入成倍數增長。

關於利息理論。傳統經濟學認為，「等待」和「抑制消費」
所得到的報酬是利息，而利率則取決於儲蓄即資本的供給與投資
即資本的需求，認為可以利用利率的充分伸縮性，使儲蓄與投資
趨向一致，來達到「充分就業」。與此相反，《通論》認為，利率
的伸縮性，能使貨幣的供給與需求趨向一致，但並不能使儲蓄與
投資趨向一致。作者用「流動偏好論」來代替傳統的「時間偏好
論」，指出人們需求貨幣的這種流動偏好的動機有三類：交易動
機、預防動機和投機動機。這種流動偏好決定貨幣需求量越強，
對貨幣的需求就越大，因而利率也就會越高，而高利率則是阻礙
投資，並進一步影響就業率的重要因素之一。作者主張政府用增
加貨幣供給量的辦法使利率下降，來刺激投資；但作者又指出，
由於這種貨幣需求對利率有很大彈性，就是在經濟衰退時期，利
率已很低，而貨幣需求的需求彈性仍有可能變得無窮大，並阻止
利率進一步下降。這時，即使政府大量地增加貨幣，仍可能無法
達到充分就業。因為，在利率低而證券價格高的情況下，人們會
增加貨幣的持有，政府增加的貨幣供給量被人們所吸收，而人們
增加了貨幣的持有，卻並不用於投資，利率自然就不會下降。因
此，《通論》強調，在當時大蕭條的情況下，政府採取直接增加
政府開支的財政政策，比採用增加貨幣供給量、降低利率以刺激
私人投資的貨幣政策更為必要，更為有效。

在工資理論方面。傳統理論認為，當存在失業時，可以降低
工資，來恢複充分就業；認為工資率的充分伸縮性，能給經濟社

會最終帶來充分就業。《通論》則反對用降低貨幣工資率的辦法來增加就業，認為降低貨幣工資率就會相應地降低社會總需求，促使市場進一步萎縮，物價日趨下跌，這反過來又會促使企業主的債務負擔加重，使投資者喪失投資獲利信心。同時，削減工資還往往會激起工人群眾的反抗，造成不良後果。因此，《通論》主張與其削減工資會遭到工人的反抗，不如實行一種「剛性貨幣工資政策」，在保持貨幣工資不變的情況下，同時增加貨幣供給量，透過物價上漲，即通貨膨脹的辦法來降低實際工資，提高「資本邊際效率」，以刺激企業主的投資，這辦法比降低名義工資的辦法更聰明而易行。

關於貨幣工資。傳統貨幣理論認為，貨幣只是一種更便於交易的流通媒介，人們持有貨幣只是為了保持購買力，任何的賣都意味著買，也就是供給會創造自身的需求；在完全競爭條件下，供需力量會使經濟社會保持在充分就業的產出水準，貨幣是中性的，其數量變化，只會改變經濟活動的名義量值，並決定經濟社會的一般價格水準，而不影響其實際量值，因此，把貨幣因素排除在經濟理論體系之外。《通論》則認為，貨幣不僅是一種交換媒介，它也是一種可儲藏的財產，不一定用於購買，它還可用於投機目的。因此，需求就不一定等於供給，貨幣也並非中性的，貨幣數量的變化，會導致就業和實際產出的變化。但當利率降到一定水準時，即使增加貨幣供給量也不能再降低利率，同時也不能增加就業和投資。《通論》還否定了貨幣供給量對物價產生直接影響，貨幣數量的變化引起物價水準的同比例變化這種傳統的貨幣數量說的觀點；認為貨幣供給量對物價無直接影響，消費傾向和投資傾向都是「實際的」傾向，與貨幣供給量無關。

另外，在分析方法上，傳統經濟學一般用「微觀經濟分析」或「個量分析」，側重於單個企業或單個消費者的經濟行為分析以及單個商品、單個生產要素的供需與價格均衡關係的分析；而《通論》則是用「宏觀經濟分析」或「總量分析」，側重總收入、總需求、總供給、投資、消費、就業水準、物價水準等總量之間相互關係的分析。

《通論》的出版，震撼了西方經濟學界和政界。在戰後的幾十年間，凱恩斯的學說不僅在西方經濟學界取代傳統經濟學理論而居於主流地位，而且影響著許多西方國家的經濟政策，因此，不少西方經濟學家把《通論》與史密斯的《國富論》及馬克思的《資本論》並列為三本同樣偉大的著作，把從《通論》出版開始到二十世紀六十年代中期這一時期稱作「凱恩斯時代」。直到今天凱恩斯的理論和政策觀點的影響仍是不可忽視的。

薩繆爾森的 經濟學

保羅・安東尼・薩繆爾森（一九一五年～）是美國哈佛大學經濟學博士，麻省理工大學經濟學教授，美國《新聞週刊》撰稿編輯。一九四一年獲哈佛大學大衛・威爾斯獎金，一九四七年獲約翰・貝茨克拉克獎章，一九六一年為美國經濟協會會長，一九五三年為經濟計量協會會長，一九六五～一九六八年為國際經濟協會會長，一九六八年後任榮譽會長，一九七〇年獲亞伯特・愛因斯坦獎章，並獲得諾貝爾經濟學獎，歷任美國政府幾個財政金融機構的顧問。

薩繆爾森的著作涉及範圍很廣，其研究成果包括西方經濟學的許多方面，主要有：消費者行為理論和資本理論；增長理論；數理經濟學的各類專題；福利經濟學；國際貿易理論；財政政策和收入決定；公共支出純理論；經濟學方法論；經濟思想史；有價證券選擇和投機市場理論，以及人口經濟學。影響最大的是《經濟學》，該書自初版以來，一直流行於西方經濟學界，被推崇為極受歡迎的大學經濟學教科書，銷路廣，曾被譯為日、法、德、西班牙、義、葡、阿拉伯…等國家的文字。本書自一九四八年初版至今，已再版十四次。

《經濟學》（第十版）共分六篇四十三章。第一篇闡述了西方經濟學的基本概念和國民收入理論；第二篇介紹了西方宏觀經濟學的基本理論和財政主張，即新古典綜合體系關於經濟穩定和經濟增長的理論，以及透過需求管理來實現既無通貨膨脹，又無失業的政策建議；第三篇論述了西方微觀經濟學關於價格和競爭的理論；第四篇概括了西方微觀經濟學關於收入分配的理論；第五

篇闡明了西方國際經濟學的基本理論和政策主張，根據新古典綜合體系關於開放經濟條件下的收入均衡學說，提出實現國際收支均衡的建議；第六篇反映了新古典綜合體系對西方國家陷入的經濟困境的看法，對其資本主義制度前景的分析，並對與自己學說對立的經濟理論作出評論。薩繆爾森的《經濟學》之所以能代替舊的西方經濟學教科書而風行一時，其主要原因就在於該書的理論體系。作者把以馬歇爾為代表的傳統庸俗經濟學和凱恩斯主義合併在一起，把前者稱為微觀經濟學，把後者稱為宏觀經濟學，形成了新古典綜合理論體系，也被稱為後凱恩斯主流經濟學。

薩繆爾森《經濟學》中是怎樣進行「綜合」的呢？

一、作者在宏觀經濟學範圍內，把新古典派的「均衡論」與凱恩斯的「有效需求論」加以「綜合」，提出國民收入決定理論。在《經濟學》中，作者吸收了凱恩斯的有關資本主義經濟中，不可能「自動調節」來保持「充分就業」，必須依靠「國家調節」的論點，同時，作者也繼承了新古典派的「均衡」觀念，作為自己宏觀經濟模式的基本指導思想，宣揚自發的市場力量，利用四十五度線圖形，來表現總需求（投資、消費和政府支出）與供給（國民總產值）之勢的函數關係，闡明了均衡收入水平的決定過程。最後，作者還借助於「庇古效應」，論證了在工資、價格具有「無限伸縮性」的條件下，薩伊把資本主義經濟描繪為無危機的「充分就業均衡」是對的；在工資、價格不具備「無限伸縮性」的條件下，則凱恩斯所表述的「小於充分就業的均衡」是對的，並指出在一定情況下，借助於內在穩定器和謹慎使用財政政策和貨幣政策，就可以實現既無經濟危機又無通貨膨脹的「充分就業均衡」。

二、作者把宏觀經濟學和微觀經濟學加以「綜合」，提出為微觀經濟分析創造一個「充分就業」的宏觀經濟環境。薩繆爾森認為，西方國家的經濟是一種「混合經濟」，由公共經濟和私有經濟部門組成。凱恩斯宏觀經濟學基本上適用於公共經濟部門，而傳統的微觀經濟學基本上適用於私有經濟部門，但兩種經濟的目標不一，前者在於「經濟穩定」、「經濟人道化」、「公正」，後者在於「經濟的自由」、「效率」，作者為了兼顧這兩個目標，提出把市場機制的作用和「經濟穩定」目標聯繫起來；在方法上，作者提出有必要以生產要素供給的分析作為宏觀經濟分析、需求分析的補充。作者還強調「經濟學要研究生活質量問題」，使經濟學的宏觀和微觀兩部分結合得更緊密。

三、作者對收入分析與貨幣分析加以「綜合」，也就是對財政政策和貨幣政策加以「綜合」。薩繆爾森既反對「貨幣作用根本不重要」的財政主義極端觀點，也反對「把貨幣作用誇大」的貨幣主義極端觀點，提出了財政政策和貨幣政策相結合的宏觀管理體制。他主張的宏觀財政政策是：經濟危機時增加政府支出和減稅，以擴大總需求，並實行赤字財政；經濟高漲時則緊縮政府支出和增稅，以防止總需求過度膨脹。他主張的貨幣政策是：經濟危機時擴大貨幣供給量，降低利率，以刺激投資和抑制儲蓄，從而擴大總需求；而經濟高漲時則縮減貨幣供應量，提高利率，以抑制投資和鼓勵儲蓄，從而縮減總需求。作者認為，有了這套補償政策，就可以實行一個「沒有通貨膨脹且充分就業」的經濟。

四、作者把公共經濟部門與私人經濟部門加以「綜合」，提出政府調節與私人經濟相結合，壟斷和競爭相結合的「混合經濟」制度。薩繆爾森指出，在混合經濟中既要有私人經濟，即私人自

由企業，又要有政府對經濟實行管理。他在書中用經濟理論既說明了自由企業是如何從事經濟活動，又說明了國家是如何在經濟上發揮作用及其可能取得的效果，並闡述了兩者之間如何協調，以及當前西方國家所遇到的問題，在作者看來，在私人經濟部門，其經濟活動受市場和價格機制的支配，所以，新古典的經濟學說基本上適用，凱恩斯的經濟學說基本上也能說明政府對經濟的控制，因此，作者把兩者都納入自己的經濟學說，力圖把它們有機地綜合在一起。

薩繆爾森在本書中構建了自己的理論體系，他提出，在衡量整個社會經濟活動和國民福利大小的尺度時，用經濟淨福利來補充國民總產值的不足。他認為，在西方國家，目前的「經濟淨福利」的增長比國民總產值的增長慢，兩者之間的增長形成一種互相替代關係，要使生活質量好，就需要降低增長率，而要提高增長率，就需要降低生活質量，因此，作者提倡經濟學要花力氣去研究生活質量問題。作者指出凱恩斯的宏觀經濟分析是一種不考慮時間因素的靜態分析，並有其侷限性，並強調應以在收入決定論的基礎上運用乘數和加速原理交織作用的學說，來解釋資本主義經濟在充分就業的最高極限和低於收支相抵點的最低極限之間波動的過程和原因，並由此證明政府對經濟進行調節的必要性。

作者還進一步指出，政府僅僅依靠經濟中收入變動的乘數與加速原理的交織作用等制約來使「混合經濟」受到某種控制是不夠的，還應酌情使用財政政策和貨幣政策，使兩者相互配合，並且其使用方式得當。作者把微觀經濟學和宏觀經濟學結合起來，消除二者之間的「巨大裂縫」，對「收入不平等」、「壟斷和其他不完善性」、「停滯膨脹」這三個問題提出了解決的論點和政策主

張，認為這樣可以解決在「混合經濟」中配合使用財政政策和貨幣政策，使經濟週期的波動受到某種程度的控制而遺留下的問題。

《經濟學》是一本值得重視的經濟學著作。使讀者進一步瞭解西方經濟學與馬克思主義政治經濟學在立場、觀點和方法上存在的原則性分歧；書中使用通俗的語言和簡單的數學公式，能使讀者容易理解西方經濟學說的內容；本書涉及範圍廣泛，除西方經濟理論外，還包括財政、銀行會計、統計、經濟週期、勞動經濟學、經濟計量學、比較經濟制度、經濟學說史、國際金融、國際貿易等方面的內容，這對讀者瞭解西方經濟學的概貌是頗有幫助的。

荷馬的 伊利亞德

荷馬（約前九～前八世紀），古希臘詩人，其生卒年代和生平事蹟已無確切的資料可考，傳說他生在小亞細亞。荷馬是史詩《伊利亞德》和《奧德賽》的作者，他的兩部史詩又被稱為「荷馬史詩」，是舉世公認的歐洲文學史上最早的藝術瑰寶。史詩來源於古代歌謠、神話故事和英雄傳說等各個方面，特洛伊戰爭的英雄傳說和神話故事則是荷馬史詩的主要來源。現代考古學證明，史詩並不完全是神話，其取材是有一定的歷史根據的。

《伊利亞德》敘述希臘人遠征特洛伊城的故事，這是一場實有其事的戰爭。特洛伊是位於小亞細亞西北海岸的一座城市，希臘人部落聯合攻陷了它，以掠奪財富和勞動力，時間大約在西元前十二世紀至西元前十一世紀之交。《伊利亞德》透過神話和英雄傳說的形式表達了這場戰爭，歷史的原貌已無可分辨了。

著名的特洛伊戰爭源於一場爭吵：相傳古希臘佛提亞地方的國王珀琉斯和愛琴海海神的女兒忒提斯結婚時，忘了邀請不和女神厄利斯。她不滿地趕來，扔下一個寫著「給最美麗的女人」的不和金蘋果後就走了，引起天后赫拉、智慧女神雅典娜、愛神阿芙洛蒂三人的爭吵。宙斯要她們找特洛伊王子帕里斯評判。三位女神來到帕里斯面前，各自許下以最大的報酬來報答他。帕里斯把金蘋果判給了愛神阿芙洛蒂，阿芙洛蒂幫助他把斯巴達美麗的王后海倫拐走，並搶走大批財富。希臘人極為憤怒，組成一支聯軍攻打特洛伊城。眾神也分成兩個敵對的集團，分別幫助作戰雙方。戰爭打了十年，最後用了奧德修斯的木馬計，希臘人才終於攻下特洛伊城。

《伊利亞德》並未寫戰爭的全部過程，而是集中地描寫了這場戰爭結束前二十多天中發生的事。情節是從希臘聯軍的內訌開始的：希臘聯軍統帥阿伽門農搶走了特洛伊的阿波羅神廟祭司的女兒，聯軍主將阿基里斯要阿伽門農歸還祭司的女兒，阿伽門農不得已歸還了祭司的女兒，卻奪走了阿基里斯心愛的女俘作爲抵償，這激怒了阿基里斯。阿基里斯拒絕出戰，希臘聯軍一再失利。特洛伊王子、主將赫克托率兵反攻，把聯軍逼到海邊。阿基里斯的朋友派特洛克魯斯披著阿基里斯的盔甲出戰，赫克托上前迎戰，殺死了派特洛克魯斯，奪走了阿基里斯的盔甲盾牌，阿基里斯悲痛欲狂，重新投入戰鬥，最後殺死了赫克托，史詩寫到特洛伊人爲赫克托舉行葬禮結束。

　　《伊利亞德》是描寫戰爭的英雄史詩，透過對特洛伊戰爭的描寫，歌頌英勇善戰，爲部落建立功勳的英雄。氣勢恢弘，場景廣闊，人物描寫惟妙惟肖，神話傳說引人入勝，戰爭場面壯烈多彩，廣泛地反映了古希臘氏族社會末朝的生活和氏族貴族的思想。《伊利亞德》和《奧德賽》長期以來成爲歐洲敘事詩的典範，它們一代代地口頭流傳，不斷得到豐富加工，大約在西元前六世紀才用文字記錄下來。史詩以其獨特的藝術感染力影響了一代代歐洲文學作品，從某方面說，《伊利亞德》及《奧德賽》「高不可及」，並顯示出「永久的魅力」。

天方夜譚

　　《天方夜譚》又譯《一千零一夜》，是一部阿拉伯民族「古代民間故事集，也是阿拉伯文學的最高成就。

　　《天方夜譚》包括大小故事共二百六十多個，其來源據作品的開頭是這樣的：在古代印度和中國的海島中，有一個薩桑國。國王山奴亞發現王后在他離開時與宮僕吃喝玩樂嬉戲，憤而殺了王后及宮僕，並開始討厭婦女，以後每天要娶一名處女做王后，次日即將她殺掉。民間大恐，紛紛帶著女兒逃亡。宰相的女兒桑魯卓挺身赴難。她進宮後，每夜都為國王講一個故事，等天明國王上朝時，故事總是講到最緊要關頭，國王只好把她留到明天，等故事講完再殺。如此拖了一千零一夜，國王終被桑魯卓感動，不打算殺她。《天方夜譚》的故事就是桑魯卓在一千零一夜中所講的。

　　據傳說，古代埃及曾有類似的國王，但《天方夜譚》中所說的當然是虛構。《天方夜譚》是在民間故事的基礎上，從八世紀到十六世紀這一漫長時間裡，經過一代代人加工整理輯錄而成的。書中主要由三部分組成：一部分來自古波斯文著作《一千個故事》，這是全書的主體部分；一部分出自埃及；一部分來自伊拉克，講黑衣大食的故事。這些故事內容廣泛，有歷史故事、冒險故事、神魔故事、戀愛故事⋯等。人物特別多，上至國王、貴族、官吏、才子佳人，下至馬夫僕婦、漁農樵商、裁縫廚子、強盜竊賊，有豪放者、兇殘者、狡黠者、多情者、善良者、愚者、智者，一應俱全。地點則時在埃及，時在法國，時在巴格達，時在印度，時在中國。

這些故事，不僅反映了中古時代中東、近東國家，特別是埃及的社會制度、文化信仰、風土人情，展示了中古東方生活的生動畫卷，而且還深刻反映了統治者的貪婪、殘暴、愚蠢和貧民生活的苦難艱辛。如《理髮匠和他五個兄弟的故事》，既寫了貪圖錢財，夫婦合謀出賣色相，又寫了富翁掠奪乞丐，宰相勾結殺人犯奪人錢財，道貌岸然的方士坑蒙拐騙，不一而足。在揭露和批判的同時，《天方夜譚》多方面地展示了一般民眾的智慧和勇敢，如《阿里巴巴和四十大盜》裡有勇有謀的女僕美佳娜、《漁翁的故事》中冷靜機智的漁夫；還有《女人和她的五個追求者的故事》裡使企圖佔有她的國王、總督、宰相、法官出盡洋相、受盡折騰。《天方夜譚》還有不少反映男女婚戀的故事，反映商人生活的故事，還有許多神話、寓言、童話，在故事中還穿插許多明白曉暢的抒情詩。

　　《天方夜譚》反映的生活內容十分廣闊。在藝術上最大的特點是豐富奇麗的想像，有濃厚的浪漫主義色彩。故事生動曲折而富有傳奇性，語言口語化又簡潔明暢。

　　《天方夜譚》是中古時期阿拉伯社會生活的百科全書，它對世界文學藝術產生了廣泛的影響，遠在「十字軍」東征時期，這些故事就被「十字軍」帶到歐洲，英國喬叟的《坎特伯雷故事集》、義大利薄伽丘的《十日談》，無論在寫法還是內容上，都明顯受到《天方夜譚》的影響，直到今天，它仍然深受全世界讀者喜愛。

伊索寓言

　　早在二十世紀初，西方就有位學者說過，世界上流傳最廣的書可能除了《聖經》就是《伊索寓言》。中國早在一六二五年，《伊索寓言》就以《況義》之名在西安刊印中文譯本，收寓言二十二篇。

　　伊索的身世不是十分清楚，他大約是生活在二千五百多年前的古希臘，曾是一名家奴，因才智出眾被主人解放為自由民。他獲得自由民身分後，漫遊希臘各地，並曾在呂底亞國王宮廷中為官，在他充當國王特使去德爾斐時，遭誣告褻瀆神靈而被德爾斐人殺害。在古希臘歷史學家希羅多德、戲劇家阿里斯托芬、哲學家柏拉圖和亞里斯多德的作品中，都曾提及伊索。亞里斯托芬的喜劇中甚至把「沒有研究過伊索」當做是「無知和孤陋寡聞」；柏拉圖還記述蘇格拉底在被宣判死刑後，在監牢中把伊索寓言改寫成詩加以吟誦。詩言志，蘇格拉底想來也是將他的抑鬱和憤慨的心情藉伊索寓言來宣洩吧！

　　伊索寓言是不是全部由伊索創作的，根據研究這本書的專家們比較一致的看法，不大可能是伊索一個人創作的，而是古代希臘不同時期、不同地點民間流傳的寓言彙編，其中不僅有「善於講寓言故事的」伊索本人的作品，而且可以認為伊索是最早把這些民間寓言收集起來的人，在他以後，又經過了其他人的補充和整理，因此，流傳於世的《伊索寓言》有許多不同版本，基本內容相同，但篇數有多有少。許多名篇早已成為世界各國中小學校的教材，也是各國政治家、評論家和文學家加以引用的警世恆言。

《伊索寓言》是古希臘口頭留傳的民間文學，通俗易懂，文字洗練，主題集中，它早已越出地區的界限而成為世界文學的瑰寶，並為世界各國人民所接受。比如在中國廣為流傳的「吃不著葡萄說葡萄酸」、「龜兔賽跑」、「農夫和蛇」…等，都是源於《伊索寓言》。十分有趣的是，《伊索寓言》中有許多故事和中國的民間寓言、諺語不謀而合，如「農夫的孩子們」說的是：「有個農夫，他的孩子們時常爭吵。農夫多次勸說，都說不通，心想得用事實來說服他們才行，於是叫孩子們拿一捆樹枝來。等他們把樹枝拿來，農夫先是把整捆樹枝給他們，叫他們折斷。孩子們一個個費了很大氣力也折不斷。接著，農夫把那捆樹枝解開，給他們每人一根，他們很容易就把樹枝折斷了。這時，農夫說：『孩子們，你們也是一樣，團結起來，就是不可戰勝的；但你們爭吵不休，就容易被敵人擊破。』」中國《魏書‧吐谷渾傳》有這樣一段：「阿豺有子二十人，緯代長子也。阿豺謂曰：『汝等各奉吾一枝箭，折之地下。』俄而命母弟慕利延曰：『汝取一支箭折之。』慕利延折之。又曰：『汝取十九枝箭折之。』延不能折。阿豺曰：『汝曹知否，單者易折，眾則難摧，戮力一心，然後社稷可固。』」在民間類似故事還很多，有用筷子，有用樹枝，說的都是同一個主題。還有一則「獅子和熊」，說的是：「獅子和熊找到一隻小鹿，為爭奪牠而打起來。牠們打得很凶，經過長時間的搏鬥，都頭暈眼花，累得半死，倒在地上。一隻狐狸在周圍轉來轉去，看見牠們兩敗俱傷，小鹿躺在中間，就從中間跑過去，把小鹿搶走了。獅子和熊眼睜睜望著狐狸帶走獵物，卻站不起來，同聲說道：『我們真倒楣，替狐狸辛苦了一場！』」這則寓言與中國的「鷸蚌相爭，漁翁得利」的寓言如出一轍。

《伊索寓言》絕大部分是關於做人的道德準則方面，有許多篇是宣揚誠實友誼之可貴，像「野山羊和牧人」、「行人和熊」、「鹿和獅子」、「獅子和海豚」都是這方面的代表作。對於惡人不應憐憫，也不能相信，像「農夫和蛇」、「貓和公雞」、「被狗咬了的人」…等。其中有一篇「行人和蝮蛇」說：「冬天，有個行人上路，看見一條蝮蛇凍僵了，覺得很可憐，便抓來抱在懷裡，想給牠溫暖。蝮蛇凍僵的時候，一動不動，等到溫暖過來，便在那人胸上咬了一口。那人臨死時說道：『我真是活該！蝮蛇活著，都該殺死，牠快死了，我為什麼偏要救活牠呢？』」情節和語言跟「農夫和蛇」幾乎完全一樣。為什麼會有兩篇呢？估計可能是不同地區、不同時期民間流傳的同一篇故事，而這樣的故事是十分深入人心的。

　　對於叛賣者，寓言給予嚴厲譴責，「穴鳥和大鴉」、「捕鳥人和山雞」對出賣同胞的行為作了辛辣的嘲諷。寓言中對狐假虎威、狗仗人勢者的醜態有十分生動的描寫，像「馱神像的驢」：「有個人把神像放在驢背上，趕著驢進城，路上遇見的人都對神像頂禮膜拜。驢以為大家是拜牠，就高興得歡呼起來，再也不肯繼續前進。趕驢人明白了是怎麼回事，就用棍子打牠，罵道：『壞東西，人們拜倒驢面前的時候還早著呢！』」還有一篇說驢披著獅子皮四處遊逛，嚇唬野獸。牠看見狐狸，也想嚇唬牠。碰巧那隻狐狸曾經聽見牠叫，便對牠說：「你要知道，若沒聽過你叫，我就真的會怕你。」中國成語「狐假虎威」《戰國策・楚策一》是以狐狸為反面角色，《伊索寓言》中狡猾的狐狸被賦予揭穿「驢假獅威」的作用，這也是很有趣的。

　　書中有幾篇關於父母教育孩子的寓言，其一是「農夫和他的

孩子們」：農夫臨終時，想讓他的孩子們懂得如何種地，就把他們叫到跟前，說道：「孩子們，葡萄園裡有個地方埋藏著財寶。」農夫死後，孩子們用犁頭和鶴嘴鋤把土地都翻了一遍。他們沒有找到財寶，可是葡萄卻因此而帶來幾倍的收成。另一篇「小偷和他的母親」，說一個小偷在母親的縱容下，從小偷發展到大偷，最後落網被判死刑，臨刑前，小偷說他想和母親貼耳說幾句話，卻一下子咬住母親的耳朵，使勁咬下來。母親罵他不孝，犯罪還不夠，還使母親致殘。小偷回答說：「當初我偷寫字板交給妳時，如果妳教訓我一頓，我現在就不會落到被處死的地步了！」

《伊索寓言》中直接涉及政治的不多，一篇題為「漁夫」的故事假託漁夫打魚故意把水攪渾才能打到魚，用來諷喻城邦政客製造動亂以牟私利。「捕鳥人和冠雀」，喻示人民不會接受欺騙和殘暴的統治。「狼和羊」說的是，狗護衛著羊，使狼吃不了羊，羊卻聽信狼的讒言交出了狗，結果沒有狗保護的羊都被狼咬死了。

《伊索寓言》文字簡練，常用最少的文字，表達出十分深刻的涵意，真用得上「力透紙背」的評語。如「獅子和狐狸」篇寫道：「狐狸譏笑母獅每胎只生一子。母獅回答說：『然而是獅子！』」寥寥二十餘字，把本質刻畫得多麼深透。

但丁的 神曲

　　但丁（一二六五年～一三二一年），義大利著名詩人。他出身於沒落貴族家庭，受過系統的教育，對拉丁文、詩學、修辭學、古典文學頗有造詣，對繪畫、哲學與音樂亦深有研究。青年時曾任佛羅倫斯行政官。一三○二年，被教會以反教皇罪，判處終身流放。放逐前，已有詩集《新生》，歌頌熾熱的愛情，開文藝復興抒情詩的先河。流放期間，廣泛接觸社會各階層，對社會現實有進一步的瞭解。這時期重要作品有《宴會》、《論俗語》、《帝制論》，主張政教分離、政教平等，反對教皇干政。一三○一年至一三二一年，他寫的《神曲》為其代表作品，另外還有《牧歌》、《書信集》等。

　　《神曲》為長詩，原名《喜劇》，後人為表示對作者的崇敬，將作品冠以「神」字，即「神的喜劇」，譯為《神曲》。詩用中世紀夢幻故事的形式，以自敘體描述作者在三種不同幻境的旅行經歷。全詩分地獄、淨界、天堂三部，每部三十三歌，加上序曲，共一百歌，計一萬四千餘行。長詩採用中古文學特有的幻遊形式，敘述但丁在「人生的中途」，即三十五歲那年，迷途於一個黑暗的森林，他尋找走出迷津的道路，得到古羅馬詩人維吉爾的指引。

　　在維吉爾的導引下，但丁遊歷了地獄、淨界、天堂。在地獄門口，但丁看見了黑沉沉的大字：「這裡必須根絕一切猶豫；任何怯懦在這裡都無濟於事。」地獄共分九層，各種為上帝所不容的靈魂，按其在人間所犯下的罪惡在不同層次裡等候上帝的審判，但丁藉這一段文字鞭撻人間各種醜惡罪行，也歌頌了那些為

追求自由、不畏強暴，甘願遭受地獄煎熬也不向惡勢力低頭的人們，如古希臘詩人荷馬、哲學家蘇格拉底、柏拉圖…等。

但丁所描繪的淨界又稱煉獄。淨界的靈魂雖然和地獄的罪人犯著同樣的罪過，但程度較輕，已經悔悟，他們得到上帝的寬恕，在這裡修煉，懺悔洗過。但丁的這段文字譏諷那些在人間道貌岸然的正人君子、教士、當政者等。他藉教皇亞德里賽諾五世的口，指出這些人「愛財若命，沒有節制」，「貪慾熄滅了為善的熱忱，因而現在受著這種痛苦的懲戒」。

但丁所追求的天堂境界莊嚴、光輝，充滿歡樂和愛，是幸福的靈魂的歸宿。他們是為強力所脅迫而未能完成信誓的行善者、虔誠的教士、立功德者、哲學家和神學家，為基督教信仰而殉難者，正直聰明的君主、潛心修道者、基督和眾天使，都在這裡會集。

作者透過作品表現了追求真理的精神，和關懷人類命運的熱情。它深刻反映了當時義大利的政治和社會狀況，淋漓盡致地揭露了教會的腐敗和中世紀統治者的殘暴專橫，第一次鮮明地表現了人文主義新思想。作品構思巧妙，想像豐富，人物栩栩如生，對義大利形成統一的文字語言作出了重大貢獻。

薄伽丘的 十日談

　　薄伽丘（一三一三年～一三七五年）是義大利文藝復興時期傑出的人文主義作家。他出身於一個商人家庭，早年跟隨父親在那不勒斯經商，與王公貴族、教會僧侶廣有接觸，對他們荒唐淫逸的生活有具體的瞭解。薄伽丘與當時的一些人文主義者，如彼特拉克等交往甚多，他和彼特拉克一樣熱心於古代典籍的搜集、整理和研究，他是第一個通曉希臘文的人文主義者。薄伽丘在政治上反對封建貴族的專制和教會的愚昧主義、禁慾主義統治，擁護共和政體，強烈要求個性解放。在個人生活上，薄伽丘也表現出濃郁的現代情懷，他愛上了那不勒斯國王的女兒，爲她寫了許多優美的詩文。

　　薄伽丘一生的創作豐富，有長篇、中篇、短篇小說以及詩歌，但他最有影響的是短篇小說集《十日談》。這部短篇小說集創作於一三四八年到一三五八年間，敘述的是一三四八年佛羅倫斯流行一種黑死病，傳染迅猛，死者甚眾，城裡居民爭相外避。有三男七女十名俊美而有教養的青年避居郊外一棟別墅，爲了消遣，每人每天講一則故事，共講了十天，講出一百個故事，故名《十日談》。這些故事分別爲一個短篇，合則爲一體，有較大的鬆散空間。

　　《十日談》的取材有歐洲中古傳說，也有東方故事，但作者作了全新的變化和創造，融合當時的義大利社會生活的現實內容和作者自己的人文主義思想。此書最主要的思想傾向便是反對教會，揭露教會僧侶的貪婪、偽善和無恥，以及他們所奉行的禁慾主義統治。書中描寫的有勾引民間寡婦的教士費埃索萊；有玩弄

女性被當場抓獲入獄的神父亞伯度；有極力要嚴懲犯有姦情的修女，但自己也犯了姦情的女修道院長；有矇騙搜刮銀錢的教士契波拉…等。作者在揭露教會的腐敗的同時，也揭露了作為統治階層的封建貴族的墮落、荒唐和殘酷，如：殺死女兒的戀人，並把他的心臟挖出來送給女兒吃，導致女兒服毒自盡的親王唐克烈。作者在揭露這些醜行、暴行的同時，對統治者進行了無情的嘲諷，並讓他們自己出醜，演出一齣齣滑稽劇。又如第一天第四個故事，講的是一個小修士誘姦了農女，結果被院長發現了，小修士使用巧計，讓院長也做了這種事，這樣小修士就逃脫了懲罰。

在注重揭露、批判和諷刺的同時，作者極力讚頌善良、自由、美好的人性，宣揚人類平等和個性解放，鼓動男女自由戀愛，鼓吹情慾自然。這樣，就形成了一股衝擊中世紀貴族與教會聯合專制統治的巨大力量，旗幟鮮明地揭示了以自由個性為根本精神的人文主義。

《十日談》對歐洲文學，對西方近代進程，對世界思想文化的發展產生了深遠的影響。在文學史上，以大故事套小故事的結構方式，靈活、幽默的語言風格，對後世的短篇小說創作有巨大影響。《十日談》在反禁慾主義的同時，對男女性關係進行了較為大膽的赤裸描寫，這使它在文學史上又有褒貶紛訴的遭遇，一些國家甚至在某些時期把它作為誨淫的東西而列入禁書。然而，用正常人的眼光來看，薄伽丘的這些描寫乃不過是自然人性的自然表現，毫無齷齪可言。而且，這一點對現代作家深入兩性關係內部亦不無深刻的啟發。

賽凡提斯的 唐吉訶德

　　賽凡提斯（一五四七年～一六一六年）是西班牙著名作家，文藝復興時期人文主義文學巨匠之一。出身於沒落貴族家庭，父親是醫生。因家境貧寒，僅讀九年書。一五六九年，他參軍曾到義大利，一五七○年作戰負傷，斷了左臂。一五七五年在歸國途中被土耳其俘虜到阿爾及利亞。在被俘期間，他五次組織受難同胞逃跑。一五八○年由其親屬贖身回國。回國後，由於生活窮困潦倒，只得去當稅吏和軍需。因同情平民百姓，被教會開除，並數次入獄。賽凡提斯從十六世紀八十年代開始文學創作。

　　《唐吉訶德》是賽凡提斯的代表作，由人文主義思想出發，反映西班牙社會現實的作品。他用幽默、諷刺的筆調，揭露和鞭笞了西班牙中世紀的種種醜惡，指出封建社會必然消亡的趨勢。《唐吉訶德》敘述西班牙的拉曼卻地方一個名叫吉哈諾的破落小貴族，年紀快五十歲了，因讀騎士小說入了迷，在自己的腦袋裡建立了一個虛構的騎士世界。吉哈諾找來一副破舊盔甲披上，持長矛，跨上瘦馬，自己取名為唐吉訶德，瘦馬命名為洛西南特，而且仿照騎士小說的慣例，把一個牧豬女郎想像為貴婦，作為自己心目中的情人，又去找一個農民叫桑喬·潘薩的擔任僕從。

　　唐吉訶德萬事俱備，走出家門，仿照騎士小說的情節去遊俠。唐吉訶德完全失去了對現實的感覺，生活在一個他所新造的幻想世界中。他滿腦子騎士傳奇中的奇思怪想，把幻想當做現實；在他的遊俠「冒險」經歷中，鬧出無數荒唐可笑的事情。他把風車當成巨人，把旅店作為城堡，把羊群幻想成軍隊，現實生活中的許多尋常事都被他幻想成騎士傳奇中的奇情幻影；他忘乎

所以，奮不顧身地衝殺，弄得遍體鱗傷，大吃苦頭。雖然如此，他仍不醒悟，堅持認為這一切都是魔法師和他作對所造成的。唐吉訶德前後出去遊俠三次，直到臨終才醒悟，認清了騎士小說的荒唐和欺騙，立下遺囑：他的家產由侄女繼承，但是有一個條件，如果她結婚，她所選擇的對象必須是不曾讀過任何騎士小說的男子。

《唐吉訶德》不但諷刺了西班牙氾濫一時的騎士小說，而且有力地打擊過時的騎士制度和腐朽的封建意識。唐吉訶德是一個沒落貴族的諷刺性形象，他生活在資本主義已經產生的時代，但他仍時時夢想去恢復那已隨同舊封建社會解體而衰亡的騎士制度，去實踐封建騎士的理想，這當然會在現實生活中碰得頭破血流。在小說中，唐吉訶德的表現十分矛盾和複雜，他一方面憧憬著能恢復騎士道，一方面又提出爭自由、反奴役的人文主義主張。這反映了作者身為文藝復興時期新興資產階級的代表，不可能完全與傳統的封建意識完全決裂。他在塑造唐吉訶德這一人物嘲笑騎士制度、抨擊封建主義的同時，又把目光轉向過去，企圖以理想化的騎士精神去反對走向沒落的封建階級和庸俗的社會現實。便造成了唐吉訶德表現出種種矛盾複雜的現象。至於小說中另一個主要人物——唐吉訶德的侍從桑喬·潘薩，小說對他的描寫充分顯示了作者的民主傾向和人文主義理想的某種寄託。

《唐吉訶德》對歐洲長篇小說的發展具有重要意義，標誌著歐洲長篇小說發展的一個新階段。作品注意塑造人物性格和編織情節，並透過情節的變換交替和發展來表現人物的複雜性格，作品塑造典型的主要方法是用誇張和喜劇性的表現手法，突顯人物的性格特徵。

莎士比亞的 哈姆雷特

　　莎士比亞（一五六四年～一六一六年）是歐洲文藝復興時期最有影響的作家，他出身於英國艾汶河畔斯特拉福鎮的一個富裕市民家庭，父親做過當地的議員和鎮長。一五八五年前後，莎士比亞前往倫敦，據說是在戲院打雜，但後來開始參加演出和編劇工作。他在二十多年時間中，創作了三十七部無韻體詩劇，其主要的作品是：《哈姆雷特》、《李爾王》、《奧賽羅》、《羅密歐與茱麗葉》、《威尼斯商人》、《雅典的泰門》…等。一六一三年，莎士比亞離開倫敦，回到家鄉，一六一六年去世。

　　《哈姆雷特》是莎士比亞最具代表性的一部悲劇，創作於一六○一年。當時正值英國資產階級革命前夕，伊莉莎白女王統治的末年，農村圈地運動仍在進行，城市平民生活愈趨艱難，資產階級、新貴族同王室之間的聯盟漸趨瓦解，英國社會的各種問題開始被突顯起來，《哈姆雷特》就是在這樣的歷史時代背景下產生的。關於哈姆雷特的故事，最早的記載是十二世紀末莎克索·格拉馬提卡斯編的《丹麥史》，十六世紀末英國作家把它編為戲劇，以復仇為主題，一時極為流行，今已失傳。莎士比亞把它重新改編，把一段中世紀的復仇故事，改寫成一部深刻反映時代潮流，具有鮮明熱烈且人文主義精神的悲劇故事。

　　莎士比亞筆下的基本劇情是：

　　丹麥王子哈姆雷特在德國威登堡大學讀書，接受教育，因父王突然死去，他回到丹麥。新國王是他的叔父克勞狄斯，不久，母后和新國王結了婚。老國王的鬼魂告訴哈姆雷特，他是被克勞狄斯毒死的，哈姆雷特決定復仇，這不僅是他個人的問題，而且

是整個社會、國家的問題。為了掩護自己的目的，他開始裝病賣傻。克勞狄斯懷疑哈姆雷特已知悉內情，利用他的兩個老同學和情人去試探他。哈姆雷特則透過改編一齣謀殺兄長的戲劇——「貢紮古之死」在宮中演出，試探叔父，結果克勞狄斯倉惶退席。宮內大臣波洛涅斯，同時也是哈姆雷特的情人奧菲利婭的父親，他向新王獻計，去帷幕後偷聽皇后和王子的談話，哈姆雷特以為帷幕後的是新王，一劍將他刺死。克勞狄斯派哈姆雷特和他的兩個同學去英國索討貢賦，想請英王殺死哈姆雷特。哈姆雷特發現陰謀，調換密信，脫險回來，卻在回來後發現奧菲利婭因為父親被情人殺死、情人又遠走他國而發瘋，落水而死。克勞狄斯挑撥波洛涅斯之子雷歐提斯和哈姆雷特比劍，並置下毒劍、毒酒兩道殺機，於是，哈姆雷特、雷歐提斯都中了毒劍，王后誤飲毒酒，克勞狄斯亦被刺死。哈姆雷特臨死前囑託他的好友霍拉旭完成他的心願。

哈姆雷特對「人」抱有美好的看法，然而他的理想遭到殘酷現實的嘲諷，叔父克勞狄斯弒兄自立，又娶了他的母后，他的同學和情人成了克勞狄斯的幫兇，他最後也因中毒計而死。這是哈姆雷特的悲劇。哈姆雷特的死，贏得了對專制統治道義上的勝利，給予觀眾的是他奮鬥的悲壯歷程。

除了哈姆雷特外，劇中的其他人物也都很有個性，作者在刻畫他們時，注意描繪其心理的複雜結構。克勞狄斯是個兇殘狠毒的專制統治者，然而他的「臉上堆著笑」，對人相當和氣；波洛涅斯昏庸老朽，自以為是；奧菲利婭天真柔弱，她既真心愛戀哈姆雷特，又甘願成為父親的工具，去試探心上人，她的死是宮廷陰謀鬥爭的結果。

莎劇的語言是最富個性化的。在這部劇作中，不同人物與不同處境下使用的語言都不相同，文雅與粗俗，哲理與抒情，嘲諷與深摯，都各如其人，合時合地。

　　《哈姆雷特》在世界文學史上的地位是崇高的，其成就是輝煌的，幾百年來，它作為一部富有激情與思辨力的悲劇，感動著一代又一代讀者。

莫里哀的　僞君子

　　莫里哀（一六二二年～一六七三年），原名爲讓·巴蒂斯特·波克蘭，莫里哀是他的筆名。他出身法國一個有貴族頭銜的富商家庭，長大後酷愛戲劇。一八四三年他宣稱放棄世襲權利，毅然離家出走。莫里哀的大部分作品爲喜劇，《僞君子》是他最成功的作品之一。在這部劇中，他成功地塑造了答爾丟夫這個僞君子形象，以至於答爾丟夫在法語中成了「僞君子」的同義語。在這個人物身上，作者集中了一切僞善者的特徵，同時又爲他穿上了教士的黑袍，使劇本具有深刻的社會內容。劇裡另外一個主角奧爾恭則是一個愚蠢專橫的資產者，正好被答爾丟夫利用。在作者筆下，他是一個可憐的迷途者。

　　《僞君子》的基本劇情是：巴黎城內紳士奧爾恭不僅在社會上有地位和名望，而且有個幸福的家庭。前妻去世了，留下英俊、正直的兒子達米斯和美麗溫順的女兒瑪麗亞娜，兄妹倆分別愛著瓦賴爾兄妹。奧爾恭的續弦妻子歐米爾溫柔、賢淑、漂亮，全心全意愛著丈夫和兒女們。但是自從奧爾恭把好朋友答爾丟夫領進門，這個家庭的氣氛全變了。奧爾恭是在教堂裡結識答爾丟夫的。答爾丟夫不過是一個貧困修士，他每天上教堂都坐在奧爾恭旁邊，兩眼含淚向天禱告。奧爾恭離開教堂時，他就跑到門邊，跪在地上捧著聖水。奧爾恭常常給答爾丟夫一些錢，可他總是退回一半，嘴裡還念著：「先生，太多了，像我這樣的人哪配得上先生如此地憐恤啊！」如果奧爾恭不收回那一半錢，他就會馬上佈施給更窮的人。奧爾恭逐漸被打動了，他把答爾丟夫接到了家裡，把他當做推心置腹的好朋友，一切行動的導師。

其實，是答爾丟夫看準了奧爾恭甘心上當的脾氣，一心想要利用他，用虛偽的虔誠從奧爾恭手中騙取錢財，尤其是進了奧爾恭的家門後，更是仗著奧爾恭對他的信任，對家裡的一切、每個人的言行隨時嚴加監督。奧爾恭的家人，除了他篤信宗教的母親外，一個個都在私下埋怨主人的糊塗輕信，詛咒面善心毒的偽君子答爾丟夫。後來，愚蠢的奧爾恭甚至要把寶貝女兒嫁給答爾丟夫。當瑪麗亞娜聽到父親的決定時，幾乎暈了過去。達米斯聽說他父親要把妹妹嫁給答爾丟夫，氣得火冒三丈，恨不得立刻和這個偽君子打一場。僕人桃麗娜攔住了他，說讓夫人出面解決是最好的辦法。正說著呢，答爾丟夫就來找夫人歐米爾了，達米斯則躲了起來。答爾丟夫見到歐米爾，極優雅地行了禮，溫柔地說著話，卻不規矩地逼近歐米爾。歐米爾盡力避開他，說起女兒的婚事。答爾丟夫回答說：「我的幸福卻在別處。」歐米爾譏諷他：「我以為你全心全意想著天上的事情，在人世間不會有任何東西值得你留戀！」答爾丟夫卻迫不及待地表示，他太愛歐米爾了，甚至發誓，如果歐米爾鍾情於他，他將永遠對奧爾恭保守秘密。歐米爾氣憤已極，她要求答爾丟夫不要破壞瑪麗亞娜與瓦賴爾的幸福。

躲在一邊的達米斯忍不住蹦了出來，揪著答爾丟夫去找奧爾恭，要讓父親知道這個卑鄙小人的狼心狗肺。吵嚷聲驚動了奧爾恭，他一出現，答爾丟夫又拿出了他善於表演的偽善功夫，任憑達米斯怎麼說，他都不反駁，反而做出一副痛心疾首的樣子，說這是上帝在磨練他。奧爾恭又感動了，他咬牙切齒地趕走了達米斯。答爾丟夫表示要離開這個家，奧爾恭挽留他，還堅定地向他表示，不但把女兒嫁給他，還要把全部財產贈送給他，讓他做自

己的繼承人，並寫了字據。

歐米爾感到事態嚴重，她下定決心要讓丈夫親眼看看答爾丟夫的醜惡靈魂。就在婚禮這一天，歐米爾設法讓奧爾恭躲藏在桌子下。一會兒答爾丟夫出現了，歐米爾稍稍說了幾句表示感情的話，答爾丟夫就要求歐米爾具體表現。歐米爾反問他：「你不怕得罪上帝嗎？」答爾丟夫厚顏無恥地說：「沒人知曉的過失不算錯誤。」歐米爾吩咐他開門看看，小心被奧爾恭發現。答爾丟夫滿不在乎地說：「放心，我早已把他收拾的服服貼貼，看見什麼也不會相信了。」

奧爾恭氣急敗壞地鑽出桌子，一把揪住答爾丟夫，指責並要他立即離開這個家。答爾丟夫有奧爾恭的親筆字據在手，反而是一副胸有成竹的樣子，他冷笑著說：「還不知道是誰攆走誰呢！」說完就大搖大擺地走了出去。奧爾恭突然意識到事情的嚴重性，他不但有字據在答爾丟夫手裡，而且還將一個朋友早年叛逃時交他保存的一批文書債據交給了答爾丟夫，這可是性命交關的事。一家人惶惶不安，誰也不知該怎麼對付這個翻臉無情的答爾丟夫。

不久法院就來了一名執法官，勒令奧爾恭全家一天內全部搬走，因為這家已屬於答爾丟夫了。執法官剛走，一小隊親王家的侍衛隊又來了，這回是答爾丟夫帶隊。他在親王那兒告發了奧爾恭，親王已簽署了逮捕令。奧爾恭見到答爾丟夫，氣得發抖，大罵他是沒良心的惡棍、奸賊。答爾丟夫還裝出一副無可奈何的樣子，說親王的命令高於一切，並催促侍衛官趕快執行命令。侍衛官取出逮捕令，令人不可置信的是，受逮捕的卻是答爾丟夫，而不是奧爾恭。原來，親王非常痛恨奸詐卑鄙的偽君子，從一開始

就識破了答爾丟夫是個屢次化名欺詐世人的騙子，幾次沒抓到他，這次他倒自己送上門來了。侍衛官帶走了癱在地上的答爾丟夫。奧爾恭呆在那裡，不知是悲還是喜。

《偽君子》的鋒芒是直指教會，具有強烈的針對性，所以它不能不受到來自教會的阻撓。一六六四年五月，《偽君子》在凡爾賽一上演，教會就立刻出動，阻撓演出，第二天國王即下令禁演。為了爭取劇本的演出，莫里哀多方活動，一六六七年國王口頭許諾，但是又僅僅演了一場，巴黎最高法院就下令禁演，巴黎大主教亦張貼告示，禁止教民閱讀或聽人朗讀這部喜劇。直到後來，宗教迫害有所緩和，這部喜劇又經過作者的再次修改，才得以於一六六九年二月演出，一時盛況空前。

《偽君子》是世界喜劇作品上一個高峰，它廣受各個國家、各個時代的人們的喜愛。法蘭西喜劇院是在一六八○年成立的，到一九六○年止，僅在該院中就演出了《偽君子》二千六百五十四場，這在世界演劇史上相當罕見的。

狄福的 魯賓遜漂流記

　　英國作家丹尼爾・狄福（一六六一年～一七三一年）在他五十八歲那一年，寫下了他的第一部小說《魯賓遜漂流記》，成為他的傳世之作。二百多年來，世界各國以不同文字出版了不下一千版次，印數超過千萬。由於這本書篇幅不大，文字樸實，細節描寫扣人心弦，書中基本上是由魯濱遜一人唱「獨角戲」，因此在讀者中留下深刻而久遠的印象。

　　狄福的父親是位小商人，他本人也曾經商，一度成為一個小工廠主，但是他的興趣不在經商，而熱衷於政治活動，撰寫大量政論，針砭時政。狄福的青少年歲月，恰逢英國的「光榮革命」時期，英國議會勢力擊敗絕對專制主義的斯圖亞特王朝後，限制了王權，建立起君主立憲政體，資產階級開始登上政治舞臺。但不流血的「光榮革命」是資產階級與貴族、地主勢力的一次政治妥協，貴族、地主在議會中仍有相當強大的勢力。狄福三十歲時，就成為一名中小資產階級的代言人，他的政論內容廣泛，從建議開徵所得稅、諷刺炫耀門第的貴族紳士，到反對歧視迫害異己者…等，他曾明確提出，「英國人既不是國王的奴隸，也不是國會的奴隸」，議員應是「人民的僕人」，他提出的民主要求，就是資產階級的訴求。狄福為他的政治活動付出過沉重的代價：四次被捕，三次枷刑示眾。儘管如此，他在一七○四～一七一三年入獄期間，未曾中斷地為《評論》週報撰稿的工作。但是，以文學的形式樹立資產階級的正面形象，宣揚資產階級的道德標準，反映十八世紀英國資產階級的奮鬥、進取、統治，則是自《魯賓遜漂流記》始。狄福作為政論家，絕不會以寫一本普通的冒險小

說為己任，實際上，廣大讀者也並不把它當作一本一般的冒險小說來讀，而把它看作是世界文學史上現實主義的開路先鋒，因為它具有強烈的時代特徵。

　　魯賓遜是本書的唯一主角，以第一人稱自述在一個荒島上的無助環境中，孤獨奮鬥二十八年的經歷。

　　魯賓遜出身於一個中產家庭，父親靠做生意掙了一份家財，在城市安家。父親希望兒子學法律，而魯賓遜喜歡航海；父親要兒子知足常樂，滿足於中庸安定的生活，而魯賓遜卻志在四方。在他十九歲時，魯賓遜私自離家出走，成為一名遠航海員。一次，魯賓遜在航行中遭到暴風惡浪的襲擊，船毀人亡，他卻奇蹟般地獲救。第二次遠航非洲途中，又遇上摩爾人海盜，魯賓遜被俘成為奴隸，後又伺機逃走，駕船漂泊到西非的海岸後，幾經周折到了巴西。本來他可以就此在巴西定居下來，甚至可以變成一個大富人，但是航海冒險的誘惑，驅使魯賓遜投身另一次遠航非洲的冒險。這艘重一百二十噸載有十四人的帆船，航行途中又碰上颶風觸礁，同船夥伴全部罹難，魯賓遜被海浪推到一座荒島，他清醒後，發現雖然脫了險，但是「看不出任何出路，除了活活餓死或被野獸吃掉」。他爬上一棵帶刺的大樹上渡過他在荒島上的第一夜。第二天清晨，他驚喜地發現那艘大船半截浸在海水中，直立在離海島約一英里多的地方。魯賓遜利用沉船漂下的木板和斷桅紮成木排，十三天內來回十一次從船上搬運殘留的食物、木匠工具箱、槍枝彈藥、刀斧…等，當他發現一個抽屜中有許多金幣和各種錢幣時，不禁失笑起來，大聲說：「你們這些廢物，對於我連糞土都不值，你們就待在原地沉到海底去吧！」從此，魯賓遜開始了他征服荒島的漫長過程。

為了記住日子，魯賓遜做了一個大十字架立在第一次上岸的地方，刻上「我於一六五九年九月三十日在此上岸」，此後按日、周、月刻上記號。在山坡上，他建造了木屋，製作了桌椅。起先僅靠打獵為生，但是彈藥總有用完的一天，他意外地從取自大船上的雜物中發現一個過去裝穀物餵家禽的空布袋。他把布袋中剩下的糠皮碎穀之類抖在地上，過了一個多月居然發出青綠的莖稈，又過幾個月，竟結出了穗子，魯賓遜培育出了這個荒島上的第一批穀物。島上山羊成群，他還馴養了山羊，解決了衣著、奶品和肉食等問題。在忙碌中，魯賓遜過了一年、兩年、三年，經歷了地震、風暴的種種考驗，而令魯賓遜煩心的竟是鳥類，牠們啄食待收穫的糧食，魯賓遜竟不得不徹夜守在田地，驅趕與他奪食的鳥類。孤身生活在荒島上，沒有交談的對象，會使人喪失生存的樂趣，魯賓遜訓練鸚鵡成為交談的夥伴，但他最大的願望是希望有人出現在荒島上。有一次，他看到了大海中一條船觸礁沉沒，他不禁脫口而出，大聲喊叫：「啊！哪怕只有一個人逃出，跑到我這裡來，也好讓我有一個伴，有一個同類的人說說話，交談交談啊！」這類的話，他說過上千遍，但是未能成為事實。

　　魯賓遜接受了現實，還要改變現實。他是一個文明人，也盡了他作為一個文明人所有的一切能力來使自己適應蠻荒生活。他除了具備豐富的生活知識，更重要的是有堅忍不拔的精神。他自己製作瓦罐、石臼、篩子等，而且為了擴大活動範圍，還自己動手造船。在島上生活十一年後，魯賓遜的心情與他來島初期大不一樣了。他有了自己的「城堡」、畜牧業、農業、食品加工業、家庭手工業，甚至還有自己的造船業，他認為自己「儼然像一位國王」，他的臣民是他的鸚鵡、老狗和兩隻貓。

在島上生活第十八年的一天，魯賓遜忽然發現沙灘上有人的腳印，並在島的西南角發現了人骨和生過火的痕跡，顯然是有過人吃人的場面。現在魯賓遜必須面對與他同類的野蠻人的出現和攻擊。他一個人的力量不足以對付群體的攻擊，因此他極力不讓他們發現自己。在這種忐忑不安的心情中渡過五年後，魯賓遜親眼目睹了野蠻人吃人的場面。又過了一年多，二、三十個野蠻人分乘獨木舟又來到荒島舉行吃人儀式。魯賓遜吃驚地看到一個即將被屠宰的人乘鬆綁之機飛奔逃走，魯賓遜幫助這個死裡逃生的人獲得再生，他就是二十多年來魯賓遜面對的第一個人類，也就是本書的第二個人物——「星期五」，他獲救的那一天是星期五，因此魯賓遜就這樣稱呼他。魯賓遜有了一個交流的物件，使他感到特別高興。魯賓遜用文明人的殺傷武器——火槍向野蠻人「星期五」展示現代文明的威力，讓他絕對畏懼、服從而忠於他；魯賓遜還用基督教義教化「星期五」，讓他敬畏全能上帝，可是魯賓遜始終未能讓「星期五」明白他的疑問：上帝既無所不能，為什麼不把魔鬼都消滅掉。「星期五」伴隨魯賓遜生活了三年，兩人積極建造新船，準備離島去大陸。在準備的過程中，魯賓遜還從食人族手中解救了兩個俘虜，一個是西班牙人，一個是「星期五」的父親。他還意外地解救了一個被叛亂水手劫持，遺棄在荒島上的英國船長。魯賓遜為這幾次行動興奮不已，他說：「我這島上現在有了居民了，我覺得我已經有不少的百姓了。我不斷地帶著一種高興的心情想到我多麼像一個國王。第一，全島都是我個人的財產，因此我具有一種毫無疑問的領土權。第二，我的百姓都完全服從我，我是他們的全權統治者和立法者…」他還著重說：「我允許信仰自由。」

在島上住了二十八年兩個月又十九天，魯賓遜終於回到了英國。

　　魯賓遜的原型是一名蘇格蘭水手亞歷山大·塞爾科克，他在一七○四年九月因海難而漂流到距智利海岸約五百海里的一個荒島上，在島上隻身渡過了四年四個月，後來被英國航海家奧杜斯·羅吉斯發現帶回英國，當時英國報刊曾報導了塞爾科克的傳奇經歷，由於寫作者只是描寫塞爾科克在荒島惡劣環境中的求生本能，因此讀者也只是把它當作一般航海冒險故事來看待。狄福作為一個新興階級的政論家，敏銳地觀察到了荒島歷險更深刻的內涵，他塑造出源於塞爾科克而又高於塞爾科克的魯賓遜，他的品質特點是勤勞、堅韌、創造性和強烈的佔有、統治慾望；他的武器除了火槍，還有他的宗教信念──用來鼓舞自己，也用來教化他的僕人「星期五」。總之，魯賓遜不是滿足於活命，而是要開拓新天地。

　　由於書中對細節的描寫細緻、生動、具體，使讀者宛如置身其中，魯賓遜每次的成功，都能得到讀者的共鳴和歡呼，因此，《魯賓遜漂流記》又被世界廣大少年兒童當作一本開拓視野、豐富想像力、培養獨立生活能力和冒險精神的讀物。這本名著已經在全世界產生積極影響，將繼續為世界各國廣大讀者所接受和喜愛。

歌德的 少年維特的煩惱

　　歌德（一七四九年～一八三二年），德國詩人，出身於法蘭克福一富裕市民家庭，一七七一年在史特拉斯堡大學獲法學博士學位，創作詩歌、劇本《鐵手騎士葛茨》、小說《少年維特的煩惱》，後者的出版使歌德名聲大噪，在國內外引起強烈迴響。一七七五年他應威瑪公爵之邀赴該公國，任國務參議，管理礦山、交通、財政，同時進行自然科學研究。一七八六年他更換姓名，旅行義大利，一七八八年回威瑪，任劇院監督，與二十三歲的製花女克利斯蒂安娜同居，一八○六年才正式結婚。法國革命爆發，歌德隨軍兩度出征。一七九四年至一八○五年與詩人席勒合作，辦刊物進行古典文藝教育，歌德完成小說《威廉‧麥斯特的學習時代》、詩劇《浮士德》第一部和長篇敘事詩《赫爾曼與竇綠苔》。一八一四年前後，歌德完成了小說《親和力》、自傳《詩與真》，還研究波斯、阿拉伯乃至中國、印度的文學與哲學，作詩二百四十餘首，題為《西東合集》。在他生命的最後十年，完成小說《威廉‧麥斯特的漫遊時期》和《浮士德》第二部。一八三二年在威瑪逝世。

　　歌德的代表作是詩劇《浮士德》。但是，為歌德帶來國際聲譽的，是他青年時代創作的書信體小說——《少年維特的煩惱》。《少年維特的煩惱》的第一、二卷是主角維特致友人威廉和其他人的書信，也是主角的自述和自我心理剖析。最後一部分「編者致讀者」，是以第三者報導的形式陳述維特的結局。維特是市民子弟，大學畢業後不願謀職，為處理遺產事務來到某地。他寫給友人威廉的第一封信就流露出他厭倦人生的情緒。他發現了一個風

景秀麗的小鎮瓦爾海姆，沉醉在大自然的懷抱中。他喜愛兒童，願與下層平民交往。在一次舞會上遇到了夏綠蒂姑娘，一見鍾情。夏綠蒂是當地侯爵手下司法官的長女，其母亡故後由她主持家務，照料八個弟妹，但她已經和外交官阿爾貝特訂婚。阿爾貝特是個理性的青年，忠於義務與職守。維特則聽憑情感的驅使，和夏綠蒂形影不離。這三個青年陷入了一種微妙的關係之中。維特在自己尚能自拔之時，離開了夏綠蒂。在此之前，他和阿爾貝特就自殺問題進行了一次爭論。自殺為基督教倫理所不容，但維特以一受騙失貞、跳崖自盡的女子為例，力陳自殺者決非懦弱，而好比患了一種不治之症，非死不可，流露出他自己已有厭世輕生之念。

　　維特出任公使秘書，顯露出他身上積極有為的一面，欲改變衙門作風、官僚習氣，卻受到公使——一個典型的德國官僚的壓制。維特愛慕貴族小姐封·Ｂ，他認為等級區別不應擋住他的去路，不讓他去享受人間有限的幸福和短暫的歡樂。但這位小姐的姑媽卻從中作梗。一位較開明的伯爵賞識維特。一次在伯爵府，維特正巧遇上貴族聚會，他被很有禮貌地請出了爵府，這讓他感到受了侮辱。接連的挫折，使他決心辭去外交秘書的職務，更感到這個社會上沒有他容身之地。他隨一位愛好藝術的侯爵到莊園暫住，但發現侯爵不懂藝術。他有了從軍之念，但被侯爵勸阻。他終於藉故前往夏綠蒂婚後居住的城鎮。

　　由於在社會上的一切出路均已被截斷，維特便依戀夏綠蒂，尋求精神上的安慰。但夏綠蒂已經結婚，守在一個已婚女子身邊，維特只好把愛情深藏在心。這無望的愛情已非單純的愛情，而成為一種對安全感的尋求，守在夏綠蒂身邊就好似躲進了避難

所。然而這無望的愛情畢竟還是愛情，它不僅使維特陷入無限的痛苦，也造成了阿爾貝特夫婦間的隔閡。這時發生了兩件事。維特認識一位青年幫工，他正熱戀他的女主人——一個寡婦，由於寡婦之兄的反對，那青年幫工被解雇。當這個青年幫工獲悉那個寡婦要和另一個幫工結婚時，就產生了歹念，殺死了那個後來者。維特在司法官——夏綠蒂的父親面前替這個犯謀殺罪的幫工辯護，但是徒勞。緊接著，維特又遇到一個發瘋的青年，他原先是司法官的文書，暗地愛上了夏綠蒂，單相思使他精神錯亂。這兩個青年的遭遇與結局，使維特明白了他自己的處境。他希望自己發瘋，可是，他偏偏沒有瘋。維特又想效法那個幫工，和阿爾貝特同歸於盡，但這樣做卻是毀了夏綠蒂。正在這時，夏綠蒂為緩和維特和他們夫妻間的緊張關係，便請求他在一段時間內與她保持距離。這個請求使維特意識到他最後的避難所已不復存在了。他違約見了夏綠蒂最後一面，為她朗讀莪相之歌，衝動之下，擁抱親吻夏綠蒂。繼而他藉口出門旅行，向阿爾貝特借了手槍，自殺身亡。

這部小說是以歌德本人的一段戀愛經歷和他的朋友耶路撒冷的自殺悲劇為素材的。歌德於一七七一年八月獲得博士學位後返回故鄉法蘭克福，被聘為該市陪審法庭律師，但他僅是讀書寫作，徒步遠足，在大自然中流連忘返。身為市民階級的一員，歌德深感本階級雖有經濟實力但仍處於無權狀況，因為立法權掌握在封建貴族手中。當時市民出身的青年，由於外界絕無可能激勵他們去從事有意義的活動，只好在精神空虛的狀態中苟活下去，於是，厭倦人生的情緒到處蔓延。在這種環境中，青年們普遍愛讀英國文學，如哈姆雷特的獨白、揚格和格雷的哀歌，這些作品

更增強了他們悲觀厭世的情緒。歌德當時就有自殺之念，床頭掛一柄短劍，常想以此了結一生。

　　一七七二年五月，歌德到韋茨拉爾帝國上訴法院實習，那裡駐有帝國各邦君主的使節。在一次舞會上，他巧遇一位藍眼睛的姑娘夏綠蒂・布甫，一見鍾情，但她已和青年外交官凱斯特納訂婚，儘管如此，歌德仍天天去她家，有時三人一起散步，幸好歌德的朋友麥克及時把他拉出情網。九月間，歌德到科布倫茨，又愛上女作家拉羅歇伯爵夫人的長女，黑眼睛的瑪克西米麗安妮。歌德返回法蘭克福後，就傳來一位青年外交官耶路撒冷自殺的消息。耶路撒冷在公務上受上司刁難，他曾受一位伯爵的賞識，但在伯爵府一次貴族聚會上受辱。他又單戀著他的同事之妻，他的同事對他下了逐客令。耶路撒冷於是借了凱斯特納的手槍自殺。這個事件轟動一時。歌德獲悉後就著手搜集有關資料。一七七四年初，瑪克西米麗安妮來到法蘭克福，她由母親作主嫁給當地一個富有商人──一個已有五個兒女的鰥夫。歌德和她往來如初，過不多久，那位富商就拒絕歌德登門。歌德頓時理解了耶路撒冷如何把自殺的念頭化為自殺的行動。他閉門謝客，四個星期內完成了《少年維特的煩惱》。

　　小說一出版，立即產生了轟動效應。如歌德所說，當時青年中間本來就埋著一顆大地雷，這部小說好比一把引火草，把地雷給引爆了。青年相爭閱讀，姑娘們掩面痛哭，小夥子同情惋惜，一時間，維特初遇夏綠蒂時穿的藍上衣馬褲黃背心也成了時髦服裝。這部小說產生一種宣洩作用，讓青年把積壓在心頭的苦悶宣洩出來。小說的標題自應譯作「青年維特的痛苦」，維特是青年而非少年，而「痛苦」與《聖經》所云「基督的痛苦」是同一個

詞。基督教宣揚人生在世爲受苦，受苦爲靈魂升天，再苦也需忍，自殺即瀆神。歌德偏偏說，生活充滿痛苦，受苦者找不到出路，自殺應受同情。自殺是消極的，但歌德的意思反過來便是積極的：人生理應充滿歡樂，人人理應享受生活。可是，有幾位青年不懂得這一底蘊，竟然穿上了維特服裝自殺殉情了，這可爲歌德帶來了惡名，但有批評文章，就會有辯護文章的，文壇上脣槍舌劍，好不熱鬧。文學史上所稱的「狂飆突進」時期由此達到高潮。

當時有位啓蒙主義作家尼古拉，仿作了一部小說，題爲《少年維特的歡樂》，寫維特自殺用的手槍裡的子彈，被人換成雞毛雞血，結果虛驚一場，而維特和夏綠蒂也終成眷屬。歌德直到晚年仍對此事耿耿於懷，他當時寫了一首諷刺詩回敬，題爲《維特墓上的尼古拉》，說維特即使未死，卻也被雞血弄瞎了雙眼，看不見心上人也看不見現實，自然也得不到幸福。這一插曲反映了當時崇尚理性的啓蒙主義，文學創作理論與崇尚情感與天才、主張返歸自然的狂飆突進精神之間的衝突，而歌德對那種認爲文學作品應從道德格言出發最後達到道德訓誡目的的主張是深惡痛絕的，他認爲這樣的作品是粉飾現實，是在本已壓抑的氣氛之上更添一層壓抑。

由於「維特」一書顯然違背了當時的道德標準，故而小說一出版，萊比錫市明令禁售，凡持有此書者罰款十銀幣；柏林和哥本哈根下了禁令；在米蘭，此書被沒收焚毀。但此書在德國仍一連印了十六版，更有不少盜版偷印的。此書還很快被譯成英、法、義…等二十多種語言，激蕩著無數青年的心。

雪萊的 解放了的普羅米修士

　　在中國讀過英國詩人雪萊（一七九二年～一八二二年）的詩的人可能不多，因為他的詩和普通人的生活沒有密切的聯繫，他拒絕按實際生活的模式去接受生活，而用詩來預言生活，但是，「冬天已經來到，春天還會遠嗎？」的詩句，知道的人就很多了，中學生都能回答出這是雪萊的詩句，儘管他們未必知道這是在「西風頌」中的最後兩句。在這篇文章中所要介紹的不是「西風頌」這首詩，而是雪萊的著名詩劇《解放了的普羅米修士》。

　　希臘神話中的普羅米修士是巨人和海上仙女的兒子，他是一個既聰明又善良的天神，教導人類各種生存的本領，並且協助朱庇特成為天帝。可是朱庇特即位以後，竟要毀滅人類，他發現普羅米修士把取自太陽的天火帶給了人類，使人類得到幸福和溫暖，就大發雷霆，對人類進行懲罰。天帝讓親手製造的女人——潘朵拉打開了普羅米修士緊鎖的箱子，使得各種病菌出來肆虐人類。朱庇特懲罰了人類，又將盜取天火的普羅米修士用鎖鏈捆綁釘在高加索山的懸崖峭壁上，經受烈日的曝曬和風雨的吹打，還讓兇惡的禿鷹啄食他的肝臟，白天吃掉，晚上又復生，讓他這樣循環往復，承受折磨。朱庇特打聽到普羅米修士知道一個有關他未來吉凶的秘密，就派信使神麥丘利來和普羅米修士談判，如果他說出這個秘密，就可以得到自由，但是被普羅米修士拒絕了，他寧願驕傲地忍受著天帝給他的不公正懲罰，以輕蔑來回答天帝為獲取他知道的秘密而提出的交易。普羅米修士就這樣受了幾千年的苦難，但後來終於妥協，最後由大力士赫丘力斯為他鬆綁，獲得自由。

這個神話由於希臘詩人埃斯庫羅斯的《被縛的普羅米修士》而為世人熟知，人們尊敬這位為人類的福祉而甘犯天條的天神，歌德、拜倫、貝多芬等也都以他們的作品歌頌這位「竊火」英雄，但歌頌的重點是普羅米修士的甘受苦難、自我犧牲的精神和形象。雪萊不滿足於這個神話的結局，他在詩劇的序言中說：「說實話，我對這種軟弱的結局：人類的保護者和人類的壓迫者之間的妥協，感覺嫌棄。如果我們想到他背叛了自己的驕傲話語，被背信棄義的敵人嚇倒，那麼，這充滿了苦難和堅強意志的神話的倫理價值全都無影無蹤了。」雪萊在原本的神話基礎上，創作出了一個新神話，既體現了普羅米修士忍受折磨的苦況，又使這位天神不只是一個受苦受難者，而是頂住一切磨難和誘惑，堅持自己的信條而終於獲得勝利的英雄。人類的保護神普羅米修士與人類的壓迫者朱庇特鬥爭了三千年，直到朱庇特的兒子推翻了他的統治，然後由赫丘力斯砸碎了普羅米修士身上的鎖鏈。

　　在劇中，普羅米修士怒斥朱庇特：

　　你可不是萬能，因為我不肯低頭來分擔你那種兇暴統治的罪孽，寧願被吊起來釘在這飛鳥難越的萬丈懸崖上，四處是黑暗、寒冷和死靜。

　　普羅米修士身受無休無止的痛苦折磨，日以繼夜，夜以繼日，可是，

　　我歡迎白天和黑夜的降臨！

　　一個驅逐掉早晨灰白的霜雪，

　　另一個帶了星星，又昏沉又緩慢地

　　爬上青鉛色的東方，他們會帶來

　　一個個沒有羽翼、匍匐前進的時辰。

這裡，普羅米修士表達了他對鬥爭勝利的信心，進而他用斷然語言對朱庇特表示了極度的蔑視：

厭惡！不！我可憐你。

何等樣的毀滅將要在廣漠的穹蒼裡

搜捕你，你卻絲毫沒有抵抗的力量！

你的靈魂將為了恐怖豁然裂開，

張著口好像裡面有個地獄！

這些話我說來難受，因為我不再憤恨，

痛苦已經給了我智慧。

可是我要記住當年對你的詛咒。

　　詩人已經將一個在痛苦中掙扎、煎熬的，失去對獲得自由信心的普羅米修斯，變成為充滿信心、絕不向暴力屈服的英雄戰士。這部詩劇一反消極悲愴的主旋律，呈現出來的是對未來世界美好前景的嚮往，詩劇的結局讓人們看到的是徹底解放和勝利了的普羅米修士，人們從中得到鼓舞、激勵。詩劇傳達了這樣的資訊：要使生活美好，必須消滅邪惡和暴政。高爾基稱讚這部詩劇是世界文學中最偉大作品之一。

　　雪萊是英國偉大的革命浪漫主義詩人，他對社會公正和美好前景的頌贊，使他成為最早歌頌空想社會主義的詩人之一。恩格斯稱他為「天才的預言家」。雪萊與英國偉大詩人拜倫是同時代人，拜倫較年長四歲。但是與雪萊的充滿樂觀主義和戰鬥激情的詩作相反，拜倫的詩篇往往沉浸著悲觀、消極和孤獨。兩人之間互相尊重，但是在人生觀和世界觀上存在著極大分歧。在兩人的一次辯論中，拜倫對雪萊說：「你談的是空想」。雪萊則回答說：「我期待於未來」。

波西‧比西‧雪萊出身於一個富裕的英國男爵家庭，祖輩都是保守派，而雪萊卻成了保守家庭的背叛者。早年就讀於教育貴族子弟的中學，對學校課程的繁瑣乏味十分不滿，而對自然科學和哲學有濃厚興趣，並且透過閱讀英國最早的空想社會主義者威廉‧高德文的《政治的正義》而對空想社會主義的理論與實踐寄予莫大期望。一八一一年他進入牛津大學，公開表達自己無神論的觀點，發表了《無神論的必然性》的論文而被牛津大學開除。一八一二年，他去愛爾蘭參加民族解放運動，還投身英國工人運動。由於政治信仰相同和相互的深層理解，雪萊拋棄了妻子與威廉‧高德文的女兒瑪麗私奔。瑪麗曾以雪萊為原型寫過小說，雪萊也特別寫詩獻給瑪麗。可是他的這一行為受到英國社會的譴責，再加上他的無神論和空想社會主義激進思想，使他在一八一八年離開英國，流亡義大利。一八二二年七月八日，雪萊從萊克亨訪問老友利‧亨利回來後，在義大利南部斯佩契亞灣登上了和拜倫合資建造的「唐璜」號帆船出航，忽然狂風掀起巨浪，「唐璜」號不見蹤影，過了十天，才在里基奧海岸發現了雪萊的屍體。偉大的詩人在政治風暴年代出生，在大海的狂風巨浪中告別僅僅二十九歲的人生。骨灰葬於羅馬，與死於一八二一年年僅二十五歲的英國名詩人濟慈的墓穴為鄰。雪萊為悼念濟慈的輓歌中稱他為「一顆露珠培養出的鮮花」，而雪萊留下的形象是「解放了的普羅米修士」。

巴爾札克的 **歐葉妮・葛朗臺**

　　巴爾札克（一七九九年～一八五○年）是法國十九世紀偉大的批判現實主義作家。他出身於圖爾市一個中等資產階級的家庭，其父是在法國大革命後逐漸發跡的。一八一四年，他的父親把他帶來巴黎上學，一八一六年開始學習法律，邊學習邊做律師的文書和助手等工作，一八一九年，他剛從法科學校畢業不久就離開了司法界，轉而投身於文學事業。後來又棄文從商，經營出版、印刷業，又準備去開採廢銀礦，但都不成功，反而債臺高築，又回來進行文學事業。一八二九年，巴爾札克發表《朱安黨人》，邁向現實主義。此後他勤謹創作，從未鬆懈，然而他一生未擺脫債務的纏繞。一八五○年八月十八日，這位偉大的天才作家病逝於巴黎。

　　巴爾札克完成了《人間喜劇》這座輝煌的文學大廈，它總共包括九十多部長、中、短篇小說，按巴爾札克自己的分類為三種：「風俗研究」、「哲學研究」和「分析研究」。這是一部封建貴族階級沒落衰亡、資產階級上升發展的歷史，展示了從一八一六年到一八四八年這一段時期，法國社會各個階層、各種人物的生動畫像。《歐葉妮・葛朗臺》就是其中較具代表性的一部長篇小說。

　　《歐葉妮・葛朗臺》成功地描繪了一個資產階級暴發戶的典型葛朗臺的形象。葛朗臺本來是個箍桶匠，在法國大革命中得勢的投機者，他在共和時期賤價買到了當地最好的葡萄園、一座修道院和幾塊地，接著他又順利當上了市長，遂利用職務之便，撈足滿滿的油水，一躍而成為索漠城的百萬富翁，這是他的投機起家

史。小說的後半部另寫葛朗臺的守財史：他生性吝嗇又極度貪婪，視金錢勝過於親人與生命，家裡的每餐食物都必須經由他的親自分配，連女兒歐葉妮過生日，他都捨不得點兩根蠟燭慶祝，甚至在臨死的時候還聲聲叮囑女兒看好錢財，以後好到那邊向他會報。

小說透過葛朗臺這個人物，真實而生動地再現十九世紀上半期，法國外省生活的獨特內容與特徵，揭示了暴發戶對於金錢的瘋狂迷戀，以及在這種心理影響下，極度扭曲的人格，葛朗臺已成為貪婪、吝嗇、狡詐和投機者的代名詞，在他的身上，集中體現了巴爾札克對金錢對人性和人際關係的腐蝕和吞噬的深刻認識。

歐葉妮是這部小說的另一個重要人物。她是葛朗臺的獨生女兒，生性善良而柔順，一直忠於對堂弟查理的愛情，並且無私地將自己的零用錢送給了處在困難之中的查理，但料想不到的是，查理在稍有起色之後，卻殘忍地拋棄了歐葉妮，另攀名門。悲傷的歐葉妮仍然用自己繼承的財產，為查理還清巨額的債務，成全了他。這是歐葉妮愛情悲劇的第一方面。另一方面，克羅旭和格拉桑兩家為了爭奪歐葉妮的愛情，展開了激烈的競爭，葛朗臺看準他們的目標是歐葉妮將會繼承的財產，便把歐葉妮當作籌碼，利用克羅旭和格拉桑兩家為自己謀取錢財，所以歐葉妮的青春芳華逐漸流逝而不能出嫁。葛朗臺死後，歐葉妮終於出嫁了，但她嫁的對象是自己並不愛的法官克羅旭，並在不久之後成了寡婦。從前一方面看，歐葉妮的愛情被金錢無情地嘲弄了，從後一方面看，她則完全成為金錢的犧牲品。小說透過歐葉妮的婚事，揭示了這種赤裸裸的金錢關係。

《歐葉妮・葛朗臺》是巴爾札克所有小說中最負盛名的其中一部，箍桶匠──葛朗臺已成為全世界婦孺皆知的暴發戶、吝嗇鬼的代名詞。

雨果的 悲慘世界

《悲慘世界》描寫的是這樣一個故事：

一八一五年秋天的一個黃昏，剛走出監獄的囚徒尚萬近來到了小城狄涅，年近四十六、七歲，他入獄的原因，是為了替姐姐饑寒交迫的孩子偷一個麵包。尚萬近來到主教米里哀先生門前，向老主教求宿。尚萬近在這裡飽餐後，舒舒服服地休息了一個晚上，走時，拿走了主教的一套銀餐具，不幸的是被員警抓獲了。主教沒有責怪他，只是親切地告誡他「要行善，做個好人」。讓尚萬近四十六、七歲入獄的原因，是他為姊姊兩個飢寒交迫的孩子偷了一個麵包。

巴黎城裡的女工芳汀，由於兩歲女兒科斯蒂的拖累無法工作。她找到了城郊孟費眉鎮的客店主湯乃第夫婦，請求他們幫忙照顧孩子。湯乃第先生要求芳汀每月支付七法朗，雖然費用很高，但是芳汀不得不答應，她依依不捨地離開了女兒。

幾年後，芳汀的家鄉——海濱小城蒙特猗來了一位馬德蘭先生，他用自己的智慧、金錢興建工廠，幫助窮人，繁榮了蒙特猗，人們都很擁戴他，上書國王，任命他擔任市長。芳汀在馬德蘭市長的工廠裡工作，一年後她被解雇了。湯乃第夫婦寫信威脅她，如果再不寄錢來，就要把科斯蒂趕出去，芳汀陷入了深深的憂慮之中，同時她也仇恨馬德蘭市長，認為是他解雇了她。不幸，芳汀上街時又遭到流氓的侮辱、毆打。員警賈威正要逮捕她時，馬德蘭市長正好趕上，呵斥走了賈威，沒想到芳汀卻跑上來啐了市長一口，馬德蘭沒有理會她。他見芳汀正發著燒，又咳嗽不止，吩咐人馬上送芳汀到工廠的療養院去。他瞭解了芳汀的身

世，當即寄給湯乃第夫婦三百法郎，並讓他們趕快把孩子送來，芳汀不知道這一切，她的病情日益加重，只有見女兒一面的念頭支撐著她，她把希望寄託在馬德蘭市長身上。

然而，偏偏在這時，員警賈威告訴馬德蘭，他已寫信揭發了馬德蘭，說他是勞役犯尚萬近，賈威還說，他做錯了，因為假的尚萬近已被逮住，馬上就要受審。這震動了馬德蘭。他趕到了法庭上，當眾宣佈，自己才是當年那個苦役犯尚萬近。他必須暫時離去辦兩件事情。

尚萬近趕到療養院來看芳汀，但是隨後趕來的賈威宣佈馬德蘭已不是市長了，芳汀的希望破滅，咽了氣。尚萬近被帶走了。幾天後，孟費眉鎮的居民看見一位陌生人，領著全身孝服、懷抱布娃娃的科斯蒂離開。陌生人付給湯乃第夫婦一千五百法郎。陌生人就是尚萬近，他再次脫身，並救了科斯蒂，帶著她，以父女的名義在巴黎一個貧民區安身。不久，尚萬近又看見了賈威的影子，他不得不帶著科斯蒂再次逃匿。

時光已是一八三二年了。盧森堡公園裡，經常有位年輕美貌的姑娘陪著一位老人散步，這就是尚萬近和科斯蒂。住在公園附近的貴族青年馬利愛上了科斯蒂。科斯蒂每次到公園來，他都遠遠地望著。公園附近還住著一戶窮人，是改變了名姓的湯乃第一家，他們企圖打劫尚萬近，被員警知道抓走了。

這年六月，一位深受人民愛戴的將軍去世了，在他下葬那天，巴黎市民產生暴動。馬利和一群熱血青年加入了起義行列，起義隊伍和軍警展開了激烈的街壘戰。馬利捎給科斯蒂一封信，說他就要死了，但他的靈魂與科斯蒂同在。尚萬近不忍心讓科斯蒂傷心，故也參加了起義隊伍，他要保護馬利。馬利交給他的任

務是處決被俘的賈威。但尙萬近押解賈威到一處僻靜的地方就放走了他。當他再回到隊伍中時，馬利因為受傷而昏迷過去了。尙萬近不顧一切地背起這個青年就鑽進下水道。巴黎的下水道縱橫交錯，宛如迷宮。尙萬近背著馬利不知走了多久，終於看見了亮光。當他費盡氣力爬到地面上時，迎頭碰上的是警長賈威。尙萬近坦誠地要求賈威在逮捕他之前，先把這個青年送回家去。賈威照辦了，但他沒有逮捕尙萬近，自己轉身走了。

馬利得到精心的醫治和照料，科斯蒂也常在他的身邊。傷好後，兩個相愛的青年結婚了。尙萬近把自己當市長時賺的五十萬法郎送給了這對新婚夫婦。馬利並不知道是這位老人救了他，他懷疑老人的錢來路不明，因此不願意科斯蒂經常去看望他。尙萬近的自尊心受到傷害，他對馬利說出了自己蹲過牢獄的經歷，但沒有為自己辯解什麼。從此馬利禁止妻子去看尙萬近。

不久，馬利知道了事情的全部真相，感到十分內疚。他和科斯蒂趕到老人那裡，求得原諒，並願意接走老人與自己同住。可是已經晚了，尙萬近在他們的懷抱中閉上雙眼，永遠地離開了人世。

作者維克多・雨果（一八○二年～一八八五年）生於法國的柏桑松，他的一生幾乎跨越了整個十九世紀，是法國浪漫主義文學運動的領袖人物，在詩歌、戲劇、小說、文藝理論、政論等方面進行了大量的創作，並產生巨大的影響。不同的歷史時期在他的文學活動中打下了自己的印記，從而使他的整個作品構成了十九世紀法國政治社會變化和動態的一個側影。

一八五一年，路易・波拿巴發動反革命政變，宣佈帝制。雨果和他的政派發表宣言試圖反抗，但慘遭失敗而被迫流亡國外。

《悲慘世界》就是雨果流亡期間的作品，發表於一八六二年。《悲慘世界》雖然結構龐大，枝葉繁複，但表現的只有一個中心，就是貧窮人民悲慘的命運和處境。作者在序言中說：「只要因法律和習俗所造成的社會壓迫存在一天，在文明鼎盛時期，人為地把人間變成地獄，並且使人類與生俱來的幸運遭受不可避免的災禍；只要本世紀的三個問題——貧窮使男子潦倒，饑餓使婦女墮落，黑暗使兒童孱弱，還得不到解決，那麼，和本書同一性質的作品都不會是無益的。」《悲慘世界》正是這樣一部反映社會現實和人民受苦受難的鉅著。

果戈里的 欽差大臣

　　果戈里（一八○九年～一八五二年），俄國批判現實主義文學的奠基者，傑出的諷刺作家，喜劇藝術大師。果戈里出身於烏克蘭的一個地主家庭，十九歲前往彼得堡獨立謀生，開始做小公務員，後來在普希金、別林斯基幫助下從事專業創作。他在戲劇、小說等多種文學體裁中，忠實地反映十九世紀三、四十年代黑暗籠罩的俄國社會，揭露沙皇專制農奴制度的罪惡，曝露一切腐朽醜惡和不公正的現象。他的早期作品具有浪漫主義傾向，但在其後的創作中，開始顯露批判現實主義創作傾向。果戈里於一八三三年開始從事諷刺喜劇的創作，他的不朽名劇《欽差大臣》，將俄國沙皇社會的醜惡和不公正的事物集中在一起，淋漓盡致地進行了嘲笑，曾在莫斯科上演時轟動一時，對俄國戲劇的發展產生了重要影響，成為世界文學寶庫裡的經典喜劇之一。

　　《欽差大臣》的主要情節是：

　　從彼得堡來的切列斯塔柯夫賭光了錢，和僕人在旅館裡脫不開身。恰好在這個時候，他被這個小縣城的官吏們誤認為是朝廷派來微服私訪的欽差大臣。從縣長到法官、督學、慈善醫院院長、員警分局局長以及地方鄉紳，甚至縣長太太、縣長千金都對這個「欽差大臣」巧遞秋波，竭盡拍馬屁、恭維、賄賂和巴結之能事，而這位切列斯塔柯夫樂得扮一扮欽差大臣，食肥寢軟，索財驅眾，還瘋狂地追逐縣長的千金和太太。一時之間，眾人醜態百出，爾虞我詐，互相攻擊推諉，爭先恐後，唯憂未能巴結上這位「高官」，鬧出了無數的笑話。切列斯塔柯夫見好就收，捲帶得來的錢財和縣長千金的愛情一走了之，而正當縣長一干人等歡天

喜地地盼著這位大人物即將賜予飛黃騰達的時候，真正的欽差大臣卻來到了這個小縣城，憲兵傳令他們去叩見。這不啻於一個炸彈，縣長等人呆若木雞。

《欽差大臣》的劇本題詞是「自己的臉醜，為什麼要怨鏡子」。它一反當時俄國舞臺上流行的、毫無社會本質內涵和思想力量的庸俗喜劇和傳奇劇的面孔，直接干預社會，將鋒芒直指當時俄國社會最主要的問題：統治者與民眾的矛盾，揭露了舊俄國官僚階層的腐敗、墮落，是一幅惟妙惟肖的官場百醜圖。《欽差大臣》中沒有正面主角，但是作者賦予劇本一個潛在的正面形象，那就是「笑」。「是的，」果戈里寫道，「是有這麼一個正直、高尚、當劇情繼續時一直在裡面行動著的人物。這個正直、高尚的人物，就是『笑』。」「笑」是劇中唯一正面的形象，貫穿全劇始終，擔任一個揭發者的作用。在劇場演出的哄堂大笑中，徹底撕下了沙皇官僚集團的假面具。

《欽差大臣》演出後，立即遭到了反動派的攻擊和誹謗，果戈里不得不遷居國外。然而，這部偉大的諷刺喜劇卻並未因為反動勢力的攻擊誹謗而銷聲匿跡，相反地，它以深刻的社會批判內容和幽默深雋且辛辣的諷刺藝術，贏得了一代代的讀者和觀眾。

狄更斯的 雙城記

查理・狄更斯（一八一二年～一八七○年），英國傑出的批判現實主義作家。他出身於一個貧寒的小職員家庭，小時候父親因為債務而被關進監獄，狄更斯也不得不到公司做學徒而被迫中斷學業。一八三一年，狄更斯前往一家報社做記錄員，很快就成為一名優秀的記者，從此也開始進行文學創作。狄更斯從一八四四年起，長期僑居瑞士、法國和義大利等地，一八七○年因腦溢血去世。

狄更斯最主要的作品有《塊肉餘生記》、《孤雛淚》和《雙城記》…等長篇小說。《雙城記》發表於一八五九年，它是反映法國第一次資產階級革命的長篇歷史小說。

小說的主要故事情節是：

一七七五年的冬天，銀行職員勞雷先生與露西小姐從英國來到法國巴黎最貧窮的地區聖安東尼區，找到了露西的父親曼納醫生。曼納醫生在獄中待了十八年，已經變得神志不清了。曼納醫生和露西為達尼出庭作證，達尼的助手卡頓也證明了達尼無罪。後來，卡頓和達尼都愛上了露西。達尼放棄繼承他伯父厄弗里蒙地侯爵的爵位和財產，出走英國，在劍橋當上了法語教師，他向曼納表明了他對露西的愛情。曼納已知道他就是那曾迫害他的侯爵的姪兒，但也瞭解他是一個正直的青年，痛苦地答應了他的請求。不久，達尼和露西結婚了。

一七八九年七月中旬，聖安東尼區的人民在得伐石夫婦的領導之下，進攻巴士底獄，他們在牢房煙囪裡找到了曼納醫生的控告信。此時，農村也發生村民的暴動，村民們把侯爵的管家蓋自

勒送進了監獄。達尼為了救蓋自勒而回到法國，亦被抓住入監，露西為了搭救丈夫，匆忙趕回巴黎。由於達尼的申辯和曼納醫生的聲望，達尼遂被宣告無罪釋放。然而就在當天，達尼又被抓走了。

　　審訊仍在繼續。原告得伐石夫婦解釋他們得到的曼納先生的控告信，原來早在一七五七年，曼納醫生親見厄弗里蒙地侯爵兄弟將一個貧民家庭迫害得家破人亡，侯爵怕醫生洩密，收買不成，就迫害醫生，將他抓入巴士底獄，直到刑滿釋放。法庭公佈此信，人們一致要求判達尼死刑。曼納也無話可說。達尼以「共和國的敵人、貴族、對人民犯下殘暴罪行之家族的成員」的罪名，即將在二十四小時內被處死。卡頓已回到巴黎，他混入監獄，冒名頂替達尼。達尼得以與露西、曼納醫生一起離開巴黎。卡頓和達尼的外表相像，因而未被群眾發覺，這樣，他安詳地走上了斷頭臺。

　　小說細緻地描繪了法國人民的苦難生活，深刻地揭露了貴族階層對勞苦人民的迫害和蹂躪，熱切地描繪了法國大革命中，民眾反抗暴力、反抗統治者的壯烈場面，展示了革命的正義性和合理性。小說還著力塑造了曼納、達尼和卡頓的形象。曼納醫生是個正直的知識份子，勇敢而寬厚，在他的身上體現了作者用善的感化來純淨社會的改良思想。達尼和卡頓則是富有獨立思想和自我犧牲的人物，在他們身上寄託著作者的人道主義理想——善、愛和自我犧牲。狄更斯還在小說中對革命中的暴力行為以及亂殺予以譴責，這裡多少也顯示了狄更斯理想中的革命形式和它的非現實性。

　　《雙城記》的影響是相當深遠的，它不僅傳遍世界各地，而且

深受文學理論家的一致好評。其構思的巧妙，文筆的流暢簡潔，以及思想內容的豐富深厚，都使它顯示出一部世界文學名著的魅力。

075▶矛盾心理下的矛盾人物

屠格涅夫的 **父與子**

　　屠格涅夫（一八一八年～一八八三年）是第一個影響全歐乃至全世界的俄國作家。他出身於貴族家庭，一八四七～一八五二年發表《獵人筆記》，揭露了地主的殘暴和農奴的悲慘生活，因此被放逐。

　　從十九世紀六十年代起，屠格涅夫長期旅居歐洲，同歐洲當時的許多作家如左拉、福樓拜、都德…等廣有交往。他對溝通俄國和西歐文化、擴大俄國文學在西方的影響作出了重要貢獻。一八八三年屠格涅夫病逝於法國。屠格涅夫的重要的作品有長篇小說《羅亭》、《貴族之家》、《前夜》、《父與子》等。《父與子》是其中最重要的一部，也是爭論最多的一部。

　　屠格涅夫在《羅亭》、《貴族之家》等小說主要描繪「多餘人」的形象，但到了《前夜》、《父與子》則轉向描寫「新人」的形象，《父與子》中的主角巴札羅夫是俄國近代文學中的第一個「新人」——非貴族出身的民主主義知識分子，亦稱平民知識份子的典型。

　　《父與子》是屠格涅夫一八六〇年八月旅居英國時開始進行，到次年七月於俄國完成。當時，俄國正在進行一場掠奪式的農奴制改革，自由派為這場所謂的改革辯護，實質上不過是掩飾國內社會矛盾，維護地主們的利益。與之針鋒相對的革命民主派是以非貴族出身的知識份子為主體的，他們具有否定一切的傾向，對任何東西都持懷疑與批判態度。因此，在自由派與革命民主派之間出現了不可調和的衝突和對立。《父與子》就是因這個複雜、鬥爭的時代生活形式而出現的。

這部小說的故事主脈是：

平民出身的醫科大學生巴札羅夫到同學阿爾卡季家渡假，他否定一切、對任何事物都持懷疑和批判態度，崇尚自然科學，堅持實驗的思想觀念，與阿爾卡季的伯父巴威爾發生了嚴重的衝突，加上巴威爾妒嫉他與阿爾卡季年輕的後母費涅奇卡之間的歡悅的感情，因此不可避免地發生了一場決鬥，其結果是巴威爾受傷，巴札羅夫離去。巴札羅夫和阿爾卡季在省城認識了漂亮的貴族寡婦奧金佐娃，奧金佐娃喜歡有獨立思想的巴札羅夫，而巴札羅夫也心儀這位眼光趣味不俗的女人，然而由於種種心理的影響，奧金佐娃拒絕了巴札羅夫。失戀的巴札羅夫回到家鄉，為那無法排遣的痛苦、煩躁和不安包圍著，最後，他在一次解剖屍體中感染傷寒病菌而死。

小說透過巴札羅夫的言行，父輩與子輩的親情與矛盾，戀人之間的欣賞與離背，家庭生活的平靜與波瀾，社會交往中的感悟與抵觸，細膩而真實地描繪了當時俄國社會生活中的階級關係、社會風尚、時代氛圍和人物心理，是一幅色澤明潤的俄國十九世紀六十年代生活畫卷。

《父與子》於一八六二年在自由派刊物《俄國通報》第二期上發表，接著出版了單行本，作者在扉頁上題詞為：「紀念維薩里昂·格里戈里耶維奇·別林斯基。」這部小說發表之前，被《俄國通報》主編卡特科夫擅自作了修改，出版單行本時，屠格涅夫刪除了這位主編所做的「修改」，恢復原貌。

由於《父與子》內容的尖銳性和小說藝術的卓越，在俄國引起了廣泛的震動與爭論，當時幾乎所有的批評家都對它發表了意見，褒貶紛紜，莫衷一是。主要是就為主角巴札羅夫的形象爭論

不休。關於《父與子》的爭論至今未絕，這恰好說明作家刻畫的人物所具有豐富的精神內涵和性格特徵，以及作品所概括時代生活含量的深廣。

托爾斯泰的 戰爭與和平

列夫・尼古拉耶維奇・托爾斯泰（一八二八年～一九一〇年）是俄國十九世紀批判現實主義文學的偉大代表，是世界文學史上最輝煌的人物之一。他出身於土拉省雅斯納雅・波良納的一個伯爵家庭，後來繼承了伯爵的爵位。一八四四年進喀山大學學習，接觸到孟德斯鳩、盧梭、伏爾泰⋯等啓蒙思想家的著作，對學校教育漸生不滿，三年後退學回家經營田莊，並對田莊進行一些自由主義的改革。一八五二年到高加索服兵役，經歷了克里米亞戰爭，爲他後來創作《戰爭與和平》，描寫栩栩如生的戰爭場面打下了基礎。一八五六年退役，托爾斯泰前往歐洲旅行，大部分時間在田莊渡過，探索俄國社會的出路。一九一〇年十月二十八日他離家出走，十一月七日病逝在一個小火車站上。

托爾斯泰的創作是相當豐富的，最負盛名的是《復活》、《安娜・卡列妮娜》和《戰爭與和平》這三部長篇小說。

一八六一年，沙皇俄國進行的農奴制改革實質上是一場對人民的殘酷掠奪。托爾斯泰深刻地看到了這一點，因此解決國家和人民的問題成了他創作的主旨。他以一八〇五年至一八二〇年的歷史事件爲背景和基本素材，創作一部表現人民歷史作用的長篇小說。一八六三年至一八六九年這段時間，他創作了宏偉的長篇文詩性鉅著——《戰爭與和平》。

小說以一八一二年俄法戰爭爲中心，從一八〇五年聖彼得堡貴族談論對拿破崙作戰寫起，經過俄奧聯軍與拿破崙軍隊之間的奧斯特里奇會戰，一八一二年法國軍隊入侵俄國、鮑羅金諾會戰、莫斯科大火、法軍全線潰退，最後寫到一八二〇年十二月黨

人運動的醞釀為止。全書以包爾康斯基、別祖霍夫、羅斯托夫和庫拉金四大豪族為主線，在戰爭與和平的交替展示中，全方位表現當時俄國的政治、經濟、軍事和家庭生活的豐富多彩的內容和變化，反映各階層、各色人等的思想情緒以及生活狀態。

小說的基本內容是：

拿破崙東征俄國，年輕、英俊的安德列應徵入伍，他把臨產的妻子託付給父親包爾康斯基公爵和妹妹瑪麗伯爵小姐。包爾康斯基是一位退休將軍，雖然賦閒在家，卻時刻關注著戰爭的形勢。當時指揮俄國軍隊向法軍迎戰的是庫圖佐夫。由於法國軍隊來勢甚猛，俄軍不得不放棄維也納，順著多瑙河一路撤退，這讓安德列很失望。

其時正是一八○五年，聖彼得堡仍是一派和平景象。華西里公爵正在奔走兩件事情：一是把自己的女兒嫁給別祖霍夫伯爵的私生子比爾，因為比爾繼承了死去老伯爵的大批遺產，另外設法讓兒子阿納托爾娶安德列的妹妹瑪麗伯爵小姐。將要聯姻的這兩家是當時俄國財產最豐富的貴族。一件他成功了，單純憨厚的比爾經不住愛倫父女的輪番進攻，同意了這門婚事。另一件則由於包爾康斯基老公爵的堅決反對，華西里伯爵未能如願。

在奧里密茲戰場上，安德列緊緊跟隨著庫圖佐夫。他們被法軍發現後，很快成了炮擊目標，不斷有兵士倒下，安德列也中彈受傷成了俘虜。得勝後的拿破崙趾高氣揚地走來走去，曾希望自己成為一名拿破崙式英雄的安德列，看到他虛榮、殘忍的一面，拿破崙的形象在他的心目中突然間變得渺小，他覺得，只有那些衝鋒陷陣的兵士才是真正的英雄。

比爾婚後並不幸福。他的妻子愛倫是有名的交際花，生活放

蕩無度，最近又與一個青年伯爵多羅豪夫私通，比爾氣忿地提出與多羅豪夫決鬥。其實比爾連槍都不會使用。決鬥中，多羅豪夫中了一槍，幸運的比爾沒有受傷。隨後，比爾把大部分財產留給了愛倫，單身前往莫斯科。

　　老包爾康斯基一家擔心安德列，他的妻子即將分娩，安德列卻出其不意地回來了。不幸的是，麗莎生下兒子後就死去了。老包爾康斯基被任命為俄軍司令，遂走馬上任了。安德列暫時賦閒，他不時地和好朋友比爾聚會談心，談得最多的是農奴的解放問題。比爾是共濟會員，他同意解放農奴，但是在他的農莊裡卻行不通。安德列在自己的莊園裡實現了這一理想，他果斷地解放了三百個農奴，把他別的莊園裡的農奴的強迫勞動改為免役稅，還請了一個教士教農民的孩子們讀書。安德列的行為震盪了俄國的上流社會。

　　在一次宮廷舞會上，安德列伯爵再次遇到了羅斯托夫伯爵的小女兒娜塔莎，兩人一見鍾情。安德列決定徵得父親的同意，向娜塔莎求婚。老包爾康斯基認為就地位、財產而言，這椿婚姻不適合，他要求兒子把婚期推遲一年。娜塔莎知道後有些失望，安德列告訴她，他們的訂婚不公開，在這一年中她是自由的。安德列還說，他還要出國作戰，如果她遇到什麼困難，可以去找他的朋友比爾。

　　娜塔莎訂婚後，家中的經濟狀況不斷惡化，為了準備她的嫁妝，不得不賣掉一些田莊和住宅，同時為她的哥哥尼古拉物色一個有財產的女子聯姻。而尼古拉與表妹索尼亞相愛。聽說安德列快回來了，羅斯托夫伯爵帶著女兒娜塔莎去拜見老包爾康斯基，卻意外地遭到了冷遇。娜塔莎覺得受到侮辱，心裡很委屈。就在

這時，比爾的妻弟阿納托爾看上了娜塔莎，愛倫在中間穿針引線，單純的娜塔莎被誘惑了，她不顧索尼亞的勸阻，準備和阿納托爾私奔。索尼亞不能容忍娜塔莎的行為，她向家長們告發，娜塔莎的私奔計畫被中止了。比爾知道後，為了朋友安德列的名譽，將阿納托爾逐出了莫斯科，並決定幫助可憐的娜塔莎。

一八一二年六月十二日，拿破崙沒有任何理由，不宣而戰，攻入了俄國，法軍很快地佔領了西部重鎮斯摩棱斯克，並繼續向東挺進。安德列伯爵一直帶領著一支聯隊在前沿戰鬥。戰鬥的空隙中，他知道了娜塔莎的事情，心裡很痛苦，解除了婚約，不久，他收到了妹妹的信，老包爾康斯基不但不撤退，還組織起民兵準備抗擊侵略者。不幸的是，老公爵在檢閱部隊時中風，沒有幾天，他就在沒有親身迎擊侵略者的遺憾中離開了人世。

拿破崙原以為，法軍將會勢如破竹，不費吹灰之力地攻佔俄國，但是一路打來，遇到了俄軍的頑強抵抗，法軍士氣越來越低落，這是拿破崙始料未及的。在離莫斯科不遠的戰場上，安德列再次受傷了，這次傷勢很重。為了保存實力，為了莫斯科不被戰火焚滅，俄軍放棄了莫斯科。

莫斯科人差不多都離開了。娜塔莎一家也裝好了車子準備撤離，一隊運送傷員的車子開了過來，還有許多受傷的官兵搭不上車子，痛苦地走著。羅斯托夫伯爵立即吩咐僕人卸下幾車自家的物品，騰出車子運送傷員。娜塔莎也跟著幫忙。其時，安德列和僕人的車子就在裡面。安德列和娜塔莎意外地又見面了，此時此刻，他們覺得什麼也沒有發生過，反而更相愛了。此後，娜塔莎一直陪伴著安德列。在撤出莫斯科的路上，娜塔莎看見了比爾，只來得及聽比爾說了句：「他將留在莫斯科。」

在法軍撤退的前夕，安德列伯爵去世了。在他停止呼吸的前一刻，他的身邊除了娜塔莎，還有他的妹妹瑪麗和他的小兒子。在戰爭中，比爾過了一段俘虜的生活，待被解救後，他又回到了莫斯科，他很快見到了瑪麗和娜塔莎。這時的娜塔莎由於安德列的去世，沉浸在悲傷、哀痛當中，往日的笑容已不復存在。情不自禁，比爾對娜塔莎產生了異樣的感情。此時，比爾的妻子愛倫已生病死亡了。

隔年春天，比爾和娜塔莎舉行了婚禮。幾年之間，他們有了三個女兒、一個兒子。娜塔莎的哥哥尼古拉和瑪麗伯爵小姐成了親，瑪麗的莊園、田產由尼古拉經營得當。安德列的兒子小尼古連卡七歲了，他已經懂得從現在起就學做爸爸那樣的人。

小說描寫了俄國軍民為保衛祖國神聖的土地和侵略者戰鬥的英雄氣概，充分地肯定了人民在反侵略戰爭中的豐功偉績，並深刻地批判了腐化墮落的官僚貴族以及宮廷，對華西里一家的骯髒醜惡行跡，進行猛烈的抨擊。但作者並未簡單地否定整個貴族階層，他塑造了兩個理想的貴族青年形象——安德列‧包爾康斯基和比爾‧別祖霍夫。前者鄙視皇族的庸碌，信仰博愛主義，立志透過自己獲得功名，在戰場上出生入死，最後卻犧牲了。後者則追求理想的道德生活，同情人民的苦難，但他對妻子愛倫的墮落和上流社會的腐朽深感絕望，經過戰爭的磨難，他變得堅強，最後同娜塔莎組成了一個美滿家庭；他還參加了十二月黨人早期的秘密團體，但他主張用道德的方法來改良社會。

羅斯托夫家的娜塔莎是這部小說中最為動人的女性形象。她的身上充滿活力，熱愛生命、生活、人民，具有自我犧牲精神，與貴族婦女形成鮮明的對照。在她的身上，體現了托爾斯泰女性

理想的基本內涵。我們在他以後的作品《安娜‧卡列妮娜》和《復活》中也會看到這種女性生命的延續。

　　《戰爭與和平》在世界文學史上是佔有重要位置的。它體現了史詩、歷史小說和批判現實主義創作的高度結合；構思宏偉，視野開闊，大幅度地推展情節，全方位地展示時代生活，靈巧地刻畫眾多的人物形象，揭示現實主題和生活哲理。從戰爭小說的發展來看，《戰爭與和平》又開創了蘇俄近現代文學中戰爭題材小說的偉大先河，對二十世紀各國文學創作也有深遠的影響。

小仲馬的 茶花女

　　小仲馬（一八二四年～一八九五年），法國小說巨匠大仲馬和一位縫衣女工的私生子。這種非婚生子的身分使他在學校和社會受盡歧視，同時，痛苦的經驗促使他對人類和社會問題產生興趣。他年輕時就開始文學創作，早期的作品曾經受到大仲馬的影響，但他隨即改變方向，著重反映現實生活。一八四八年發表小說《茶花女》一舉成名，繼而又寫了幾本小說。他不久就轉向舞臺，將《茶花女》改編成五幕話劇，一八五二年首演便獲巨大成功。他一生寫劇本二十餘部，其中著名的有《半上流社會》、《金錢問題》、《私生子》。這些現實主義的作品揭示了上流貴族奢侈的生活和自私偽善的面目，為被侮辱和損害的下層人物鳴屈喊冤，並且也由於他本人身世的不幸，他在劇中大力宣揚家庭和婚姻的神聖。

　　《茶花女》作為小仲馬的成名代表作，鮮明地體現了他的這些創作特點。小說是這樣展現在讀者面前的：

　　巴黎，一八四二年冬。妓女瑪格麗特是個絕色女子。頎長苗條的身材，小巧玲瓏的頭形，精巧細緻的五官，墨黑捲曲的頭髮…就像是一件精美的藝術品。瑪格麗特過著恣情縱慾的生活，但是她的臉上卻呈現出處女般的神態，甚至還帶著稚氣，這更增添了她的魅力。每天晚上，她都是在劇場或舞場裡渡過。她隨身總帶著一束茶花，一個月裡有二十五天她帶著白山茶花，而另外五天卻是紅山茶花。由於她只帶茶花，所以有人替她取個外號——「茶花女」。

　　目前，瑪格麗特正受到一位公爵的寵愛，因為她酷似公爵那

因肺病而早夭的女兒。公爵供她在巴黎享受豪華奢侈的生活，卻也在暗中監視她，限制她的自由。可憐的瑪格麗特同樣患有肺病。她的臉頰忽而緋紅，忽而慘白，她性情狂熱，縱情縱慾，這些都是肺病的症狀。

瑪格麗特的姿色和病容引起青年亞蒙的憐愛。他是C城總稅務員的兒子，正在巴黎遊玩，他覺得自己似乎命中註定要愛上瑪格麗特。某天，透過朋友加斯東的介紹，他和瑪格麗特結識了。由於第一次見面，他緊張且慌亂，笨嘴拙舌，沒有留給瑪格麗特什麼印象。而她輕佻的舉止，縱情的狂笑，也讓他感到失望，開始重新檢點自己的戀情。但是，思念戰勝一切。在瑪格麗特患病的兩個月期間，他每日在她的住宅外逗留，送去鮮花和問候，直到她前往療養勝地巴涅爾休養。

時光流逝，轉眼兩年過去。有一天，亞蒙在巴黎意外地又與瑪格麗特相遇。大病初癒的她，目光沉靜，笑容含蓄，已沒有往日那種滿不在乎的輕佻，亞蒙的內心再一次燃起火熱的愛情。

瑪格麗特看到亞蒙與那些簇擁在她左右的其他貴族闊少不同，他們為她揮霍金錢，討她歡心，是為了滿足自己的慾望和虛榮心。而亞蒙則是用憐愛的目光關注她，用溫柔的心疼愛她。瑪格麗特，這位飽嘗世態炎涼的煙花女子動心了。可是過去辛酸的生活經歷又使她滿懷自卑，誠惶誠恐。

她害怕他會對自己的愛情感到後悔，把她的過去當作罪惡。但她希望亞蒙永遠不再離開她。於是，他倆來到郊外布吉瓦爾的一幢別墅，在清純自由的鄉村裡，過起如夢如詩的田園生活。為了徹底和舊生活斷絕關係，瑪格麗特擺脫了公爵的恩寵。她變賣馬車、服裝和首飾，以維持她和亞蒙幸福生活的日常開支。

一個多月後的一天，亞蒙的父親從 C 城來到巴黎。父子相見，父親沉痛地述說兒子與妓女的戀情帶給家庭的恥辱，竭力規勸兒子離開瑪格麗特。熱戀中的亞蒙當然不聽。父子倆不歡而散。

　　第二天，亞蒙如約又來拜望父親，卻撲了空。傍晚回到布吉瓦爾別墅，只見瑪格麗特滿腹憂愁，神色愀然。這一夜，她擁著亞蒙，吻著他的手，不停地啜泣著，絮絮叨叨地說一些瘋話，卻不肯把傷心事告訴亞蒙。天亮後，瑪格麗特敦促亞蒙再去看望父親。晚上，亞蒙趕回他們的愛情別墅時，瑪格麗特已經離開了。只留下一紙短箋：「在你讀到這封信的時候，亞蒙，我已經是別人的情婦了，我們之間一切都完了。…瑪格麗特一生中僅有的幸福時刻都是你給的，她現在希望她的生命早點結束。」這封信對亞蒙來說實在是晴天霹靂。他失魂落魄地回到巴黎，撲在父親懷裡號啕大哭。

　　亞蒙昏昏沉沉地在父親家裡待了一個月，日夜呼喚著瑪格麗特。他經受著失戀的痛苦折磨，漸漸地，他對瑪格麗特的愛轉化為強烈的嫉恨。他滿腔怒火地回到巴黎，只為了一個目的：報仇！

　　在巴黎的交際場上，亞蒙當著瑪格麗特的面追求放蕩的妓女奧林普，後來又支使奧林普在各種場合殘酷地侮辱瑪格麗特。除了當面挑釁外，奧林普還寫匿名信，四處散播謠言，逼得瑪格麗特不敢在社交場合露面。

　　可憐的瑪格麗特默默地忍受這一切。她的病情更重了，有時甚至吐血、昏厥。面對亞蒙殘酷的折磨，她從不反抗，從不辯解，只是用她苦苦哀求的眼光望著他。終於，在亞蒙對她的一次

無情侮辱之後，瑪格麗特淒然離開巴黎，前往英國。

瑪格麗特的健康每況愈下。每天她都在昏睡中喃喃呼喚亞蒙的名字；清醒的時候，她就執著地盯著房門，期待亞蒙推門而入⋯瑪格麗特在孤獨和痛苦中死去了。

從國外趕回的亞蒙未能參加她的葬禮，只得到她臨死前寫的幾篇日記。在日記裡，她傾吐了對他狂熱的愛，並且揭示了一個她恪守至死的秘密：原來，亞蒙的父親曾偷偷前往布吉瓦爾別墅，懇求瑪格麗特為了亞蒙的前途和他女兒的婚姻，離開亞蒙。

《茶花女》是小仲馬根據自己的一段真實經歷寫成的。小仲馬曾和妓女瑪麗·杜普萊西相戀，後來在小仲馬出國旅行期間，瑪麗患肺病死去，年僅二十三歲。她的悲慘遭遇，以及他親生母親的貧寒境遇，觸發了小仲馬的激情，使他創造出一個追求忠貞愛情和高尚情操的妓女瑪格麗特的感人形象。青樓女子，靠賣身謀生活，按世俗的眼光看，妓女從事的是最下賤的職業，可是在瑪格麗特身上卻閃耀著動人的人格光輝，她擁有比一般人都高貴的心靈。另一方面，也正因為瑪格麗特是賣笑的煙花女子，過的是糜爛的生活，看到的都是骯髒的交易，才比一般人都更嚮往純潔、高貴的精神生活，為了贏得愛情和自尊，她可以不惜一切，甚至犧牲最寶貴的幸福和生命。妓女，在墮落的掙扎中嚮往真情，從事著肉體交易卻追求精神的昇華──正是她們的這種矛盾性格以及世俗偏見對她們的歧視和傷害，才使古今中外妓女題材的文學作品打動了千百萬讀者，有的甚至成為不朽的傳世之作，《茶花女》便是其中當之無愧的一部。

易卜生的 玩偶之家

易卜生（一八二八年～一九〇六年），挪威戲劇家、詩人，出生於挪威南部希恩鎮的一個木材商人家裡。一八三四年，他父親破產後，全家遷到小鎮附近的文斯塔普村居住。十六歲時，他到一家藥店當學徒。工作餘暇，經常閱讀莎士比亞、歌德、拜倫的作品，隨後自己動手寫詩，一八五〇年，易卜生來到首都奧斯陸，以十四行詩《覺醒吧，斯堪的那維亞人》、歷史劇《卡提利那》起步，開始他的創作生涯。易卜生一生創作了大量的戲劇作品，《玩偶之家》（亦翻做《娜拉》）是一八七九年易卜生流亡國外時的作品。

《玩偶之家》寫的是律師海爾茂和他的妻子娜拉的故事。娜拉是一個美麗而愉快的女人。丈夫托伐・海爾茂在銀行任職，他們有三個活潑可愛的孩子。一家人生活在挪威首都克里斯蒂安城裡（奧斯陸舊名）。耶誕節到了，娜拉更加高興，她進進出出地忙著著過節的事情，更重要的是丈夫得到了晉升，當上了部門經理，節後就要加薪了。眼下的耶誕節，娜拉就有點大手大腳，海爾茂卻出來干涉了。可是娜拉買回的東西都是丈夫和孩子的，她自己的卻沒有，海爾茂便沒得說了。

過節那天，海爾茂的好朋友阮克大夫來了，還來了一位不速之客——娜拉幾年不見的好朋友林丹太太。阮克大夫和海爾茂在書房裡談話，娜拉和林丹太太則在客廳裡閒話家常。

原來林丹太太現在是獨身生活，她的丈夫三年前去世了，靠她生活的母親、弟弟也相繼各得其所。娜拉興奮地告訴林丹太太，海爾茂高升了。林丹太太祝賀她，說這下可好了，娜拉上學

時就是個頂會花錢的孩子。聽了朋友的話，娜拉嚴肅起來，她告訴林丹太太，結婚幾年來她並不舒適，經濟上不寬裕，剛有了孩子，海爾茂又得了重病，不得不到義大利去休養了一年。所幸的是海爾茂恢復了健康。林丹太太驚訝地問娜拉，到義大利休養，那可需要一大筆錢呢。娜拉猶豫起來，一副憂心忡忡的樣子。林丹太太的心目中，娜拉從不懂得什麼是憂愁，不禁追問起她。娜拉悄聲告訴林丹太太，當時海爾茂很危險，除了到南方過冬，沒有別的辦法能救他的命。那麼去義大利就是必行的了。可是當時他們沒有錢，娜拉的父親又病危，無法幫助她。娜拉私自向別人借了一筆錢，然而瞞著丈夫向別人借錢，在挪威是不合情理的。所以幾年來，娜拉一直瞞著海爾茂，用自己的零用錢，或替別人抄稿子或找點挑補花的活計賺錢還債，現在錢還得差不多了。好不容易有個好朋友可以傾吐，娜拉又快活起來了。因為她的努力，挽救了丈夫的生命，維持了家庭的美滿幸福。

又有人按門鈴了，娜拉去開門。聽見來客的聲音，林丹太太吃了一驚，急忙躲到窗口去了。來人也使娜拉措手不及，此人叫柯洛克斯泰，和海爾茂在同一個部門任職，因為他人品低劣，在銀行口碑極壞，聽說認真、正派的海爾茂當了經理，他擔心自己被開除，所以來到了娜拉家。娜拉與他冷淡地打過招呼後，把他帶到海爾茂那裡去。阮克大夫走出來，參加兩個女人的談話。他們都認為，柯洛克斯泰是個無藥可救的壞傢伙，娜拉因為心情煩亂，沒有注意到林丹太太說到他時，那種又憎惡又關心的怪異神態。

海爾茂很快就打發走柯洛克斯泰，來到客廳來。林丹太太請海爾茂幫忙找個職員的工作，她準備在城裡生活。沒想到海爾茂

很痛快地答應了，安排她在他屬下做一名簿記員，節後就可上班。這真是件大好事，娜拉由衷地為朋友高興。因為海爾茂要出去辦事，林丹太太去找住處，阮克大夫也就告辭了。娜拉叮囑客人們晚上一定要來過節。隨後把孩子們招呼來，玩起了捉迷藏。

討厭的門鈴聲又響了，來人還是那個柯洛克斯泰。他在門口看見海爾茂他們離開之後才進來，他是專程來找娜拉的。原來娜拉借的那筆錢正是柯洛克斯泰的，海爾茂即將上任，並打算解除他的職務。他想讓娜拉說服丈夫保留他的職務。他知道娜拉借錢是背著丈夫的，想借此威脅娜拉照他的意思做，單純的娜拉以為錢很快就會還完，她馬上就可以和眼前這個債主一刀兩斷，她拒絕了柯洛克斯泰的要求。柯洛克斯泰兇惡起來，他告訴娜拉，他完全可以去告發她。她當初的借據上在保人一欄中，她冒充她已去世的父親簽字，單憑這一點，他可以告她犯了「偽造文書」罪。臨出門時，他晃了晃手中的一封信，陰險地看著娜拉，一邊把信塞進海爾茂的信箱裡。娜拉被嚇住了。海爾茂回來時，娜拉請求他，撤回解聘柯洛克斯泰的決定。海爾茂堅不答應，娜拉有苦難言，忐忑不安地等待著災難的降臨。

耶誕夜來臨了。阮克大夫、林丹太太全來了，娜拉憂心忡忡，強顏歡笑招待客人，可是總有點心不在焉。細心的林丹太太覺察了，她把娜拉叫到一邊，娜拉不再吞吞吐吐，全部說了出來。因為她不知如何對付這個惡棍。林丹太太聽了娜拉的話，提前告辭了，她沒有明說她是去找柯洛克斯泰。

娜拉不知道，林丹太太曾是柯洛克斯泰的未婚妻，後來她為了養活母親、弟弟，嫁給了當時有點財產的林丹。柯洛克斯泰被拋棄後，因為怨恨，才一步步墮落了。現在他獨身一人帶著孩子

過活，他願意留給兒子一個好父親的形象，現在這個職務丟了，而解雇他的偏偏是娜拉的丈夫，不得已，他再次做了違背良心的事。林丹太太找到他，向他解釋了當年離開他的苦衷，並請求柯洛克斯泰的原諒。她表示願意重新和柯洛克斯泰在一起，過新的生活。矛盾的柯洛克斯泰想了許久，同意林丹太太的提議，他為重新生活而高興，可又為丟失工作而沮喪。林丹太太，現在應該叫她克莉絲蒂娜（她的閨名）告訴他，接替他工作的正是她，不必發愁，更不應該去報復娜拉。柯洛克斯泰說，已經晚了，有一封寫著此事的信已塞進了海爾茂的信箱。克莉絲蒂娜認真地想了想說，應該讓海爾茂知道這件事情，不然娜拉的日子會過得戰戰兢兢的。

此時，海爾茂的家裡已經爆發了衝突。本來因為雙喜臨門，海爾茂非常高興，娜拉木然地接受了他的頌揚，眼見丈夫拿了一疊信進入臥室。她像一隻將被屠宰的羔羊在客廳裡等著，她覺得很難捱，抓起披巾，向外跑去。此時，海爾茂拿著信跑出房間吼了一聲，問信上寫得是不是真的。娜拉反而鎮靜下來，她平靜地說，全是真的。我只知道愛你，別的什麼都不管。

海爾茂氣急敗壞，根本不聽娜拉的解釋。他說自己幾年來全心全意愛著的女人竟是個偽君子，是個扯謊的人。他大罵娜拉的父親沒有德行，教出一個不信宗教，不講道德，沒有責任心的壞女人。他痛心疾首，說因為這樣一個下賤的女人斷送了他的前程，他今後將受一個小人的擺佈。

聽了海爾茂的一番責難，娜拉只重複著一句話：「這下我全明白了。」她披上披巾想離開，海爾茂攔住他，警告她說，發生的事情不能張揚出去，她想走是不可能的，要像以前的樣子生

活，這是做給外人看的，而且孩子不能再交給她教育。門鈴又響了，僕人交給海爾茂一封信，他以爲東窗事發，硬著頭皮拆了信。沒想到看了幾行他又快活地叫起來：「哈，我沒事了。」娜拉問道：「我呢？」「咱們倆都沒事了。」原來信是柯洛克斯泰送來的，他不但送還了那張有娜拉代父親簽名的借據，還對發生的事情道歉。海爾茂馬上請娜拉原諒他，這時他才說了一句明白話：「我知道妳那樣做是爲了愛我。」可是，娜拉已經無所謂了。

這一天晚上，娜拉在海爾茂的盯視下走出了宅門。臨走，她留給丈夫一句話：「我也是一個人，——至少我要學做一個人。」

《玩偶之家》演出後，引起了強烈的迴響。娜拉要求個性解放，不做「賢妻良母」的堅決態度，遭到上流社會的責難和非議。《玩偶之家》在中國的流傳是和反帝、反封建聯繫在一起的，在婦女解放運動中產生了積極作用。最早的《娜拉》譯本是五四時期羅家倫和胡適的。五四時期，各個劇場紛紛上演《娜拉》。

當時，在中國形成了一股討論娜拉的熱潮，胡適、魯迅等啓蒙思想家們藉易卜生的這部著作深入地探索了中國婦女的現代解放問題。魯迅還特地撰寫《娜拉走後怎麼辦》等著名文章。在當時創作界中，娜拉式的女主角成爲一個重要創作現象，魯迅小說《傷逝》中的子君、茅盾《虹》中的梅行素等等都多少在走著娜拉的路。可以說，《玩偶之家》在中國現代思想啓蒙上產生深遠的影響。

馬克‧吐溫的 **湯姆歷險記**

　　馬克‧吐溫（一八三五年～一九一○年）是十九世紀後半期，美國一位享有盛名的幽默諷刺作家，生於密蘇里州的佛羅里達。馬克‧吐溫的父親是地方法官，收入微薄，他上學時就必須從事各種雜活。十二歲時，父親去世，他於是展開了獨立的勞動生活。馬克‧吐溫當過學徒、送報人、排字工人、水手、舵手…等。豐富的生活經歷，提供了他身為作家大量的創作素材。南北戰爭後，馬克‧吐溫開始發表作品。他的成名作是幽默小說《卡拉維拉斯馳名的跳蛙》，隨後他陸續發表了《鍍金時代》、《頑童流浪記》、《王子與貧兒》…等長篇小說和大量的中、短篇及小品等作品。

　　馬克‧吐溫於一八七六年發表的《湯姆歷險記》是相當有名的兒童歷險小說。小說中的時代雖是在南北戰爭前，寫的是聖彼得堡小鎮，但是在某種程度上卻是當時整個美國社會的縮影。馬克‧吐溫運用幽默的筆觸，透過對比誇張的手法，深刻地諷刺了小市民庸俗、保守、貪婪以及資產階級道德和宗教的虛偽。小說結尾，作者有趣地描寫了小市民幻想發財致富的情節，寫實而有趣。

　　《湯姆歷險記》的故事大綱是：

　　湯姆‧索耶是美國密西西比河畔聖彼得堡小鎮上的一名小學生。他自小失去媽媽，由波莉姨媽收養他和弟弟席德。

　　湯姆聰明、頑皮，一天到晚變著花樣地玩耍，其中包括捉弄管束他的姨媽。一天，鎮上來了一個外地遷來的男孩，動不動就展現出城裡人的神氣，湯姆心裡氣不過，和他打了一架，姨媽知

道後大發雷霆，罰湯姆在休息日裡粉刷圍牆。湯姆很沮喪，不過，他一會兒就神采飛揚起來了。他拿著刷子，東一下，西一下，饒有興味，吸引了幾個過路的孩子，他們都想嘗試粉刷圍牆的樂趣。湯姆起先還不肯呢，逼得孩子們紛紛拿出自己身上的寶貝來和他交換這份樂趣，結果是湯姆靠在大樹邊，吃著交換來的蘋果，玩著交換來的小玩藝兒。最後湯姆甚至因為出色的完成任務，姨媽還給了他一份獎品。

　　湯姆有一個好夥伴哈克。哈克是流浪兒，湯姆非常羨慕他無拘無束的生活，既不用上學又來去自由。在一個夜深人靜的晚上，湯姆和哈克兩人來到了郊外的墳場。他們原本是想來看醫生究竟是如何把週六才去世的人挖出來解剖的，結果卻親眼目睹到一件兇殺案的經過。原來，醫生羅賓遜請了鎮上有名的酒鬼莫夫‧波特和性情兇惡的混血兒印江‧覺埃來幫忙。事情快要結束時，覺埃又向羅賓遜討錢，並因此動起手來，覺埃拾起莫夫掉在地上的刀子，捅死醫生後逃匿。可憐的酒鬼因酒力發作，倒在地上，手邊放著帶血的刀子。兩個孩子被嚇壞了，他們跑到一間穀倉裡，戰戰兢兢地談論剛才那可怕的一幕。他們不忍心看到莫夫被判絞刑，可是又不敢告發覺埃，怕覺埃殺死他們。為了避禍，他們發誓嚴守秘密。莫夫後來因為兇殺案而被關進了監獄，湯姆受到良心的驅使，時常悄悄到監獄去，透過窗口和莫夫說說話，或送一點小東西。

　　平淡的生活又讓湯姆煩躁不安了。一天，他約了兩個夥伴，離家來到一個小島上。三個小孩決定不再回到文明世界，就在島上過綠林俠客的生活，湯姆甚至雄赳赳的說：「我寧可在森林裡當一年的綠林好漢，也不要當一輩子的美國總統。」當然，在豐

盛的食物吃完的時候，孩子們不得不回到鎮上，卻發現鎮上的人們正在爲他們舉行葬禮。

湯姆放暑假了。法院要開庭審判酒鬼莫夫，湯姆因此坐立不安，他後來找到莫夫的辯護律師，告知了謀殺案的眞相，覺埃因此逃跑了。湯姆成了英雄，年長的寵愛他，年輕的羨慕他，他風光了好一陣子。

不甘寂寞的湯姆又有花樣，約哈克去挖寶藏。他們扛著鐵鍬挖了樹洞，沒有結果。又來到一棟聽說常常鬧鬼的破房子裡，他們剛搜索到二樓，一樓就進來兩個人，待其中一人除去僞裝，曝露在昏暗的燈光下時，湯姆、哈克險些叫出聲來，那人就是殺人犯覺埃。兩個孩子不敢出聲，緊張地注視著覺埃的舉動。覺埃他們在樓下準備休息時，無意發現了別的強盜藏在這裡的一箱金幣，兩人高興極了。這時卻又發現了湯姆、哈克的鐵鍬。覺埃立即決定將金幣移走，並和夥伴說好等幹完兩件事後見面的地方，便離開了。

這一夜，湯姆沒有闔眼，老是想著金幣藏到哪兒了？而覺埃要做的兩件事又是什麼？

法官的女兒貝姬舉行野餐，邀請了鎮上的孩子們，可是在野餐結束時，貝姬和湯姆失蹤了，原來他們兩個鑽到岩洞的深處時就迷路了。就在湯姆慌不擇路時，他又看見了覺埃的身影。等到湯姆帶著貝姬疲憊不堪地出現在洞口時，兩個孩子竟已經在洞裡待了三天三夜。後來，法官告訴湯姆，以後再也不會有人在洞裡迷路了，他已經派人將洞口封堵起來了。湯姆聽到以後，臉一下子刷白，他告訴法官，覺埃就在洞裡邊，後來人們果然發現覺埃餓死在洞裡了。

讓湯姆、哈克惦記的是那一箱金幣。有一天，他倆駕著小船從河的下遊又進到了那個洞裡，費了一番公夫，終於找到了金幣。兩個孩子發財了。這時村裡的寡婦決定收養哈克，這是件好事，全鎮的人都爲哈克高興。可是哈克並不高興，因爲這意味著，他自由快樂的日子要結束了。湯姆跑來安慰他，並告訴他自己的打算：不久，他準備吸收包括哈克在內的幾個孩子，成立一個「湯姆‧索耶強盜幫」，繼續他們的歷險。當然了，湯姆想到的事情，總是能做到的。

契訶夫的 　三姊妹

　　安東・巴甫諾維奇・契訶夫（一八六〇年～一九〇四年）是十九世紀末期俄國傑出的批判現實主義作家，舉世聞名的短篇小說巨匠和卓有成就的戲劇家，在俄國戲劇史上佔有重要地位。他出身於一個小商人家庭，小時候生活困苦，中學時半工半讀。大學時開始發表作品，以供自己讀書和養家。契訶夫痛恨沙皇專制制度，反對黑暗反動勢力，厭惡庸俗人生，他的作品以生動的藝術形象，從各方面反映十九世紀末二十世紀初的俄國現實。短篇小說《變色龍》、《胖子和瘦子》、《在釘子上》、《一個官員的死》…等作品，幽默生動、膾炙人口；《萬卡》、《安妞黛》、《風波》…等，則真實反映勞動人民的悲慘遭遇；在中篇小說中，《草原》、《第六病室》和《套中人》被稱為他的代表作。契訶夫的戲劇在形式和內容上都有所創新，著重反映人物與不合理的現實生活以及社會制度之間的矛盾衝突，其中最有影響的是《海鷗》、《萬尼亞舅舅》、《櫻桃園》和《三姊妹》。

　　《三姊妹》寫的是美的生活夢想者與現實的隔膜。普洛佐羅夫家的三姊妹受過良好的教育，又出身於官宦家庭，心靈上充滿著對美好人生的無限嚮往。然而她們在少年時代卻遷到了一個閉塞的外省小城，日日生活在粗俗、愚昧和庸俗的包圍之中，她們只能在心裡懷念著在莫斯科渡過的美好時光。劇本在這樣的一個格調下分線展開了三姊妹與周圍人物的關係，從而表現她們的心靈震動和生活的悲哀、理想的幻滅。大姐奧爾加韶華已逝，尚待字閨中，她在學校做教員，盡心盡力，忙得筋疲力盡，回家又要為安德列夫婦的胡作非為操心，她總是那樣疲倦。老二瑪莎已是有

夫之婦，整天長吁短嘆，她的丈夫雖然是個有學問的教員，但畢竟來自小地方，比不上她的高雅和有教養，有一位從莫斯科來的軍官、有婦之夫的威爾什寧和她有許多共同語言，他向瑪莎表白了他的愛情，瑪莎不置可否，後來軍官開拔走了，瑪莎告訴自己：一切都一去不復返了。老三伊里娜渴望工作，盼望優美的愛情，可是一點都不如意：工作從電報局換到市政廳，仍然都不是她所嚮往的那種新生活；俗氣逼人的中尉屠森巴赫瘋狂地追求她，她無動於衷，但後來還是決定嫁給他。在三姊妹的家庭裡，還有一個當不成名學者而去狂賭輸錢的哥哥安德列，以及他自私、庸俗、狡猾的妻子娜塔莎，他們對三姊妹的排擠，更是帶來了她們的現實煩惱。

契訶夫在這樣的灰色氛圍中，描寫那些脆弱的心靈希求，展示在普通生活中被壓抑、被嘲諷的人生理想，展現那種美的追求與現實隔膜和幻滅過程。帶給觀眾的是含淚的微笑，而從這淚花與笑意中感受生活的無奈和人生的滑稽。

從藝術表現形式來看，《三姊妹》是清新美好、獨樹一幟的。第一，劇本沒有刻意構思曲折有趣的情節，而是把生活本身呈現在讀者和觀眾面前，反映人物在現實中的相互關係和心理態勢。從表面看，《三姊妹》中的幾個主要人物並沒有驚心動魄的遭遇和戲劇性的人生轉折，但是，透過他們的牢騷獨白和空洞議論，讀者和觀眾皆能真切感受到人物在理想和現實分離的夾縫中掙扎的痛苦心態。第二，從三姊妹、安德列夫婦到眾軍官，都是現實中活生生的人，既非聖人，也不是惡棍，每個人都擁有自己的煩惱，都在生存環境中顯得渺小無奈，很像現實生活中的你我他，因而拉近了劇中人和讀者、觀眾的距離，取得了感人的藝術

效果。第三，劇本充滿濃烈的抒情氣氛和內在詩意，語言極富抒情氣質，注重心理描寫的靈活飛動，用極形象化的手法描繪人物的感悟、追求與幻滅、失望。

《三姊妹》開拓俄國近代戲劇的新領域和新風格，對後來的戲劇文學有重大影響。

斯托夫人的 湯姆叔叔的小屋

一八六三年，美國內戰正如火如荼進行期間，林肯總統在白宮伸開雙臂迎接一位應邀來訪的瘦小婦女，這位身高六英尺四英寸的偉大人物帶著些微驚訝的笑說：「啊，妳就是寫那本引發這場大戰的書的小婦人。」這位小婦人就是寫作那本震驚美國、流傳世界的名作《湯姆叔叔的小屋》的作者哈麗特‧斯托夫人。

斯托夫人一八一一年生於康乃狄克州利奇菲爾德一個牧師家庭，一八三二年移居俄亥俄州辛辛那提，她父親是該地一所神學院的院長。一八三六年，她與該神學院的教授喀爾文‧斯托結婚。辛辛那提與蓄奴州隔俄亥俄河相望。斯托夫人目睹南部黑奴不堪奴隸主的暴虐而冒著生命危險逃亡，很多奴隸在廢奴主義者的幫助下，透過「地下鐵道」逃往北方。當時辛辛那提就是「地下鐵道」的一個重要據點，也是廢奴主義者進行反對奴隸制宣傳最活躍的城市。斯托夫人一家都是廢奴主義者而支持、同情廢奴事業，她的父親曾經安置過逃奴。她的弟弟常常往返於紐奧良和「紅河」種植場之間經商，他目睹南方奴隸主虐待黑奴的悲慘景象，並曾目睹密西西比河一艘船上，一個兇殘奴隸主的暴虐行為，透過弟弟的敘述，斯托夫人就以此人為原型，成功地塑造了她日後寫的小說中奴隸主萊格利的形象。

一八五〇年，她隨丈夫一起到東部緬因州，她丈夫受聘擔任緬因州鮑丟因學院的教授。這一年，聯邦政府向奴隸主妥協，國會透過「緝拿逃亡奴隸法」，使逃亡奴隸即使逃到了北方自由州，奴隸主也可以派人或請求逃奴寄居地當局把他抓回南方。這條法律受到北方廢奴主義者和自由主義者的強烈譴責。斯托夫人也深

為這條惡法所震驚，使她成為一名堅定的廢奴主義者。斯托夫人的嫂嫂愛德華‧比徹知道她是拜倫和史考特的崇拜者，而且有寫作的才能，遂寫信要求弟媳拿起筆來，「寫點東西，讓全國人民都認識到奴隸制是多麼可惡」。斯托夫人的兩個哥哥都支持她寫，寫吧！寫吧！斯托夫人保證：「讓上帝幫助我吧。我要把我所瞭解的事情寫出來。只要我活著，我就要寫出來。」

　　一八五一年，《湯姆叔叔的小屋》第一章完成了。據斯托夫人說，她甫一下筆就思潮澎湃，不能停筆，稿紙寫完了，來不及去買，就寫在包食品的紙上。第一章寫完，她讀給丈夫和孩子們聽，他們聽得十分入神，深受感動，斯托先生鼓勵妻子：「寫下去，就這樣寫下去，妳將寫出一部了不起的書。」

　　華盛頓州一家廢奴主義週刊──《民族時代》的主編甘梅利爾‧貝利聽說斯托夫人在寫作《湯姆叔叔的小屋》，立即同意在刊物上連載，原來只打算用三至四期發表第一章，可是連載下來，讀者反應熱烈，刊物上連載了四十多期，這是一顆以文學形式反映現實的重炮彈。讀者的熱烈反應，促使波士頓一家出版社──約翰‧朱厄特出版公司決定出版單行本。第一次印刷五千冊，兩天內就賣完了，一周內加印一萬冊，也很快賣完。一時間，美國出版界掀起了「湯姆叔叔」熱，「洛陽紙貴」的情景已不限於在一地出現，而是遍及世界。英國的十八家出版社在一年之內，共印行了一百五十萬冊，歐洲大陸出版商也不甘落後，法、德、瑞典、西班牙、荷蘭、義大利、中文…等二十多種文字的譯本也相繼出版。

　　下面介紹這本名作的大要：

　　美國肯塔基州的奴隸主謝爾比在股票市場投機失敗，為了還

債，決定把兩個最強壯的奴隸賣掉。一個是湯姆，他是在謝爾比的種植場出生的，童年時就當伺候主人的小家奴，頗得主人歡心，成年後當上了家奴總管，忠心耿耿，全心全意維護主人利益。另一個要賣掉的奴隸是黑白混血種女奴伊麗莎的兒子哈利，伊麗莎不是一個死心塌地聽主人擺佈的奴隸，當她聽到主人要賣掉湯姆和哈利後，連夜帶著兒子在奴隸販子的追捕下，跳下浮冰密佈的俄亥俄河，逃到自由州，再往加拿大逃奔。她丈夫喬治‧哈里斯是附近種植場的奴隸，也伺機逃跑，與妻子會合，帶著孩子，歷經艱苦，終於在廢奴派組織的幫助下，成功地抵達加拿大。

湯姆卻是另一種遭遇。他知道並支持伊麗莎逃走，但是他自己沒有逃跑，由於他從小就被奴隸主灌輸敬畏上帝、逆來順受、忠順於主人這類的基督教教義，對於主人要賣他抵債，毫無怨言，甘願聽從主人擺佈。他被轉賣到紐奧良，成了奴隸販子海利的奴隸。在一次溺水事故中，湯姆救了一個奴隸主的小女兒伊娃的命，孩子的父親聖‧克萊從海利手中將湯姆買過來。湯姆當了家僕，還為主人家趕馬車，他和小女孩建立了感情，不久，小女孩突然病死，聖‧克萊根據小女兒生前的願望，決定釋放湯姆和其他黑奴。可是還未來得及辦妥法律手續，聖‧克萊在一次意外中被人殺死。聖‧克萊的妻子沒有釋放湯姆和其他黑奴，而是將他們送到黑奴拍賣市場。從此，湯姆落入一個極端兇殘的「紅河」種植場奴隸主萊格利手中。萊格利把黑奴當做「會說話的牲口」，橫加私刑。湯姆忍受著這非人的折磨，仍然沒想過要為自己找一條生路，而是默默地奉行著做一個正直人的原則。這個種植場的兩個女奴凱茜和埃米琳為了求生，決定逃跑，她們躲藏了起來，

萊格利懷疑是湯姆幫助她們逃走，把湯姆捆綁起來，鞭打得皮開肉綻，但是湯姆什麼都沒有說，就在湯姆奄奄一息的時候，他過去的主人、第一次賣掉他的奴隸主謝爾比的兒子喬治·謝爾比趕來贖買湯姆，因爲湯姆是小謝爾比兒時的小僕人和玩伴，但湯姆已經無法領受他過去的小主人遲來的援手，遍體鱗傷地離開了人世。喬治·謝爾比狠狠地一拳把萊格利打倒在地，就地埋葬了湯姆，回到家鄉肯塔基後，就以湯姆叔叔的名義，釋放了他名下的所有黑奴，並對他們說：「你們每次看見湯姆叔叔的小屋，就應該聯想起你們的自由。」

這部現實主義作品，描寫了接受奴隸主灌輸的基督教精神、逆來順受的黑奴湯姆；也塑造了不甘心讓奴隸主決定自己生死，具有反抗精神的黑奴，如伊麗莎和她的丈夫喬治·哈里斯，他們在作者筆下，代表具備向整個奴隸制度挑戰而覺悟的黑人奴隸。他質問：「是誰使他成爲我的主人？」「他有什麼權利佔有我？」「如果真有上帝，他爲什麼允許這種狀況？」他宣稱：「我要爲自由而戰鬥到最後一刻。」爲了實踐自己的誓言，在逃出魔掌的路上，他爲保衛自己的妻兒，爲了保衛自己的自由權利，向前來追捕的奴隸販子開火。他成功了，並在加拿大與親人團聚。

書中對奴隸制度的殘酷、腐朽和滅亡作了深刻、細緻、真實、滿腔悲憤的描寫，也揭示了各種類型的奴隸主其內心世界和不同表現。比如說，謝爾比對黑奴主張施「仁政」，但是爲了還債，就不惜賣掉忠奴；也有人性未泯的奴隸主聖·克萊，但還是湯姆的一線生機仍然斷送在聖·克萊的妻子手中。萊格利是殘暴奴隸主的典型，作者以滿腔悲憤控訴了這個披著人皮的惡魔。《湯姆叔叔的小屋》作爲一個文學作品，當然不能千人一面，在現

實生活中也不可能都是同一形象和一致的表現。因此，此書既描寫了不同表現和性格的黑奴，也描寫了不同類型的奴隸主嘴臉。但是，這本書給人的整體印象是揭露和鞭撻奴隸制，並且透過對湯姆和哈里斯夫婦這兩種不同性格黑奴的描述，告訴讀者：逆來順受、聽從奴隸主擺佈的湯姆難逃死亡的命運，而敢於反抗敢於抗爭的喬治夫婦得到了新生。因此，《湯姆叔叔的小屋》對社會發展產生積極作用，特別是對美國廢奴運動和美國內戰中以林肯為代表的正義一方獲得勝利，產生了巨大的作用。

　　作為一本文學作品，美國著名詩人亨利‧朗費羅說《湯姆叔叔的小屋》是「文學史上最偉大的勝利」。反對奴隸制度的人士為這本書歡呼，維護奴隸制度的人則指責這本書是「幻覺的反映」，在當時美國南部，這部書被列為禁書。

高爾基的 母親

　　高爾基（一八六八年～一九三六年），蘇聯作家，無產階級文學和蘇聯文學的奠基者，早期作品有長篇小說《福瑪‧高爾捷耶夫》、《三人》，劇本《小市民》、《底層》、《仇敵》和中篇小說《奧古洛夫鎮》、《馬特維‧克日米亞金的一生》，主要刻畫資產階級、小市民和城市貧民形象。一九〇一年起參加革命工作，創作出《鷹之歌》、《海燕》…等反映激蕩的革命情緒。後期作品有自傳體三部曲《童年》、《在人間》、《我的大學》，反映資產階級家族歷史的長篇小說《阿爾達莫諾夫家的事業》和描寫革命前資產階級知識份子的長篇小說《克里姆‧薩姆金的一生》。發表於一九〇六年的長篇小說《母親》反映俄國工人階級的革命鬥爭，對當時的革命形式產生強大的影響。

　　小說的基本情節是：

　　工人米哈依爾‧符拉索夫白天在工廠做苦力，晚上酗酒，打妻子和兒子巴威爾。後來，他患疝氣，全身發黑，痛苦掙扎了四、五天後死亡。

　　父親死了，家裡只剩下母子二人。巴威爾也開始去工廠上班，並開始和別的年輕人一樣，跳舞、酗酒，對母親惡聲惡氣地說話。在一次醉得不省人事之後，他依稀聽見母親哀怨的聲音：「你真不該做這種事啊…你爸爸對我的折磨已經夠我受了…你也該可憐可憐你的媽媽吧？」巴威爾逐漸清醒過來，仔細端詳著母親。母親個子很高，有點駝背，右眉上有一塊很深的傷疤，長年的勞累和丈夫的毒打使她顯得蒼老，髮間已有幾綹灰白，整個人顯得柔弱、憂鬱而溫順…。

這以後，巴威爾不再參加年輕人胡鬧的事情。他經常出去，很晚才回來，偷偷地讀很多書；他不再說粗話，不再講究穿戴，卻經常主動幫助母親做些家務，說話也出現了一些奇妙的新字眼。母親欣喜地看著他的變化，她想知道是什麼使兒子變得成熟而有些陌生。「你在幹什麼？」她小心地問。巴威爾沉默一會兒，低聲說：「我讀的是禁書，講的是我們工人生活的真理。媽媽，妳一輩子過著什麼日子，父親為什麼老是打妳…我們應當瞭解，為什麼咱們的生活如此的苦！」

母親脣邊流露出笑意。她為兒子的談吐感到驕傲，同時心裡又產生了深深的恐懼，眼淚簌簌地滾了下來：「我什麼也不會妨礙你，只是你要當心自己，要當心！」

家裡定期地有一些聚會，同志們在一起讀書、辯論、商量行動計畫。母親為他們泡茶，默默地聽他們說話。她看到大家都十分尊敬巴威爾，內心十分自豪。她和這些同志們成了好朋友。

工人們為反對工廠扣一筆工資而鬥爭，巴威爾作為領導者走在最前面，代表工人與廠方進行談判。母親站在人群裡，驕傲而擔憂地望著兒子，似乎開始理解他為之奮鬥的事業。巴威爾和同志們秘密策劃勞動節組織工人遊行，巴威爾負責舉旗幟。工廠區出現許多號召工人慶祝勞動節的傳單，員警和便衣紛紛出動，四處尋找可疑分子，空氣十分緊張。母親總是膽顫心驚，但是為了兒子的事業，她克制內心的恐懼，盡力協助做遊行的準備。巴威爾激動地說：「一個人能夠稱呼自己的媽媽是志同道合的親人——這是難得的幸福啊！」

勞動節這一天，成千上萬的工人走上街頭，母親也在他們中間。巴威爾高舉一面大旗，大聲呼籲：「同志們！我們決定公開

宣告，我們是怎樣的人，今天，我們要舉起我們的旗幟，舉起理性、真理和自由的旗幟！」「工人萬歲！」他大聲高呼。幾百人響亮的喊聲與他呼應，母親也在其中。她抓住身旁工人的手，泫然欲泣，從顫動的脣邊迸出了幾個字：「親人們…」員警上前來，衝散人群，抓走了巴威爾。

母親狂呼著衝上前去，只看見地上留著半截破碎的旗杆。她撿起來，踉踉蹌蹌地往前走。在一個小巷口，面對聚集在那裡的工人，她哽咽著說：「親人們──要知道，我們年輕的親骨肉為了全體人民而奮起，為了整個世界和所有的工人群眾向前進！…相信孩子們的信仰吧──他們發現了真理，願為真理而犧牲。相信他們吧！」

巴威爾被捕後，同志們時刻關心、安慰母親，並積極想辦法營救巴威爾。為了讓員警以為傳單不是巴威爾散發的，母親勇敢地利用為工人送飯之便，把傳單帶進工廠，發給工人。她機智地一次次闖過門衛的檢查，為自己的行為能幫助兒子儘快出獄而欣慰。

同志們擬訂一個越獄方案，讓母親探監時帶給巴威爾。但巴威爾拒絕了，「我們不肯也不能逃走」，他在回條中寫道，「不然就會失掉自己的尊嚴！」母親的心一沉，但同時又為兒子的不屈不撓感到無比自豪。

審判的日子到了。在法庭上，巴威爾從容不迫地進行演說：「我們工人用勞動創造了一切，卻被剝奪了幸福和人的尊嚴。我們的口號很簡單──打倒私有制，一切政權和生產歸人民，勞動是每個人的義務…你們使人們無法生活，社會主義卻要把遭到你們摧殘的世界連成一個不可分割的偉大整體，而且這一點──一定

要實現！」巴威爾被判流放西伯利亞。

在工業區的母親和同志們繼續進行革命鬥爭。這種戰鬥的生活，使母親的覺悟一天天提高。她感到過去成天為兒子提心吊膽的自己已經不存在了，她已經被戰鬥的激情代替了。又有一批同志被捕。母親提起箱子走上街頭，為他們分發傳單，不料遭到密探盯梢。她索性打開箱子，抓起傳單向圍觀的人群散發。憲兵趕來，一把抓住母親的衣領。母親用盡全力喊道：「大家要齊心協力，團結一致啊！」「復活的靈魂──是殺不死的！」「鮮血絕不可能澆滅理性！」「真理是血的海洋也撲不滅的。」憲兵扼住母親的喉嚨，使她透不過氣來。母親發出一聲嘶啞的叫喊──「不幸的人們…」與母親呼應的，不知是什麼人的號啕痛哭。

在《母親》中，母親尼洛芙娜的形象真切感人、細膩生動。由善良的家庭婦女成為勇敢的革命者，母親的轉變富有階段性與層次感。首先，母親的覺醒是從感性的母子關係上開始。丈夫死後，兒子是她唯一的親人，她愛兒子，本能地接受了兒子所選擇的道路。然後，隨著她和同志們的接觸，她深深敬慕這些和兒子一起鬥爭的好人們，願意為他們的事業盡自己的一份力量，她的愛變得廣博了。最後，革命鬥爭的實踐喚醒了她對自己的重新認識，使她樹立起新的自我價值觀：她個人和整個事業融合了，她不再是巴威爾一人的母親，而是整個革命事業的母親，她的孩子不只是一個巴威爾，而是所有的革命者，這時候，她的母愛昇華了。

芥川龍之介的 竹藪中

　　芥川龍之介（一八九二年～一九二七年）日本小說家，生於東京，本姓新原，父親經營牛奶業。龍之介出生後九個月，他的母親精神失常，龍之介因此被送至舅父芥川家當養子。

　　龍之介少時喜歡閱讀江戶文學、與《西游記》、《水滸傳》…等著作，也喜歡日本近代作家如夏目漱石、森鷗外的作品。一九一三年，他進入東京帝國大學英文科讀書。學習期間與久米正雄、菊池寬等人先後兩次復刊《新思潮》，使文學新潮流進入文壇。其間，芥川發表短篇小說《羅生門》、《鼻子》、《芋粥》、《手巾》…等，確立了他在日本文壇的地位。自一九一七年至一九二三年，芥川龍之介所寫的短篇小說先後六次結集出版，分別以《羅生門》、《煙草與魔鬼》、《傀儡師》、《影燈籠》、《夜來花》和《春服》六個短篇爲書名。

　　芥川龍之介的小說始於歷史題材，如《羅生門》、《鼻子》、《偷盜》等；繼而轉向明治文明開化題材，如《舞會》、《阿富的貞操》、《偶人》…等；後偏向現實題材，如《桔子》、《一塊地》以及《秋》…等。一九二五年，芥川龍之介發表自傳性質小說《大島寺信輔的半生》。一九二七年發表短篇《河童》，對當代社會制度作了尖銳的批評。同年七月由於不確定的因素，服毒自殺，享年三十五歲。

　　一九五〇年，日本著名導演黑澤明以芥川龍之介的另一短篇《竹藪中》作藍本，再以芥川龍之介的《羅生門》中的躲雨情節，改編拍攝成電影《羅生門》。這部電影講述竹藪中的武士遇害事件，而樵夫、武士、武士之妻和強盜多襄丸的供詞皆有出入。此

後，人們對於不知眞相的事件就以羅生門稱之。

《竹藪中》的主要內容爲：

強盜多襄丸見到武士的妻子秀色可餐，想佔爲己有，於是誘騙武士說某地有一處寶藏，邀請武士一起去尋寶，武士信以爲眞，棄妻跟隨強盜而去。路途中，強盜利用機會將武士制服，返回武士家，強暴了武士的妻子，再帶著武士的妻子來到武士的面前，讓她在強盜和自己的丈夫中擇一，不料武士竟因此不要這個老婆了。強盜見狀，頓覺索然無味，也要棄女子而去。武士妻惱怒，挑撥武士和強盜決鬥，誰知兩人竟然和一般地痞流氓打架無異，毫無章法可言，最後強盜僥倖的殺死武士。這整個過程，都被上山打柴的樵夫看見了，他趁所有人一哄而散後，偷走了武士身上名貴的短劍。

事後，這夥人全被抓去衙門問案，而每個人爲了脫罪，都有一套漂亮的說詞。強盜強調他很英勇的和武士比劍，成功贏得美人心；武士妻則把自己形容成貞女烈婦，忠貞不二；武士則透過靈媒，自稱是壯烈的切腹，死得壯烈；而唯一知道眞相的樵夫則是因爲偷了武士的短劍，始終不肯吐露出眞相，最後才在羅生門這個地方全盤托出。

羅生門的意義在於沒有眞相，各說各話，以及人性的自私面，不管是強盜、武士、武士妻或樵夫，都是軟弱而眞實的人類，他們爲了掩蓋自己的弱點，於是自私地編造了天大的謊言讓外界肯定自己的作爲，爲自己的行爲卸責。羅生門，徹底對人性黑暗面做最直接的剖析。在悖逆的時代，多年遭受地震、颱風、火災和飢餓…等災變，到處皆呈現荒涼的景象，天災人禍的環境，產生各種人性的罪惡和墮落，使得整個世代道德瓦解、價值

崩解，而最讓人不安的，就是人與人之間的信任感徹底失去。所
謂道德、人性及社會規範已不復存在，留下來的只是如何生存下
去的抉擇。

海明威的 鐘為誰鳴

　　厄尼斯特‧海明威（一八九九年～一九六一年），生於美國芝加哥附近的一個醫生家庭。中學畢業後到堪薩斯城做《星報》記者，受到初步的文字訓練，一九一八年參加第一次世界大戰，為救護隊開車，在義大利前線受了重傷。戰後以記者身分住在巴黎，刻苦學習寫作。二十年代，有大量的作品出版。其中有《我們的時代》、《沒有女人的男人》、《太陽照樣升起》、《永別了，武器》。二十世紀二十年代末，海明威回到美國定居，發表作品《勝利無所得》、《有的和沒有的》。一九三六年西班牙內戰爆發，海明威兩次到西班牙報導戰事，劇木《第五縱隊》、《鐘為誰鳴》就是這一階段的作品。戰後海明威又有小說《過河入林》、《老人與海》…等。一九五四年海明威獲諾貝爾文學獎。一九六一年，因不堪病痛折磨開槍自殺。

　　《鐘為誰鳴》故事概要：

　　年輕的美國人羅伯特‧喬丹從盟軍司令高爾茲將軍那裡接到了炸橋任務。此刻，他和西班牙老嚮導安塞爾莫背著重重的兩包炸藥走在崎嶇的山路上。在國內時他是個登山能手，可是與安塞爾莫比起來，顯得遜色多了，不時停下腳步擦擦汗，前方依然是無路可走的一座座高山，他要炸的橋就在這崇山峻嶺中間。安塞爾莫帶他去見活動在這一帶的遊擊隊，沒有他們的幫助，任務是無法完成的。

　　等到喬丹見到遊擊隊長巴布羅的時候，情緒卻低落了下來。巴布羅很悲觀，他認為如果幫助喬丹完成這個任務，將引來西班牙共和軍，他的遊擊隊將被剿滅。安塞爾莫和巴布羅用西班牙語

爭執起來。最後巴布羅還是不情願地幫喬丹背起沉重的背包來到遊擊隊隱蔽的山洞。

這裡活動著一支小小的遊擊隊。在戰爭開始之前，他們都是純樸的山民，連羅伯特・喬丹自己都感到奇怪，當他看見巴布羅的老婆，一個塊頭很大的女人時，頓時覺得自己應該信任的是她。她叫皮拉爾，是一個勇敢的女人。她還照顧著一個姑娘瑪麗亞。瑪麗亞是在上一次炸火車的行動中被遊擊隊救下來的，她的臉很漂亮，但是髮型怪怪的，是差參不齊的刺頭。一個遊擊隊員告訴喬丹，她的頭髮是讓法西斯剃掉的。皮拉爾很痛快地告訴喬丹，她願意幫助喬丹完成任務。她還告訴喬丹，巴布羅曾是個非常果敢的人，只是現在變了。

黃昏時候，喬丹與老嚮導又行動了。他們來到那座橋的上方，從各個角度、方位觀察確定橋的位置，守橋衛兵及其營地的具體地點。凡是看到的、有用的東西，喬丹都一一畫在草圖上。回程，他和安塞爾莫不停地說著話。安塞爾莫善良，嫉惡如仇，喬丹非常喜歡這個老頭，情不自禁地對他敞開自己的胸襟，他告訴老嚮導，他在國內是個教西班牙語的講師，西班牙戰爭一爆發，他就來到了這裡。營地到了，哨兵阿古斯汀攔住了他們。老頭告訴喬丹，阿古斯汀雖然滿口髒話，但是非常可信。阿古斯汀再三提醒喬丹，要注意保存好他的炸藥，以防不測。安塞爾莫告訴喬丹，阿古斯汀是在告誡他，注意巴布羅。

喬丹回到山洞後發現氣氛有些不對勁，大家都一臉嚴肅地坐著不出聲。一會兒，巴布羅就向喬丹攤牌了。他表示，他和他的人不能去炸橋。但他的妻子皮拉爾表示了與他相反的態度，其餘的隊員們紛紛表示支持皮拉爾。巴布羅孤單了，他一聲不吭地坐

到角落。喬丹立刻取出剛畫的草圖，向隊員們講解起來。

　　雖然只有短暫的一天多，喬丹已愛上了瑪麗亞姑娘。姑娘那頻頻投向喬丹的眼波也說明了她的心跡。沒有一件事能夠逃脫皮拉爾的眼睛，夜裡休息時，她讓姑娘來到喬丹身邊。

　　從聽喬丹說起要炸橋的那一刻起，皮拉爾就一直在考慮這一行動。她看得出，他是一個冷靜、有頭腦、辦事俐落的小夥子，爆破的事他完全能夠承擔。但剩下的行動，諸如掩護、撤退等，非得要安排得縝密、周到才行。否則，人員犧牲事小，任務未完成，影響大部隊的行動是大事。她考慮的結果是帶喬丹去見另外一支友鄰遊擊隊的隊長索爾多，多一份力量總是好事。

　　索爾多是個耳朵有點聾的老頭。他因為剛從戰線那邊過來，知道了炸橋這件事。所以他一見到皮拉爾、喬丹就聲明，要全力配合喬丹完成炸橋任務。索爾多、皮拉爾深知任務艱鉅，但還是毫不猶豫地接受了。同時他們告訴喬丹，自戰爭開始以來，遊擊隊的生存幾經危難，他們還要細細地商量，爭取能夠在任務完成之後撤退出去，保存這一點點力量。喬丹和他們商定，兩支遊擊隊在任務完成後先撤到叢林中，待天黑後再撤到安全的地方去。

　　在返回的路上，一隊法西斯飛機沿山谷飛行，扔下不少炸彈後飛走了。皮拉爾的心情卻糟糕起來，誰也不理睬，一刻不停地走著，直到氣喘吁吁，臉色發白才停下來。她不容商量地把瑪麗亞留給喬丹，自己先返回營房去。喬丹的情緒也被感染了，站在那裡一直看著皮拉爾的背影漸漸遠去，這才想起了坐在一邊的瑪麗亞。這時離炸橋行動開始的時間僅剩一個夜晚，喬丹和瑪麗亞談了許多話。他們憧憬著未來，想像著他們幸福美滿的小家庭。瑪麗亞終於睡著了，喬丹卻沒有闔眼。他深知自己此行凶多吉

少，皮拉爾的惡劣心情也是由此引起的。

　　天還沒亮，皮拉爾就來找喬丹。她著急地說，巴布羅跑了，還帶走了引爆器和雷管，這可不是鬧著玩的。接著哨兵又傳來了在白天的空襲中，索爾多遊擊隊被侵略者全部殺害的慘烈消息。喬丹更加意識到此行任務的艱難、危險。離行動還差幾個小時，喬丹緊張地思考著人員的安排和如何引爆的迫切問題，後來，他想出用綁起的手榴彈引爆。

　　就在行動即將開始時，巴布羅回來了。他忍受不了離開戰友們以後的孤單，但是引爆器和雷管已經被他扔到山谷中了。他還帶來了四匹馬、五個人。

　　行動開始了。由於事先做了縝密的安排，又對敵情瞭若指掌，所以一切順利。一切按計劃完成後，安塞爾莫卻不幸被哨兵發現，中了槍彈。喬丹拉動引線，大橋在他們腳下坍塌了，他們眼看著中間的橋身掉入山谷。後面的任務也許更艱鉅，敵人已經集中起來了，遊擊隊的撤退是非常艱險的事情。喬丹和隊員們且戰且退，終於退到了公路邊。在這裡，只要越過公路，進入對面的叢林，就相對安全一些，然後可以待到天黑再撤出去。

　　巴布羅在撤退時，因為馬匹不夠，打死了他帶來的幾個人。現在他們每人騎乘一匹馬，正準備依次跨過公路，由喬丹自己斷後。此時，一發炮彈在喬丹身邊爆炸，他的腿被炸斷，掉下馬。遊擊隊員們不得不停下來看護他。情勢危急，喬丹任憑斷腿處汩汩地淌血，要求戰友們趕快撤離。最麻煩的是瑪麗亞，她無論如何都不肯離開喬丹。不得已，喬丹讓皮拉爾挾持著瑪麗亞跨越了公路。

　　喬丹覺得自己要昏迷了，他爬到一棵大樹下，欣慰地看著幸

運的遊擊隊員們隱沒在對面的叢林裡，下面一隊法西斯士兵正朝他走來。

　　海明威在發表了《太陽照樣升起》後，被人們稱作戰爭後迷惘的一代的代表。《鐘爲誰鳴》卻不同，在他塑造的主角喬丹身上，沒有迷惘、失望的情緒，只有全神貫注地考慮如何完成他的職責，這反映了作家對於西班牙人民反法西斯鬥爭的認識，分清了戰爭的是與非。

　　《鐘爲誰鳴》發表後，其鮮明的反法西斯立場和富於浪漫色彩的情節，引起了讀者的濃厚興趣，頓時造成轟動，「博得了從左翼評論家到好萊塢製片商這整條戰線上的全面勝利」（評論家語）。小說很快被搬上銀幕，由好萊塢大明星加萊・古柏和英格麗・鮑曼分別飾演男女主角，這使原作更加名揚四海。

聖修伯里的 **小王子**

第一次世界大戰，帶給歐洲全面性的崩解，歐洲國家不論勝敗與否，皆民窮財盡、元氣大傷。二十年代，各國依然衰敗，未能從蕭條中完全復元。跨入三十年代，世界性經濟大蕭條接踵而至，導致極權主義抬頭，引爆第二次世界大戰。

混亂、動搖、徬徨、苦悶，法國文藝界反映了這些現實，產生了「兩次大戰間文學」。這一時期作家們的作品反映了當時的社會環境。杜伽爾的《蒂博一家》描述工人運動的興起；羅曼以的《善意的人們》，記錄了戰爭震撼歐洲前後的四分之一世紀；莫里哀的《蝮蛇結》、《福隆特納克的祕密》、《黑天使》，繼續探索人的內心世界。這類作品大都暴露人性的弱點與絕望，懷疑主義與悲觀色彩濃厚。但聖修伯里可說是當時作家中的少數例外。

聖修伯里身兼飛行員與作家這兩個身分，一九三九年，聖修伯里擔任偵察機飛行員，一九四〇年法國被德國佔領，他流亡美國。一九四四年，在一次飛行勤務返航途中，飛機被擊落，自此聖修伯里音訊全無。

《小王子》是一九四三年，聖修伯里在美國流亡時所出版的作品，而直到一九四五年他去逝之後，法國國內才出版法文版。從《南方航線》到《小王子》的十六年內，聖修伯里共出版了六部作品，他的作品大多數反映其飛行經驗，處女作《南方航線》與《夜間飛行》皆是在描敘飛行員開拓天際的光榮事蹟。《人類的土地》為他贏得了法蘭西學院這個至高無上的榮譽。《小王子》的故事背景，是聖修伯里想要創新從巴黎飛往西貢的飛行速度紀錄，卻在途中墜落利比亞沙漠的眞實經驗；這次險境造就了《小

王子》書中寧靜無垠、扣人心弦的場景。這些體裁新穎的作品，有一個永恆的主題：人的偉大在於人的精神、堅毅的行動、以及永不屈服的意志。

《小王子》是聖修伯里以第一人稱所寫成的小說。他以一個個鮮活生動的人物，表現出世人百態。故事描述一個在沙漠中失事的飛行員，在充滿疲憊與恐懼時，意外遇見了從遙遠星空來訪的旅客，擁有一頭金髮和小小的身體，披著圍巾與披風的──小王子。小王子獨居在一個「不比一間房子大」的星球上。他每天打掃星球上的兩座活火山和一座死火山，好讓它們平緩地燃燒，不至於爆發。直到玫瑰出現，玫瑰啟發了小王子心中的愛！但玫瑰不斷的挑剔和責難，使小王子非常沮喪，選擇離開自己的 B612 號小行星，展開星際旅行。

小王子造訪了六個不同的星球，第一個星球上住著一個自大的國王，夜郎自大的無知傲慢者；第二個星球住了一個不斷尋求讚美的男人；第三星球上住了一個酒鬼，藉著喝酒忘掉自己酗酒的酒鬼；第四個星球有一個自虐的商人，不斷地計算數字與財富；第五個星球住了一個盡忠職守的點燈人，而最後一個星球則住了一個地理學者。最後，他在地理學者的建議下來到了地球。首先，他遇到蛇，窺見死亡的祕密；之後他遇到狐狸，狐狸教他如何與人建立關係；最後，他遇上由於飛機故障而迫降沙漠的飛行員。飛行員身邊只剩足夠八天的飲用水，他必須獨立修復飛機。在這性命交關的時刻，究竟該怎麼做才好？第八天，飛行員的飛機修復好了，而小王子來到地球也屆滿一年，他選擇回去他的星球。

聖修伯里運用不同的主角與小王子形成強烈的對比，質疑何

以大人們總是矛盾且自私自利，一昧的逃避現實，盲目的追求名利、權勢和地位，忘了還有許多值得去關心的事物。透過小王子的眼睛，人們所看到的世界竟是如此驚奇。「所有的大人都曾經是小孩，只是他們忘了」——大人們忘了如何去想像，如何去放鬆，也忘了如何去享受生活。大人的世界充滿了數字的疑惑，不斷的自以為是，而且一直喪失對事物的好奇，大人們總是在不知不覺中傷了小孩幼小的心靈、童真、快樂和那顆純潔的心。

　　本書最為成功之處，即是透過簡單的故事點出許多珍貴的道理，玫瑰看似高傲，其實卻是小王子的精神支柱，國王和自大的人，象徵著成人的自大和自以為是；商人，只會一昧的追求表面和數據，卻忽視了物質本身的美好；酒鬼，諷刺許多藉酒澆愁，醉生夢死的成人；點燈人是一個遵守規定卻不知變通的人。來到地球後，小王子馴服了狐狸，也由此了解友情的珍貴，更讓小王子決定回到屬於他的星球，那裡有他心愛的玫瑰。

歐幾里得的 幾何原理

　　二千多年前的數學著作，至今還作爲範本在世界各地的中學裡傳授，地位牢固經久不變，就唯有歐幾里得的《幾何原理》。此書自從西元前三世紀問世，就長期作爲幾何學的第一教科書，世界各地用各種文字出版了上千種版本，注釋詮解性文章不計其數。如此輝煌鉅著，其出現並非偶然，許多人爲它作了大量的前驅工作。

　　古埃及人在年復一年的重新測量洪水氾濫過的土地過程中，積累了豐富的土地測量知識，而後古希臘數學家對這些幾何知識進行了初步的整理。最早的古希臘數學家泰勒斯約在西元前六百年開始了對數學命題的證明，使幾何學能成爲一門演繹的科學邁出了第一步。接著畢達哥拉斯用數學來解釋一切，將數學從具體的事物中抽象出來，建立一些數學的理論，發現了畢氏定理、不可通約量，爲早期幾何學增添不少內容。隨後的歐多克斯學派創立了比例論，用公理法建立理論，使得比例也適用於不可通約量，擴大了幾何學的應用範圍。數學也得到了古希臘哲學家們的重視，柏拉圖特別強調數學在訓練智力方面的作用，他的學園大門上寫著：「不懂幾何學者不得入內。」柏拉圖和亞里斯多德等人還發展了與幾何學密切相關的形式邏輯。在柏拉圖對概念、推理與判斷的研究基礎上，亞里斯多德建立了三段論演繹法，對同一律、矛盾律和排中律作出明確的表述。所有這些工作都爲歐幾里得撰寫《幾何原理》建立基礎。

　　歐幾里得約生於西元前三六五年，生平事蹟已難以考證，曾投學於柏拉圖門下，而後生活和工作於埃及的亞歷山卓城。約在

西元前三三○至前三二○年間，歐幾里得寫成了數學鉅著《幾何原理》，在前人的基礎上建立起了一個體系嚴謹、論述精闢的幾何學大體系。歐幾里得的《幾何原理》共十三卷，內含一百一十九個定義、五條公設和五條公理，前後推出四百六十七個命題。它重點論述幾何學，也有部分篇章專門論述數論、無理量等問題，可看成當時的數學全書。

《幾何原理》卷首先提出若干定義、公設和公理，然後逐條展開命題的論述與證明。部分內容是前人經驗的精心總結，有些內容則是作者本人的創舉。卷一至卷四主要論述平面幾何、直線形與圓的有關命題。卷五專講比例理論，適用於可公度的量或不可公度的量。用比例理論把幾何學置於堅實的基礎之上是古希臘數學的突出成就，該卷內容儘管是在前人歐多克斯工作的基礎上展開的，但歐幾里得首次對比例理論進行有系統的安排與證明，功不可沒。卷六講相似圖形。卷七至卷九討論整數的性質和整數的比，屬於初等數論內容。在這部分裡，歐幾里得用線段代表數，以矩形面積代表兩數之乘積來展開論述。卷十研究不可公度量的、涉及直線的可公度量與不可公度量的關係。卷十一至卷十三討論立體幾何學，包括直線、平面、直線與平面間的關係、平面與平面間的關係、多面角、相似立體、柱、錐、台、球以及正多面體等內容。

歐幾里得《幾何原理》的原稿早已失傳，現在看到的各種版本都是根據後人的修訂本、注釋本和翻譯本重新整理出來的。流傳最廣的版本是四世紀末的泰恩所作出的《幾何原理》修訂本。最接近原著的版本被認為是十九世紀初，在梵蒂岡圖書館發現的希臘文手抄本。根據一八四二年至十九世紀末的統計，《幾何原

理》用各種文字已經出版了一千多種版本。有些版本在末尾增添了兩卷內容，因此《幾何原理》又有十五卷之說。

《幾何原理》贏得後人很高的評價，其原因不僅是作者把前人許多零碎、片斷的數學知識積累和保存起來，並且加進了他自己對幾何學原理的獨創或證明，更重要的是，歐幾里得從已有知識中抽出那些最簡單、最基本、已被無數經驗事實所一再證實了的、看似不證自明的命題作為公理和公設，再從這些公理和公設出發，以嚴格的演繹方法循序漸進、由簡入繁地引出幾何學的全部定理，環環相扣，為它們提供了精闢的論證，由此建立起一部嚴整的幾何學原理全書，其宏偉壯觀令人歎為觀止。

歷史上，對《幾何原理》的諸多讚譽給歐幾里得幾何體系樹立起極大的權威，愛因斯坦甚至說，一個人當他最初接觸歐幾里得幾何學時，如果不曾為它的明晰性和可靠性所感動，那麼他是不會成為一個科學家的。以至於歐氏幾何的一些缺點都被視而不見，或者是信而不疑。例如對於歐幾里得的第五公設，許多數學家早已認為不妥，歷代試圖對它作出更確切的證明，一一失敗之後仍是不敢懷疑它的可靠性。直到十九世紀初葉，被譽為「數學王子」的高斯已經暗中探索出與第五公設截然不同的幾何方法，他還是不敢發表，怕被人罵成是褻瀆經典的「瘋子」。十九世紀，對歐幾里得第五公設的揚棄終於引起了幾何學的大革命。俄國數學家羅巴切夫斯基勇敢地站出來，宣佈用新的平行公設取代第五公設，從而開創了新的幾何學——羅氏幾何。而後又有黎曼幾何的誕生，它們通稱非歐幾何。

非歐幾何的出現激起人們對幾何學研究的更大熱情。數學家經多方研究之後發現，非歐幾何並未完全否定歐氏幾何，非歐幾

何更適用宇宙大尺度的物質世界，而在日常小範圍空間的條件下，歐氏幾何已經是足夠精確的。十九世紀末，德國數學家希爾伯特對《幾何原理》作了精心的提煉，使歐幾里得的幾何公理體系更加完善。今天，歐氏幾何仍然作為幾何學的基礎，在教育和生產等領域裡繼續發揮它的重要作用。

哥白尼的 天體運行論

《天體運行論》是一本天文學著作，它的誕生不僅引起了天文學的巨大革命，而且震撼了整個社會，導致人類思想的大解放，促使自然科學走向獨立的新生之路，其功績巨大而超群，這本劃時代的傑作是哥白尼所作出的特殊貢獻。

一四七三年二月十九日，哥白尼在波蘭的多倫城誕生。他剛滿十歲，父親便去世，從此由舅父盧卡斯撫養成人。盧卡斯在教會中擔任要職，頗有權勢，所以哥白尼從十八歲起便得以進入大學學習。盧卡斯指定他攻讀教會法規博士學位，以便日後能成為有權有勢的神職人員，但哥白尼的興趣卻在自然科學方面，應付神學課程之餘，他全力攻讀天文學、數學和地理學⋯等課程。

哥白尼的時代，是黎明前的黑暗，是歐洲正在努力衝破中世紀漫長之夜的年代。文藝復興運動已經興起，人文主義思想深深地打動了哥白尼，文藝上的新思潮激起了他的極大熱情。可是，當年輕的哥白尼轉向天文學學習的時候，他卻大失所望，因為當時天文學和其他自然科學依然都是神學的附庸，處處充斥著空洞的說教與枯燥的信條。在天文學領域裡，據統治地位的是已經延續一千多年的托勒密地球中心說體系，它認為地球為宇宙中心，太陽、月亮和星星都在天體中繞地球旋轉。這個學說本是古代希臘人對天體運動的初步解釋，它表面上符合人們的直觀經驗，實際上卻與事實相背而馳，理應在實踐中被更改。可是，中世紀的教會認為地心說符合聖經的創世說，硬說地球居於宇宙中心證明了上帝的智慧，因為上帝首先創造了人，然後是萬物，所以被派到地上來統治萬物的人必居於宇宙的中心。這樣，地球中心說就

被披上了一層神秘的外衣，它所有合理與不合理的內容都成了宗教的信條，不容更改也不容置疑。

十四、十五世紀，由於地理探險、遠洋航運的需要，天文觀測的精度逐步提高，地球中心說的破綻愈來愈明顯，根據地球中心說推算出來的春分日子竟比實際多出十天。為了彌補理論與實測的差距，地球中心說的信奉者不斷增加虛擬中的天球均輪與本輪數目，使地球中心說體系變得越來越複雜繁瑣。到哥白尼時代，這些行星和恆星運動所必須遵循的「均輪」、「本輪」數目多達八十個，令人無所適從，難以置信。

哥白尼帶著疑問研讀古希臘人的哲學與天文學著作，他驚訝地發現，古代哲人不僅有地靜說的主張，也有地動說的主張，甚至還有人提出了太陽中心說的構想。他從畢達哥拉斯的著作裡得到一個堅定的信念，即應當用簡明的幾何圖像來表示宇宙的結構和天體的運行規律。哥白尼接著研究了各類行星的運動規律，發現每顆行星都具有三種週期性的運動，即一日一次的自轉、一年一次的公轉和相當於歲差的週期運動。若把這些行星運動規律與太陽中心說結合起來，亦即對地球也賦予這三種運動，則托勒密體系中不必要的複雜性就可以煙消雲散了。對古典著作的研究和對歷代天文資料的分析，哥白尼在求學時代就逐步樹立起太陽中心說的信念。

大學畢業後，哥白尼從義大利回到波蘭，任職於瓦爾米亞牧師會。繁重的神職任務並未減弱哥白尼研究天文學的熱情，他在塔樓上安裝三架天文儀器，每日堅持不懈地進行天文觀測，年復一年，積累了許多行星運動的天象資料。對實測資料的分析，進一步證實了太陽中心說的正確性，哥白尼興奮不已，於一五一二

年左右寫下了題爲《要釋》的短文，初步闡明了他的太陽中心說主張。

哥白尼繼續探究，因爲過於簡單的《要釋》還不足以對抗強大的地球中心說體系，他決心傾盡後半生精力，以寫出一本更完整、更成熟的論著，用以驅散長期籠罩在人們頭頂上的迷霧。又經過了十多年的努力，哥白尼在大量的觀測資料基礎上，終於寫成了他的不朽鉅著《天體運行論》。當這本用其一生精力澆鑄而成的著作歷經磨難，於一五四三年五月出版時，重病在身的哥白尼如釋重負，幾天之後就離開了人世。

在《天體運行論》的序言裡，哥白尼堅定地說：「哲學家的目的是追求一切事物的眞理。所以，我認爲應該擺脫那些違背眞理的錯誤意見。」「我深深地意識到，由於人們因襲許多世紀來的傳統觀念，對於地球居於宇宙中心靜止不動的見解深信不疑，所以我把運動歸之於地球的想法，肯定會被他們看成是荒唐的舉動。」

《天體運行論》共分六卷。卷一是全書的精髓，對太陽中心地動學說作出了全面扼要的論述。其具體目錄爲：

第一章爲論宇宙之爲球形；第二章爲論大地同樣之爲球形；第三章爲大地和水怎樣構成統一的球；第四章爲論天球均勻永恆之國運動或複合圓運動；第五章爲地球是否作圓周運動與地球的位置；第六章爲天比地大，其大無比；第七章是爲什麼古人認爲地球靜居於宇宙中心；第八章爲駁斥地球中心說；第九章爲關於地球是否還有一種運動和宇宙中心問題；第十章爲天體的順序；第十一章爲地球三種運動的說明；第十二章爲圓的弧長；第十三章爲平面三角形的邊和角；第十四章爲球面三角形。

卷二論述地球的三種運動所引起的晝夜交替、四季循環、太陽和黃道十二宮的出沒…等現象。卷三至卷六則運用豐富的天文觀測資料和精密的數學工具，分別研究太陽、月球、太陽系內行星和外行星的運動，並且得出了計算它們的運動、預測它們的位置的數學方法。《天體運行論》所闡述的太陽中心說要點是：地球不是一個靜止不動的天體，它不在宇宙的中心位置上；地球只是一顆普通的行星，既有自轉，又圍繞中心天體公轉；太陽處於宇宙的中心，它照亮整個宇宙，並駕馭著周圍的行星。

　　哥白尼的太陽中心體系與古代的亞里斯塔克太陽中心說相比，從對太陽系一般狀況的籠統認識來說基本相同，但是作為一種科學的認識成果，兩者卻有著原則的區別：亞里斯塔克的太陽中心說原則上只是一種設想，雖有一些觀測資料作基礎，但還是多以自然哲學上的猜測為補充；而哥白尼的太陽中心體系則是在自然科學發展的新階段上，完全以可靠的天文觀測事實為基礎，並且運用了嚴密的數學方法，建立起體系化的科學理論。在《天體運行論》這部著作裡，可靠的經驗事實、嚴密的數學方法，理論化的知識體系…等，已經表現出近代自然科學異於它的古代萌芽的特點。

　　《天體運行論》的發表是近代科學史上一件劃時代的大事，它把顛倒了一千多年的宇宙觀改正過來，正確描繪出一幅關於太陽系的科學圖景，為近代天文學的建立奠定堅實的基礎。尤其重要的是，太陽中心體系的公開發表宣告了神學宇宙觀的破產，開始了自然科學從神學中的解放運動。衝破層層壓制的太陽中心說，以叛逆教會權威的姿態向世人表明：既然傳統的天文觀不是亙古不變的絕對真理，既然一直被視為神聖不可侵犯的宇宙觀也完全

錯誤，那就沒有什麼信條不可懷疑，沒有什麼學說不可以改變。這個界限一旦被打破，思想解放的潮流就會像決堤的洪水滾滾而來。很快地，天文學革命大功告成，並由此推動了近代物理、近代醫學的突飛猛進，使整個自然科學面貌煥然一新，踏入了真正的科學時代。二十世紀，愛因斯坦在紀念哥白尼逝世四百周年大會上感慨萬分地說，哥白尼對於西方擺脫教權統治和學術枷鎖的精神解放所作的貢獻幾乎比誰都大。

伽利略的　兩種新科學

　　《兩種新科學》原全名為《關於力學和位置運動的兩種新科學的談話與數學證明》。它是近代物理奠基者伽利略對力學研究的總結，是經典力學的開山之作。伽利略對近代物理學許多分支都作出了貢獻，在力學上的功績尤為突出。在天文學方面，伽利略也有特殊的貢獻。

　　伽利略一五六四年二月十五日生於義大利的比薩城，從小就表現出不平凡的好奇心，而且喜歡與別人辯論、製作一些令大人都感到驚訝的玩具。十七歲時，他父親認為當醫生是一門高雅而又富裕的職業，就讓他進比薩大學學習醫學。但伽利略對需要死記硬背的醫學和那些經院習氣的講課沒有興趣，吸引他的是歐幾里得和阿基米德的數學和物理學。

　　對物理學的興趣使他在十八歲時便發現了鐘擺的等時性。那時他正在比薩大學學習，課餘時間經常去教堂觀賞那裡的壁畫與雕塑。好奇心強烈的伽利略發現了教堂裡吊燈擺動的有趣現象：儘管吊燈擺動的幅度在不斷減少，但是每擺一個週期所需要的時間都大致相等。後來，經過實驗研究，他還發現擺的長度與擺動週期之間成正比關係。

　　大學畢業後，伽利略成為比薩大學講師，一五九二年轉入帕多瓦大學任教。在伽利略任教的前後二十一年間，是他在科學研究上的豐收期。由於不滿亞里斯多德關於「重物先落輕物後落」的觀點，伽利略重點研究了自由落體運動。他不迷信權威，認為真理不是在積滿了灰塵的權威著作中，而是在「經常展示在我們面前的宇宙、自然界這部最偉大的書中」。他堅信科學的基礎在於

實驗，只有實驗才能判斷理論的是非，才能找到自然現象的深層原因。為此，伽利略做了許多科學實驗，例如著名的鉛球自由下落實驗和小球斜面下落實驗，從而發現靜力學和動力學上的許多科學原理和自然規律。

在研究物理學的同時，伽利略也多方探索天文學上的問題。一六一〇年，伽利略第一個研製出天文望遠鏡，並把它用於天文觀測。他發現了月球表面的凹凸不平，發現了太陽上的黑子，發現了木星有四顆衛星以及銀河是由眾多星群所組成的事實。分析這些天文觀測資料之後，伽利略找出了亞里斯多德和托勒密的天文學體系的許多錯誤。事實證明哥白尼的太陽中心說體系是正確的。伽利略認為必須把真相公佈於眾，讓真理戰勝謬誤。於是，他不顧羅馬教廷的阻撓與警告，設法寫出《關於托勒密和哥白尼兩大世界體系的對話》，並於一六三二年出版，公開宣傳哥白尼的新學說，引起社會的巨大迴響。伽利略卻也因此於一六三三年被羅馬教廷判處終身監禁。

就在監禁期間，高齡七十的伽利略總結了他一生的科學研究成果，寫出他最後也是最重要的一本著作：《兩種新科學》。這部著作被秘密地運到了荷蘭，於一六三八年出版。當新書送到伽利略手中時，他已經雙目失明，病重在床。一六四二年一月八日，伽利略走完了他的人生之路。

《兩種新科學》是以對話的形式寫成的，全部內容由三個人的談話所組成。伽利略自己的觀點由書中人物沙格列陀和薩爾維柯蒂兩人的談話說出，第三人辛普利丘的談話則代表亞里斯多德的舊觀點。全書生動活潑，富有說服力與感染力。伽利略希望這種深入淺出、通俗易懂的寫法，能使他的著作擁有廣大的讀者群，

從而更加有力地批判亞里斯多德的錯誤觀點，有效地傳播他的新思想與新發現。《兩種新科學》的談話是從日常生活與日常工作的具體現象開始的。伽利略注重實際經驗，注意從生產實踐中提煉出研究課題，這使他的著作更有說服力和使用價值。

伽利略的這本著作沒有具體章節的劃分，只依談話的進度分為第一天、第二天、第三天和第四天。關於力學的原理與規律主要集中在第三、第四天的談話裡。重要論點與突出貢獻可分為以下三大部分：

一、關於自由落體運動的研究。

伽利略首先批駁了亞里斯多德流傳甚廣的錯誤觀點。亞里斯多德認為，重物比輕物先落地。伽利略機智地運用演繹推理法進行反駁：如果將重物與輕物繫在一起，令其自由下落，那麼這個聯合體的下落速度是加快了還是減慢了？按照亞里斯多德的觀點，輕物將會影響重物的下落速度，故聯合體的下落將比重物單獨下落的速度慢；但從重量上來考慮，聯合體的重量又比單獨重物的重量大，所以聯合體的下落速度又應比重物單獨下落的速度快。因此，伽利略寫道：「這兩個結果的互不相容，證明亞里斯多德錯了。」

伽利略並陳述了在不同介質中進行的各種落體實驗，說明有些重物（例如鐵塊）比某些輕物（例如羽毛）下落快，是因為空氣阻力等介質的作用所致，而並非是落體本身重量的原因。排除空氣阻力等因素，經過分析就可得到自由落體速度與落體重量無關但卻隨降落時間而增加的結論。

最後，伽利略又透過精心設計的小球沿斜面下滾的實驗，以及單擺實驗找到了自由落體運動的定量規律：落體降落速度 V 與

時間 t 成正比，降落距離 S 與時間的平方成正比，亦即：V ＝ 32t，S ＝ 16t²（其中，時間以秒爲單位，距離以英尺爲單位）。這就是著名的自由落體定律的最初表達形式。落體運動的力學規律因此得到清晰準確的描述，亞里斯多德的錯誤觀點也就在理論上被徹底否定了。

二、關於慣性運動的研究。

根據亞里斯多德物理學，物體的勻速運動必須以一個不變的力持久作用來維持，或者說力是產生運動（速度）的原因。但伽利略的落體實驗和落體定律卻表明：落體在不變的引力作用下發生的並不是勻速運動而是重力加速度運動。爲了深入研究這個問題，伽利略再把他的斜面實驗加以發展引申：如果沿斜面下滾的小球滾落到底部時遇到一個對稱放置的斜面，它將繼續滾上這個斜面，並達到原始下落時的高度（假設這個斜面絕對光滑，並且不考慮空氣阻力作用）；如果將第二個斜面的坡度不斷減小，小球在第二個斜面上的滾動距離將不斷加長；若第二斜面坡度降爲零，即變爲平面，小球就將沿此平面以原有速度不停地運動下去。

這樣，伽利略就糾正了亞里斯多德的錯誤，正確區分了速度與加速度的概念，並且明確指出：力所引起的「不是物體的運動，而是運動的改變」，或者說，力不是產生速度的原因而是產生加速度的原因。由此，便得出了重要的慣性定律：物體在不受外力作用的條件下，其「運動速度將保持不變」。

三、關於拋射體運動的研究。

拋射體運動是一種更爲複雜的運動，這種運動與槍炮的製造和使用直接相關，所以伽利略決心弄個水落石出。伽利略從平拋

例子開始，認爲平拋運動的物體同時並且自始至終參與了兩個各自獨立的運動：一是水平方向上的匀速直線運動；二是在豎直方向上的自由落體運動。把這兩者結合起來，作簡單的幾何證明，伽利略就得出了平拋運動的運動軌跡是一條半拋物線的正確結論。伽利略還用數學方法證明，當大炮的仰角爲四十五度的時候，其射程最遠。這一結論與實際情況完全一致。

《兩種新科學》的出版代表著經典力學作爲一門獨立的科學誕生了，因爲它爲經典力學①的兩個主要定律——運動第一定律和第二定律奠定了基礎。法國數學家拉格朗日（一七三六年～一八一三年）在評價伽利略的貢獻時說：「動力學全然是由於近代人的工作才成爲一門科學的，伽利略奠定了它的基礎…伽利略邁出了重要的第一步，因而爲推動力學成爲一門新科學開闢了道路。」

《兩種新科學》的發表爲科學家們提供了方法論上的有益啓示。伽利略把實驗方法、分析方法和數學方法綜合地運用於科學研究，在科學方法論方面也爲近代自然科學開創了一個新的時期。伽利略的方法深刻地影響了他同代和後代的科學家，成爲以後幾百年科學發展的基本方法。所以，英國哲學家霍布斯稱譽伽利略「第一個爲我們打開通往整個物理學領域的大門」。而愛因斯坦則稱讚伽利略爲「近代物理學之父——事實上也成爲整個近代的科學之父」。

---

① 經典力學又稱爲牛頓力學。

李時珍的 本草綱目

李時珍（一五一八年～一五九三年），字東璧，湖北蘄州人，出生於醫學世家，祖父和父親都是醫生。他自幼受到醫藥知識的薰陶，喜愛研究生物，立下了治病救人的志願。李時珍十四歲考取秀才，但是後來三次參加鄉試都沒有考中舉人，於是他便決心放棄科舉途徑，專心研究醫藥學。他一方面「步曆三十稔，書考八百餘家，稿凡三易」精研歷代的醫書，讀過將近一千種的醫書，訂正古人的謬誤，吸收古籍的精神；一方面「搜羅百氏，訪採四方」藉著行醫的經歷，廣泛收集了長期累積的用藥經驗和藥物知識，以及許多民間行之有效的單方、驗方，融合自己豐富的臨床經驗，共用了廿七年的時間，經歷了三次大修改，一五九六年本草綱目刊行於世。

李時珍一生著作很多，在醫藥學方面，除《本草綱目》之外，還有、《瀕湖脈學》、《奇經八脈考》一卷、《食物本草》二十二卷、《集簡方》、《白花蛇傳》、《五臟圖論》、《命門考》、《瀕湖醫案》等書。

本草綱目成書於一五七八年全書共五十二卷，分為十六部（綱），六十二類（目），收集一千八百九十二種藥物①，附圖一千一百六十餘幅。他廢除了古老的上、中、下三品分類法，而以水、火、土、金石、草、谷、菜、果、木、服器、虫、鱗、介、禽、獸、人體附著物等十六部門、六十類，對所載藥物一一作了詳細介紹。對每味藥物，都儘可能地闡述了名稱、性味、主治、

————————

① 在一千八百九十二種藥物中，其中有三百七十四種為歷代本草未曾記載過的。

用藥法則、產地、形態、採集、泡制、方劑等。對動、植物形態特徵記述也很精細。而且用語準確、描述生動，有很高的科學價值。全書還附各類方劑一萬一千零九十六則。並在每一種藥物下，分別作了以下各種說明：

一、集解：說明這一種藥物的古今產地、演變、形態和採取的方法。

二、釋名：敘述每一種藥物古今各地的性種異名，確定名稱。

三、正誤：糾正古人和一般人的錯誤。

四、修治：描述如何製成藥劑。

五、氣味：記錄這一種藥物的性質味道。

六、主治：說明這種藥物的效能及用途。

七、發明：闡述他自己觀察實驗的心得。

八、附方：集合古今醫藥家的臨床方劑。

在分類方法上，《本草綱目》採取了「以綱統目」、「析族區類」的綜合分類法。整體而言，是以十六部為綱，六十類為目；就具體每種藥物來說，是以正名為綱，釋名為目；以大名為綱，以附品為目。結果是綱中有目，目中又有綱，綱目交錯，構成一部「博而不繁，詳而有要」的體系。既繼承了《神農本草經》以來的分類傳統，把三品書名，注各藥之下，以便瀏覽；金、石、草木、蟲、禽、獸等分類大致依舊。同時又有新的發展，如先列水部、火部，其次列土部，再次列金石，說明重視影響生存的無機生態因素，體現「有生於無」；植物部分按草、穀、菜、果、木、體現「從微至巨」的原則，並注意生態特徵；動物部分按順序列：蟲、鱗、介、禽、獸、最後列人部，「從賤到貴」。在各部

中，又分別按生態環境、實和價值、形態特點、生殖方式、等級綜合再分類。在各類之中，還把形態相近的排列在一起，體現族（或屬）的存在（如傘形科、姜科、菊科、禾本科、百合科、葫蘆科等），表示之間有較近的親緣關係。

對於《本草綱目》的科學內容，李時珍自己在書中的「凡例」說：「雖曰醫家藥品，其考釋性理，實吾儒格物之學，可稗爾雅詩疏之缺。」清楚地說明作者知道這本書的內容和境界遠遠超越了藥物學的範圍，擴展到整個生物學的領域，著名的王世貞在書的《序言》中稱李時珍「用心嘉惠何勤哉」評價至為公允。連創立進化論的英國科學家達爾文，也曾在著作裡，一再提到這本書，稱它為「出版於一五九六年的中國百科全書」。《本草綱目》出版後受到廣大的重視，到一六○三年以後，《本草綱目》在國內幾十次翻刻，有五十多個版本，清代更有許多簡化、濃縮本書的《本草綱目必讀》、《本草綱目摘要》，以及承製本書的《本草綱目拾遺》和《本草備要》出現。在國外翻譯成拉丁、法、日、韓、德、英、俄等文字，流行全世界。以日本來說，就先後出現了十餘種翻印本，四十多種改寫、教材和研究本，還有兩種「本草綱目」的全譯本，可見其影響之大。

哈維的 血液運行論

　　《血液運行論》是英國醫生、生理學家威廉・哈維（一五七八年～一六五七年）用以建立血液循環說的名著，此書原稱《關於動物心臟與血液運動的解剖研究》，中譯本簡稱爲《血液運行論》。這部書的問世可與哥白尼的《天體運行論》相提並論。哥白尼的著作以太陽中心說取代地球中心說，推翻了宗教神學在天文學上的統治地位，掀起了天文學的大革命；哈維的著作以血液循環說取代靈氣說，徹底推翻了由教會扶持的，長期統治在醫學領域裡的蓋侖醫學派權威，傳統觀念又一次遭到致命打擊，從而導致醫學上的大革命，開闢出近代生理學的新道路。

　　血液循環論的建立十分艱難，這不僅是由於人體內部生理的複雜性，更是因爲宗教神學在這裡設置了重重障礙。在宗教徒們看來，上天是天神的住處，人體是靈魂的住所，不容探索與追究。一五四三年，比利時醫生維薩里大膽地發表了《人體的構造》一書，認爲解剖學才是醫學的基礎，用解剖得到的事實駁斥了蓋侖的二百多個錯誤，指出男人身上的肋骨與女人一樣多，從而否認了上帝用男人肋骨創造出女人的說法。維薩里立即遭到宗教裁判所的迫害，被迫前往聖地朝拜贖罪，死於途中。一五五三年，西班牙醫生塞爾維特匿名出版了《基督教的復興》一書，其中有部分章節批判了蓋侖的三靈氣說，首次提出血液在心肺之間的小循環學說，爲發現全身的血液循環衝開了道路。結果，塞爾維特當年就被教會處以火刑，剛出版的著作幾乎全部被焚毀。

　　當時的歐洲，被允許對人體血液運動作出解釋的只有古老的蓋侖三靈氣說，這種學說認爲血液流動是由「靈氣」來推動的。

人體從食物攝取來的營養物質首先被送往肝臟，在那裡變成深紅色的靜脈血，靜脈血靠「自然靈氣」的推動，經過心臟的右側循靜脈流向全身，然後又從原路返回心臟；有一部分血液又從心臟右室穿透心臟隔膜進入左心室，再流往肺部與空氣接觸，從空氣中獲得「活力靈氣」後變成鮮紅色的動脈血，動脈血受此靈氣推動循動脈流向全身，也從原路返回心臟；流經大腦的血則在那裡獲得「靈魂靈氣」，這種靈氣經由神經系統支配全身的感覺與運動。總之，蓋侖認為，血液在人體內不是循環的——完美的循環運動只有在天上才有。蓋侖的學說很大程度上與基督教的教義相符合，因此他的權威性受到教會的長期支持，對他的觀點提出質疑的人，往往被視為異端。

哈維就在這種歷史背景下出生於英國的福克斯通鎮。父親是當地的財主，所以哈維十五歲就進入劍橋大學學習。畢業後，又去義大利帕多瓦大學跟隨名醫法布里休斯深造，獲得醫學博士學位。當時，有伽利略等人在此執教的帕多瓦大學學術氣氛濃厚，哈維在這裡深受進步思想的影響，逐漸認識到舊哲學的無用和實驗方法對科學工作的重要性。他在《血液運行論》中曾說：「無論是教解剖學或學解剖學都當以實驗為據，而不當以書籍為據；都當以自然為師，而不以哲學家為師。」

一六○三年，哈維的老師法布里休斯發現了一個重要現象：在靜脈中有許多限制血液只能往心臟方向單向流動的瓣膜。但由於他不肯背離蓋侖的經典而沒有理解這項發現的意義。哈維卻從中受啟發：既然靜脈瓣膜使血液只能從靜脈流向心臟，而心臟中又有瓣膜使血液只能從心臟流向動脈，表示存在一個血液由靜脈流入心臟再從心臟流入動脈的單向流動過程。那麼，在動脈末梢

與靜脈末梢之間有沒有什麼聯繫呢？

　　哈維帶著這些問題回到倫敦，一邊行醫一邊研究。經過許多精心設計的實驗，他終於得出了問題的答案，建立起血液循環學說。一六二八年，哈維出版《血液運行論》一書，總結了他的工作，用大量實驗材料論證了血液的循環運動。

　　此書共十七章。第一章為導言與寫作動機；第二～第四章為活體動物解剖中觀察到的心臟運動與動脈運動；第五～第八章綜合介紹心臟的運動與功能、血液從大靜脈到動脈或從右心室到左心室的途徑，以及流經心臟，和血脈的血流量；第九～第十三章為證實血液循環的三大論點和三大論點的實驗依據；第十四章是由循環得出的結論；第十五～第十七章是透過或然性推理進一步證實血液循環，透過一些輔助實驗結果證明血液的迴圈。

　　哈維在導言裡首先向大眾介紹「幾乎所有解剖家、醫生和哲學家都支持」的蓋侖派觀點，然後對這些「如此不協調、如此相互矛盾，以致每一種觀點都值得懷疑」的權威學說提出了一連串的問題。「試問當我們看到兩個心室的結構幾乎相同時，心室的活動、運動和搏動也是相同的，為什麼我們應該認為它們的作用是不同的呢？」「為什麼當已有一條如此敞開的肺靜脈通道時，卻要用神秘的、隱而不見的許多小孔，用不確定的、模糊的通道來解釋血液進入左心室的途徑呢？」「⋯顯而易見，對於詳細地考慮過整個問題的人來說，有關心臟和血脈運動及其功能的論述一定顯得模糊而矛盾，甚至是不可能的。有必要更為詳細地看待這一問題，不僅要詳細研究人的心臟和動脈的運動，而且要研究一切有心臟的動物；進而透過經常進行活體解剖、透過不斷地親自進行觀察，以研究並且發現真理。」

事實勝於雄辯，哈維接著在他的著作裡一一列舉實驗得來的結果，用大量事實駁斥了蓋侖的觀點，證實血液的循環運動。例如，他測定人的心臟中約有二英兩血液，每當心臟收縮時便把這些血液全部壓入動脈，而每當心臟放鬆時又有同樣多的血液從靜脈重新流入心臟。在這一基礎上，他進行了一項非常簡單但卻能說明問題的計算：心臟每分鐘跳動七十二次，於是，一小時從靜脈流入心臟並從心臟流入動脈的血液就有六十×七十二×二＝八千六百四十英兩＝五百四十磅，約等於人體體重三倍。顯而易見，這樣多的血液既不可能於一個小時之內在動脈末梢被消耗殆盡，也不可能從靜脈末梢重新製造出來，它們必定透過某種途徑構成一個迴圈。

　　哈維在實際解剖的基礎上進一步批判蓋侖認為血液會透過心臟中膈從右心室進入左心室的錯誤論斷。解剖顯示，中膈本身不僅非常堅實，而且有它本身的動脈和靜脈，如果血液像蓋侖斷言的那樣可以直接透過中膈，那麼這個中膈的動靜脈系統就沒有存在的必要了。他還對一隻狗進行了直接實驗觀察，把狗的左心室切開，結果證明沒有一點血液透過中膈從右心室流過來。

　　對四十多種不同的動物進行了觀察與解剖，特別是對冷血動物的研究，幫助哈維進一步認識了心臟的作用。因為冷血動物的心臟跳動很慢，可以作更詳細的觀察，特別是許多冷血動物的心臟移出體外之後，還可以跳動很長一段時間。這個事實推翻了心臟跳動及血液流動必須靠「『靈氣』驅動的靈氣說」。哈維觀察到，每當心臟收縮時，動脈立即擴張，這說明是心臟將血液壓入動脈的。哈維第一個正確地指出血液流動的原因在於心臟肌肉的收縮。

儘管哈維沒有足夠的技術把動脈末梢與靜脈末梢的微小聯結管道——毛細血管顯示出來①，但哈維對眞理執著追求的精神，和他在《血液運行論》中所列舉的充分證據和縝密推理的分析，已經令眾人折服。從此，醫學上由教會扶持起來的蓋侖權威被徹底推翻，血液循環理論得以牢固建立，從而開創了生理學、解剖學的新時代。哈維因這一劃時代的發現被譽爲近代生理學之父；《血液運行論》一書也像《天體運行論》和《自然哲學的數學原理》等著作一樣，成爲科學革命時期以及整個科學史上的重要文獻。

---

①一六六一年，義大利解剖學家馬爾比基用顯微鏡首次發現毛細血管，證實了哈維的預言。

達爾文的 物種起源

查理·達爾文（一八○九年～一八八二年）是十九世紀英國傑出的生物學家，生物進化論的奠基者。他是舒茲伯利一位名醫的兒子，一八二五年中學畢業後在愛丁堡大學學習醫學，兩年後遵從父親的意願轉到劍橋大學神學系，但他依然對生物學、礦物學有著強烈的興趣，常隨教授們到野外採集地質和動植物標本。一八三一年大學畢業後，達爾文以自然科學學者的身分，參加了皇家科學院「貝格爾」號艦的環球旅行，歷時五年。達爾文在南美洲、澳大利亞、南太平洋島嶼…等地採集了大量標本、化石，這對他的物種進化思想的形成產生巨大作用。 ·八二六年回國後，達爾文繼續收集資料，做實驗，研究生物進化問題，陸續寫出草稿、初稿。一八五八年在林納學會上宣讀了自己的初稿，次年《物種起源》（《依據自然選擇，即在生存競爭中適者生存的物種起源》）在倫敦出版，在學術界引起強烈迴響，一八七二年出版了修訂的第六版，並被譯成多種文字。此後達爾文又發表了一些著作，輝煌的成就帶來不少榮譽，他多次獲得各種獎章，許多外國學會和科學院聘他為名譽會員和通訊院士。

《物種起源》一書的中心思想是自然選擇。圍繞這個主題，達爾文從生物的變異性、遺傳性、生存競爭、適應等方面，闡發了物種起源、生物進化的思想，揭示了自然選擇在生物進化中的重大作用。

達爾文肯定了變異的普遍性。在自然界，絕沒有兩個生物體完全相同，不僅同一種生物前後代個體不同，即使同一代的生物個體也是不同的，這種差異的不同即是變異。「切勿忘記，『變

異』這一名詞，僅僅包含個體差異。」變異有相關變異和不相關變異。如果生物體的任何性狀變異總是跟其他特徵的變異相聯繫，那這種變異即是「相關變異」。至於引起變異的原因，主要是生物個體生活條件的改變。自然環境的變化，使生物在改變了的環境影響下，發生相應的變異。

生物不僅有變異，而且有遺傳，這同樣是無可置疑的事實。動植物正是透過遺傳把機體的內外構造、反映外界的能力、性狀傳留給後代，使自己的種延續下去。變異和遺傳是密切相聯的。如果生存條件改變了，遺傳性也就隨之改變。如果引起生物變異的生存環境一連保持幾代，那變異也就在後代機體中保留下來，甚至能夠一代代地鞏固和強化。正是借助生物的變異和遺傳，人們對動植物進行人工飼養和培植，從事人工選擇。「自然給與了連續的變異，人類在對自己有用的一定方向上累加了這些變異。在這種意義上，才說人類為自己製造了有用的品種。」

達爾文接著探討自然選擇問題。自然環境發生變更，從而引發生物體生存條件的變化。若生物體能夠適應這種變更的環境，那它就能生存下來，反之就被淘汰。「這種有利的個體差異和變異的保存，以及那些有害變異的毀滅，叫做『自然選擇』或『適者生存』。」自然選擇與人工選擇的區別在於：前者是為著「被它保護的生物本身的利益而選擇」，後者是「人類為了自身的利益而選擇」。就變異與自然選擇的關係說，如果沒有變異，自然選擇便不能發生作用，變異則因選擇而保留下來。無論在何時何地，只要有機會，自然選擇總是仔細縝密地審察著，哪怕是最細微的變異，把壞的排斥掉，保存好的，並將其積累起來，不知不覺地改進、改善各種生物及其生存環境（有機的或無機的）的關係。

為什麼有自然選擇呢？因為生物之間的生存競爭。達爾文說，生存競爭是在廣義上使用的，包含這一生物對另一生物的關係，但更重要的是包含個體生命的保存及其能否成功地遺留後代；每一生物為著生存、繁殖後代及幼子的成活而競爭。生存競爭包括種內競爭和種間競爭，和不利的生存環境的競爭也是其涵意之一。一切生物體都處在激烈的生存競爭中。達爾文說，在生存競爭中，尤以同種個體之間的競爭最為激烈，這是由於同種的生物在習性、體質上通常相似的緣故。正是雄性之間為爭奪雌性而發生的爭鬥，使得最強壯且具有「特別武器」，而又最適應自己生存環境的雄性能夠留下最多的後代。同樣，不同屬的種群的形成及其之間的差異，也是由於生存競爭，生物體獲得的有利於自己的變異使它保存下來，並且遺傳給後代，後代因此也就有了較好的生存機會，由此產生了變種或初期的物種，繼而形成良好且不同的物種。

　　達爾文由此提出了生物物種起源和進化論的思想。「『自然選擇』的作用完全在於變異的保存和累積，這些變異對於生活的各個時期都在有機及無機條件下的生物是有利益的。這最後的結果是各種生物對於各種條件的關係日益改進。這種改進必然招致全世界大多數生物的體制逐漸進步。」「物種是由普通的生殖產生出來的：老類型被新而改進的生物類型所代替，新而改進了的類型是『變異』和『適者生存』的產物。」

　　達爾文的進化論學說是科學史上具劃時代意義的學說。在這一學說產生前，法國生物學家拉馬克等人已提出了生物進化觀點。但拉馬克所處的時代，是「科學還遠未掌握充分的資料，以便能夠對物種起源的問題作出並非預測的，即所謂預言式的答案」

的時代。直到十九世紀上半葉，在宗教感情的支配下，廣大信徒對上帝創造萬物的教義依然深信不疑；物種不變的形而上學觀點頑固地禁錮著「直到最近所有在世中最卓越的自然學者和地質學者」的頭腦。

　　達爾文用豐富的自然科學資料和事實，令人信服地證明了生物進化思想，從而把進化論乃至生物學奠立在科學的基礎上。《物種起源》的出版，理所當然地產生了空前轟動的「效應」。神學家們攻擊它，誹謗作者；頭腦僵化的自然科學家批駁它。但達爾文的追隨者仍熱情地宣傳、捍衛進化論。在這些人之間，以赫胥黎尤為突出。隨著生物科學的發展，達爾文的進化論也不斷地得到完善、修正，產生了所謂新達爾文主義和綜合進化論，即現代達爾文主義。

摩根的 古代社會

　　美國著名的人類學家路易斯・亨利・摩根（一八一八年～一八八一年）是西方人類學的創始人之一，他也是和馬克思主義人類學的先驅。他的代表作《古代社會》是以進化論思想爲指導，透過幾十年的調查研究，所寫出的一部綜合性的人類學著作，也是學術史上第一部用人類學材料寫成的原始社會發展史。摩根關於人類早期歷史的研究，和他關於母系社會先於父系社會的科學論斷，使他在全世界享有崇高的聲譽，他的《古代社會》已成爲人類史前史研究的經典著作。

　　摩根出生於美國紐約州奧羅拉村附近的一個農莊主家庭。一八四〇年畢業於聯合學院，接著他又研究法學，一八四四年遷居羅徹斯特從事律師工作。由於他少年時期就熟悉當地易洛魁人的風俗習慣，成年後他參加了研究印第安人的「大易洛魁社」，開始與印第安人交往，幫助他們解決印第安人自身的問題。摩根和該社社員一起到易洛魁人的住所去進行考察研究，與印第安人建立了深厚的感情。一八四六年十月，他被賽納卡印第安人部落鷹氏族吸收爲養子，並被命名爲「塔雅道烏庫」①。使他有條件進一步深入瞭解易洛魁印第安人的社會組織和文化生活，考察他們的宗教信仰、民族習慣和婚姻狀況。在後來的近四十年中，他長期從事人類學研究，其間，他於一八五一年與表妹斯蒂耳結婚，婚後的一八五一年～一八五六年間，因爲律師業務繁忙，曾一度中斷了研究工作，但一八五六年後他又繼續進行有關人類學的調查

---

① 「塔雅道烏庫」意爲山澗間的橋。

研究。一八五九～一八六二年的四年中，他每年進行一次旅行考察。晚年，摩根因患嚴重的神經衰弱症，於一八八一年十二月在羅徹斯特去世。他一生寫過多種著作，其中有《易洛魁聯盟》、《人類家庭的親屬制度》、《古代社會》和《美洲土著的房屋和家庭生活》…等。

《古代社會》是摩根的主要著作，也是有關原始社會研究的奠基之作。原書副標題「人類從蒙昧時代經過野蠻時代到文明時代其發展過程的研究」，作者認為「在人類進步的道路上，發明與發現層出不窮，成為順序相承的各個進步階段的標誌」。他指出「發明與發現，以及政治觀念、家族觀念、財產觀念的發展，都表現出人類的進步」；「上述四類事實沿著人類從蒙昧社會到文明社會的進步途徑平行前進，它們就是本書所要探討的主要題目」。根據這種想法，作者把《古代社會》的論述分為四篇：一、各種發明與發現所呈現的智力發展；二、政治觀念的發展；三、家族觀念的發展；四、財產觀念的發展。

摩根《古代社會》一書對原始社會研究的主要貢獻，可以概括為三個方面：

一、關於氏族組織制度的研究。

摩根在《古代社會》和早期著作中，透過對易洛魁人已被破壞的社會組織的考察，恢復了它的原貌，弄清了氏族組織這種制度的基礎。他指出易洛魁人的整個社會結構，乍看下很複雜，如氏族、胞族、部落、聯盟…等，但實際上不過是原始氏族形式的順次發展。在上述研究的基礎上，他運用大量的對比資料，得出了有普遍意義的重要結論：氏族作為原始社會基層組織，是整個原始社會的原生細胞。「我們發現，凡在氏族制度流行而政治社

會尚未建立的地方，一切民族均處在氏族社會，無一超越此範圍」。由這種認識出發，摩根認為，人類的全部歷史可分為以相應的「兩種社會制度」為特徵的兩個時期，初期是「社會組織，其基礎為氏族、胞族和部落」，晚期是「政治組織，其基礎為地域和財產」。作者強調「氏族組織顯示了人類的一種時代最古、流行最廣的制度。無論亞洲、歐洲、非洲、美洲、澳洲，其古代社會幾乎一律採取這種組織方式。氏族制度是社會賴以組織和維繫的手段」。

二、對家庭發展史的研究。

歐美人由於受《聖經》和神學思想的影響，直到十九世紀六十年代以前，對家庭的發展還缺乏正確的認識。瑞士學者巴霍芬於一八六一年在他的《母權論》中首先提出，人類起初沒有家庭，而是從雜交狀態過渡到家庭，從母權家庭過渡到父權家庭的。摩根支持巴霍芬的觀點，不過他是從親屬制度的稱謂來分析和推論家庭的早期形態，從而開創了家庭史研究的新途徑。在《古代社會》中，摩根首次把家庭制度的發展分為五個階段，即血婚制家庭（血緣家庭）；夥婚制家庭（舊澤普那路亞）；偶婚制家庭（對偶家庭）；父權制家庭；專偶制家庭（一夫一妻制）。作者的論述雖然有一些錯誤和不足，但它對人們正確認識家庭的發展具有巨大意義。特別是摩根用大量的人類學材料證明了母系社會先於父系社會，這是人類學和歷史學上的一大發現，可說是他對家庭史研究的卓越貢獻。

三、關於史前社會歷史分期的闡述。

在摩根之前，英國學者弗格森、亞當‧史密斯和泰勒已把原始社會劃分為蒙昧和野蠻兩個時期，這說明對原始社會進行分期

並非摩根的首創。不過把「發明和發現」作爲原始社會分期的標誌，又把蒙昧和野蠻時期分爲低級、中級和高級階段，卻是摩根提出來的。這是他對原始社會研究的重大貢獻。摩根說的「發明和發現」是指生產工具的製造和生產技術的進步。例如：火的用途發現、弓箭的發明、製陶術的發明、農業和畜牧業的興起和煉鐵術的發明…等。正如馬克思所述：「各種經濟時代的區別，不在於生產什麼，而在於如何生產，用什麼勞動資料生產。勞動資料不僅是人類勞動力發展的測量器，而且是勞動藉以進行社會關係的指示器。」由此可見，摩根強調以「發明和發現」作爲劃分人類社會歷史階段的標誌，是符合歷史唯物主義的。

　　《古代社會》問世以後的一百多年來，特別是最近三、四十年，人類學、考古學和地質學等學科的發現和研究有了迅速的發展，在新的考察成果和研究資料面前，摩根的某些假說和論述已經遠遠落後於時代。從今天來看，實事求是地說，原書中存在不少缺點和錯誤，需要後來的學者加以修改和補充，需要人們加以重新探討。儘管如此，《古代社會》在人類學史上的地位及人類學的巨大影響，卻是無法否定的。

牛頓的 自然哲學的數學原理

　　牛頓——舉世公認的偉人，他總結了天體力學和地面力學的成就，爲經典力學規範了一套基本概念，提出了運動三定律和萬有引力定律，從而建立起經典力學的宏偉體系；他又發明了微積分，將新的數學分析工具引入力學的證明與推導，把整個力學都建立在嚴密的演繹基礎之上，使力學成爲眞正的科學。這些輝煌成就記載在牛頓本人親自寫成的《自然哲學的數學原理》之中。

　　牛頓（一六四三年～一七二七年）出生於英格蘭沃爾斯索普一個小村莊。這位被後人稱讚爲「天才上的超人」，從小並沒表現出特別的聰明與智慧。由於父親早逝，母親改嫁，他未得到良好的家庭教育與富裕的環境支援，靠著中學和大學時代的勤奮學習與艱苦奮鬥，獲得了超人的智慧與非凡的創造力。

　　牛頓無可非議已經成爲了科學上的巨人，但正如他所說的，他是「站在巨人們的肩膀上」，或者是愛因斯坦曾指出的：「⋯命運使他處在人類理智的歷史轉捩點上。」在牛頓誕生的十七世紀上半葉，自然科學已經開始大踏步地前進。天文學方面，哥白尼的太陽中心論已深入人心，開普勒又發現了行星運動三大定律，爲新天文學的發展開闢了道路。力學方面，伽利略創立了動力學，發現了自由落體運動定律和慣性定律，開闢出定量實驗與數學論證的研究道路，打通了物理學大門。數學上，笛卡爾發明了解析幾何，把變數引進數學，使運動與變化的定量表述成爲可能。還有惠更斯對離心力研究的初步成果，博雷利和胡克等人對行星運動需要引力的猜測。總之，把地面力學與天體力學的研究成果進行大結合，創建經典力學體系的時機已經成熟，而且，歐

洲資本主義經濟已經有了長足的發展，迫切需要自然科學為社會生產作出更多的解釋與指導。

牛頓在大學時期，就已學習和研究克普勒的三定律、伽利略的落體實驗和笛卡爾的漩渦理論等方面的著作。一六六五年回鄉下躲避瘟疫時便開始探索關於重力的問題，試圖依靠地球上的力學原理來說明行星的運動。同時，他初步構想出「流數法」（微積分法）的基本框架，還進行了分解日光的科學實驗。一六六七年，牛頓回到劍橋大學，成為三一學院的研究人員，繼續力學、光學和數學上的研究。一六六九年，他的老師巴羅教授認為牛頓的才能和造詣已超人一等，主動把盧卡斯講座的教授職位讓給了年僅二十六歲的牛頓。一六七二年，牛頓被選為英國皇家學會會員，後成為皇家學會會長直到去世。一六八四年，他再度研究引力理論，結果大獲成功。在朋友哈雷等人的催促下，牛頓於一六八六年開始寫作《自然哲學的數學原理》，全面總結和公開發表他在力學和數學上的研究成果。

《自然哲學的數學原理》（以下簡稱《原理》）於一六八七年出版發行，一七一三年發行第二版，一七二五年，牛頓去世的前兩年，又修訂發行了第三版。

牛頓在《原理》的序言中說：「我們的研究不在技術而在科學，不在人手之力而在自然之力」，「我們的研究是自然理論的數學原理」，「於物理學的範圍中，儘量以數學推出」，「把自然現象都歸宿到數學定理上去。」可見，牛頓的立意是非常遠大的。他的根本目的就是要用物理學的內容和數學的方法建立起一個新的自然哲學（自然理論）體系，為所有自然現象確立一個新的力學解釋框架。

《原理》正文共有三篇。正文之前有兩節導論，其篇幅雖僅占全書的百分之四左右，但內容卻十分重要。

　　導論一為「說明和附說」。在這裡，牛頓先為力學的一些基本概念，如質量、動量和力下了定義，對向心力的性質、作用及量度作了描述。然後，牛頓引入了絕對空間和絕對時間的新概念，建立起他的「絕對時空觀」。牛頓的時空觀在今天看來有很大的侷限性，但它對牛頓力學的規範作用是必不可少的。

　　導論二為「運動之基本定理和定律」。在這裡，牛頓闡述了著名的運動三大定律。第一定律即慣性定律：「每個物體若非有外力影響使其改變狀態，則該物體仍保持其原來靜止的或等速直線運動的狀態。」第二定律即運動定律：「運動的變化與所施的力成正比，並沿力的作用方向發生。」這兩個定律都是伽利略已經發現或接觸到的，牛頓則予以更加明確、更加概括的表述形式。第三定律是作用力與反作用力定律，這是牛頓首先明確提出的。有了這三個基本定律，經典力學關於運動的描述就完備化了。三大定律之後，還附有六個推論。有力的合成與分解原理，運動迭加以及相對性原理，還有重要的動量守恆原理等。

　　正文第一篇的總標題是「論物體之運動」，下分十四章。主要是研究在引力作用下，物體運動的軌道與力的關係。重點之一是提出了微積分學要點，用以確定無限小量之比。重點之二是用極限方法，且運用無窮小量來解釋開普勒三定律的真正涵意。牛頓在這一篇裡，還提出了光學的力學本性，但卻得出一個錯誤的結論：「光在光密介質中的速度比在光疏介質中的速度大一些。」

　　第二篇的總標題也是「論物體之運動」，但主要是討論在有阻力介質中物體之運動。共分九章。首先討論的是物體運動時受到

與速度或速度平方成正比的阻力情形，接著討論流體靜力學和動力學的一些定理與推測。最後一章研究了液體中的漩渦運動，指出漩渦運動不可能使行星遵循開普勒三定律，從而否定了笛卡爾對行星運動的乙太漩渦假說。

第三篇的標題是「論宇宙系統」，用力學的基本原理、基本定律來解說宇宙間的各種現象。最重要部分是牛頓準確闡述了萬有引力定律，並且運用這一定律成功地解釋了行星及其衛星的運動、彗星的運動、潮汐現象和地球兩極略扁的橢圓形問題。牛頓在此編還鄭重提出「自然哲學之推理法則」。法則一：「除那些真實而已足夠說明其現象者外，不必去尋求自然界事物的其他原因…因為自然界喜歡簡單化，不愛用多餘的原因誇耀自己。」法則二：「對於自然界中同一類結果，必須儘可能歸之於同一種原因。」法則三：「物體的屬性，凡既不能增強也不能減弱者，又為我們實驗所能及的範圍內的一切物體所具有者，就應視為所有物體的普遍屬性。」法則四：「在實驗哲學中，我們必須把那些從各種現象中，運用一般歸納法而導出的命題看作是完全正確的，或者是非常接近於正確的；雖然可以想像出任何與之相反的假說，但是沒有出現其他現象足以使之更為正確或者出現例外以前，仍然應當給以如此的對待。」

牛頓的法則一實質上就是簡單性原則；法則二即是統一性原則。對於自然科學研究，簡單性原則是合理又符合科技美學的，也始終是人們對科學理論進行評價的基本標準之一。統一性法則看到了自然界中的相似性與統一性，有效地鼓舞和幫助人們去探求更多的自然規律。法則三與法則四也從方法論和認識論的角度對科學研究作出了正確的指導。法則三強調經驗與理性相結合；

法則四肯定歸納法的科學性又不認為「歸納萬能」，從而避免了懷疑主義的不可知論，也避免了形而上學的機械唯實論。這兩個法則實際上已暗含了相對真理與絕對真理的辯證關係，以及真理的核對總和發展的規律。

在牛頓時代，科學與哲學尚未分家，「哲學」一詞，其涵意就是科學與哲學。《原理》一書，主要建功於自然科學方面，而在哲學思想上也有超群拔萃的洞見，它不僅是科學史上的里程碑，也是科學研究上的明燈。《原理》一出版，就獲得了科學家與哲學家的稱讚。十八世紀的天文學家拉普拉斯認為：《原理》「達到了物理科學可能到達的最高境界」，是「超出人類智慧的一切產品的傑作」。二十世紀的愛因斯坦回顧牛頓的成就時說：「在他以前和以後，都還沒有人能像他那樣的決定著西方的思想、研究和實踐的方向。」

孟德爾的 植物雜交的實驗

　　現代生物學的地位已經變得越來越重要了。如果說，二十世紀上半葉仍屬於「物理學的世紀」，那麼，現在它不得不讓位於生物學。總之，已經沒有多少人懷疑，下個世紀將是「生物學的世紀」。現代生物學大廈之所以能夠拔地而起，全是因為有了分子生物學的突破，而分子生物學又依靠遺傳學作為其樑柱。遺傳學這根頂樑柱是在本世紀初樹立起來的，一批科學家在組建它時，驚奇地發現，遺傳學的基石早已有人在幾十年前就預先埋下了！這個人就是十九世紀奧地利生物學家及神父孟德爾。他超前發表了遺傳學的奠基著作《植物雜交的實驗》，這本著作揭示了遺傳學的基本定律。

　　孟德爾（一八二二年～一八八四年）出身於奧地利摩拉維亞地區的一個貧苦農民的家庭。年輕時，他因家庭困境和過度勞累而多次病倒，不得不中途退學，出家當修士以謀活路。一八四三年，孟德爾正式成為布爾諾地區的奧古斯汀修道院的修道士，從事繁瑣的神職工作。所幸該修道院注重人才培養和學術研究，孟德爾因而被選拔到大學裡去學習。修道院院長納普在推薦書上寫道：「孟德爾不適於作牧師工作；但另一方面，他卻顯示出他在自然科學的學習上具有傑出的才華和特殊的勤奮。」一八五一年，孟德爾踏入維也納大學，在多普勒學院師隨著名科學家多普勒教授學習物理學，並且充當多普勒實驗室的輔助實驗員。在這裡，孟德爾熟練地掌握了科學實驗所採用的培根式歸納法，和以果推因的假說演繹法。孟德爾還跟隨數學物理學家埃汀豪森學習新興的數理統計方法，這個方法對他日後的植物雜交實驗有極大

的幫助。來自農村的孟德爾最喜歡植物學，他所崇拜的植物學老師翁格爾經常爲他講解植物雜交可能形成的變異，以及生物如何進化等問題。翁格爾還和孟德爾討論過生物進化「融合論」的種種缺點，爲日後孟德爾提出遺傳因數學說鋪下了重要的理論基礎。

一八五三年秋，孟德爾回到奧古斯汀修道院，一邊做神職人員的工作，一邊用豌豆做雜交實驗。第一階段是培育良種，他花了兩年時間，從三十二個品種裡挑選出具有穩定相對性狀的二十二個品種。第二階段探索單個相對性狀的遺傳規律。孟德爾精心選擇了可供試驗且明顯區分的相對性狀的七組豌豆植株，以作爲雜交材料。這七組相對性狀是：一、圓滿的種子與皺癟的種子；二、黃色子葉與綠色子葉；三、高植株與矮植株；四、花腋生與花頂生；五、紅花與白花；六、豆莢分節與不分節；七、未熟豆莢黃色與綠色。

全部實驗都採取正反交的方式，並在嚴格的人工授粉條件下進行。爲防止風和昆蟲可能引起的異花授粉，便將經過人工授粉的花朵都用小紙袋保護起來。第三階段與第四階段進一步探索豌豆及其他植物的遺傳與變異規律。前後將近十年時間，孟德爾栽培了數千株豌豆，進行了三百五十多次人工授粉，檢數了近三萬顆種粒，規模之大，困難之多，史無前例。

孟德爾的實驗工作需要極大的耐心與毅力，這不僅是因爲雜交實驗的長久性與繁重性，還因爲這項工作在當時受到普遍的冷落，甚至是嘲諷。當時生物學研究上熱衷的是生物進化論，達爾文轟動社會的《物種起源》剛剛發表，人們關心的是生物進化中的適應性問題與自然選擇問題，而沒有考慮到雜交也是進化，除

了進化之外還有遺傳。孟德爾默默地進行他的雜交實驗，終於向社會獻出了劃時代的《植物雜交的實驗》。

孟德爾在他的著作裡，精心地總結豌豆雜交實驗結果，運用先進的數理統計方法，推導出遺傳的基本規律。

例如，對高植株與矮植株這對豌豆品種的雜交結果進行推理分析，從而導出遺傳的第一定律：「分離定律」。高植株品種與矮植株品種作為「親代」雜交，結果得到的雜交「子一代」全部都是高株。矮株的性狀在「子一代」中並未表現出來，其性狀稱之為「隱性性狀」。高株的性狀表現出來了，為「顯性性狀」。孟德爾再把「子一代」的種子單獨播種，並使其自花授粉，從而得到「子二代」。結果，在「子二代」中既有呈顯性性狀（高株），也有呈隱性性狀（矮株）。一千零六十四棵「子二代」植株中，高植株的占七百八十七棵，矮植株的占二百七十七株，兩者之比恰好為三比一。其他六對相對性狀的雜交實驗，也得到相同的結果。

經過周密的分析，孟德爾大膽地提出了遺傳因數學說，認為：每一植株的每一性狀都有從其父本和母本遺傳下來的兩個因數，而每類性狀的因數又分為顯性和隱性兩種。親代高株純種有兩個顯性因數 MM，親代矮株純種即有兩個隱性因數 mm。純種的親代在產生生殖細胞即配子時，每個配子只得到一個因數。經雜交兩性配子形成「子一代」的合子中，含一個顯性因數 M 和一個隱性因數 m，所以在「子一代」中隱性因數 m 的矮株性狀並不表現出來，「子一代」全部植株所表現出來的都是顯性因數決定的高株性狀。但當「子一代」再產生生殖細胞時，每個配子只能得到 Mm 中的一個因數，即 M 或 m。於是再行自花授粉後得到的「子二代」，就可能有四種因數組合方式：MM、Mm、mM、 mm，四種組合的機會是均等。其中前三種由於都有 M 因數，所以呈顯性性狀；後一種只有 m 因數，故呈隱性性狀，所以就有高株與矮株之比爲三：一。在這一基礎上，孟德爾便建立了他的遺傳第一定律，即分離定律：一對遺傳因數在異質接合①狀態下並不相互影響，相互沾染，而在配子形成時，完全按原樣分離到不同的配子中去。

孟德爾弄清每一對相對性狀在後代中的遺傳表現之後，又對兩對、三對乃至多對相對性狀在遺傳中的綜合表現進行實驗。結果是，當兩對相對性狀一起遺傳時（如圓形飽滿子葉與皺癟子葉、黃色子葉與綠色子葉），在「子二代」中出現四種類型的種子（圓形黃色、圓形綠色、皺皮黃色、皺皮綠色），其比例爲九比三比三比一。由實驗結果的推理分析發現，許多性狀一起遺傳時，對每一性狀的「分離定律」仍然是被遵守的。如以上例的每一性狀來分別考察：在「子二代」中就圓皺這一對相對性狀來說，應有四分之三是圓的，四分之一是皺的；而就黃綠這一對來說，應有四分之三是黃的，四分之一是綠的。那麼把兩者綜合起來，就有四分之三乘以四分之三等於十六分之九是圓黃的，四分之三乘以四分之一等於十六分之三是圓綠的，四分之一乘以四分之三等於十六分之三是皺黃的，四分之一乘以四分之一等於十六分之一是皺綠的，其四者比例恰好是九比三比三比一。這樣，孟德爾便得出了遺傳第二定律，即自由組合定律：當兩對或多對因數處於異質接合狀態時，它們在配子中的分離是彼此獨立、互不相牽連的。

---

①異質接合指顯性因數與隱性因數的接合。

孟德爾的遺傳定律是生物遺傳的普遍規律。這兩個定律的發現代表著遺傳學的誕生，而且為遺傳學以後的發展奠定了實驗和理論基礎。然而，當他把成果報告給數十名專家學者時，竟乏人問津。《植物雜交的實驗》是在一八六六年公開發表的，但整整三十五年間，無人能夠理解其中的重要意義。孟德爾在一八八四年悄然去世時，人們只知道他是一位熱心腸的神父，一位「植物愛好者」。

　　塵埃終究埋不住黃金。一九○○年，三位科學家不約而同地在各自的實驗中得出了與孟德爾相同的結論。他們查閱資料時驚訝地發現，孟德爾早已把他們千辛萬苦得出的遺傳規律寫在三十五年前的文獻裡。《植物雜交的實驗》這篇原只刊在一個普通刊物上的論文，立即被印成書，用多種文字出版發行於世界各地，並引起巨大的迴響。孟德爾隨之被尊為「遺傳學之父」，與他的著作一起永垂科學史冊。

愛因斯坦的 相對論

　　一九○五年，愛因斯坦發表《論動體的電動力學》，創立了狹義相對論。還沒等世人明白，他又發表一系列文章，於一九一六年初總結成論文《廣義相對論基礎》，創建了廣義相對論，並於同年寫成《相對論》一書，向公眾講解他那超越時代的學說。當代著名物理學家德布羅依萬分感慨的指出：「在這短短的歲月裡，人類的科學已建立起兩座屹立在未來歷史中的豐碑：相對論和量子論。第一座豐碑的出現完全是由於愛因斯坦創造性的智慧…人們不能不為在這短短的歲月裡完成如此深邃，又如此富有獨創性的工作感到驚奇和讚歎。」的確，若沒有愛因斯坦這些建立了狹義與廣義相對論的文章及著作，物理學家恐怕還在二十世紀初的物理學困境中徘徊不前。

　　十九世紀末二十世紀初，物理學上無法解釋的新現象接踵而來，乙太漂移實驗、光電效應、黑體輻射、元素放射性…都是充滿矛盾的難題。物理學家企圖在經典理論的框架裡添枝加葉或修修補補來解決這些矛盾，但都無濟於事。有時在一個問題上似乎講通了，但在另一些問題上卻又出現了新的、更大的矛盾，最後終告失敗。

　　愛因斯坦（一八七九年～一九五五年）生於德國烏爾姆的一個猶太家庭。一八九六年退出德國國籍，到瑞士接受中學和大學教育。一九○一年取得瑞士國籍，隔年被聘為瑞士伯恩專利局的技術員，從事專利審查工作。工作之餘，他開始進行物理學上的研究。透過閱讀康德與馬赫等人的哲學著作，年輕的愛因斯坦培養了敢於懷疑、勇於批判的精神。面對被專業科學家看作是「最

神聖的遺產」的牛頓權威，他能夠清醒地認識：「如果它們不能被證明為充分合法，就將被拋棄；如果它們同所給定的東西之間的對應過於鬆懈，就將被修改；如果能建立一個新的、無論基於哪種理由都被認為是優越的體系，那麼這些概念就會被別的概念所代替。」

於是，在短暫的「削足適履」後，年僅二十六歲的愛因斯坦毅然放棄了牛頓的絕對時空觀，創作並發表了他的《論動體的電動力學》，建立起嶄新觀念的狹義相對論。愛因斯坦首先指出，既然麥克斯韋電動力學的種種實驗都未能證明乙太的存在，那就應該放棄這種「絕對靜止」的參考系；既然在所有慣性系中所有方向都測不出光源運動對光速有何影響，那就可以接受光速恆定的這個新事實。所以，他把兩個基本原理作為狹義相對論的基礎。

一、相對性原理：物理學定律在所有慣性系中是相同的，不存在一種特殊的慣性系。

二、光速不變原理：在所有慣性系內，真空中光的速度具有相同的值。

從這兩個基本原理出發，很自然就推出了慣性系中新的變換關係，稱為「洛侖茲變換」。利用新的變換關係，愛因斯坦得出了狹義相對論的幾個重要推論：一、同時性是相對的；二、運動著的尺要縮短；三、運動著的時鐘會變慢；四、運動中的物體質量會變大；五、在任何慣性系中，物體的運動速度都不能超過光速，亦即光速是物質運動的極限速度；六、物體的質量是該物體所含能量的量度，即質能關係式：$E = mc^2$。①

---

① E 表示能量，m 表示質量，c 為光速。

狹義相對論的建立，從根本上改造了經典物理學。它突破了牛頓的絕對時空觀，把空間、時間和物質的運動聯繫起來。狹義相對論還揭示了時間與空間的統一性，從而得出許多經典物理學中意料不到、無法得到的結論，世紀之交所出現的物理學危機也就化險爲夷了。狹義相對論圓滿解決了許多物理學的問題之後，愛因斯坦仍不滿足，他又看到了新理論的侷限性，因爲狹義相對論的相對性原理還是被限制在相對作匀速運動的慣性系裡。否定了靜止的乙太作爲特殊的坐標系，這是一大進步，但爲何慣性系在物理學中還是比其他坐標系都優越特殊？愛因斯坦尖銳地意識到這是「認識論上的缺陷」。所以，他繼續從事相對論的研究，探求一種更普遍、更和諧的物理理論。

　　愛因斯坦從引力問題入手，並抓住一個簡單卻又耐人尋味的事實：物質有兩種質量，一是牛頓第二定律中的慣性質量，二是萬有引力定律中的引力質量，實驗告訴人們，一切自由落體在引力的作用下都具有同樣的加速度，由此可推算，引力質量與慣性質量是相等的。愛因斯坦以此作爲突破，在兩種質量相等的基礎上，大膽提出著名的「等效原理」：一個加速度爲 a 的非慣性系，等效於含有均匀引力場的慣性系。換句話說，一個加速度系統所看到的運動，與存在引力場的慣性系統所看到的運動完全相同。愛因斯坦還以特殊的「空中電梯實驗」來說明這一等效原理。發現「等效原理」，被愛因斯坦認爲是他一生中最愉快的事情。在此原理的基礎上，他終於得出令人滿意的「廣義協變原理」：在任何參照系中，物理學規律的數學形式是相同的。因此，他把相對性原理從慣性系推廣到非慣性系，在狹義相對論的基礎上建立起廣義相對論。

一九一六年，廣義相對論的總結性論文及著作相繼發表，但只有少數科學家能理解其中深刻的意義。一九一九年，廣義相對論所預言的光線經越太陽表面時要彎曲偏轉一點七弧秒，被日全蝕的觀測數值所證實，廣義相對論立即引起社會的轟動。隨後，許多實驗相繼證實了廣義相對論的推測結果，把廣義相對論的聲譽推向高峰。著名物理學家朗之萬在一九三一年就作出了這樣的評價：「在我們這一時代的物理學史中，愛因斯坦的地位將在最前列。他現在是，並且將來也還是人類宇宙中擁有頭等光輝的一顆巨星。…他的偉大是可以與牛頓比擬的。按我的意見，他也許比牛頓更偉大一些，因為他對於科學的貢獻更深入到人類思想基本概念的結構中。」相對論這座豐碑隨著時間的推移，越發顯得高大雄偉。

魏格納的 大陸和海洋的形成

　　八十多年前，魏格納的名著《大陸和海洋的形成》發表了，他在書中所提出的大陸漂移假說，大膽而富有魅力，以致當時的評論家驚歎地稱道：這是「大詩人的夢」。可是，不到半個世紀，人們不得不承認他的「夢幻」成真。二十世紀五十年代以來，隨著大規模海洋探測工作的進展，以及地球物理技術和理論的發展，許多事實日益證明大陸漂移說的正確性，全球構造理論因此得以建立，從而根本改變了人們的地球觀，為地學帶來了深刻的革命。

　　魏格納本是一位氣象學家，一八八○年誕生於德國柏林。大學時代專攻天文學和氣象學，二十五歲便獲天文學博士學位。畢業後加入丹麥探險隊，赴格陵蘭島考察冰地的氣象情況。一九○八年回來後，擔任馬爾堡大學的天文學與氣象學講師，從此開始他的科研高峰期，在氣象學方面發表了《大氣的熱動力學》一書。

　　一九一○年，魏格納在閱讀世界地圖時偶然發現大西洋兩岸輪廓極其相似，如：「聖羅克角附近巴西海岸的大直角突出部分，和喀麥隆附近非洲海岸線的凹進完全吻合…」這個現象使他怦然心動。不久，從一份古生物研究的綜合報告中，魏格納瞭解到在南美洲和非洲之間曾存在過陸路的可能。「對這一事件可以作兩種設想：第一是一個具有連接作用的大陸沉沒了，第二是兩者被一個大斷裂分離開了。以往，人們從每一塊陸地不變的這個未經證實的假設出發，總是只考慮前者，排除後者，可是前者與現代的地殼均衡說及我們的整個物理觀念相違背。一塊大陸是不

可能沉沒的，因為它比漂浮於其上的物質輕。因而我們不如考慮後一種可能！如果由此能使解釋出乎意料地簡化，且由此能更便於解釋地球的整個地質發展史，我們為何還要猶疑，不拋棄舊的觀念呢？」魏格納毅然放棄氣象專業，從各此投入地質學研究。他以非凡的毅力窮搜博覽，從各洲間及全球範圍的聯繫中進行考察和追索，終於在浩繁的地學資料的整理和對比中發現了一系列說明海陸漂移的重要證據。他廣泛地總結地球物理學、地質學、古生物與生物學以及古氣候學等方面的成就，用以全面論證他的發現，從而建立了有系統的大陸漂移理論。

　　魏格納於一九一二年一月先後在法蘭克福地質協會和馬爾堡科學協會作了《大陸和海洋的生成》及《大陸的水平移動》的報告，初步闡明他的觀點。一九一五年對大陸漂移問題重新進行有系統、詳盡的論述，寫成了《大陸和海洋的形成》。此書迅速被翻譯成英、法、俄、日…等多種文字。大陸漂移說從此風靡全球，並引起激烈的爭論，自二十世紀二十年代至三十年代初，幾乎所有的地學會議、雜誌刊物都在議論這一學說。其劃時代意義在當時也已被一些學者所認識，有人正確地指出：「這一理論一經證實，在思想上引起的革命堪與哥白尼時代天文學中的變革相比擬。」當時魏格納才三十五歲，他已受到了全世界許多學者的敬仰。但這位勤奮的學者並不滿足於已有的成果，他又四處考察以補充修訂他的學說。一九三〇年十月三十日，魏格納在格陵蘭冰雪地的考察路途中，不幸遇難，為科學研究獻出了他偉大的生命。

　　魏格納最後修訂的《大陸和海洋的形成》第四版共分十一章。第一章「歷史的回顧」；第二章「大陸移動論的性質及它與

以前關於地質時期中地表變化的流行觀念的關係」；第三章「大地測量論據」；第四章「地球物理論據」；第五章「地質論據」；第六章「古生物和生物論據」；第七章「古氣候論據」；第八章「關於大陸移動和地極漂移的基本問題」；第九章「移動的動力」；第十章「關於矽鋁層的補充說明」；第十一章「關於深海底的補充說明」。

《大陸和海洋的形成》作出的大陸漂移說主要結論是：大陸系由較輕的剛性矽鋁質組成，它漂浮在較重的粘滯性的矽鎂質大洋殼之上，全球大陸在晚古生代石炭紀以前是連接一起的原始泛大陸，或稱世界洲，可能由於潮汐力和地球自轉時的離心力作用，原始大陸在中生代末期分裂成幾塊，在矽鎂層上分離，產生了離極漂移和向西漂移。南美洲和非洲是在白堊紀開始分離的，北大西洋的裂開到第四紀才全部形成，印度洋裂開始於侏羅紀。在始新世時，澳大利亞新幾內亞與南極大陸分離並向北移動，深入到太平洋，經過班達弧，止於其東端。這些移動逐漸造成了世界諸大洋、諸大洲今日的面貌。魏格納的理論成功地解釋了今日大西洋兩岸的輪廓、地形、地質構造與古生物群落的相似性，闡明了長期令人困惑不解的南半球各大陸古生代後期冰磧層的分佈、流徙問題，澄清了諸大洋的起源、演變以及環太平洋山系、島弧帶及其他褶皺山系的分佈與成因。

大陸漂移說的提出引起強烈的迴響，支持者歡欣鼓舞，反對者則給予種種責難和攻擊。當時，傳統的海陸固定學派根深蒂固，勢力異常強大，他們抓住魏格納學說中某些不充分的證據，特別是對漂移動力的錯誤解釋大作文章。一九二八年十一月在紐約召開的大陸漂移討論會上，一些著名的固定論派學者，歪曲、

抹殺魏格納從地質學方面提出的一系列有力證據，而從當時地球物理學提出的事實和理論計算結果，全盤否定了大陸漂移論。困於當時地球內部構造和動力學的知識水準，魏格納及其支持者都未能從物理學上令人滿意地闡明大陸移動的原因，漂移學說便在保守派的反對聲浪中逐漸被埋沒。

二十世紀五十年代，英國古地磁學的大發展，又使大陸漂移說得以復興。英國地球物理學家布萊克特等人透過對北美、西歐古地磁極遊動軌跡的分析，意外地發現中生代以前大西洋並不存在，兩岸大陸是拼合在一起的，這一獨立證據的提出，使地學界為之震驚。而後印度、澳大利亞等地的古地磁移動軌跡也神奇般地再現了魏格納四十年前的描繪圖，為漂移說提供了強而有力的證據。

一九六○年，海底擴張說的提出終於圓滿地解釋了大陸移動的動因，使漂移學說確立了應有的地位。從二十世紀五十年代開始，英美等國對海洋洋底進行了大規模的探測，發現海洋中部並非最深的地方，最深的海溝反而在洋底的兩邊，而洋底中部竟然高高地隆起了一條海中山脈——洋中脊，洋中脊的地質年齡又比其他洋殼的年齡小。於是，赫斯提出的海底擴張說便作出了合理的解釋：深部地幔物質透過大洋中脊不斷上升，形成新生洋殼，徐緩而連續地（二～六公分／年）向兩側推移，到達大陸邊緣海溝或島弧帶，就順著傾向大陸方向的俯衝帶插到地殼下，最後又下沉到地幔，於是再度進入新的循環。這種地幔物質軟流層的循環流動，就產生傳送帶的作用，使上浮於矽鎂層的大陸塊背離洋脊而向兩側漂移運動。就這樣，大陸漂移的驅動力問題迎刃而解。

一九六九年，在大陸漂移說與海底擴張說的基礎上建立了板塊構造理論，把整個地球岩石圈劃分為六大板塊①，由板塊間的相互運動便可合理地闡明世界地熱、地磁、地震及火山岩漿活動現象、地殼變質變形作用、大洋的演化、造山帶形成的作用機理…等一系列重大的地質事實。板塊構造理論把大陸與海洋作整體研究，進行全球規模的觀察與探索，所以又稱「新全球構造理論」。

　　由大陸漂移說、海底擴張說到新全球構造理論是地學的第二次革命，它使描述地質學轉變為動力地質學，進一步解決了許多重大的地質問題；根本上改變了海陸永恆的自然觀。魏格納因此堪稱地球科學領域中的哥白尼，他的學說與著作至今備受科學家的稱頌。

---

①六大板塊指歐亞板塊、太平洋板塊、美洲板塊、非洲板塊、印度洋板塊和南極板塊。

波林的 實驗心理學史

　　美國心理學家波林的《實驗心理學史》初版於一九二九年，一九五十年又推出修訂版。此書是美國《世紀心理學叢書》的一種，曾獲得叢書主編伊里亞德教授的高度讚揚：「即使是吹毛求疵的心理學家，也沒有一個大膽的批評家會去否認波林這本歷史是一部經典著作。…任何人都似乎難於再認爲有必要去編著一本像波林這本書如此精確、具決定性的早期實驗心理學史。他在其學科中已經比誰都精通了。他以無比的技巧寫成了這部歷史。」

　　這本書自問世以來，一直是美國大專院校的心理學史的標準教材。這本書不僅全面而精確地總結早期實驗心理學的歷史，而且簡瞭地介紹了過去與現在心理學各流派的來龍去脈與今後走向，既爲心理學家下一步騰飛清理了跑道，亦爲青年學者儘快入門而導航引路。波林始終認爲：「一種心理學的理論若沒有歷史趨勢的成分，便不配稱爲理論。」所以他的宗旨就是：「心理學家在其專攻的範圍之內也需要歷史的知識。若沒有這種知識，便不免將現在看錯，將舊的事實和舊的見解視爲新的事實和新的見解，而不能估計新運動和新方法的價值。」「心理學家只有知道了心理學史，才算是功行完滿。」

　　波林（一八八六年～一九六八年）生於美國費城。一九○五年入康奈爾大學，一九一四年獲心理學博士學位。畢業後在高校擔任心理學講師，一九一九年任克拉克大學心理學教授，一九二二年又轉任哈佛大學並長期擔任該校心理實驗室主任。在哈佛大學實驗室裡，他主要從事感知覺的實驗研究，在皮膚感受性、視覺大小常性、月亮錯覺的專題研究上屢有突破。在廣泛收集心理

學以往有關感知覺資料的過程中，波林對實驗心理學史產生了興趣，並深切體會到心理學歷史知識對心理學研究的重要性。中年後，他轉入理論性的研究工作，撰寫《實驗心理學史》和《感覺和知覺的實驗心理學》，因兩書的成功而聞名於世。一九二八年當選為美國心理學會主席，一九三二年當選為美國科學院院士，一九六三年任第十七屆國際心理學會主席，兩次榮獲國家榮譽科學博士學位。

　　《實驗心理學史》的問世亦是時代的需要。心理學自從十九世紀下半葉脫離哲學而誕生，一直是搖擺不定，思想極為混亂，各種學派紛紛登場，觀點爭相不下。先是有創建者馮特的內容心理學與英國機能心理學的分歧，而後有鐵欽納構造主義與詹姆斯和杜威等人的機能主義之爭。突然又興起華生的行為主義，要求心理學放棄一切傳統的心靈或意識概念，只採用刺激和反應這樣一些純行為的術語。同時冒出的格塔式心理學不甘示弱，也與行為主義分庭對抗，反對把行為分析為簡單的反射，認為心理現象乃是個整體，而不是什麼元素的組合。從醫療而來的佛洛伊德精神分析學派，又用自我、本我和超我等概念，衝擊一切實驗心理學的理論。混亂紛爭的局面在二十世紀的二、三十年代達到頂點，這不僅有損心理學的形象，也阻礙了它的發展。波林於混亂中指出：「當前心理學內的分心並不是一種健康現象…因此，心理學如果在事實及其所聲明的原則上，放棄其哲學遺產，專注意自己的問題，而不受分心的障礙，就應當有更快的進步了。」結束混亂、清除偏見，擺脫對哲學母體的依戀而走上真正的成熟，這就是當時心理學上所迫切需要的。總結性的《實驗心理學史》於是應運而生了，同時還有墨菲的《近代心理學歷史導引》以及夫呂

革爾的《百年心理學史》等歷史著作也出現於此關鍵性的二十年間。

《實驗心理學史》內容豐富，考證嚴密而周到。在波林眼裡，「實驗心理學——也就是科學心理學」。此書實際上是以實驗心理學為主的近代心理學歷史全書。

全書共分二十七章：第一部分（一～八章）的內容是近代心理學在科學內的起源，先從近代科學的興趣談起，然後專敘神經生理學、感覺生理學以及催眠術、人差方程式等蘊涵有未來心理學內容的幾個學科進展；第二部分（九～十三章）的內容是近代心理學在哲學內的起源，廣泛地討論了笛卡爾哲學、康德哲學、英國的經驗主義與聯想主義、法國的經驗主義和唯物主義在心理學方面的貢獻；第三部分（十四～十六章）是實驗心理學，即科學心理學的建立，重點論述了創始人費希納、赫爾姆霍茨和創建者馮特各自在心理學初始階段的地位與作用；第四部分（十七～十九章）是近代心理學在德國的建立與發展，介紹內容心理學與意動心理學的概況，各派心理學家的側重點；第五部分（二十章）是近代心理學在英國的建立與發展，達爾文進化論對心理學的巨大影響，英國的機能主義以及富有特色的高爾頓個別差異心理學；第六部分（二十一～二十二章）是近代心理學在美國的建立與發展，人數眾多的美國機能心理學，杜威實用主義的影響和應用心理學的興起；第七部分（二十三～二十六章）是近代心理學的晚近趨勢，評論分析時興的格塔式心理學、行為主義心理學、精神分析心理學以及其他動機心理學的現狀和未來走向；最後部分（二十七章）是扼要的總結與回顧。

波林的著作具有許多優點及特色。

其一是取材豐富但又能提綱挈領、簡單明瞭。他以哲學和自然科學兩條主線為背景來論述心理學的起源和發展。闡明心理學「起源於笛卡爾、萊布尼茲和洛克的哲學，而在十九世紀初期的新實驗生理學中得到發展。實驗心理學的產生即由於這兩種運動的結合」。全書可以清楚地看到，哲學提供心理學體系，自然科學提供心理學方法。各心理學流派的產生過程、來龍去脈以及縱橫關係，勾畫得清清楚楚。

其二是對每一心理學家和每一心理學流派，評價都客觀而公正。有敘有論，論而不忌，坦蕩直言，合情合理，這是歷史學家難能可貴的品質。例如他對馮特的評價時說：「現在的心理學家往往好指摘馮特心理學的褊狹，有時且深以馮特留給我們的遺產為憾。新學派的設立幾乎都用以駁斥馮特心理學的這一特徵或那一特徵，然而我們雖歡迎這些新學派，但對於其抱怨則不敢贊同。無論何時，一個科學總只是它的研究產物，而研究的問題則只是有效的方法，可供探索而又為時代所準備提出的那些問題。科學發展的每一步都有賴於前一步，這個進展不是由願望促進的。」

其三是對心理學的發展潮流與趨勢能高瞻遠矚，富有啟發和預見性。例如他對屈爾佩的預言：「四十年後，我們知道屈爾佩改變思想的能力，比鐵欽納的堅持不變的一貫性對心理學有更大的價值。…屈爾佩這個向動機問題的轉移將使任務和態度成為下一代心理學於語言方面的工具。」七十年代，屈爾佩的動機領域果然成了心理學的中心問題。波林還預言當時不被正統心理學所接納的佛洛伊德日後將成為有巨大影響的人物，後來的事實證明確實如此。

其四，波林把富有創造性的科學家與不斷變化的時代精神結合在一起，說明兩者的相互作用對心理學發展的種種影響。波林非常重視科學家的個體作用，在著作裡加進許多傳記材料，使人物思想有血有肉，歷史過程生動可信，不流於空泛枯燥。波林又深刻地認識到：「產生偉大人物的是時代而不是魔術」，「如果他要成功，時代必須要與之合作。」所以，《實驗心理學史》又處處把科學家的貢獻，心理學的進展放到當時的時代背景去考察評論，具體情況具體分析，所以能夠作出比較公正的評價，避免片面的任意誇大或全盤否定。

　　當然，波林還沒有達到歷史唯物主義的高度，他的時代背景僅僅是學術上的背景，很少談及經濟、政治方面的社會因素，這是他的不足。但是，在當時唯心主義與唯靈論都強烈的心理學界，波林能夠避免唯靈論與唯天賦論，發現和堅持時代決定論，已經是難能可貴。波林不僅僅有熟練的技巧，而且還有深刻的思想，所以才寫出了有深刻見解而廣受人們歡迎的《實驗心理學史》。

李約瑟的 《中國科技史》

　　李約瑟主持編寫的多卷本《中國科技史》堪稱兩個第一：第一部篇幅最大、論述最詳的中國科技史著作；第一部有力地改變西方人，包括某些東方人對中國科學文化由來已久的偏見的科學著作。《中國科技史》把深埋於歷史塵埃中的古代中國科學寶藏一一發掘出來，陳列於世人眼前，其規模之宏大、品質之輝煌令人震驚。

　　李約瑟是中年時期才由耕耘已久的生物化學專業，轉為中國科技史研究，並取得輝煌的成就。一九○○年十二月九日，李約瑟出生於倫敦的一個知識份子家庭，父親是一位嚴肅認真的醫生，母親則是文學愛好者。他從小就受到良好的家庭與學校教育，一九一八年十月以優異成績考入劍橋大學，成為著名生物化學專家霍普金斯的門生。一九二四年獲得哲學博士和科學博士雙學位，成為研究生中的佼佼者。畢業後就在霍普金斯領導的劍橋生物化學實驗室工作。一九三一年研究出版《化學胚胎學》一書，成為這門新興邊緣學科的奠基者，年紀輕輕就被選為英國皇家科學院院士。同時他對哲學、宗教和歷史，尤其是科學史都有濃厚的興趣。曾發表有《生物化學的哲學基礎》、《哲學與胚胎學》和《唯物主義與宗教》…等文章。一九三二年《胚胎學史》也在倫敦問世。他很有希望成為英國另一個霍普金斯式的人物，作為權威的生物化學教授而獲王室封以爵士稱號。

　　一九三六年，來到劍橋生化實驗室的三位中國學生：魯桂珍、王應睞和沈詩章，打破了李約瑟平靜的專業研究生活。他在與這些中國同行的朝夕相處中，看到了迷人的中國，接觸到博大

精深的古中國文明，他被機敏的中國智慧和深奧的文化折服了。他感慨地說，「我發生了信仰上的皈依」，皈依了中國文化。從此他努力學習漢語，閱讀中國的著作。

一九四二年，李約瑟獲得英國政府的派遣，作為皇家科學院的代表，前往抗日戰爭時期的中國，肩負援華使命。在華四年，他負責「中英科學合作館」的工作，為當時受封鎖的中國科技人員提供儀器、藥品和資料上的援助。李約瑟利用這次機會在中國各地做了廣泛的考察旅行，結識各行各業的中國學者，更深入地瞭解到中國的社會與文化，同時也初步掌握了中國文化的典籍概況及治學門徑。離開中國時，他想到寫一部西方從未有過的關於中國科學、技術和醫學的歷史著作，因為古代中國在這些方面的成就實在是太偉大了，而西方人對此知道的又實在太少。

李約瑟在一九四六年離開中國，先是應邀到巴黎任聯合國教科文組織的科學處處長，在世界各地作了許多文化考察。兩年後，決意回到劍橋大學，相約留洋的魯桂珍博士，在劍橋潛心寫作《中國科技史》。

收集的資料越來越多，發現的內容越來越豐富，寫作計畫也越來越龐大。李約瑟與魯桂珍日夜工作，猶感力不從心，遂又先後邀請了王玲、何丙郁、錢存訓、席文、羅賓遜…等中外學者參與某些分卷的撰寫工作。全書共分七卷約二十多冊。第一卷於一九五四年出版。第二卷在一九五六年刊行。第三卷一千一百二十四頁，仍作為一冊，在一九五九年問世。第四卷共二千七百二十四頁，分作二分冊，於一九七一年出版。第五卷共有六分冊，陸續於八十年代完成。而第六卷、第七卷到目前為止還未撰寫完畢。九十高齡的李約瑟博士，還在堅持每日工作，為完成這項浩

大的工程而努力拼搏。對科學文化的執著追求激發了李約瑟的工作熱情，他數十年如一日，充分發揮他的才華，未人類奉獻出這部宏偉鉅著。

根據已出的分冊和李約瑟最新擬定的總目，《中國科技史》全書綱要如下：

第一卷總論：參考文獻簡述。地理概述。歷史概述。中國和歐洲之間的科學文化交流情況。

第二卷科學思想史：中國哲學各流派的介紹。中國科學思想各種要點簡介。中國人的自然觀。

第三卷數學和天文地理：初等數學、幾何學、代數。天文學理論、天文儀器、天象記錄、氣象學。地理學和製圖學。地質學、地震學、礦物學。

第四卷物理學和物理技術（分三分冊）：墨家與物理、光學、聲學、電磁學、指南針與磁偏角。機械工程及其基本原理、車輛、水車、水磨、風車、時鐘。建築技術、寶塔、橋梁、水利工程。船舶製造、航海技術。

第五卷化學和化學工藝（分六分冊）：火藥與火器。紡織技術。造紙和印刷。煉丹術與化學、煉丹術歷史、煉丹術方法、煉丹術的實驗儀器設備、煉丹藥品與反應結果。外丹與內丹、內丹的發展與結果。製陶、採礦與冶金、製鹽。

第六卷生物學及農業和醫學（約分六分冊）：植物學、動物學、生化技術、農業、畜牧業和漁業、醫學和製藥學。

第七卷社會背景（若干分冊）：中國科學特色之回顧、地理因素、經濟概況、政治制度特點、文化教育特點、道德與宗教特點、促進科學的各種優勢、抑制科學的各種因素。

《中國科技史》具有如下特點：

　　其一，這部書在世界上第一次以令人信服的史料和證據，全面系統地對四千多年來中國科學技術的發展做了規模宏大的歷史概括，幫助各國人民，瞭解中國在歷史上對世界文明所作出的巨大貢獻。

　　其二，李約瑟站在世界科技史的角度來研究中國科技史，用對比方法考察了中西科技交流及相互影響。他證明了各個文化的科學有如江河，最後都將流歸到近代科學的大海。雖說近代科學首先在西方興起，但是如果沒有中國等其他文化科學的注入，西方近代科學和工業革命就無從興起。李約瑟的著作以大量可信的證據糾正了西方過去對中國科學文化的各種錯誤看法，熱情捍衛了中國人對於一些重大發明與發現的優先權，使人們不得不重新評估中國文化的作用，把中國科學文明置於世界史中應該擁有的地位。

　　其三，李約瑟通觀全局地研究中西科技史，既重視內史，又注重外史，從科學家個人因素、思想方法與思維傾向到地理因素、社會經濟結構、社會政治體制、文化宗教傳統等各種因素，全面考察了中西方科技發展的道路，從而回答了科技史中若干重大理論問題。例如，讓人長期迷惑的，爲什麼在中世紀西方黑暗時期，中國卻能長久地發出燦爛的科技之光，而後來中國又落後於西方？李約瑟的著作對此問題也多方研究，得出許多精闢的見解。從這部精心研究而成的科技史鉅著中，人們得出許多有益於今後科技發展的經驗與教訓。

　　《中國科技史》前五卷問世後，獲得了各國學者的高度評價。美國漢學家富錄特在紐約的《遠東瞭望》上說：「李約瑟這部書

在改變著所有後來的中國思想史和整個世界範圍內的思想史。」
英國思想家湯恩比在倫敦的《觀察家報》上寫道:「這是一部打
動人心的多卷本綜合性著作…李約瑟博士著作的重要性,和他的
知識力量一樣巨大。這是比外交承認還要高出一籌的西方人的
『承認』舉動。」中國科技史家潘吉星也作出了這樣的總結:「李
約瑟對宣揚中國科學文明的貢獻及其著作的精神價值,是怎樣估
計都不會過高的」,「隨著時間的推移,李約瑟的影響將不是持續
幾十年,而是幾百年,甚至更久。」

布隆菲爾德的 語言論

　　倫納德·布隆菲爾德是美國語言學家。一八八七年生於美國伊利諾斯州芝加哥，一九四九年在康乃狄克州紐黑文逝世。他先後就學於哈佛大學、威斯康星大學和芝加哥大學，一九○九年獲哲學博士學位。一九一三年～一九一四年在德國萊比錫和哥廷根大學做研究工作。一九○九年～一九二七年，他先後在威斯康星、辛辛那提、伊利諾斯、俄亥俄等大學任教。一九二七年～一九四○年，任芝加哥大學日耳曼語語文學教授。一九四○年～一九四九年，任耶魯大學斯特林講座語言學教授。一九三五年，任美國語言學會主席。他是研究印歐語語音學和形態學、印度語言以及普通語言學和實用語言學的著名學者。《語言論》是他的代表作。

　　本書主旨力求用簡明的語言來闡述語言源遠流長的道理，以及對人類事務的影響。作者用闡明事實的方法，論述了當時兩種主要心理學傾向在解說方面的差異。「心靈主義學派是，用一種心靈方面的說法作為語言事實的補充。機械論者的主張，在闡述這些事實時，不要作這種輔助因素的假定。」作者是贊成機械論者的觀點。

　　全書共二十八章，系統討論了語言學的研究和用途，言語社團，世界上的語言，音位的類型和變異，語音結構，語法形式，句子類型，句法，詞法，形態類型，替代法，形類和辭彙，文字記載，比較法，方言地理學，語音演變和類型，類推和語義變化，文化上和方言間的借用，以及應用和瞻望等問題。重點論述以下幾個主題：

一、關於語言的研究。作者認為，語言在人們的生活中有重要的作用。語言的功能很大，這是人類有別於其他動物之處。近百年來，人們用科學的方法，觀察研究語言。語言學或者說對語言的科學研究，目前還處於萌芽時期。從歷史上看，古希臘人大膽地猜測語言的起源、歷史和結構，他們認為希臘語的結構能體現人類思維的普遍形式。希臘學者過去把語言看成上帝的恩賜，到十八世紀，他們提出「語言是古代英雄所發明的」或是神秘的「人民精神」的產物，也有人認為語言的起源是人們模仿各種聲音而產生的。羅馬人仿照希臘人，編寫了拉丁語法。中世紀的學者認為，語言就是古典拉丁語。除歐洲學者研究語言外，一些國家在考古學的基礎上，也發展了語言研究。印度的梵語對歐洲語言研究影響較大。十六、十七世紀，梵語和印度語法知識傳到了歐洲，梵語開創了不同語言間互作比較研究的可能性，人們還從印度語法中看清了語言的結構。

作者認為，透過語言比較，揭示了古代各種語言形式、各種民族的遷移過程和各民族與習俗的起源。歐洲語言學家大多通曉拉丁語、希臘語和日耳曼語。梵語語法使他們從一些較熟悉的語言裡聯想起類似的特點。印歐語的歷史比較研究已成為十九世紀歐洲科學中一項重要工作，也是最成功的工作之一。

二、語言的用途。人類講多種語言。使用同一個語言符號系統的一群人，稱為一個語言社團。顯然，語言的用途就在於人們以同樣的方式來使用它。每一個社會集團的成員必須在適當的場合發出適當的語音，而且當某人聽到他人發出這樣一些語音時，也必須作出適當的反應。他必須說得讓別人聽懂，而且也必須懂得別人說的是什麼。甚至不開化的社群，也是如此。文字不是語

言，而是用符號記錄語言的一種方法。一切語言幾乎都是不會讀書寫字的人使用的；不會讀書寫字的民族語言和會讀書識字的民族語言同樣的穩定、規則和豐富。為了研究文字，人們必須懂得一些有關語言的知識，但是並非必須有文字的知識才能研究語言。從文字記載可以知道過去語言的情況。科學技術的發展，先進的傳遞和複製言語的手段，加強了語言的作用，人類要求大量地用語言來相互交往。語言研究是從比較實際的問題開始，譬如文字的使用，較古文獻的研究等。

三、音位。語言學的兩個主要研究項目之一是語音學。「考察說者的發音動作、聲波和聽者的耳膜活動，研究的是言語事實，不管其意義」，稱為語音學。研究有意義的語音就是音位學或實用語音學。音位學必須考慮意義，記錄某種語言的每一個音位，都要有一個符號，即音標。

按照一個音位用一個符號的原則，學者設計了許多標音字母。貝爾的「見字知音」是其中最著名的一種。葉斯柏森的「非字母標音法」也是脫離傳統的一種方案。本書所用的國際音標，是由艾利思、斯威特、帕西和鐘斯等人設計的。斯威特除「見字知音」外，在拉丁字母的基礎上，又設計了一個方案與之並用，他稱之為「羅米克標音法」。目前應用最廣的國際音標就是從「羅米克標音法」發展而來的。

四、句法。一種語言的詞和短語，在較大的自由形式（短語）裡出現，是按變調、變音、選擇和語序這些語法單位來安排的。任何有意義的、重複出現的這些成套語法單位就是句法結構。布龍菲爾德的句法理論，主要研究形式類別和成分結構；形式類別雖與傳統的詞類並不相同，但卻相似；同一形式可屬於一個以上

的形式類別。

　　五、詞法。一種語言的詞法，意思就是黏附形式出現於組成成分中的結構。這種合成形式也許是黏附形式，也許是詞，但決不是短語。詞法包含詞和詞一部分的結構，而句法包含短語的結構。詞法結構比句法結構更爲繁瑣。變音和變調往往是不規則的。詞法有兩種語言分類法，一種是把很少使用黏附形式的分析語跟大量使用黏附形式的綜合語區別開來。一種極端是完全的分析語，如現代漢語。另一種極端是高度的綜合語，如愛斯基摩語，這樣的語言把長串的黏附形式聯成單詞。另一種分類法是把語言分成四種詞法類型：孤立的、黏附的、多形綜合的和屈折的。孤立語是那些像漢語一樣的語言，不使用黏附形式；在黏附語中，是把黏附形式一個個加上去，土耳其語就是例子；多形綜合語利用黏附形式來表示語義上的重要成分，如愛斯基摩語；屈折語是把語義上的不同特徵體現在一個單一的黏附形式中，或是合併在多個結合的黏附形式中，如拉丁語。

　　作者希望建立一種普遍通用的語言，也就是國際間相互交際的共同媒介。它會帶給人們種種利益和方便。他認爲，一種國際語言並不意味著任何人要放棄他的母語，只是在每一個國家裡有許多說國際語的外國人。人們只要共同一致地採用某種語言，每個國家都認眞地加以學習，問題是不難解決的。但是，無論採用哪一種語言都有困難。多少可能獲得成功的唯一類型就是簡化的拉丁語或羅曼語，特別是世界語。假設是世界語，要全世界有足夠眾多的人來學習，政治上也許會遇到很大的困難，以至敵不過某種自然語言。建立一個國際普遍通行的語言運動，是企圖增加語言應用的廣度和深度。

布隆菲爾德是美國最有影響的兩位語言學家之一，被稱爲美國「語言學之父」，是近代語言學結構主義的創始人。布隆菲爾德深受 W ・馮特語言心理學的影響，他注重語言與思維的關係，認爲意義只是刺激和語言反應之間的關係。《語言論》是二十世紀前半葉語言學最重要論述之一，也是唯一決定美國語言學進程的著作。布隆菲爾德主張一個學生在能寫一種語言以前，必須學會說這種語言，在他的幫助下建立的一種新學習體系已被廣泛採用。該體系要求的是，由教語言結構的語言學家來指導，但糾正發音要以當地教師爲準。《語言論》對世界上語言研究有著深遠影響。

大英百科全書

百科全書一向被稱爲「人類知識總匯」，歷代大學問家無不以編百科全書爲累積、整理和傳播有用知識的文化建設盛事。西方百科全書的歷史可遠溯到古希臘亞里斯多德的著作，二千三百多年來在文化史上留有書名和編者之名的百科全書以千數計，其中有重要影響，並爲當時或後代稱頌的百科名著也不下數十種。古羅馬時代有尼洛、普里尼的百科全書，中世紀有文岑（又譯樊尙）的百科全書，而開現代百科全書之先河，並成爲歐洲啓蒙運動旗幟的狄德羅百科全書，更具有重大的歷史意義。不過，這許多百科全書都已成爲陳跡，狄德羅百科全書雖然還不時爲人們所提及，並有新的再版問世，但也不過是作爲百科全書史和文化史研究的文獻史料而已。

在法國狄德羅的百科全書問世（二十八卷，一七五一年～一七七二年）的同時，一部後來躍升現代百科權威之巔、不間斷再版二百二十多年、在全世界發行達數百萬套的《大英百科全書》，在蘇格蘭的愛丁堡開始出版。《大英百科全書》第一版（一七六九年～一七七一年）僅三卷，無論是部頭還是編纂水準都不足以引起人們注目，而且觀點與狄德羅的百科全書相比也偏於保守。《大英百科全書》直到一八六〇年的第八版，尙未爲人所重視。前後歷時十五年（一八七五年～一八八九年）編成出版的第九版（二十四卷）是一個重要的里程碑，它以其大條目主義和廣博的內容被人稱爲「學者版」，從而在世界百科全書之林中嶄露頭角。而一九一〇～一九一一年的第十一版（二十九卷），則把《大英百科全書》推向了一個新的高度，而它從大不列顛島跨海向美國轉移

的過程，也是從這個時候開始醞釀的。奠定《大英百科全書》的世界權威地位的是一九二六年的第十四版（二十四卷），這一版被認爲是現代大型綜合性百科全書的典範之作，但這一版也是它從英美合作最終過渡爲美國所有的開端。第十四版的成功表現在連續印行了四十多年（一九二九年～一九七七年），重印四十一次，先後發行達三百多萬套。一九七七年，《大英百科全書》爲了適應新時代的需要，再經一番「百科革命」，又以「三合一」①的全新面目推出了第十五版。

到了現代，學者們著述引用事實、資料，都不免要以《大英百科全書》來作爲核對依據；教授們講授科學文化知識，都不免要以《大英百科全書》的嚴謹定義和解說爲參考。主導著《大英百科全書》現代方向（編輯方針）和主持新版總體設計的幾位關鍵人物，如哈欽斯（一八九九年～一九七七年）、本頓（一九○○年～一九七三年）和阿德勒（一九○二年～），都是著名的大學者和教育家。前兩人曾分別任芝加哥大學校長和副校長②，後者是一位哲學家兼教育家，是著名的《西方世界名著》（五十四卷）的主編。他們一致強調百科全書的教育功能，《大英百科全書》的出版發行人員遂據此創造出：「《大英百科全書》是沒有圍牆的大學。」此說法一出，全世界各家百科全書競相使用，「沒有圍牆的大學」的口號遂響遍世界百科全書出版界。

《大英百科全書》無愧於「沒有圍牆的大學」之稱，它確是一座充實而有條理的世界百科知識庫。百科全書收有數萬乃至十餘

---

①全書由一卷百科類目或知識綱要、十九卷百科詳篇，或稱知識深解和十卷百科簡編兼作索引的三個部分合爲一體。

②《大英百科全書》最後落腳在芝加哥大學就與此有直接關係。

萬條目，且按字母順序編排，內容包羅萬象，想一窺全貌談何容易。幸好曆版《大英百科全書》曾向讀者展示過三次它的總目：

一、一八六〇年的第八版首次在全書之前編印了一個主要條目分類表，共分十一大類，即神學與宗教、哲學、政治與社會學、數學、自然科學、博物、語言學、歷史與傳記、地理、美術、實用藝術。

二、一九一〇～一九一一年的第十一版內容分類表增至二十四大類，在知識分類方面進一步現代化，被稱爲「大英百科分類法」。二十四大類是：人類學和人種學、考古、歷史、宗教與神學、哲學與心理學、語言學、經濟學與社會學、法律與政治學、軍事、教育、文學、藝術、運動與娛樂、數學、天文學、地質學、地理學、物理學、化學、生物學、醫學、工業、工程技術、雜類③。

三、一九七七年第十五版的總體設計是由二百六十位學者在阿德勒博士直接指導下完成的，在知識分類上有全新的創造，打破了過去傳統的知識分類體系。第十五版專門編有「百科類目」一卷，實爲知識分類體系總表，把人類知識分爲十大門類：物質與能、地球、地球上的生命、人類生命、人類社會、藝術、技術、宗教、人類歷史，純科學（包括數學、哲學、邏輯學等）。各大門類之下再細分六個層次，細項達一萬五千個。新版《大英百科全書》尤其強調知識的世界性和內容的國際性，不像大多數百科全書那樣過分側重本國內容。這一點也有助於增加其對美國以外各國的影響。

---

③原書各大類是按英文筆劃排列的，本文已適當調動了次序。

《大英百科全書》的學術性和權威性，是靠其編撰者的陣容保證的。編輯部對每個主題的條目務求找到最權威的學者來撰稿，而不問他是哪國人。例如，為第十五版撰稿的四千二百七十七位專家作者，遍及世界一百三十一個國家和地區，有一半以上不是美國人。幾乎近現代的所有學術泰斗都曾為歷版《大英百科全書》撰寫過條目，其中有：牛痘接種創始人詹納（一七四九年～一八二三年）、常識學派奠基人哲學家斯圖爾特（一七五三年～一八二八年）、以均變說理論聞名的地質學家和數學家普萊費爾（一七五四年～一八一九年）、創光波動說的物理學家湯瑪斯・揚（一七七三年～一八二九年）、開創歷史小說傳統的文學家司各特（一七七一年～一八三二年）、創建畢奧—薩伐爾定律的法國物理學家畢奧（一七七四年～一八六二年）、以人口論聞名於世的經濟學家馬爾薩斯（一七六六年～一八三四年）、著名古典政治經濟學家大衛・李嘉圖（一七七二年～一八二三年）、首創人造冰的物理學家萊斯利（一七六六年～一八三二年）、著名的普魯士神學家本森（一七九一年～一八六〇年）、以熱傳導和冰山研究聞名的物理學家福布斯（一八〇九年～一八六八年）、《天演論》（《進化論與倫理學》）的作者赫胥黎（一八二五年～一八九五年）、著名的俄國無政府主義者和地質學家克魯泡特金（一八四二年～一九二一年）、創立相對論的愛因斯坦（一八四二年～一九二一年）、以成批生產福特汽車聞名的美國汽車大土福特（一八六三年～一九四七年）、開創心理分析的精神病學家佛洛伊德（一八五六年～一九三六年）、著名文學家蕭伯納（一八五六年～一九五〇年）、俄國革命理論家托洛茨基（一八七九年～一九四〇年）…等。在《大英百科全書》歷版編輯中也不乏知名於世的學者，如以研究莎士比亞聞名的貝恩

斯（第九版主編）、著名新聞工作者尤斯特（第十四版總編輯）、教育家哈欽斯和阿德勒（第十五版總編輯）。至於當代著名的科學家、各領域著名專家，就更舉不勝舉了。

《大英百科全書》不論作爲釋疑解惑的工具書還是作爲自我教育的工具，其影響已遠遠超出英語世界，不少國家出版有《大英百科全書》的外文翻譯版或與大英百科全書公司合作編譯的改編版。

《大英百科全書》的國際性和出版發行的國際化，遠非世界任何其他百科全書可與之相比，這就更加擴大了全書的影響。新版序言中有一段話：「初版《大英百科全書》的編者在序言中指出：本書或一切類似的卷帙浩瀚的大書，只有在其內容有用時才有資格獲得人們的贊許。此話已被本書每位繼任主編視爲座右銘。因此，在新版工作開始之前必須回答的問題是：在此二十世紀最後二十五年中，一部百科全書效法歷版那樣有用於當代，甚至發揮更大的作用，究竟意味著什麼？」新版的編者已經無愧地回答了這個問題：《大英百科全書》已被世界各國廣泛的讀者評價爲內容豐富、可引以爲據的權威百科工具書，被認爲是一所「沒有圍牆的名牌大學」。

發現文明 23

這書，你一定要知道！

主　　編／鄧蜀生、張秀平、楊慧玫、廖寶隆
總 編 輯／鄧茵茵
文字編輯／游雅筑
美術編輯／李靜佩
發 行 所／好讀出版有限公司
台中市 407 西屯區何厝里 19 鄰大有街 13 號
TEL:04-23157795　FAX:04-23144188
http://howdo.morningstar.com.tw
e-mail:howdo@morningstar.com.tw
法律顧問／甘龍強律師
印製／知文企業（股）公司 TEL:04-23581803
初版／西元 2006 年 3 月 15 日

總經銷／知己圖書股份有限公司
http://www.morningstar.com.tw
e-mail:service@morningstar.com.tw
郵政劃撥：15060393
台北公司：台北市 106 羅斯福路二段 95 號 4 樓之 3
TEL:02-23672044　FAX:02-23635741
台中公司：台中市 407 工業區 30 路 1 號
TEL:04-23595819　FAX:04-23597123

定價：420 元
特價：269 元

如有破損或裝訂錯誤，請寄回本公司更換
Published by How Do Publishing Co.LTD.
2006 Printed in Taiwan
ISBN 986-178-000-9

國家圖書館出版品預行編目資料

這書，你一定要知道／鄧蜀生、張秀平、楊慧
玫、廖寶隆主編.
—— 初版. ——臺中市 ：好讀, 2006[民 95]
面： 公分，——（發現文明；23）
ISBN 986-178-000-9（平裝）

012.4   95001605

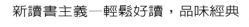

更方便的購書方式：

1.網站： http://www.morningstar.com.tw
2.郵政劃撥　帳號： 15060393　戶名：知己圖書股份有限公司
　請於通信欄中註明欲購買之書名及數量
3.電話訂購：如爲大量團購可直接撥客服專線洽詢
　　◎如需詳細書目可上網查詢或來電索取
　　◎客服專線： 04-23595819#232　傳眞： 04-23597123
　　◎客戶信箱： service@morningstar.com.tw

讀者迴響

書名：這書，你一定要知道！

1. 姓名：＿＿＿＿＿＿ □ ♀ □ ♂ 出生：＿＿年＿＿月＿＿日
2. 我的專線：（H）＿＿＿＿＿＿ （O）＿＿＿＿＿＿
　　　　　FAX ＿＿＿＿＿＿ E-mail ＿＿＿＿＿＿
3. 住址：□□□＿＿＿＿＿＿＿＿＿＿＿＿＿＿＿＿＿
4. 職業：
　□學生 □資訊業 □製造業 □服務業 □金融業 □老師
　□ SOHO族 □自由業 □家庭主婦 □文化傳播業 □其他＿＿
5. 何處發現這本書：
　□書局 □報章雜誌 □廣播 □書展 □朋友介紹 □其他＿＿
6. 我喜歡它的：
　□內容 □封面 □題材 □價格 □其他＿＿＿＿＿＿
7. 我的閱讀嗜好：
　□哲學 □心理學 □宗教 □自然生態 □流行趨勢 □醫療保健
　□財經管理 □史地 □傳記 □文學 □散文 □小說 □原住民
　□童書 □休閒旅遊 □其他
8. 我怎麼愛上這一本書：

＿＿＿＿＿＿＿＿＿＿＿＿＿＿＿＿＿＿＿＿＿＿

＿＿＿＿＿＿＿＿＿＿＿＿＿＿＿＿＿＿＿＿＿＿

＿＿＿＿＿＿＿＿＿＿＿＿＿＿＿＿＿＿＿＿＿＿

★寄回本回函卡，

將可收到晨星出版集團最新書訊（電子報）及相關優惠活動訊息。

『輕鬆好讀，智慧經典』

有各位的支持，我們才能走出這條偉大的道路。

好讀出版有限公司編輯部　謝謝您！